宮崎洋子［著］

「テロとの闘い」と日本

連立政権の対外政策への影響

名古屋大学出版会

「テロとの闘い」と日本　目　次

序章　「テロとの闘い」の一〇年

二〇〇一年九月一一日、ボストンの朝は穏やかに晴れていた。いつものように朝の準備をしながらテレビのニュースをつけると、高層ビルから灰色の煙が上がっているライブ映像が目に飛び込んできた。セスナ機という言葉も飛び交っていたが、どうやらジャンボジェット機が世界貿易センタービルに衝突したようだ、とんでもないことが起きた、信じられない、とアナウンサーが半ば絶叫気味に実況している。事態がよくわからないままにハウスシェアをしていたアメリカ人に、「ニューヨークで飛行機事件みたいよ」と声をかけると、映像を数分間凝視したあと、血相を変えて電話をかけまくり始めた。テレビには、さらに想像を絶する場面が次々と映し出される。二機目のジャンボジェット機がもう一つのツインタワーに誘導されるかのように真っ直ぐに突っ込んでくるところ、それを逃げ惑いながら伝える現地レポーターの驚愕の表情、ビルの上から落ちてくる小さな黒い影（後にそれには高層階で働いていた人の影も含まれていたことを知る）、巨大なビルが黒煙を上げながら崩れ落ちていく様子。しばらくして、テロリストによる攻撃、ワシントンの国防総省も狙われた、真珠湾以来の米国への攻撃などの情報が伝えられ、テレビに流れるテロップも“breaking news”から“U. S. is under attack”、そしていつしか“war”という言葉に置き換わった。町は星条旗で埋め尽くされ、愛国ムード一色で、それに異を唱えることが難しい重苦しい雰囲気が充満し、この同時多発テロ事件発生から一カ月余で米国は報復戦争へと突入する。

米国が突如本土に攻撃を受け、国家の威信をかけて開始した「テロとの闘い」に、同盟国である日本は何もしないという選択肢はなく、米国からの「目に見える貢献」という要請を基点に、自衛隊を海外に派遣するための新法を制定して、海上自衛隊の補給支援活動を中核とする後方支援活動を実施する。アフガニスタンでの掃討作戦に加え、その一年半後にはイラクにも対象を広げた米国は、次第に軍事的必要性に迫られ具体的な要請を日本に繰り返すようになる。しかし、日本はこれに常に応じてきたわけではなかった。例えば、米国は遠くの敵機を探知することのできる索敵能力等を有するイージス艦や、アフガニスタン山岳地帯での哨戒活動に有効なＰ３Ｃ哨戒機の派遣に期待を寄せるが、日本はなかなかイージス艦の派遣を決定せず、Ｐ３Ｃ哨戒機についてはその派遣を拒否する。また、アフガニスタンで反政府勢力が力を盛り返し治安が急速に悪化、掃討作戦にあたっていた米軍や北大西洋条約機構（ＮＡＴＯ）軍の死傷者が急増し、各国が増派を検討していた時にも、日本政府は支援拡充に応じることはなく、二〇〇七年秋にはそれまで継続してきた補給支援活動すらも一時停止、さらに米軍等による派兵がピークとなった二〇一〇年、「テロとの闘い」から自衛隊を完全に撤収させる。米国も日本への軍事支援の期待を喪失し、財政的支援の要請へと切り替える。

米国が正義の実現を主張して開始した「テロとの闘い」に、日本は同盟国として自衛隊による支援活動が必須との危機感をもって対応に臨んだはずなのに、なぜ、日本が米国の要望に応じない、あるいはアフガニスタン情勢の悪化により米兵等の死傷者が続出し、各国が兵力を増強している最中に、自衛隊を引き揚げるということが起きるのであろうか。そもそも、軍事安全保障面で米国に依存してきた日本の主張を米国が聞き入れ、妥協し、歩み寄るということが起きるのであろうか。

アフガニスタン情勢の悪化を受けて米国をはじめ関係各国が軍事的関与を強める中、支援拡充要請に応じないどころか従来実施してきた活動を中断、数カ月後に再開し、二年足らずで撤収するという日本のドタバタした行動は、国際システムにおける国家の合理的選択としては説明がつかず、国内政治要因に着目する必要がある。政府が政策の一貫性を保持できなくなる要因として、まず、野党の存在が思いつく。「テロとの闘い」への日本の主体的な取り組みを主導し、継続してきたのは自民党と公明党を中心とする連立政権であったが[1]、二〇〇七年七月の参議院選挙で与党である自民党と公明党は過半数を割り込み、最大野党の民主党が躍進する。民主党が他の野党とともに海上自衛隊による補給支援活動の期限延長に反対したことで根拠法が失効し、海上自衛隊はインド洋から撤退を余儀なくされる。同活動の実施に執着する政府は新たな法案を国会に提出し、参議院で否決されるも衆議院による再可決によって成立、四カ月の中断を経て海上自衛隊はインド洋に復帰する。しかし、二〇〇九年夏の衆議院選挙で民主党を中心とする連立政権が誕生すると、公約通り、自衛隊をインド洋から撤収させる。このように海上自衛隊が活動の中断を挟んで完全撤退に至る節目を取り出してみると、補給支援活動の撤退を主張していた民主党などの野党が参議院で過半数をとって国会における影響力を拡大し、さらに衆議院選挙で政権交代を実現させたことが政策変更の要因に見える。しかし、一〇年にわたって支援策を実施してきた日本政府の対応を米国の要望に照らしてみると、必ずしも米国の要望を反映する結果となっていないことについて、野党の反対という理由のみでは説明できない部分も多い。例えば、米国が要請していた補給支援活動以外の支援策はなぜ実施されなかったのか、なぜ根拠法が期限切れで失効する前に衆議院による再可決で延長しなかったのか、なぜイージス艦派遣は先延ばしされたのか、といったことは野党の反対だけでは説明がつかない。あるいは、そもそも自衛隊派遣の根拠法に二年や一年といった有効期限をなぜ設けたのであろうか。

どのような米軍支援策をいつまで実施するか、政策の詳細を決定してきたのは自民党と公明党の連立政権である。連立政権では、政権を構成する政党がそれぞれ閣僚を輩出して内閣を構成し、政権の運営にあたる。政府内で対外政策の企画・立案に中心的役割を果たすのは官僚であるが、その主体的な決定者は首相、外務大臣、防衛大臣（防衛庁長官）、内閣官房長官であり、自公連立政権では首相はもちろんのこと、これらの関係閣僚はすべて自民党から輩出されている[2]。経験と実績を有し、所属議員数も公明党を圧倒する自民党が対外政策を決定する主要閣僚を独占する状況からは、自公連立政権とはいっても、対外政策に関しては自民党が専ら主導し、その選好が反映されてきたのではないかとの印象を受ける。しかし、戦後長らくそうであったように自民党が政府と二人三脚で政策の決定・実施にあたっていたとするのであれば、米国の強い要請を受けて政府が現地調査まで敢行したのに追加の支援策の実施を見送ったり、衆議院による再可決を躊躇したり、そもそも自衛隊派遣の根拠法に期限を設けないという政府の方針を、米国もそれを望んでいたにもかかわらず、与党協議の段階で覆すということがありえたであろうか。そこで注目されるのが、政府提案の政策を修正する、あるいは反対する主体としての、もう一つの与党である公明党の存在である。

自民党と公明党は独立した別の政党であり、支持層も異なれば、掲げる政治理念も異なる。多彩なバックグラウンドや思想信条を有する豊富な人材を抱え、戦後、日米同盟を基軸とした外交・安全保障政策を政権与党として構築してきたのは間違いなく自民党であった。一方の公明党は、平和を希求する宗教団体を支持母体にもち、野党時代には日米同盟に反対し、自衛隊も違憲の疑いがあるとして自民党を厳しく批判していたこともあり、福祉や教育など市民生活と関係が深い国内政策に重点を置いた、議席率一割程度の小政党である。自民党と公明党は、本来、対外政策に関する選好は大きく異なっているといえ、連立政権を維持するためには両党の異なる選好のすりあわせが不可欠である。実績と人材を誇る大政党に対し、与党経験の浅い小政党の主張が通るようなことはあるのであろうか。公明党が対外政策で影響力を行使し得るとすれば、それはどうやって可能となっているのであろうか。

本書では、連立小政党が対外政策に及ぼす影響力を、「テロとの闘い」への日本の協力支援に関する事例を通じて明らかにしようとするものである。また、国内政治の駆け引きが対外政策に影響を及ぼす側面に加えて、その逆の、対外政策をめぐる国際交渉が国内政治にも影響を及ぼした可能性についても検討する。自衛隊による活動を中核とする日本の支援策は小泉純一郎政権下で立案・実施されるが、想定以上にアフガニスタンでの戦闘は長引き、二〇〇六年の小泉首相退陣以降、安倍晋三、福田康夫、麻生太郎と一年足らずで次々に首相が交代する中での支援策の継続となる。二〇〇七年参議院選挙で与党過半数割れとなり、衆参両院で多数派が異なる、いわゆる「ねじれ国会」に直面した安倍首相は、補給支援活動の継続は国際公約であり、「職を賭して取り組んでいく」と発言した直後に辞任、続く福田首相も同じ政治状況から苦境に立たされ辞任に至る。自衛隊の活動継続をめぐる日米交渉がこれら国内の政治的混乱に何らかの影響をもたらしたのであろうか。日本の支援策の立案・実施過程における日米交渉と国内政治の駆け引きを追うことで、国内政治情勢が対外交渉に与える影響、逆に、国際交渉が政策を介して国内政治に与える影響という内政と外政の連関について詳らかにしていきたい。日米交渉と国内の連立政治の関係については、国際と国内の政治のダイナミクスを包括的に捉える分析モデルとして提唱されたツーレベルゲームを用いて、日米政府の交渉ポジションがどのように変遷していったのかを考察する。そして、日本政府の交渉ポジションに変化をもたらし、日米交渉にも影響を与えたと考えられる国内政治要因を、連立小政党に焦点を当てて解明したい。

本書の構成についていえば、まず、第1章において、日本の戦後の対外政策の流れを、対外政策研究の理論動向を踏まえて概観した上で、対外政策の決定過程と連立政権に関する先行研究を考察し、ツーレベルゲームの理論的位置づけ及び適用例を検討する。次に、ツーレベルでの国内レベルにおける分析視座として連立政治に着目し、連立政党が対外政策の決定に影響を及ぼす交渉力に寄与する要素を析出する。第2章から第4章までは、「テロとの闘い」における日本の関与を、日本が支援策を決定・実施するまでの初期、支援活動が定着し、態勢縮小を模索する中期、そしてアフガニスタンの状況悪化により米国等からの支援拡大の要請が強まる中で支援活動を一時中断、さらに完全撤退に至る後期の三期間に分けて記述する。第5章では「テロとの闘い」に対する日本の支援策に関して日米両政府が交渉ポジションをどのように変化させたか、また、それは日米交渉にどのような影響をもたらしたのかを明らかにする。その上で、日本の交渉ポジションを決定する連立政権の内部でどのようなゲームが展開されていたのか、連立小政党はどのようにして大政党を相手に政策に影響力を行使したのか、その要因を分析する。あわせて、小政党であるがゆえにあまり学問的な関心が払われてこなかった公明党についても着目し、なぜ自民党と長期にわたり連立が可能であったのか、また、連立の継続による組織的変化についても考察する。終章では、連立政権がもたらす対外政策への影響について、本事例研究から得られる知見をまとめて提示する。

なお、「テロとの闘い（the war on terror/ the global war on terrorism）」という用語は、二〇〇一年九月一一日、同時多発テロ事件直後にジョージ・W・ブッシュ大統領が演説の中で使った言葉で、直接的には米国及びその同盟国等が当該事件の首謀者とされるアル・カイダやそれを庇護するタリバンを排除するために展開した軍事作戦全般を意味している。ブッシュ政権が国際テロリストの掃討に「闘い（war）」という単語を事件直後から用いたことについては、当初から、それが軍事措置を想起させ、ほかの選択肢を取りにくくする、あるいはアル・カイダ等に対して国際政治主体としての正当性を付与し交戦法規を遵守する必要性を生じさせる等の理由から、批判的な意見もあった。(3) 二〇〇八年にバラク・オバマ大統領が就任すると、「テロとの闘い」という表現を避け、「有事作戦（overseas contingency operation）」など、別の言い方をするようになる。本書では、「テロとの闘い」をブッシュ政権及びオバマ政権を通じて米国や同盟国等がアル・カイダ等のテロリスト一掃のためにアフガニスタン本土及びその周辺地域・海域において行った軍事・非軍事作戦全般を指す用語として使うこととする。(4) また、二〇〇三年に米国等が開始したイラクのサダム・フセイン政権に対する攻撃に関して、「テロとの闘い」とは攻撃の対象者が異なり観念的には別のものと考えることも可能であるが、ブッシュ大統領は大量破壊兵器を保有し国際連合決議への違反を続けるイラクへの攻撃を「テロとの闘い」の一環として位置づけ、軍事的にも「テロとの闘い」とイラク攻撃は連動して展開されたことから、その政治的側面を中心に本書の事例研究の射程に組み入れることとする。

第1章　連立政権と対外政策

連立政権での対外政策の決定は、一党優位制の下でのそれと、どのような違いがあるのであろうか。戦後日本の外交は、冷戦が深まる中、自民党長期政権下で日米安保・経済復興重視を基軸に経済成長を実現するが、冷戦終焉と同時に、日本国内では連立時代を迎え、新たな外交課題に次々直面する。本章第1節では、自民党政権下の対外政策の展開と一九九三年以降の連立政権での対応の変化について、先行研究の傾向も踏まえて考察する。第2節では、対外政策の決定過程及び連立政権に関する理論研究を整理した上で、本書における分析枠組みを提示する。

1　日本外交と連立政権

（1）自民党長期政権下の外交

外交は対外目的の実現を目指して行われる政治行動であるが、他国との外交交渉にあたっては、国際システム上の制約や地理的・歴史的制約などを受けながら、限られた選択肢の中で各々の国益の最大化を目指して駆け引きを行うことになる。戦前の日本外交が「欧米列強との協調の枠内でのアジア大陸への発展」を基本テーマとしていたとすると、戦後は「米国との協調の枠内における経済発展」を基調とすると評されるように(1)、戦後の日本外交を規定する国際システム上の要因となったのは米国であった。

戦後の日本外交の方向性は、米国との同盟関係により安全を保障することで自国の防衛費を抑え、経済的復興に力を入れるという、いわゆる吉田ドクトリンに規定される。これは米国等の占領期に長らく首相を務めた吉田茂が採った政策路線で、一九五五年に自由党と日本民主党が合同して自由民主党が結成され政権をとると、これを基調とし、米国による庇護の下、国際的諸要因の寄与もあって、日本は一九六〇年代に飛躍的な高度経済成長を遂げる。この間、鳩山一郎首相による日ソ国交回復や岸信介首相によるアジア諸国歴訪など吉田路線から逸れた外交も一部展開され、米国以外の周辺国との関係改善も図られる。一九五六年に国際連合に加盟し、一九六〇年には不平等条約として見直しが課題であった日米安全保障条約を、混乱を乗り越えて両国の相互性を強める形で改定し、日本は日米同盟と国連中心主義という外交原則を確立する。

日本が米国の創設した自由貿易体制の恩恵を享受し、米国への工業製品の輸出拡大により経済力を高めながら、自国の市場開放には手をつけず産業育成に国力を傾注する状況を米国はしばらく黙認していたが、ベトナム戦争を契機に米国の圧倒的な軍事力及び経済力の優越に陰りが見え国内も不安定化すると、日本に対する寛容な方針を維持できなくなる。その変化の予兆となったのが繊維をめぐる貿易摩擦であるが、その後も鉄鋼、自動車、半導体、牛肉、オレンジと次々にターゲットとなる分野を変え、また、国内の補助金、輸入規制などの制度面も議題に加えられ、一九七〇年代から八〇年代にかけて、貿易不均衡の是正は日米間の経済分野における最大の懸案となる。その交渉の基本的構図は、米政府が日本政府に対象分野や制度を指定し改善を要請する、時には対抗措置をちらつかせて対応を迫る、日本政府は外圧を理由に国内を説得し、ジリジリと譲歩を積み重ねるというものであった。

つまり、日本の戦後の主要な二国間交渉は、戦後処理に絡んだ賠償交渉や国交正常化交渉を除けば、貿易摩擦をテーマとした日米交渉であったといえ、この状況を反映し、日本の対外政策研究も、対外経済政策を対象とする分野で先行する。それも、米政府が日本の個別製品や産業分野に関して輸出規制や市場開放など政治的圧力をかけ、日本政府と自民党、産業界が調整を繰り返し、対応策を提示するという事例をもとに、外圧は日本の政策変更を促すのに効果があったか否か外圧の効果を検証する、という二国間の非対称な交渉における受動的観点からの研究が多くなる。例えば、C・カルダーは日本を「外圧反応型国家（reactive state）」と規定し、その要因を省庁間の縄張り争い、大統領のような強い政治的リーダーシップの不在、自民党派閥政治といった国内の構造的・制度的制約に求め、よって、日本が国際社会で行動するのは、米国から圧力がかかるときであるとする(2)。また、米政府の外圧による日本の市場開放や規制緩和といった政策変更の実施を題材とした実証的研究も多く行われる(3)。近年では、外圧が高まっていても日米協議が難航した事例を挙げ、外圧が貫徹されにくくなっている変化を指摘する研究もある(4)。

対外経済政策研究において、国内の主要なアクターとして注目されたのは行政機関、単独政権与党である自民党の、いわゆる「族議員」、そして利益団体であった。対外政策の担い手として行政府がまず着目されるのは、法制上、対外政策の企画・立案・実施の権限は行政府に与えられており（憲法第七二条二号）、外交問題の処理にあたって行政府に課されている憲法上の制約は、総理大臣が内閣を代表して、「外交関係について国会に報告」（第七二条）することと、条約の締結にあたって国会の承認を得る（第七三条三号後段、第六一条）ことで、それ以外の外交関係についての決定権限は行政府に任されていることから、国内政策に比べて行政府の行動の自由がより多く確保されていることによる(5)。

行政府における対外政策の第一義的担い手は外務省である。在外大使館等も活用しながら各国と日常的に情報交換を行い、対外政策策定のベースとなる情報収集を行うとともに、各国への情報発信を行っており、他にも邦人の国外の安全対策、対外援助政策などは外務省が主体的に対応することが多い分野といえる。しかし、経済摩擦に関する対外交渉のように国内産業に影響を及ぼす案件、あるいは国内での政治的関心が高い案件、政党間対立が絡む高度な政治的判断を要する案件などは、外務省が単独で処理することはなく官邸や関係省庁が関与する。鉄鋼や自動車などの産業政策をめぐる貿易問題であれば通商産業省（現経済産業省）、オレンジ、魚など農業・漁業をめぐる問題では農林水産省など所管官庁が中心となって国際交渉・国内調整を担うこともあり、貿易摩擦に関する政策研究では、通産省などを中心とした分析も少なくない。

国内産業等に影響を及ぼす経済摩擦問題には、自民党の政策決定機関である政務調査会やその下部機関である部会が利害調整の役割を果たしたことから、自民党部会やその関係の族議員が研究対象とされることが多くなる。自民党内では政務調査会部会や国会の常任委員会、大臣等の経験を通じて官僚に匹敵する専門知識を身につけた族議員が育ち政策への関与度を強め、[6]農業や自動車、建設などの産業に影響を与えるような国際交渉には、これらの業界や利益団体を代弁して自民党の族議員が政府に圧力をかけたり、あるいは政府側の意見を踏まえて妥協案を練ったりと、国内調整に重要な役割を果たすようになり、特に一九八〇年代には族議員の調整機能発揮が顕著となった。

一方、日米間に横たわる戦後処理や安全保障政策などの政治的課題は、行政府を中心に関係者も限定的で秘密裡に協議されることが多いのもあって、経済問題をめぐる交渉と異なり政策研究としての注目度はあまり高くなく、研究の対象も行政機関が中心となる。軍事的脅威への対抗としての安全保障政策は、一九五一年に締結され、一九六〇年に改定された日米安保条約を基軸に米国に依存する形で展開され、米国からの再軍備の要請をもとに限定的な防衛力として自衛隊の整備が慎重に進められた。冷戦期で国際システムは固定化しており、米国は日本の軍事力そのものよりも同盟国として安定的に取り込むことにメリットがあったといえ、日本国内でも周辺に差し迫った軍事的脅威が存在しなかったこともあって、安全保障政策をめぐる焦点といえば、既定の日米安保体制下での日本の軍事的役割分担の是非をめぐる政党間の観念的対立、あるいは日米安保条約における極東の範囲についての定義をめぐる論争など、内向きなものであった。

日米間に残された重大な戦後処理問題として米軍施政下に置かれていた沖縄返還があったが、日米協調の流れの中、佐藤栄作政権下で返還が実現する。施政権返還交渉は、一九六〇年代後半に日本が働きかけて開始されるが、米国にとっては日本への領土返還という側面だけではなく、核戦力の配備や進行中であったベトナム戦争への対応も含めたアジアにおける安全保障政策の変更を迫られる課題であり、米国の事情を理解する日本の外務省も沖縄返還交渉に慎重であったとされる。交渉は難航するが、日本国内の返還要求の高まりを受け、米国は日本との長期的友好関係を重視し、一九七二年五月、沖縄に配備された核兵器の撤去や安保条約の沖縄への適用などを条件として、施政権が日本に返還された(7)。同案件のように政治的決断を必要とする政策課題については、行政府の最高責任者である首相のイニシアティブが決め手となる場合も少なくない。福井治弘は、外交の決定過程を日常型と非日常型とに区別し、日常型では官僚機構における稟議制による決定が中心となるのに対し、沖縄返還交渉のような非日常型は首相とその助言者からなる小グループによる政治主導が見られると分析している(8)。

沖縄の返還が実現した頃から、米国の庇護の下、日本は経済成長に集中するという日本の経済的な国益推進に好都合な環境に変化が生じる。日本が経済力をつけ、国際社会においても援助を受ける立場から供与する立場となるなど地位が高まる一方、米国はベトナム戦争への深入りで経済的にも軍事的にも疲弊し、寛大な覇権国としての役割を維持できず、まずは経済面で、ついで次第に安全保障面においても、日本は米国に自律を期待されるようになる。一九七〇～八〇年代、経済分野では米国から市場開放などの構造改革を強く求められ激しく対立するが、安全保障政策では在日米軍駐留経費の一部負担や防衛予算の増額などの要請があり、日本もこれを受け入れ協力体制を深化させる。ただし、防衛の役割分担など自衛隊の実質的な役割拡大を迫られる事態にはならなかった。米政府は、従来、経済問題と安全保障問題とは切り離して交渉していたとされ、経済分野の交渉はゼロサムゲーム、つまり勝ち負けのはっきりするゲームとして、議会からの圧力などの国内事情を盾に日本政府から妥協を引き出せるだけ引き出そうとするが、安全保障分野はそれとは異なり、同盟国たる日本の利益は米国にとっても有効と見ていたとされる(9)。しかし、この米国の姿勢も、米ソ二極対立という国際システムが動揺し、日本が経済大国として競合する可能性が浮上する一九八〇年代後半あたりから変化が見られ、安保体制での非対称性をてこに経済分野で日本の譲歩を引き出すべきではないかという、経済と安全保障問題をリンクさせる意見が公然と主張される。その象徴的な例が一九八八年の次期支援戦闘機（ＦＳＸ）の共同開発問題であった。防衛庁は当初ＦＳＸの国産化を模索するも米国の意向を受けて共同開発を決定していたが、商務省や共和党議員等が日本への技術譲与だと反発し、米国は最新技術情報の日本への移転を制限、日本は米国が要望する技術を供与することなどを明記した覚書を交わすことになる。(10) 日本の経済的地位の相対的向上に加え、国際情勢の変化を受けて、米国は安全保障政策にも経済問題を絡め、日本への要請を強める姿勢を見せるようになる。

日米経済摩擦では国内調整に役割を発揮した自民党であったが、外交・安全保障問題には一般的に自民党の関与は低く、有力な族議員も形成されてこなかった。猪口孝・岩井奉信の研究によると、族議員の登竜門となる政務調査会の部会のうち、自民党議員に人気が高いのは農林、商工、建設といった地元からの要望が強く政治的利益のある分野で、外交や国防は、内閣や法務、環境と同様、人気がなかったとされる。国防分野では、防衛庁長官経験者を中心に、いわゆる国防族が形成されるが、防衛政策は与野党の最大の争点で、マスコミ・世論が自民党の防衛政策に否定的であったことから、ハト派にせよタカ派にせよ、議員は国防族とみなされることを嫌がったとされ実数もかなり少ないと分析される。(11) 政策決定過程も、国防族と防衛庁内局・制服組の政策共同体によって合意を形成すれば成案を得られるという単純なものであったという。(12) 外交分野はさらに族議員の存在感が希薄で、外相経験者、外務省出身議員など数名の有力者はいるものの、外交関係には国防分野のように基地の誘致など地元が絡む余地はあまりなく、政策立案には自民党の政調部会も外務省に依存し、自民党議員の関与の程度は低かったとされる。(13)

対外政策研究の主要な国内アクターとして、行政機関、必要に応じて自民党や利益団体が注目される一方で、国権の最高機関であるはずの国会が研究対象とされることはほとんどなかった。国会は、憲法で規定される条約の承認以外にも、国際約束に法律事項や財政支出義務などが含まれていれば、その法律を所轄する行政部門に対応する各常任委員会や外務委員会、予算委員会などでも質疑の対象となり得ることから、対外政策といえども国会が意思決定に関与する機会は幅広く設けられている。しかし、国会は行政府と自民党とで合意に至った政策案の承認に徹し、行政府の対外行動を制約する要因としての機能をほとんど発揮してこなかった。とりわけ、安全保障分野については、保守の自民党と革新の社会党による二大政党による五十五年体制が確立されて以降、そのイデオロギー性もあって与野党対立が硬直化し、一九六〇年の安保条約改定をめぐる政治過程で与野党対立を回避するために、岸首相が国会ではなく自民党をグリップして動かしていく方向に舵を切ったとされ[14]、それ以降の国会のガバナンス機能は停滞する。日本を取り巻く国際情勢も、冷戦構造下で国連安全保障理事会が一致して行動するような事態は想定されず、各地で勃発する東西陣営による紛争に日本が直接関与する意思もなければ経済協力以上の期待をもたれることもなく、安全保障関連での新規立法など国会が政策決定に主体的に関わる必要性に迫られることはなかった。対外政策は官僚と自民党内で決定され、国会はこれを追認するラバースタンプに過ぎないとする見方さえあった[15]。

しかし、冷戦構造の崩壊による国際秩序の変動は、日米関係にも国内政治にも影響を与える。米ソ対立により抑制されていた民族対立や地域覇権争いがソ連邦解体により噴出し、国際社会が対応を迫られる場面が急増するが、その最初の象徴的な事例が一九九〇年のイラクによるクウェート侵攻で勃発した湾岸戦争であった。米国は同盟国である日本に後方支援などの協力を要請するが、日本の支援は米軍への資金提供にとどまり、巨額の拠出であったにもかかわらず、米国を含む国際社会から好意的な反応は得られず、国内の外交関係者に衝撃を与える。国内政治では、国際システムに連動していた保守・革新の対立構造が瓦解、特に三八年続いた自民党長期一党優位体制が崩れて連立政権が誕生したことで、これまでの行政府と自民党を主体とする閉鎖的政策決定構造に緩みが出る。湾岸戦争での後手後手となった対応は政策決定者に吉田路線の限界を認識させるきっかけとなり、加えて朝鮮半島情勢の緊迫化などこれまで想定していなかった国際安全保障にどのように主体的に関わっていくのか、ソ連を仮想敵国として構築されてきた日米同盟をどう再定義し、対米協力をどう位置づけるかなどの安全保障政策に関する新たな課題に向き合うことになる。

（2）不安定な連立政権期の模索

国際システムの変動は各国政府に対外政策決定への自由度を高め、官僚以外の国内アクターが対外政策に関与する機会を増やしたとの指摘[16]は日本にも該当し、小選挙区比例代表並立制導入と、その帰結でもある長期単独政権の担い手である自民党の勢力低下・分裂も加わり、一九九三年の非自民連立政権誕生以降、連立政権や政権交代などにより、多様な政党に入閣する機会が広がる。かつて社会党など自民党以外の政党は、自民党単独政権が安定化するにつれ、政権獲得を目指した政策論争を展開せず、有権者も野党には自民党の運営の監視機能を期待するようになっていた。一九九三年に七党一会派が結集した細川護熙連立政権は、自民党を政権から降ろすことで一致団結したものの、自民党に対する明確な政策上の対立軸は準備できておらず、政権を運営しながら案件ごとに与党間の主張を調整して、あるいは調整不能で先送りして凌いでいく。同政権下では、日米貿易摩擦の余波で外国産米の事実上の輸入解禁を決断する一方で、米国から要望された個別分野における数値目標の設定を拒否し首脳会談が決裂するなど、経済関係では目立った動きがあったが、安全保障関係では、同年三月に北朝鮮が核拡散防止条約（ＮＰＴ）を脱退、五月末には日本海に向けてミサイルを発射するなど北朝鮮による核開発疑惑が浮上し、米国は朝鮮半島周辺で米軍を増強するなどの緊張状態となるが、細川首相は事態の深刻さを認識しつつも、北朝鮮寄りの政策を志向する社会党を含む連立各党の政策対立の根は深く、具体的な政策論議は回避される[17]。続く保守・中道諸政党による羽田孜連立政権の二カ月での退陣に伴い、非自民による連立政権は約一年で終焉を迎える。

何としても政権復帰を目指す自民党は、五十五年体制で対立していた社会党と組み、新党さきがけも加えて、村山富市連立政権を樹立する。武力衝突の可能性も含めて緊張が高まっていた北朝鮮危機はジミー・カーター元米大統領の訪朝により終息に向かうが、その間、有事の際の具体的対応の検討などは与党間で意見が合わず先送りされ、他にも、安保理改革に合わせた常任理事国入りへの働きかけや、ゴラン高原への国連平和維持活動（ＰＫＯ）派遣決定など外交案件が次々と浮上するが、社会党委員長である村山首相の下ではこれまでの自民党政権が敷いた安全保障政策を引き継ぐのが精一杯で、政権を崩壊させかねない安保論議は棚上げされた[18]。ただし、村山首相が自衛隊合憲、日米安保堅持を明言し、社会党としてもこの方針を承認するなど党として政策転換を行ったことにより、五十五年体制を特徴づけていた与野党の固定的なイデオロギー対立は大幅に縮小し、安全保障政策を能動的に議論できる土壌が整ったといえる。村山首相の後を継いだ自民党の橋本龍太郎は、一九九六年一月に三党連立の枠組みも継承して政権を発足させるが、同年一〇月の衆議院選挙後、自民党は単独で内閣を構成し、社民党とさきがけは閣外協力となる。沖縄基地問題や朝鮮半島核危機以来懸案となっている有事即応体制の整備などの外交課題は社民党との調整難航が必至な状況から、橋本首相は無所属の議員や他党からの復党などを進めて単独過半数の実現を目指し、一九九七年九月には閣外協力を解消、自民党単独政権を復活させる。そして、日米防衛協力のためのガイドライン関連法案の閣議決定を行うなど外交面での実績を積み上げる。次の小渕恵三政権は参議院で過半数割れの不安定な状況での発足となり、ガイドライン関連二法案など重要法案を国会で成立させるため、自由党と公明党を連立パートナーと見定め、時間をかけて三党連立という安定的基盤を築き、森喜朗、小泉純一郎へとつないだ。

冷戦後の流動化する世界で様々な想定外の事態が発生する転換期に、自民党単独政権が崩壊した後、次々に出現した連立政権は過半数を獲得するための数合わせが先行し、基本理念も政策も異なる政党が突如訪れたチャンスに寄り集まって政権を形成しており、新たな外交方針を打ち立てるにはかなり無理な体制であったといえる。特に、安全保障政策ではイデオロギー対立を続けてきた自民党や自民党の流れを汲む保守系諸党派と社会党の間で意見集約は困難で、結局、安全保障政策が一要因となって協力関係の解消に至る。

自民党単独政権崩壊から自自公政権までの間に誕生した連立政権は、政党間争いの色彩が濃く、政策的には先送りや場当たり的な対応も多かったものの、功績としては、政党が連立して妥協し合いながら政策を作り上げるという連立政権を根付かせたこと、そして自民党以外の政党も政権与党になり得るという前提が出来上がったことが挙げられるであろう。それまで日本では連立政権があまり注目されてこなかったが、篠原一は、欧米世界では常識的な連合政権が日本で研究の対象とならなかったことについて、一党優位の政党システムの下に自民党の長期政権が異常な長さで継続しているため、連合政権の可能性は乏しく遠い現象と見られていたと指摘し、一方で、連立の中心的担い手となるはずの野党側の問題として、権力の地位について政治を運営するという政党の責任を十分に認識していないという事情に加え、政治におけるバーゲンの意味が軽視され、バーゲンに習熟していないという政治的伝統によるところが少なくなかったと分析している[19]。

自民党単独政権下での不透明な政策決定過程への批判を踏まえ、連立政権では与党間調整に民主的な手続きを取り入れるなど様々な工夫が試行され、その後の連立政権での与党調整手続きの原型が出来上がる。各連立政権での与党間の政策決定プロセスについては、第5章で詳述する。また、この時期、政党だけでなく、行政部内でも政策に関与するアクターに広がりが見られる。橋本政権で実現した行政改革による内閣の機能強化により、外交・安全保障政策についても外務省や防衛庁に加えて内閣官房の存在感が高まることになる。

次節では、対外政策の決定過程及び連立政権に関する一般的な理論を含む先行研究を検討した上で、本書の焦点である連立小政党の対外政策への影響についての分析枠組みを提示する。

2　対外政策と連立政権に関する先行研究

(1) 対外政策決定過程

国家の対外行動を説明する伝統的分析アプローチに、国家が単一行為主体で合理的な決定を下すと仮定し、国会の対外行動を国際システムの構造的特徴である国家間の力の配分の在り方から説明するシステムレベル分析がある。K・ウォルツは、分析のレベルを国際、国家、個人に分類し、国家の対外政策の選択を、人間の本性（第一イメージ）や国内の政治経済構造（第二イメージ）に求めるのではなく、国際政治システムの構造的特徴である国家間の力の配分の在り方から説明するべきとした[20]。その後の国際関係論では、ウォルツの国際構造論をもとした国際システムレベルの理論的構築が中心となり、国内政治の考察は二次的な位置づけとなる傾向が続く[21]。

これに対し、国際システムの構造的特徴から国家の対外政策の選択を説明するのには限界があるとして、必要に応じて、国内政治経済体制の属性等構造的要因も取り込んだアプローチが提唱されるようになる。例えば、P・カッツェンスタインは米仏が同様の国際的問題に直面しながら国内で異なる政策を実施している理由を国内構造、特に国家と社会との関係の違いに求め、国内制度における制約の相違が各国の対外経済政策の違いにつながっていることを検証し、国際システムは国内政治の結果とも原因ともなるもので両者の分析が必要であると提唱する[22]。また、P・ゴルヴィッチは、国際関係を国内的要因で説明するとともに、「逆第二イメージ（Second Image Reversed）」論として、世界恐慌や石油ショックなどの国際市場が国内政治経済に与えた影響を例に挙げながら、国際経済が国内政治体制や政治的連合形成に与える影響を指摘した[23]。「逆第二イメージ」をさらに発展させたR・ロゴウスキーの研究では、ストルパー・サミュエルソン定理という経済学のモデルを基礎に、対外貿易におけるリスクやコストといった外的変化が、国内の資本家、土地所有者、労働者というアクター間の同盟や亀裂に変化をもたらしたことを説明する[24]。これらの理論やモデルは、国際経済の変化が国内アクターの選好や力関係に影響を及ぼすことを明らかにしており、国際システムレベルの相互作用のみから国家の対外政策の選択を説明するのには十分ではなく、国内政治制度を重視する等、より国内政治に根ざした研究が着目されるようになる。

一方で、構造的リアリズムが冷戦の終焉を説明しきれなかったという失敗や、国内要因を射程外としたことから対外政策研究が阻害されたという批判などを背景に、ウォルツの流れを継ぐネオリアリストの中からも国内要因を取り入れて国家の行動を理論化しようとする動きが出てくる[25]。例えば、M・マスタンデュノは米国の対日通商政策の変容について、国際システムにおける日米の位置の変化が国家の相対利得（relative gain）に対する関心を変化させると説明するが、その相対利得への関心に影響を及ぼす要素に政策担当者のアイディアと国内制度の果たす役割を取り入れている(26)。

国際環境からのインプットへの反応として国の対外行動を説明するアプローチとは別に、一九五〇年代、対外政策を担う政策決定者に焦点を当て、国内政治から国際政治への作用を説明するアプローチが提唱される。R・スナイダーは、対外政策の決定要因として政策決定者の主観に作用する国内的諸要因に着目した枠組みを示す(27)。J・ローズノウはこれをさらに展開し、対外行動を規定する諸変数を国際政治と国内政治との相互関連性で解明することを目指したリンケージポリティクスを提唱する(28)。国際体系の六つの要因と国内体系の四つの要因との関連性をもとに、国家の対外行動を予測するというものであるが、説明変数が多すぎて複雑かつ変数の相互関係が不明瞭なことから、実際の事象に当てはめることが困難と批判され、一般理論としての発展にはつながらなかった(29)。

一九七〇年代初頭、国家の対外政策の分析に、国際政治システムと国内政治過程の視点を入れて考察するモデルが発表される。米ソ核戦争の瀬戸際であったキューバ危機という具体的な外交事例への対応を説明するにあたり、自国の利益の最大化を目指して合目的的な合理的選択を行うと想定される国家に、非合理な決定を下す要素として国内の組織的主体と政策関与者を加味し、国家による決定と行動が整合性の取れた統一的なものではないことを明らかにしたのがG・アリソンである(30)。アリソンは、合理的な決定を下す主体としての合理的アクターモデル、標準事務手続きをもって前例を踏襲する組織の特徴を捉えた組織過程モデル、政府内の個人を対象にその駆け引きを含む相互作用に着目した官僚政治モデルと三つのモデルを組み合わせ、米ソのキューバ危機への対応を説明した。アリソンの三つのモデルは、国家の対外政策の選択を検証するためには、国際システムの分析レベルにとどまるのではなく、分析レベルを縦断するような分析視角へのシフト、つまり、対外政策決定の研究に国内政治分析の手法を取り入れる転換をもたらした。対外政策決定を国内政治過程の一領域として扱う組織過程モデルや官僚政治モデルは、対外政策の事例研究などに幅広く応用され、政策決定論や政治学の研究に大きな影響を与えたといえる(31)。

国際関係から国内政治への影響を分析する、あるいは国内政治から国際関係への影響を分析するという潮流に対し、国際・国内のどちらかに主軸を置いて分析するのではなく、国際交渉と国内政治の二つのレベルでのゲームを連繋させて政策決定過程を分析する協働モデルとして、ツーレベルゲームが提唱される[32]。R・パットナムのツーレベルゲームでは、各国の代表者たる交渉者が自国の利益を代表しつつ両者の合意を目指して交渉する過程を第一レベル、国内において他国との合意達成のため政府、政党、利害団体等アクター間の意見調整を行う交渉を第二レベルとし、第一レベルでの合意には、第二レベルでの合意達成が不可欠であり、二つのレベルはどちらか一方に力点を置かずに相互に連関しているとする。実際、議会での批准や承認を必要とするような国際交渉は、相手国に対する国益追求と国内調整とを同時に進行させる必要がある。K・シェプスリーらが米国連邦議会の制度研究において、ウィンセット（win-sets）を連邦議会の委員会で可決に必要な多数を得ることができるような政策合意の集合と定義したのをもとに、パットナムは第二レベルにおいて国内アクターが合意可能な内容の範囲をウィンセットと定義し、それは①国内アクターの権力の配分、選好、連携の可能性、②国内政治制度、③交渉者の戦略により決定され、第一レベルでの交渉はウィンセットに規定されるとする。さらに、パットナムはT・シェリングの戦略研究から着想を得て、国際交渉妥結の確率と国際交渉を通じた利得の配分について、ウィンセットが大きいほど妥協の余地が大きくなり交渉が成立する可能性が大きい、一方で自国のウィンセットが小さいほど、交渉相手国からの譲歩を引き出す上で有利になるとの仮説を提唱する[33]。

国内政治における競争と国際政治における競争とを単一の分析枠組みの中で提示したツーレベルゲームは、これまで別個の理論によって理解されてきた国内政治と国際政治との間の理論的乖離を縮め、国内要因分析の重要性を再確認させるものであったとされ[34]、また、その枠組みの包括性からも実証研究に適用しやすく、対外政策決定過程の研究に数多く活用されている[35]。ツーレベルゲームをベースに日米通商交渉を題材とした研究に、E・クラウスの日米貿易摩擦やL・ショッパの日米構造協議、中戸祐夫の日米包括経済協議がある。クラウスは半導体協議と建設協議の政府間合意が国内での批准の段階で異なる対応となったことに着目し、日米建設協定が批准されたのは両国の国内利益がまとまっておらず妥協点が見つけやすかったのに対し、日米半導体協定が批准されなかったのは両国の国内利益がまとまる妥協点で折り合いがつかなかったためであるとし、二国間協議の結果は国内アクターの利害状況の影響を受けると指摘する。[36] ショッパは日米構造協議で米国が日本側から譲歩を引き出した分野（流通改革や公共投資分野）と市場開放に至らなかった分野（系列問題）を比較し、日本国内に米政府の主張を支持するグループが存在する場合、あるいは日本政府内で既に米政府が主張する政策が検討されていた場合に米政府は日本から譲歩を引き出すことができたと指摘する。[37] 中戸は日米包括経済協議で四つの事例（政府調達、保険、自動車、半導体）がそれぞれ異なる交渉結果となったことについて、交渉担当者間の戦略の相違等を指摘し、米国からの外圧は一定ではなく、日本政府や企業・業界団体等の国内アクターが米政府やカウンターパートに働きかけることで米政府の政策を変更させられる可能性を指摘する。[38]

また、ウィンセットのサイズや情報の不完全性と国際交渉の成果についての研究も数多く発表されている。飯田敬輔は、交渉者が国内政治に関する情報を把握しているか否かに着目し、交渉者が自国内の選好を把握している場合は小さいウィンセットが交渉上有利に働く可能性があるが、自国内の選好を把握していない場合は国際合意は成立しにくく交渉上有利になることもなく、実際の通商交渉では利益団体の選好は入手困難で情報の不完全性を前提とした交渉モデルとなるとしている。[39] A・タラーは完全情報下では国内制約が厳しい方が交渉上有利になり得るが、一方の国内制約のみがオープンになっている不完全情報下では強い制約がある方が不利となり、制約が弱い方がより多くを得られるとする。[40] J・モーは、数理モデル分析により交渉者の選好が利益団体などの国内アクターと異なる事例を検討し、国内反対グループの政治力が中程度の場合に交渉者は対外交渉において交渉力を増大することができるとし、[41] さらに、完全情報下では、議会の批准という国内制約は交渉上有利になると分析する。[42] これらの研究が示唆するところは、国内政治の情報の不確実性が両国ともに高い、あるいは情報の確実性に非対称性があるような場合は、国内制約が交渉上有利に働くことはないが、双方の交渉者が相手国及び自国内のウィンセットを把握し得る場合には、交渉者が相手国の制約を認識し、譲歩する可能性から、国内に制約を抱える方が交渉上有利になる可能性があるということであろう。これに対してH・ミルナーは、ウィンセットを国内アクターの選好の構造、国内政治制度、国内の情報の分布と定義し、政府と議会の選好の乖離などの国内政治は国際合意の実現を妨げるとし、国内政治の制約が交渉を有利にするというシェリングの推測に懐疑的な見解を呈している[43]。

ツーレベルゲームは、その階層を増やしてスリーレベルとして三カ国による交渉を対象とした研究[44]や、国際と国内のレベルを経済と安全保障の分野にかけて分析した二分野-二レベル・アプローチ[45]など、個別事例に合わせてモデルに修正を加えながら活用されている。その背景には、国際的な相互依存の進展により、各国の対外政策の決定過程分析で国際交渉と国内政治とを分離して観念することが難しくなっており、外交と内政の連続性に重点を置いたツーレベルゲームのアプローチは操作性がよいという面があろう。また、国際交渉学の観点からも、それまで明確に区別されていた国内政治におけるボトムアップのアプローチと国際交渉におけるトップダウンのアプローチを融合させる試みとして評価されている[46]。一方で、ツーレベルゲームには、国内の合意可能範囲であるウィンセットを決定する要素を事例に応じて設定する必要があり、アクターの選好と国内制度の関係なども明確化されておらずモデルとして課題が多いこと、また合理的選択モデルに依拠して国内過程を過度に単純化しているといった指摘や、交渉者の意見を交えずに交渉することが仮定されている点が実態にそぐわないといった批判がなされている[47]。ツーレベルゲームはそのモデルに分析レベルの壁を越えて国内要因分析を組み込んだことで対外政策研究の有効なアプローチの一つと評される一方で、国内要因分析の手法が精緻化されていないという課題が残っているといえる。

ツーレベルゲームの中心的な考え方を整理すると、国際合意を目指して行われる交渉では、国際及び国内レベルそれぞれで駆け引きが行われそれぞれが相互に作用を及ぼすこと、交渉当事国には国内アクターにより決定されるウィンセットがあること、そして、ウィンセットは相手国からの働きかけなどにより範囲が変化し得るということである。本書では、国内政治要因と国際合意の相互作用を検証する事例として、約一〇年に及んで実施された「テロとの闘い」における日本の支援策を取り上げる。日本政府が米政府と対米支援策をめぐり交渉を行う一方で、国内でも関係行政機関や与党間、与野党間の調整を繰り返して支援策を決定、実施する過程を追うことで、国内政治が国際交渉にどのように影響を与えたのか、逆に国際交渉が国内政治にどんな影響を及ぼしたのかを明らかにするにあたり、政府を介して国際交渉と国内政治の連繫を見るアプローチであるツーレベルゲームの枠組みをベースとすることが有効と考える。国際交渉を映し出す第一レベルでは、日本政府と交渉相手国である米政府の交渉ポジションの変遷を明らかにする。第一レベルにおけるウィンセットは、第二レベルにおける国内政治によって規定される。本事例研究が対象とする期間、日本国内では自民党と公明党を中心とする連立内閣が政権の運営にあたっていた。「テロとの闘い」をめぐる日本の対外政策を決定する主体的な立場にいた連立与党の自民党と公明党の合意可能な範囲が日本のウィンセットと考えることができる。そこで、第二レベルの国内政治を分析する視座として、連立政権に着目し、連立政権における意思決定に及ぼす要因を抽出し、そこでの駆け引きがどのように第一レベルに影響を与えたのか、検討を進めることとしたい。まずは、連立政権にはどのような特徴があり、それが対外政策にどのような影響を及ぼすのかについて、先行研究を見ていくこととする。

（2）連立政権に関する理論研究

政党は自らの主張を政策として実現するために単独で内閣を構成できる議席の獲得を目指すが、それが不可能であれば、他の政党と連立を組んで多数を確保することになる。連立政治は形成↓維持↓終了↓選挙というライフサイクルを繰り返すが、これまでの研究では、連立政権が最も多い政権の形態となっている西欧諸国を対象に、連立政権の形成及びその崩壊（終了）に焦点が当てられ理論的モデルも多く提唱されているが、政権の形成と崩壊の間、つまり連立の維持・運営（governance）についての研究はあまり多くはない(48)。

連立政権の形成に関する理論的研究が発展するきっかけは、一九五〇年代にJ・フォン・ノイマンとO・モルゲンスタインによる政党の行動にゲーム理論を応用したモデルの提唱であった。それを定和交渉ゲームとして理論化したのがW・ライカーの最小勝利連合（minimal winning coalition）モデルである。(49)ライカーは、政党が政権追求という選好に基づいて政党間の協力を行うと想定し、過半数を超える政党が議会に存在しない場合の連立形成は、過半数確保のために余分な政党を含まない最小勝利連合のうち、必要最低限の議席をもつ過半数の閾値になるべく近い連合を目指すとした。言い換えれば、連合形成を目指す各党の交渉力は、単純に議席数に比例するのではなく、小政党であっても、他の政党との組み合わせにより過半数を超えることができる議席を有する場合に強まることになる。極端な例ではあるが、九九議席の議会で、四九議席を有する大政党が二つ、一議席のみの小政党がある場合の連立形成の交渉において、この小政党は二大政党に匹敵する交渉力を有するという考え方である。

政権追求モデルでは政党の規模のみを考慮するのに対し、政党の規模に加えて政策選好の要素を取り入れたのが政策追求モデルである。R・アクセルロッドの隣接最小連合モデルでは、左右のイデオロギー軸で政党を順番に並べ、その隣接する政党間で勝利する連合が形成されるとし、(50)A・デ・スワンは政党間のイデオロギー距離に基づき勝利する連合が形成されるとする最小距離連合モデルを提起する。(51)

これらのモデルを進展させ、政権追求を目的、政策追求を手段として捉えることで双方の概念を取り入れたのがポートフォリオ・アロケーション・モデルである。(52)連立政権の政策は当該政策領域を所管する閣僚の政策選好に規定され、与党の中で重要な政策分野の中位点に位置する政党からその分野を所掌する閣僚が選出される場合に政権は安定するとしている。また、議会の多数派に好まれる内閣のすべてにおいて、与党となることができるような政策選好をもつ政党を強い政党と定義し、強い政党は連立交渉において優位に立つと指摘する。

他にも、連立政権の形成または終了を説明しようとするものとして、合理的選択理論から説明するモデル、(53)議会の投票手続きや選挙制度など制度に着目するモデル、(54)重大事件発生をきっかけとして重視するモデル(55)などがある。

連立政権では、連立に参加を決めた政党が連立合意の下、閣僚を出し合い責任を分担しながら国家としての意思決定を行うが、連立を構成する各党は協調しながら政権としての功績を残そうというインセンティブがある一方で、党としての独自性を発揮し支持層にアピールする必要がある。よって、連立与党の間では政策をめぐる意見対立は一定程度不可避であり、その対立を調整する手続きは政権の安定性にも直結し、政権運営の重要な要素といえる。このように連立政権の維持・運営は単独政権のそれよりも複雑であり、連立政権だからこその政策への影響も推測されるが、研究の蓄積は多くはない。W・ミュラーとK・ストロームは西欧諸国の連立政権のライフサイクルを対象とする包括的な比較研究を行っており、その中で、各国の連立政権の連立合意や閣僚ポスト、意思決定手続き等、政権の運営についても検討を加えている。[56] J・ブロンデルらは、単独政権と比較しながら連立政権内の意見調整手続きを検証し、連立政権は政権内部で対立が起きやすく、与党が増えるほどその対立は増えると指摘する。[57] 連立政権の意思決定手続きに着目した別の研究では、内閣での正式な意思決定とは別に、連立政権の多くは非公式の会議で全会一致による決定を行っているとの分析もある。[58] 連立政権の政策への影響に関しては、連立政権は連立合意している課題を優先的に扱い、意見対立のある課題の先送り傾向を指摘する研究、[59] 連立政権は与党各党が独自の政策選好を実現しようとするため、単独政権よりも公共投資などの政府支出が多くなる傾向を指摘する研究[60]などがある。

（3） 連立政権と対外政策

国際関係学では連立政権が単独政権よりも平和的か攻撃的かというテーマが関心を集めており、連立政権と対外政策の関係についての研究蓄積が比較的多い。連立政権は単独政権よりも平和外交を追求する傾向があるとする主張では、連立政権は最も民主的制約が多い統治体制であり、連立与党の一部が反対する可能性のある政策は政策決定者が回避する、[61] 連立政権内の交渉により極端な政策は穏健な政策へと変更される[62]といった理由が挙げられており、攻撃的になると主張する立場からは、連立政権は責任の所在が不明確で、極端な政策を掲げる連立小政党に押し切られるといった理由が挙げられている[63]。

J・カーボは連立政権の対外政策における影響を検証するため、連立政権と単独政権との定量的比較と、オランダ、日本、トルコの連立政権下での事例比較を組み合わせている。そして、連立政権はより極端な対外政策をとる傾向にあるが、それが攻撃的か平和的かといった政策の方向性については明らかではなかったとし、また、議会の支持基盤が強い政権は、調整が難しくリスクの大きい対外政策に取り組む傾向などを指摘する。連立政権は意思決定が遅い、与党間の調整が難航して決定が先送りされるなどの悪い側面も観察されるが、様々な見解を反映した創造的な政策が生まれる場合もあったとする[64]。

K・オッパーマンらは連立政権を集権的で内閣による各省庁の統制が強い内閣主導型政府（cabinet government）と、分権的で各省庁が政策への決定権を有する省庁主導型政府（ministerial government）の二つに分類し、前者では連立小政党の影響力は大政党が掲げる方針を修正し、歯止めをかける方向で発揮されることが想定されるが、後者で連立小政党が外交分野の大臣ポストを獲得した場合には、大政党よりもイデオロギー的に極端な主張をすることの多い小政党の選好を大臣が実現しようとすることから、極端な外交政策が実施される可能性があると分析する[65]。

ここまで連立政権のライフサイクルに関する理論的展開と連立政権の政策への影響についての先行研究を見てきた。異なる主張をもつ二つ以上の政党から成る連立政権の駆け引きは、連立の形成時から始まり、政権を維持する間も政策調整を繰り返しており、それが政策に何らかの影響を及ぼすのではないかとの観点からの研究も発表されているが、どのような影響を及ぼしているのかについては両極端な分析結果が報告されるなど、明らかになっていない部分も多いといえよう。

本事例で対象とするのは、政権党として長年の実績をもつ大政党の自民党と与党経験もあまりない小政党の公明党による連立政権である。特に外交・安全保障政策分野については閣僚も自民党が独占する非対称的な連立政権内において、政策をめぐって連立ゲームがどのように展開されていたのであろうか。小政党でも対外政策に影響力を行使し得ていたとすれば、どのように実現したのであろうか。

以下、本書において連立小政党が大政党へどのようなゲームを展開したのかを検証する分析枠組みを検討する。

（4）分析枠組みの視点

日本の対外政策に関する研究は、戦後の外交実態を反映し、経済政策分野を中心に積み上げられており、安全保障政策分野における研究の蓄積はあまり多くはなく、また、研究対象としては外務省や通産省といった行政機関を軸に利益団体や自民党の族議員が射程とされ、自民党以外の政党や国会が対象とされることはあまりなかった。

本書では安全保障分野における対外政策の立案・実施過程における国内政治、それも連立政権を構成する小政党の影響力に着眼する。一般的には議席数も多く、首相をはじめとする主要閣僚のポストを占める連立大政党の選好が政策に反映されると推察されるが、議席割合など表面的に映し出される力関係以上に小政党は政策に影響力を行使しているのではないか、との疑問を日米同盟の質的変化をもたらすこととともなった「テロとの闘い」における日本の支援策という事例を通じて明らかにしたいと考える。

本事例では、日本政府が支援策を立案・決定し実施する過程で、米政府との国際交渉を進めると同時に、国内政治での合意を取り付ける作業が行われる。この二つのレベルでの各アクターの選好及びその相互作用を明らかにするアプローチとしてツーレベルゲームの枠組みを用いて、支援策の中核となった自衛隊による支援活動を決定し実施した二〇〇一年から撤退に至る二〇一〇年までの日米両政府の交渉ポジションの変遷を明らかにする。そして、日本政府が交渉ポジションをどのように変化させたか、それが米政府のポジションをどう変化させたのかを見る。また、パットナムは国内アクターの選好と国際レベルでの交渉結果をリンクさせ、国内に強硬派が存在するなど国内制約が強いことを相手国が知っている時は、自国の譲歩を最小限に抑え、相手国から譲歩を引き出すなど有利に交渉を運ぶ可能性を示唆しており、この点についても考察する。

次に、日本政府の交渉ポジションを規定する国内要因として、連立政権を中心に、政権内ではどのようなゲームが展開されていたのか、そもそも小政党が大政党に政策上影響力を行使することが可能なのかを分析する。連立政権内での小政党の影響力を分析する観点としては、第5章第1節で改めて詳述するが、以下の四つの指標を用いる。

第一に、各政党の連合形成における交渉力は必ずしも議席に比例しないという連立形成に関する理論的含意を踏まえ、連立与党間の交渉力について、議席数をベースとした勢力とは別に、どのような力関係が作用しているのかを野党も含めた政党全体の勢力関係から検討する。連立与党は政権を樹立し、維持するという共通の目的を実現するために相互依存関係にあるが、その依存度は連立各党で同じではなく、その政権への関与度や、他の政党と連合して別の政権を樹立する選択肢の有無などにより差が生じる。政党全体の勢力関係から、連立小政党の大政党に対する交渉力を検証する。

政党全体の勢力関係から生じる連立小政党の構造的な交渉力があれば、自らの志向する政策を実現できるというわけではなく、その力関係を政策の実現に向けた影響力へと変換する必要がある。連立小政党は構造的交渉力を背景に、いかにして連立パートナーを説得し、自らの選好を政策に反映させるのであろうか。政党の勢力関係を前提とした力の源泉に着目した第一指標に対し、政策決定プロセスにおける政党の特質や行動に着目したのが第二から第四の指標である。

第二の指標では、党内の意見集約度に着目する。大所帯で多様な議員を抱える大政党と、所属議員も少なく似たような主義主張をもった議員が集まる傾向にある小政党では、政策に関する意見集約度が異なる。ある特定の対外政策に関して大政党の中に小政党の選好に同調するグループが存在するような場合、小政党はその選好を大政党に説得しやすくなることが想定される。連立与党内の意見集約度の相違が政策の実施に与える影響について検証する。

第三の指標として、連立与党間で政策をめぐり意見対立が生じた場合の小政党の交渉戦略を見る。例えば、小政党が離脱すると連立政権が崩壊する立場を利用して、小政党側が離脱をほのめかすことで、政権崩壊によるダメージがより大きい大政党から譲歩を引き出すといった戦術が想像される。連立離脱という脅しを使いながら小政党が交渉を優位に運ぶことがあるのか、また、政権運営において有効なのか。あるいは別の戦術、例えば、ある案件で妥協する代わりに別の懸案事項で妥協してもらうというようなことが行われているのか、事例を通じて検証する。

最後に、第四の指標として、連立政権における意思決定手続きを検討する。連立与党間での意見対立は不可避なものであり、それをどのように集約させるのかは、政権の安定にも直結する重要な課題である。国会の意思決定ルールのように多数決を原則とするのであれば、小政党側に常に不満が残る結果となる。大政党が多数を根拠に押し切るということをしないのであれば、小政党の意見をどのように吸収しているのかを検証する。

安全保障政策の観点からも重要な事例である「テロとの闘い」については、同時多発テロ事件直後の日本政府の対応や「平成十三年九月十一日のアメリカ合衆国において発生したテロリストによる攻撃等に対応して行われる国際連合憲章の目的達成のための諸外国の活動に対して我が国が実施する措置及び関連する国際連合決議等に基づく人道的措置に関する特別措置法（平成一三年一一月二日法律第一一三号）」（以下、「テロ特措法」）の立案過程を対象とした分析など関連論文が多く発表されているが、支援策の開始から終了までの一〇年間の展開を追うことにより、想定外の事件への緊急対応として策定された支援策が次第に定着し、日常的な政策判断として半ば自動的に継続されるようになる過程や、連立政権内における駆け引きの対象が立法的側面から執行的側面へと移行する変化、そもそも政権の構成主体である自民党及び公明党の組織体制の変化などについても明らかにすることができると考える。

次章から第4章まででは、「テロとの闘い」における日本の支援策の決定・実施についての事例を記述する。そして、第5章において、上記分析枠組みに即して、事例をもとに日米両政府の交渉ポジションの変遷を明らかにするとともに、連立小政党の対外政策における影響力を分析する。

第2章　インド洋への自衛隊派遣決定から実施へ

――二〇〇一年九月～〇二年一二月

二〇〇一年九月一一日に米国本土で起きた同時多発テロ事件を受けて、米政府は同事件の首謀者とされるオサマ・ビン・ラディンらアル・カイダと、それを庇護するアフガニスタンのタリバン政権打倒を掲げ、同年一〇月、アフガニスタンへの攻撃、いわゆる「テロとの闘い」を開始する。日本政府は同盟国である米国の行動を早々に支持し、米軍等の後方支援にあたる自衛隊の派遣を決定する。その中心的な活動となったのが、海上自衛隊によるインド洋上での補給支援で、同年一二月から二〇一〇年一月まで途中一時撤退をはさみ、約一〇年間実施することになる。

同時多発テロ事件に端を発する「テロとの闘い」に関し、日本政府が支援策を決定し、実行に移すまでの初期（二〇〇一年九月～〇二年一二月：本章）、自衛隊による活動が定着し、規模の縮小を模索する中期（二〇〇三年一月～〇五年一二月：第3章）、アフガニスタン情勢悪化の中での支援活動の中断、そして完全撤退に至る後期（二〇〇六年一月～一〇年一月：第4章）の三期間に分けて記述する。

本章では、同時多発テロ事件、それに続く米国のアフガニスタン攻撃開始という想定外の事象の発生に政府及び連立与党はどのように対応したのか、立案をめぐる国内での駆け引き、それと同時に展開された日米両政府の外交交渉に焦点を当て、支援策が決定され、実施に至る過程を描く。

1　同時多発テロ事件直後の政府の対応——二〇〇一年

（1）米国での同時多発テロ事件発生に対する米国及び諸外国の対応

二〇〇一年九月一一日米東部時間午前八時四六分（日本時間二一時四六分）、ボストン発ロスアンジェルス行きアメリカン航空一一便がニューヨークの世界貿易センター北棟に突入、続いて日本時間二二時三分、ボストン発ロスアンジェルス行きユナイテッド航空一七五便が南棟に突入した。その四〇分後、ワシントン発ロスアンジェルス行きアメリカン航空七七便がワシントン近郊の国防総省ビルに突入、さらに一〇時一〇分頃、ニューアーク発サンフランシスコ行きユナイテッド航空九三便がピッツバーグ近郊に墜落した。邦人二四人を含む六〇カ国、約三〇〇〇人が犠牲となる同時多発テロ事件の発生である。米国本土、それもニューヨークやワシントンという中枢都市が直接攻撃されたことは、米国民に大きな衝撃を与えるとともに、ライブ映像で事件を目撃していた世界中を震撼させた。

この同時多発テロ事件は米政権の政策優先課題を一変させる。二〇〇一年一月二〇日第四三代米大統領に就任したジョージ・W・ブッシュは、選挙公約に掲げていた減税、教育、信仰に基づく政策、保健医療などオーソドックスな保守派が重視する内政を主導し、外政への関心は相対的に低く、外交・安全保障関係者とは週に二〜三回しか会っていなかったという(1)。しかし、コリン・パウエル国務長官が外交政策はリセットボタンを押されたようであったと表現しているように(2)、九月一一日を境に国土の安全やテロへの対応などの外交・安全保障政策が政権の最優先課題として急浮上する。

ブッシュ政権の外交・安全保障政策チームは経験豊富なベテランがそろった重厚な陣容であった。ブッシュ大統領を頂点に、ホワイトハウスではブッシュ・シニア（第四一代米大統領）政権で湾岸戦争を遂行した時の国防長官であったリチャード・チェイニー副大統領、コンドリーザ・ライス国家安全保障問題担当大統領補佐官、トーケル・パターソン国家安全保障会議（National Security Council：NSC）アジア上級部長（日本担当）、マイケル・グリーンNSCアジア部長が就任する。[3] 国務省では、パウエル国務長官、リチャード・アーミテージ国務副長官、ジェームズ・ケリー国務次官補（東アジア太平洋担当）、クリストファー・ラフルアー国務次官補代理（東アジア太平洋担当）、エヴァンズ・リヴィア日本部長、また、国防総省では、ドナルド・ラムズフェルド国防長官、ポール・ウォルフォウィッツ国防副長官、リチャード・マイヤーズ統合参謀本部議長、ピーター・ロッドマン国際安全保障問題担当次官補、ピーター・ブルックス国防次官補代理（アジア太平洋担当）、リチャード・ローレス次官補代理、ジョン・ヒル日本部長、中央情報局（CIA）からはジョージ・テネット長官という顔ぶれであった。この分野での経験豊富なベテランがそろう一方で、外交政策に対する根本的な思想には閣僚の間でも開きが見られ、特に、ラムズフェルド国防長官に代表される単独主義を基調とする新保守主義派と、パウエル国務長官などの多国間主義を基調とするリベラル派との確執は深刻で、政権発足後数カ月の時点で既にパウエル国務長官の政権内での孤立状態が報じられており、[4] その後、政権は多国主義に配慮する場面を見せながらも単独主義傾向を強めていく。

九月一一日の事件発生の瞬間、ブッシュ大統領はフロリダ州の小学校を訪問していた。[5] ブッシュ大統領は事件の一報を受け、エアフォースワンでルイジアナ州やネブラスカ州の空軍基地に緊急避難しながら、夜、ワシントンに戻る。その間、NSCを緊急招集し、連邦非常事態対応計画の発効の指示や、国内外の関係機関に最高レベルの警戒態勢を命じる。午後八時半からホワイトハウスで国民に向けて演説を行い、米本土へのテロ攻撃に対し、「テロとの闘い」に勝利するために立ち上がる、そして、テロリストとそれを保護する者も同類とみなして報復するとの決意を表明する。[6] ブッシュ大統領はこの時点で、米本土への攻撃を米軍の出動を前提とする「戦争」と位置づけ、同事件の実行犯のみならず、それを匿う者についても報復を行う方針を明確に打ち出す。[7] この演説では首謀者が誰かまでは明らかにされなかったが、オサマ・ビン・ラディン率いるアル・カイダが疑わしいということは、事件当日午後三時半から開催されたＮＳＣでテネットＣＩＡ長官が既に報告しており、(8) 翌朝の情報説明会では、同長官から証拠も提示されたという。(9)

ホワイトハウスでは同事件以降、ＮＳＣや外交・安全保障関係閣僚級会議等が随時開催され、ブッシュ大統領自らが会議の司会進行を務めることもあったという。(10) 同事件発生後の最初の週末、ブッシュ大統領はキャンプデーヴィッドに外交・安全保障担当閣僚を集め、今後の方針をじっくりと議論する時間を設ける。タリバンやパキスタンなど様々な議題がカバーされる中で、アル・カイダ以外のテロリストの扱いについても議論が及ぶと、ラムズフェルド国防長官は軍事行動の攻撃目標としてアフガニスタン以外のテロリスト支援国家も提案し、ウォルフォウィッツ国防副長官も山岳戦を強いられるアフガニスタンよりイラクの方が勝率は高いとして、イラク攻撃に積極的な意見を述べたのに対し、パウエル国務長官はイラクまで対象を広げると各国の支持が得られなくなると反対、テネットＣＩＡ長官も当面の軍事攻撃はアフガニスタンに絞るべきとし、チェイニー副大統領もイラクに懸念を示しつつも手を出せば中東諸国の支持が得られなくなるおそれから、今はアフガニスタンに絞るべきとの意見を表明したとされる。(11) 週明けの一七日、ブッシュ大統領は現時点ではイラクは保留とし、アフガニスタンのアル・カイダとタリバン政権を当面の軍事攻撃の対象として具体的な作戦を策定するよう国防総省に指示する。(12)

前代未聞の米国本土を直撃した同事件に対する各国首脳の初動も素早く、事件発生から数時間以内にトニー・ブレア英首相、ジャック・シラク仏大統領、ゲアハルト・シュレーダー独首相など主要国首脳はテロを非難するとともに米国への支援を表明する。主要国首脳の中でも特別の信頼を寄せていたとされるブレア英首相にブッシュ大統領は事件後最初に連絡をとっており、ブレア首相は米国への完全な支援を約束するとともに、国際協調を確保する重要性を伝えたという。(13)

米政府はタリバン政権にビン・ラディンの引渡し等を要求し、応じない場合にはビン・ラディン率いるアル・カイダの一掃、他の反米テロリストグループの追跡、テロリストの温床となっている地域やその支援の排除などを目的とする軍事作戦を展開するというシナリオを描き、国務省を中心に関係各国や国際機関に軍事行動への協力要請を進める。具体的には、ビン・ラディン等の捕獲に関してはパキスタンと中央アジア各国に、テロ撲滅のための国連決議の採択に関しては安全保障理事会常任理事国に協力要請し、タリバン政権と外交関係を有するパキスタン、サウジアラビア、アラブ首長国連邦（ＵＡＥ）には外交関係遮断を要請、また、軍事作戦には北大西洋条約機構（ＮＡＴＯ）各国やパキスタン、ロシア、湾岸諸国等をリストアップして協力を打診する。[14] パウエル国務長官は一四日のＮＳＣ閣僚級委員会（principal's committee）において各国との連繋が進展している旨報告し、穏健なアラブ諸国もこのテロの問題を従来とは異なる新たな視点で捉え出していると手応えを述べている。[15]

国際コミュニティから軍事攻撃に対する支持・支援を得られるよう幅広く働きかけを行う中で、とりわけ重視されたのがアフガニスタンの隣国パキスタンである。米政府はそれまで、パキスタン政府の独裁主義的軍事国家体制やカシミール問題におけるインドとの軍事衝突等から批判的立場をとっており、一九九八年の核実験実施以降は経済制裁も継続していた。しかし、同事件直後からパキスタン政府に急接近し、アーミテージ国務副長官はパキスタン軍統合情報部（Inter-Services Intelligence：ISI）のマフムード・アーメド将軍との会談で、空母搭載機のパキスタン上空飛行及び国内離着陸許可やタリバン及びアル・カイダへの支援中止等を含む七項目の要請リストを手交し、パキスタンは「テロと闘う」側につくのか、米国と対峙するのかと迫る。[16] さらに、パウエル国務長官やウェンディ・チャンバリン駐パキスタン米大使はパキスタン大統領パルヴェーズ・ムシャラフに、米政府の要請を受け入れ、支援する旨公表するよう求めたとされる。[17]

パキスタンは、その建国の経緯から最大の敵である隣国インドに対抗するため、別の隣国であるアフガニスタンには親パキスタン政権を据えたいという思惑があり、タリバン政権とは外交関係を樹立し、武器の提供や兵士の訓練、資金援助など様々な側面から支援を行っていた。しかし、今回のテロ事件でタリバン政権がビン・ラディンの引渡し等米政府の要求を拒否し、米軍等がタリバン政権を軍事的に排除すればアフガニスタン国内は内紛状態に陥るおそれがあり、そうかといってパキスタン政府が米政府支持を表明すれば、パキスタン国内の過激派を刺激し政情不安定となりかねず、ムシャラフ大統領は難しい判断を迫られる。ムシャラフ大統領のもとには、イギリスからもブレア首相の使者としてチャールズ・ガスリー前国防参謀長も送られ、説得にあたっていたようである。[18]ムシャラフ大統領は、九月一四日、駐パキスタン米大使と会談して上記七項目を無条件で了承する旨を伝える。[19]マフムード将軍は一六日頃アフガニスタン入りし、タリバン政権の最高指導者ムハンマド・オマル師に直接米側の要求を伝えた上で、ビン・ラディン及びアル・カイダ幹部数名の引渡しと二五〇〇万人のアフガニスタン市民の生活とどちらを選択するのか、と米政府の要求受け入れを求める。[20]一週間後、マフムード将軍は再度アフガニスタン入りしてタリバン政権の説得にあたるが失敗に終わり、駐パキスタン米大使はマフムード将軍にタリバン政権との交渉を打ち切り、軍事的作戦を進めると伝える。[21]米政府の支持を明確に打ち出したムシャラフ政権に対してブッシュ大統領は二二日、経済制裁解除とテロリスト掃討のための軍事的財政的支援等を決定する。[22]

国際コミュニティでは、米国の集団的自衛権の行使に支持を表明し、米国が報復措置として軍事行動をとることの正当性を認める動きが広がる。国連安全保障理事会では事件発生直後の一二日、「個別的又は集団的自衛の固有の権利を認識」（前文）するとした上で、テロ攻撃を非難し、そのような行為は、「国際の平和及び安全に対する脅威であると認め」（主文一）、「テロ行為を防止し抑止するため一層の努力をするよう国際社会に求める」（主文四）とする決議第一三六八号を採択する。[23]ＮＡＴＯも同日、「もし今回の攻撃が米国外からなされたものであると確定されれば、ＮＡＴＯ憲章第五条が対象としている行為であるとみなされるべきである」と、創設以来はじめて第五条の適用を決議し、集団的自衛権を発動して早期警戒管制機（ＡＷＡＣＳ）を米東海岸に配備する。[24]この他、太平洋安全保障条約（ＡＮＺＵＳ）加盟国、米州機構（ＯＡＳ）も米国の要請があれば集団的自衛権を発動することを決定、イスラム会議機構（ＯＩＣ）は同事件を強く非難の上、イスラム教は決してテロリズムを是認しないと宣言する。

米政府内では関係各国や国際機関などへの協力要請を国務省が中心となって進めていたが、その他の国々からも支援の申し出が殺到し、国務省では裁ききれず、軍事支援の関係は軍事作戦策定を担っていたトミー・フランクス将軍率いる中央軍（CENTCOM）[25]で対応するようになる。米国最大の友好国であるイギリスは、九月一五日にはタンパにあるCENTCOM司令部に大規模な代表団を送り込んでおり、一八日にはフランス、カナダからも代表団が派遣され、次第に有志連合（coalition of the willing）の形が出来上がる[26]。ただし、世界最強の軍事力を有する米国にとって、国際コミュニティからの軍事行動の正当性を容認する政治的支持は必要としていても、軍事作戦ではNATOや有志連合と十分な意思疎通を図ることなく、ペンタゴン（国防総省）が単独で作戦準備を進める。九月一八日、ブッシュ大統領は議会から軍の最高司令官として「テロとの闘い」を遂行するための広い裁量を得て、アフガニスタンの軍事攻撃に向けての体制準備へと本格的に着手する[27]。

「米国とテロリストのどちらに味方をするか、決断を求める」。二〇日、ブッシュ大統領が連邦議会上下両院合同会議において行った演説では、すべての国に「テロとの闘い」への共闘を促し、タリバン政権に対してはアル・カイダ指導者全員の引渡しやテロリスト訓練キャンプの閉鎖等を実質的な最後通牒として要求、そして、アル・カイダだけでなく地球上のテロリストが排除されるまで、米国の「テロとの闘い」は終わらないとの決意を表明する[28]。タリバン政権は米側の要求に応じることはなく、一〇月七日、ブッシュ大統領は国内外からの圧倒的な支持を背景に、テロリストとそれを匿う国家の両方をターゲットとした軍事行動に踏み切る。

（2）同時多発テロ事件への日本政府の対応

同時多発テロ事件の発生後、日本政府では内閣官房が中心となって緊急対応にあたる。約五カ月前の二〇〇一年四月に第八七代内閣総理大臣に就任したばかりであった小泉純一郎は一報を受け、二二時三五分、内閣危機管理センターに官邸連絡室の設置を指示、一時間後には同連絡室を官邸対策室に格上げする。警察庁は国内の米国関係施設への警戒警備の強化を全国の警察本部に指示する。[29] 日付が変わって一二日午前〇時二〇分頃、小泉首相は官邸別館三階の危機管理センターへ移動するが、センター内には安倍晋三・上野公成両内閣官房副長官、杉田和博内閣危機管理監、田中眞紀子外務大臣、村井仁防災担当大臣などに加え、ニュースで事件を知って駆け付けた自民党麻生太郎政調会長、堀内光雄総務会長、青木幹雄参院幹事長、公明党神崎武法代表ら与党幹部が五〇人近く詰めかけて混雑し、杉田危機管理監も首相のそばに近づけないような状況であったという。[30] 〇時五〇分、福田康夫内閣官房長官は、同事件を「極めて卑劣かつ言語道断の暴挙」と強く非難し、米大統領及び米国民に対するお見舞いを表明した総理大臣声明を発表する。[31]

一二日午前九時三七分、首相官邸で開催された安全保障会議で邦人安否を含めた情報の把握、国際緊急援助隊派遣の検討、米国等との密接な連携などの対処方針を決定、[32] 続いて開かれた同事件後初の首相記者会見で、小泉首相は同事件を強く非難するとともに「米国を強く支持し、必要な援助と協力を惜しまない決意」を表明する。[33] ただし、小泉首相がブッシュ大統領に直接電話で同盟国としてテロと闘う姿勢を強く支持すると伝えるのは、翌一三日の夜八時過ぎになってからであった。[34]

首相記者会見後、首相、官房長官、関係閣僚と与党首や幹事長が出席する政府・与党連絡会議が開催され、官房長官が事件発生後の政府の対応を説明、田中外相が邦人の安否確認状況等を報告した上で、米国との連携などの今後の方針を確認する。山崎拓自民党幹事長からは、国際テロとしっかり闘う姿勢を政府は示すべきで政府対処方針はそこが弱いとの指摘、扇千景国土交通相（保守党党首）からは有事法制を含め危機管理体制の再検討が必要との発言等がなされる。[35] 与党各党も、一二日、党内で関係会議を開催して対応を協議する。[36] 自民党では外交調査会・国防部会合同会議が開催され、米国の同盟国としてふさわしい行動をとるべきとの声が多数だされるが、その後開かれた総務会では「米国と一体となってというが、我々は許される範囲でしか行動できないはずだ」と諫める意見が出されたという。公明党では神崎代表を本部長、冬柴鉄三幹事長を副本部長とする「米国同時多発テロ事件対策本部」が設置され、テロ対策強化の必要性では一致したものの、有事法制や米軍基地警備の法整備は同事件に引っ張られるのは危険だといった慎重論などが出される。保守党では、野田毅幹事長を本部長とする「非常事態における危機管理対策本部」の設置を決め、有事法制整備に前向きに取り組む方針が確認される。

小泉首相は同時多発テロ事件発生直後から、対米支援策として自衛隊の関与を考えていたようで、福田官房長官にひそかに自衛隊派遣の検討を指示、官房長官は古川貞二郎内閣官房副長官に検討を指示する。(37) 一三日、古川官房副長官は大森敬治内閣官房副長官補、浦部和好内閣官房副長官補、谷内正太郎外務省総合外交政策局長、藤崎一郎外務省北米局長、佐藤謙防衛庁事務次官、首藤新悟防衛庁防衛局長、秋山収内閣法制局次長を招集し、具体的支援策や問題点の洗い出しに着手する。(38) そして、この勉強会で決められた政策の方向性に従って、安全保障・危機管理担当の大森官房副長官補の下に置かれていた有事法制検討チーム(39)で本案件の法制化作業を進めていく。

具体的な対米支援策の内容は外務省、防衛庁、海上自衛隊の関係部局の担当者がそれぞれ個人的な米側とのチャンネルを通じて米軍のニーズをヒアリングした内容や、「周辺事態に際して我が国の平和及び安全を確保するための措置に関する法律」（以下、「周辺事態安全確保法」）、「国際連合平和維持活動等に対する協力に関する法律」（以下、「ＰＫＯ協力法」）、日米防衛協力のためのガイドライン等自衛隊の海外派遣を規定する既存の法的枠組みや一九九一年の湾岸戦争における支援策の検討経緯等を参考にしながら、日本政府が実施できる項目を列挙した試案を作成、これらの項目をたたき台として省内で検討し、さらに内閣官房での検討の俎上に載せられまとめられる。試案の一つを作成した海上幕僚監部の担当者は、上から具体的な指示がある前に、当時の自衛隊がもっている能力で何ができるかを、相当踏み込んだオプションから引いたオプションまで一〇項目ぐらいを検討して、防衛庁内部の議論の場に提供したと話している。(40)

(3) 米政府からの要請

ワシントンでは九月一五日の土曜日、柳井俊二駐米大使が小松一郎公使と国務省を訪問し、同時多発テロ事件への対応で多忙を極めていたアーミテージ国務副長官と約四〇分会談する。この会談は、柳井大使が自ら設定したもので、本国からは訓令は届いていなかったという。[41] アーミテージ副長官は日本に対する具体的な行動の要請をしなかったが、湾岸戦争時のように日米間で齟齬が起きることがないよう、同盟国として、国際社会の一員として、コアリッションに参加し、目に見える貢献をすることが重要だと発言したとされ、柳井大使も湾岸戦争時は日本の対応が悪く批判されたが、今回はテロというグローバルな問題であり、日本も目に見える貢献をすべきだと思うと述べたという。[42] 日本政府への重要な交渉窓口であったアーミテージ副長官は、アフガニスタンでの軍事作戦の成功の鍵を握るパキスタンや過去の軍事侵攻から地理的情報等を有するロシアとの交渉にもあたっており、アフガニスタン周辺国でもなければ軍事攻撃への参加も期待できない日本の自衛隊派遣は、軍事作戦上というより政治的プレゼンスが重要で、日本ができる活動を主体的かつ自律的に実施してもらいたいという姿勢であったといえよう。柳井大使はその後の会見で、「日米同盟の実効性を維持・強化するために、この事件は一つの正念場だ。日本人の顔の見える活動をできるだけ早く表明することが期待されている」、「日本は一三〇億ドルの資金協力をしても国際的に評価されなかった。湾岸戦争の教訓に照らせば、自衛隊による後方支援が一つの実効性ある貢献」と、自衛隊による後方支援活動が望まれていることを強調するとともに、米政府はパキスタンへの経済制裁解除を決めているが日本はどうするのかと要請に近いものがあったと、[43] 自衛隊派遣に加え、パキスタンへの支援について期待が示されたことを明らかにする。

柳井・アーミテージ会談の内容は、翌日、外務省経由で官邸に報告され、これが一種のウェイクアップコールとなり「目に見える貢献」の実現に向けて、内閣官房での検討が本格化する。[44] 一方、国防総省のヒル日本部長は、日本部長という立場からは同盟国である日本が国内で受け入れられる形で目に見える貢献をするよう促すことが重要と考え、小松公使に湾岸戦争で日本は資金協力しかせずに国際的な評価が得られなかった経験を踏まえ、それ以上の貢献、例えば後方支援などでプレゼンスを見せるべき（「ショー・ザ・フラッグ」）とする旨を伝えたという[45]。

日本国内では、九月一七日、小泉首相がハワード・ベーカー駐日米大使と会談する[46]。また、一九日昼には、リチャード・クリステンソン在日米大使館首席公使が与党三党の幹事長に、米国はアル・カイダを打倒しなければならないが、同盟国として軍事的支援を可能な限りお願いしたいと要請する[47]。ベーカー大使は「もはや米国が長兄のように振る舞い、日本を末弟のごとく扱い、あれこれ指図することはしない」というのがブッシュ政権発足当初からの対日政策の基本であり、この米軍支援策についても、日本が主権国家として自ら決めることであると日本政府首脳に強調したと述懐しており[48]、米政府は自衛隊派遣は期待するが活動内容は日本に任せるというスタンスを、外務省や防衛庁等の官僚や与党幹部に様々なチャネルを通じて、伝えていたようである。

（4）「当面の措置」の発表

同時多発テロ事件を受け報復措置をも辞さない構えを見せる米国に対し、日本はどのような対米支援策を実施するのか、関係省庁担当者は米政府関係者の感触も踏まえながら支援事項を列挙して内閣官房に持ち寄り、たたき台を作成し、山崎自民党幹事長を軸に連立パートナーである冬柴公明党幹事長と二階俊博保守党幹事長[49]と調整しながら検討作業を進めていく。検討開始後一週間程度で、周辺事態安全確保法にも規定のある補給や輸送支援活動を中心とする方針が固まったようである[50]。

実際にアフガニスタン周辺で自衛隊が補給や輸送といった米軍への後方支援活動を実施するにはその根拠法が必要となるが、それを既存の法的枠組みである周辺事態安全確保法の準用とするか、新法を作るかが一つの焦点となる。周辺事態安全確保法は外国での軍事的な行動への自衛隊の関与を可能とするものであるが、「日本周辺地域における我が国の平和及び安全に重要な影響を与える事態」という要件に該当する必要がある。同法を根拠法として推した一部の防衛庁幹部は、この要件は地理的概念ではなく今回のケースでも適用可能とし、逆に新法を立案していては時間がかかりすぎると主張していた(51)。一方で、外務省幹部が中心となって主張したのが新法の制定で、同事件の首謀者が匿われている中東地域への自衛隊派遣を、日本の周辺地域における事態と説明するには無理がある、加えて、同法は日米安保条約をベースとしたもので支援対象や活動内容もそこに規定される後方支援活動に限られ、例えば、陸上自衛隊による医療支援活動など新たな支援活動の可能性が排除されるという理由からであった(52)。古川内閣官房副長官ら内閣官房幹部は新法制定の方向に動き、福田官房長官が一七日の記者会見で「いま言われているような地域は周辺事態からはちょっと外れている」と発言したことで新法作成が事実上決定づけられる(53)。翌朝開催された自民党役員会では、小泉首相が自衛隊派遣に向けた法整備への協力を求める(54)。

与党各党は、政府の原案をもとに、幹事長が中心となって新法制定に向けての調整を行う。本案件に関する与党間の調整機関には、安全保障関連政策を協議する場として設置されていた与党安全保障プロジェクトチーム（座長：久間章生自民党政調会長代理）と別に、幹事長、政調会長、国会対策委員長等を構成員とする「与党米国テロ事件緊急対策協議会」（以下、「与党テロ対策協議会」）が設置され、一八日の初会合で政府は自衛隊の海外派遣のための新規立法について説明する。座長：山崎自民党幹事長）山崎自民党幹事長は国会審議で時間がかかるリスクから新規立法に必ずしも前向きではなかったようで、公明党の冬柴幹事長は、新法には米軍等の武力行使を容認する国連安保理決議を根拠として挿入すること、また、時限立法とするなどの限定をかけないと周辺事態安全確保法より大きな法律を作ることになり認められないとの考えを示したとされる(55)。与党各党は、この後、党内で関係会議を開催し、自民党は外交関係合同部会で政府から支援策の説明等を受けて協議を行い、公明党は外交・安全保障部会で、憲法の枠内での協力、国連決議を根拠として明記、時限立法という条件を満たせば新法に合意するという方針を確認する(56)。

政府は、九月一九日、テロ対策関係閣僚会議において、同時多発テロ事件への対応及びそれに伴う米国の軍事作戦への支援策に関する基本方針をまとめた「米国における同時多発テロへの対応に関する我が国の措置」（いわゆる「当面の措置」）を決定する。(57) この閣僚会議の直前に開催された与党党首・幹事長・政調会長会談で、小泉首相は「当面の措置」について説明し、公明党と保守党の党首から合意を得る。

その内容は、第一に、米軍等に対して、医療、輸送・補給等の支援活動を実施する目的で自衛隊を派遣するため、「所要の措置を早急に講ずる」として、自衛隊の海外派遣の方針を明確にする。(58) 第二に、日本国内の米軍施設・区域および重要施設の警備をさらに強化するため所要の措置を早急に講ずるとされる。自衛隊による国内の米軍基地警備等については、自民党内から強い反発が出され党内調整が難航するが、その様子は次節で後述する。第三に、情報収集のための自衛隊艦艇の速やかな派遣の実施が挙げられる。海幕は九月中旬にも防衛庁設置法を根拠にイージス艦を含む艦隊をインド洋に派遣する方向で検討していたとされるが、(59) 防衛庁内局の反対からここでは明記はされず、実際、情報収集のための艦艇派遣の実現は、イージス艦以外の護衛艦で、日程も一一月下旬までずれ込むことになる。第四に、出入国管理に関する情報交換等の国際協力の強化、第五に、パキスタン及びインドに対する緊急経済支援の実施を挙げており、この二日後、政府は総額約四〇〇〇万ドル（四七億円）の対パキスタン緊急経済支援も発表する。(60) 第六に、自衛隊による人道支援の可能性を含め避難民支援の実施、最後に、経済システムに混乱が生じないよう、各国と協調し適切な措置を講ずるとされる。会議後の会見で、小泉首相は、「今の時点で、日本としてやりうる姿をはっきり見せた方がいい」、「速やかな行動を取った方がいいなと、私が判断してこういう形で発表」したと発言し、「当面の措置」が日本政府の主体的な取り組みであることを強調する。(61)

「当面の措置」の内容は、この後、小泉首相が訪米し、直接ブッシュ大統領に説明する。同時に、在米日本大使館員が国防総省、国務省だけでなく米国の上下両院の議員二〇〇名以上や主要メディアに説明したり資料を配布するなど、(62)「当面の措置」の実施は、事実上、日本政府の国際公約との位置づけとなる。ホワイトハウスは二〇日、「ブッシュ大統領は具体的措置に関する九月一九日の日本政府の発表を歓迎する」と声明を出している。(63)

この発表にあたって、小泉首相は連立パートナーである公明党と保守党には事前に説明をしたものの、自民党内に説明する機会がないまま公表される。また、重要な安全保障に関する新法の制定は超党派での対応が望ましいとの考えから、小泉首相は「当面の措置」を発表した翌日午前、鳩山由紀夫民主党代表、志位和夫共産党委員長、土井たか子社民党党首の野党三党首らに早速法案への協力を要請する。

(5) 日米首脳会談

同時多発テロ事件から約二週間が経過した九月二四日、小泉首相はニューヨークでグラウンドゼロの視察の後ワシントンに移り、翌朝、ブッシュ大統領とホワイトハウスにて約五〇分間会談を行う。同事件を受けて各国首脳が次々と訪米しブッシュ大統領に米国への支援を約束する中で、小泉首相は「すぐに飛んでいくより、対策を固めて持って行った方がいい」と支援措置をまとめてからの訪米となった。[64]

首脳会談では、小泉首相が「当面の措置」に基づき医療、輸送・補給など自衛隊による後方支援や情報収集、周辺国への経済的支援や避難民支援での協力など憲法の枠内で最大限の支援を行うと述べたのに対し、ブッシュ大統領は日本の努力を評価し、「日本は戦闘員を送っての武力行使には制約があるが、そのことによって同盟国の価値は下がらない」として軍事的支援は要望せず、一方で、テロリストへの資金断絶や難民支援、パキスタンへの緊急経済支援の重要性等を強調したという。[65]

首脳会談後に開催された共同記者会見において、ブッシュ大統領はテロ組織への資金源カット、情報共有、対パキスタン支援などの日本の協力について感謝の意を表明する。[66] 両首脳は、同年六月三〇日にキャンプデーヴィッドで初めて顔合わせをしているが、その際、小泉首相は「これほど大統領と信頼関係を築けるとは思わなかった」とコメントしており、[67] 今回の会談後の記者会見でもブッシュ大統領は小泉首相を「個人的な友人」と称して親密さをアピールする。両首脳の良好な信頼関係は、この後の日米関係に一定の安定感を与えたといえよう。

日米首脳会談では軍事的支援にかかわる具体的要請はなかったようであるが、首相に同行した外務省高官に対しては、アーミテージ国務副長官、パターソンNSC上級アジア部長から、湾岸戦争時の失敗を引き合いに「目に見える貢献」の必要性が説かれ、さらに、自衛隊の活動に様々な制約を加えようとしている国内の動きを牽制し、自衛隊による後方支援の活動内容や地域に柔軟性をもたせるよう要望があったという。(68) 交渉の最前線に立つ外務省担当者等は、米政府高官のこうした発言を日本政府内に伝えることで、政府の迅速かつ米側の期待に添った対応策を引き出す役割を果たしたといえる。

2　与党間調整から党内手続きへ

(1) テロ特措法案政府原案の策定過程

九月一九日の与党首会談における新法制定の合意を受けて、政府は立法作業を本格化する。立法の流れは、内閣官房安全保障・危機管理室が外務省及び防衛庁と協議をしながら素案を作成し、それをもとに与党幹部が議論して新法の記載項目や方向性を決定、それをさらに条文化し、内閣法制局の審査を受けながら関係省庁や与党幹部との協議を繰り返して詳細をつめるという流れで、一〇月一日に与党執行部で最終合意、翌日以降、与党の党内審査手続きを経て、五日の閣議決定に至る。以下、その過程を見ていく。

法案の大枠を協議した九月一九日付の「案」(69) では、新法の趣旨・目的として、「⑴国連安全保障理事会決議第一三六八号に言及する。⑵国際テロリズムの撲滅に向けた国際社会全体の取り組みに対し、我が国自らの安全確保の問題として積極的に寄与することを目的とする。⑶テロ活動に対抗して行う米国軍隊等の活動に対して我が国が後方支援活動を実施する」との方針が列挙されており、米軍への後方支援活動という目的が前面に出ている。後方支援実施の基本原則は「武力による威嚇又は武力の行使に当たるものであってはならない」、実施者は「自衛隊の部隊等」、後方支援活動の内容として「医療、補給、輸送」が列挙され、「このほか修理及び整備、建設、宿泊、捜索救助などを規定する必要性につき今後検討」と注が付されているが、この段階では「被災民支援」は記載されていない。後方支援活動を行う地域は、「戦闘行為が行われていない地域」とされる。基本計画の策定は、「後方支援活動を実施するにあたっては、周辺事態安全確保法に準じた形で、基本計画を閣議決定する」、実施要項は、「防衛庁長官は、基本計画に基づき、自衛隊の部隊等が実施する後方支援活動について実施要項を定める」とされる。国会との関係は「基本計画の決定・変更、後方支援活動の終了については国会に報告する」とされ、国会承認については言及されていない。武器使用については、「後方支援活動を実施するにあたり必要かつ適切な範囲で武器の使用を行うことができる規定を置く」として、周辺事態安全確保法やPKO協力法の武器使用基準を緩和することが念頭に置かれていたことが推測される。

これに対して外務省は医療支援活動を可能とする観点から修正意見を出しており、支援活動の内容に「被災民支援」を追加、後方支援活動に「等」をつけ、支援活動の実施者として、「自衛隊の部隊等」に「関連行政機関」を追加、活動地域は「現に戦闘が行われていない地域」、「ただし、医療活動については、人道上やむを得ない場合はこの限りでない」としている。

関係省庁の合議を経た九月二二日付「立法の骨格（案）」(70)では、趣旨・目的において、国連安保理決議第一三六八号が認定した内容を明記し、テロ活動を九月一一日の同時多発テロと限定、実施者には「関連行政機関」が追加されている点においては外務省の意見が反映されるが、「被災民活動」については反映されず、活動地域も原文のままとされる。後方支援活動の内容には、「武器・弾薬の補給及び戦闘作戦行動のために発進準備中の航空機に対する給油及び整備を除く」と、周辺事態安全確保法と同様の限定が付され、国会との関係では、基本計画の決定・変更、活動終了時の国会報告に加え、「自衛隊の部隊等が後方支援を実施することについては、原則として実施前に国会の承認を得る」と、国会承認が盛り込まれる。調整の難航が予想される武器使用については、一九日付「案」と同様、「必要な規定を置く」とされる。

九月二三日付「立法の骨格（案）」[71]では、趣旨・目的において、「米国軍隊等の活動」から「軍隊」が削除され、「米国等の活動」とされる。また、支援措置実施の基本原則では、支援措置を行う地域は「戦闘行為が行われていない地域」で変わらないが、「他国領域で活動することも想定しているため、周辺事態法における『後方地域』の概念をそのまま用いることは不可能。他国領域で活動を行う場合は、当該国の同意を得ておく」と追記される。また、「物品役務の提供の根拠」という項目が追加され、「米国等に対し物品役務を提供する根拠規定を設ける」とされ、「本法案提出時に、ＡＣＳＡ〔日・米物品役務相互提供協定〕改定条約を同時に提出することは事実上不可能との前提に立って、規定を設ける」と理由が付されている。

この骨子案の中で、特に政治的に争点となる項目が小泉首相訪米直前の二三日、与党三幹事長と内閣官房幹部等が出席した協議の場に提示された「論点」とされる一枚紙にまとめられている[72]。ここで列挙されるのは、特別立法、国連決議、実施地域、支援内容、武器使用の五項目である。まず、特別立法については、「今回の事件に関する特別立法とする。但し、具体的な日時の期限は付けない」と記され、政府側は期限の到来によって法律を失効させる意向がなかったことが明らかにされている。国連決議については、「国連安保理決議第一三六八号があるので、更なる安保理決議を条件とすることはしない」との方針がわざわざ記されている[73]。この背景には、公明党が自衛隊の海外派遣の正当性を担保するために米軍等の武力行使を容認する安保理決議を新法制定の条件としていたが、米国はテロに対する軍事行動を個別的自衛権と説明し、新たな国連決議を求めないとの立場であり、日本政府としても新たな安保理決議を自衛隊派遣の条件とはしないことを、小泉首相の訪米前に与党間で合意する必要があったと考えられる。実施地域については、「戦闘が行われていない地域とする」、支援の内容については、「医療、輸送、補給等周辺事態法に掲げられている項目とする。なお、同法同様、武器・弾薬の扱いに関し、輸送はできるが補給はしないこととする」とし、武器使用については、「支援活動の安全が確保されるために必要な規定を置く」と記される。

内閣官房安全保障・危機管理室は、これらの方針をもとに条文案を作成し、九月二五日以降一〇月一日夜に与党幹事長会談で了承されるまで、連日内閣法制局と検討を続ける。与党では、九月二六日に幹事長会談、続いて党首会談で、一部協議中の部分を除きテロ特措法案の概要が大筋了承されたのを受け、翌二七日に与党安全保障プロジェクトチームを開催し一部を除き概要を了承するとともに、衆議院で本案件を集中的に審議できるよう特別委員会の設置で合意する。そして一〇月一日に与党幹事長が懸案事項について最終協議し、その四日後の閣議に付される。以下、条文案の変遷を主な項目別に追うことで、政府及び与党各党の交渉経緯を見ていく。

①新法の目的及び名称

法案の目的は、当初「米軍等への活動支援」とされていたが、立法化の過程で、テロの防止及び根絶のための国際協力が強調されるようになる。これは公明党の意見を反映する方向での修正で、例えば、二五日の公明党政務調査会全体会議では、新法に関し、今回のテロに限定するという立法目的や国連安保理決議を踏まえた日本の主体的な行動であることを明記すべきとの意見が出されている。[74]

九月二五日付法律案[75]第一条（目的）では、「この法律は、我が国が国際テロリズムの防止及び撲滅のための国際社会全体の取組に積極的に寄与するため」と、テロ撲滅のための日本政府の主体的活動であることが規定され、国連安保理決議第一三六八号が同時多発テロ事件を「国際の平和及び安全に対する脅威と認めたことを受け、当該テロ攻撃によってもたらされている脅威の除去に努めるアメリカ合衆国の軍隊等の活動に関し、我が国が実施する支援措置」等を定め、「もって我が国を含む国際の平和及び安全の確保に資することを目的とする」としている。

二七日付法律案[76]では、国連安保理決議第一二六九号その他の安保理決議が国際的なテロリズム行為を非難し、すべての国連加盟国にその防止等を求めていることが追加される。また、同時多発テロ事件が安保理決議第一三六八号で国際の平和及び安全に対する脅威と認められたことを踏まえ、日本がテロ防止等に主体的に取り組むため、「アメリカ合衆国その他の外国の軍隊その他これに類する組織」の活動を支援するとして、米国のみならず諸外国の軍隊も支援すると対象が拡大される。

二九日付法律案[77]では、日本がテロ防止等に主体的に寄与するため、「次に掲げる事項を定め、もって我が国を含む国際社会の平和及び安全の確保に資することを目的とする」という柱書きが置かれ、第一号で「アメリカ合衆国その他の外国の軍隊その他これに類する組織（以下「諸外国の軍隊等」という。）の活動に対して我が国が実施する支援の措置、その実施の手続その他の必要な事項」、第二号で「前号にいう脅威の除去に努める活動に関連して我が国が人道的精神に基づいて実施する措置、その実施の手続その他の必要な事項」と規定される最終形に近い形式となる。

一〇月一日（二二時二〇分）付法律案[78]では、ビン・ラディンの関与を明確にするため、ビン・ラディンの身柄引渡しを求めた国連決議すべてを列挙する意図で国連安保理決議第一二六七号及び第一三三三号も加えられる。

この国際協力が強調される方向への変更は法案の名称にも反映されており、九月二五日付法律案の名称は「二千一年九月十一日のアメリカ合衆国におけるテロ攻撃に関連して措置をとるアメリカ合衆国の軍隊等の活動に関する支援措置に関する特別措置法（仮称）」と、米国軍隊等への支援の側面が色濃く反映されていたが、二七日付法律案では、「平成十三年九月十一日のアメリカ合衆国において発生したテロリストによる攻撃に対応して措置をとる諸外国の軍隊等の活動に対する支援を行うための措置に関する特別措置法（仮称）」と、支援の対象が米軍から「諸外国の軍隊等」と広げられる。さらに、一〇月一日（〇七時〇二分）付法律案[79]では、名称にも「国際連合決議」や「人道的措置」が挿入される一方、「軍隊」が削除され、「……諸外国の活動に対する支援及び関連する国際連合決議等に基づく人道的措置に関する特別措置法（仮称）」となる。与党幹部による最後の協議が行われた後の同日（二二時二〇分）の最終版では「国際連合憲章」も加えられて「平成十三年九月十一日のアメリカ合衆国において発生したテロリストによる攻撃等に対応して行われる国際連合憲章の目的達成のための諸外国の活動に対して我が国が実施する措置及び関連する国際連合決議等に基づく人道的措置に関する特別措置法」と長い名称で確定する。公明党の要望に沿って、目的と同様、法律の名称にも国際連合憲章や国連安保理決議といった文言が盛り込まれ、日本の支援活動の対象は、国際的に正当性が担保され、国際協力を目的としていることが強調される。(80)

②活動内容と活動範囲

周辺事態安全確保法では後方地域支援活動及び後方地域捜索救助活動が列挙されているが、テロ特措法案ではこれらの活動に加えて被災民救援活動を追加するか否か、また、武器・弾薬の輸送や補給を禁止するか否かが争点となる。

九月二五日付法律案では、支援活動として、「後方支援」及び「捜索救助活動」が規定される。「後方支援」では、合衆国軍隊等への物品・役務の提供として、補給、輸送、修理・整備、医療、通信、空港及び港湾業務、基地業務が別表に掲げられ、ただし、武器・弾薬の提供、戦闘作戦行動のために発進準備中の航空機に対する給油・整備は行わないとされる。二六日付の与党議員向け法案骨子の説明資料(81)では、支援活動として、「医療、輸送、補給等周辺事態安全確保法に掲げられている項目とする。なお、同法同様、武器・弾薬の補給はしないこととする。また、被災民支援については、引き続き検討する」と記載されている。

二九日付法律案では支援活動の記述がかなり具体化され、「後方支援活動」が「協力支援活動」に代えられ、対象も「合衆国軍隊等」から「諸外国の軍隊等」に変更、また「被災民救援活動」も追加され、捜索救助活動と合わせて三つの支援活動が規定される。「被災民救援活動」とは、国連総会、安保理等の決議または国連等もしくは国連加盟国等の要請に基づき、「諸外国の軍隊等の活動によって被害を受け若しくは受けるおそれがある住民その他の者（以下、「被災民」という。）の救援のために実施する医療、食糧等生活関連物資の配布、輸送その他の人道的精神に基づいて行われる活動であって、我が国が実施するもの」と定義される。具体的には、アフガニスタンからパキスタンへの流入が予想される被災民に対する陸上自衛隊による医療支援活動が想定されていた。与党幹事長は当初、医療支援活動をPKO協力法の改正で対応するとの方針で合意していたが、九月二五日の公明党政務調査会全体会議でPKO協力法の改正に慎重論が出され、自民党内からも同法改正となると迅速な支援への時機を逸するおそれがあるとの意見があり、同日開催された与党幹事長・政調会長会談でテロ特措法案に盛り込むことで合意される。[82][83]

物品・役務の提供の中でも、武器・弾薬の補給と戦闘行動に発進する航空機への給油・整備は、憲法で禁じる武力行使との一体化への懸念から、立案当初は除外されていた。しかし、武器・弾薬の輸送については、周辺事態安全確保法との整合性や、現場で米兵士や物品輸送のオペレーションの際に武器・弾薬が含まれていないか個別に確認が必要となれば円滑な輸送業務の妨げになることから、条文化作業の過程であえて除外規定が外されたという経緯がある。[84]ただし、周辺事態安全確保法では、我が国の領域と周辺の公海及びその上空という地理的制約が加えられており、事実上、外国の陸上における武器・弾薬の輸送はできない。本法案では、外国の陸上における武器・弾薬の輸送の可能性も出てくることから、この点を問題とし、九月二七日の与党安全保障プロジェクトチームの合同会議において、公明党から武器・弾薬の輸送を除外すべきとの主張がなされる。[85]米国からは武器輸送の要望はないとの情報もあったが、防衛庁は円滑なオペレーションの観点から武器・弾薬の輸送の除外に反対する。公明党は党内での協議の末、法案に二年の有効期限を設けることを条件に対応を幹事長に一任することで了承し、政府案には武器・弾薬の輸送が含まれることで一旦は決着するが、この論点は、後の与野党協議の焦点の一つとなる。経緯の詳細は次節で記述するが、最終的に、自民党が当該項目では民主党の主張を受け入れ、国会修正で「物品の輸送には、外国の領域における武器（弾薬を含む。）の陸上輸送を含まないものとする」という条文が追加され、武器・弾薬の陸上輸送は除外される。

支援活動の実施地域については、「戦闘が行われていない地域」という制約の条文化に難航し、二五日付法律案及び二九日付法律案では、「戦闘行為が行われていない地域（条文案検討中）」となっている。一〇月一日付（〇七時〇二分）にようやく、「……我が国領域並びに現に戦闘行為……が行われておらず、かつ、そこで実施される活動の期間を通じて戦闘行為が行われることがないと認められる公海……、その上空及び外国の領域（当該対応措置が行われることについて当該外国の同意がある場合に限る。）において実施するものとする」と規定される。最終版（二二時二〇分案）では、規定の仕方を変えて、柱書きで「我が国領域及び現に戦闘行為……が行われておらず、かつ、そこで実施される活動の期間を通じて戦闘行為が行われることがないと認められる次に掲げる地域において実施するものとする」とされ、第一号で「公海……及びその上空」、第二号で「外国の領域（当該対応措置が行われることについて当該外国の同意がある場合に限る。）」と修正される。

また、派遣される自衛隊による支援活動の種類や内容、実施区域の範囲、派遣部隊等の規模、構成、装備、派遣期間は、周辺事態安全確保法と同様、法律制定後に基本計画で規定するという構成をとる。

③武器使用基準の見直し

周辺事態安全確保法及びＰＫＯ協力法では、武器使用は本人と同僚の防護に限定されていたが、防衛庁は、難民キャンプや野戦病院での医療支援行為など、従来より危険な任務を従来通りの武器使用基準では実施できないとして緩和を強く主張し、与党議員の説得も行っていた[86]。

二七日の与党安全保障プロジェクトチームで、難民の警護や野戦病院などでの防護にも武器が使用できるよう基準を緩和する方向で三党が合意する[87]。これを受けて、二九日付法律案では、「自己若しくは自己と共に現場に所在する他の自衛官又はその職務を行うに伴い自己の管理の下に入った者の生命又は身体の防護のため」と、本人と同僚に加え、輸送の対象者や傷病兵を防護する場合などについても武器使用の範囲を拡大した案となる。一〇月一日付（〇七時〇二分）法律案では、「自己若しくは自己と共に」を「自己又は自己と共に」等微修正がなされる。

④時限立法

政府は当初、本法案を米国同時多発テロ事件への対応に限定した特別立法とすることから「具体的な日時の期限は設けない」という方針であり、このことは九月二三日付論点ペーパーでも明確に打ち出されており、二六日の三党幹事長・政調会長の協議用の法案骨子でも、趣旨・目的に「……特別立法とする。但し、具体的な日時の期限は付けない」と記されていた。

しかし、この方針が公明党の主張により大きく変更される。公明党は、九月一八日の党外交・安全保障部会で、新法は国連決議に基づく輸送や補給などの後方支援で、かつ、今回の事件のみに対応した時限であれば容認できるとの方針を確認したと報じられており[88]、新規立法が浮上した段階で有効期限の設定が念頭にあったようである。政府・与党間交渉役の冬柴幹事長は、自衛隊派遣に期限を設ければ日本の姿勢が消極的と受け止められかねないという政府側の立場を理解し、法案の目的を今回のテロ事件への対応に限定して基本計画で実施期間を区切ることにより、時限立法と同様の歯止めの効果をもたせられると考えていた節もあるが[89]、公明党内の大勢は時限立法で固く、二六日の中央幹事会において、神崎代表が自衛隊を海外に派遣するからには公明党らしい歯止めをかけることが必要と、時限立法にすべきとの考えを示す[90]。二七日の両院議員総会で神崎代表は新法を時限とし、一年では軍事行動が終わるかどうか流動的だが三年では長すぎる、二年が望ましいと発言する[91]。神崎代表が時限立法にこだわった背景には、自衛隊海外派遣に時間的制約が必要という支持母体である創価学会の主張に加え、公明党が与党としての存在感を出すため、民主党の修正要求に政府が応じそうな項目を先に取り込み与野党修正協議を困難にする戦略もあったとの見方もある[92]。

時限をめぐっては、米政府も有効期限のない法律を望んでいたようで[93]、時限に反対する政府側の意向を受けた自民党と、時限を求める公明党との間でギリギリまで協議が続く。一〇月一日午前、与党間で最終調整を進める中、神崎代表は冬柴幹事長と北側一雄政調会長と会談し、創価学会内で公明党は自民党の言いなりとの批判が出ているとして、テロ特措法案の論点の中で時限立法に絞って実現を目指す方針を固める[94]。同日夜の与党幹事長・政調会長会談で公明党が時限立法を迫るが、山崎幹事長は拒否、議論は膠着状態となる。最後に、二階幹事長が時限立法でいいだろうと発言したことで流れが決まり、深夜に印刷が始まった法案要綱には原案になかった二年間の時限が明記されるに至ったという[95]。それを裏付けるように、一〇月一日付（〇七時〇二分）法律案では附則第三条で「この法律は、対応措置を実施する必要がないと認められるに至ったときは、速やかに廃止するものとする」とされていたが、この会談後の一〇月一日（二二時二〇分）付法律案の附則は以下のように置き換えられる。

三　この法律は、施行の日から起算して二年を経過した日に、その効力を失う。ただし、その日よりも前に、対応措置を実施する必要がないと認められるに至ったときは、速やかに廃止するものとする。

四　前項の規定にかかわらず、施行の日から起算して二年を経過する日以後においても対応措置を実施する必要があると認められるに至ったときは、別に法律で定めるところにより二年以内に限りその効力を延長させることができる。

五　三項ただし書及び前項の規定は、効力の延長後二年を経過した場合においても準用する。

この後表現上の微修正が加えられるが、有効期限として二年が規定され、これにより、二〇〇一年一一月二日に施行された後二〇〇七年一一月の失効まで二〇〇三年一〇月に二年間、二〇〇五年一〇月以降一年間ずつ計四回延長されることとなる。

⑤国会との関係

国会の関与については、与党協議、与野党協議の過程で規定が大幅に修正される。九月二二日の「立法の骨格」では、基本計画の決定等の国会報告とあわせて、自衛隊の部隊等の活動実施について、原則、実施前に国会承認を得ることとされており、この方針を反映して、二五日付法律案では、基本計画の決定または変更があったときはその内容、支援措置等が終了したときはその結果を「遅滞なく、国会に報告しなければならない」とする国会報告に加え、括弧付きの仮置きという位置づけではあるが、内閣総理大臣は、「これらの支援措置の実施前に、これらの支援措置を実施することにつき国会の承認を得なければならない。ただし、緊急の必要がある場合には、国会の承認を得ないで当該後方支援又は捜索救助活動を実施することができる」として、支援措置実施前の国会の承認を必要とする条項が挿入されていた。

ところが二九日付法律案からは国会承認に関する箇所は削除され、国会承認の規定がないまま閣議決定される。二五日の与党幹事長・政調会長会談で、冬柴幹事長から今回のテロ事件に限定した新法であるため国会審議そのものが承認にあたり、後にどのような措置を行ったか報告するのでよいとの発言があったとされ[96]、公明党執行部は国会承認を不要と考えていたようである。政府も同様の見解に立っており、国会審議に向けた答弁集の中で国会承認に関する規定がないことについて、「本法案が九月一一日のテロ攻撃に対象を限っていることから、法案の国会成立自体が周辺事態安全確保法に定める国会承認と同様の意味を有する」[97]と説明している。

しかし、与党各党の事前審査手続きで異論が噴出する。自民党国防関係部会は一〇月三日、基本計画の決定・変更には国会の議決を要するなど国会の関与を深めることを条件に了承し、公明党の外交・安全保障部会や政調全体会議でも執行部一任を取り付けたものの、国会報告ではなく、承認とすべきとの意見が出される[98]。国会承認に関しては、この後の与野党修正協議の最大の焦点となる。その経緯は後述するが、結果として衆議院での修正により、対応措置を開始した日から二〇日以内に国会の承認を求めなければならず、不承認の場合は速やかに活動を終了させるという、国会による事後承認が追加される。政府は、修正理由を「自衛隊の部隊等の対応措置の実施については、行政府の責任において迅速に行われることを確保しつつ、国会がその是非について判断を示すことが、法案に対する一層広範な国民の理解を得るために不可欠であるとされ、事後の国会承認の仕組みを加える修正を施すとされた」と説明している[99]。

テロ特措法案の原案作成から閣議決定までの流れは、内閣官房が関係省庁と協議をしながら論点、骨子案、条文案と段階的に条文化を進め、その各段階で与党三党の幹事長が集まり与党間の意見を調整し、それを条文案に反映させている。与党間調整は、米政府からの要請を踏まえ、政府と歩調を合わせて米軍への後方支援活動をできる限り制約の少ない形で実現を目指す自民党幹部と、自衛隊の活動の拡大を抑えようとする公明党との対立が中心であったが、公明党の意向を受けて、自衛隊の活動は国際協力行動で国連決議等に基づく人道的支援であることが強調され、二年の時限法と修正される等、同法案には与党間調整の妥協の痕跡が随所に残されているといえよう。

（2）与党内了承手続き

テロ特措法案の立案過程では、内閣官房作成原案をもとに与党幹事長が中心となって与党間の意見集約を図る姿が目立ったが、では、与党各党の党内手続きはどうだったのであろうか。

自民党では、九月一一日以降、同時多発テロ事件の日本への影響や政府の対応について関係省庁から説明を受けるため、政務調査会に設置されている様々な部会が開催された。[100] しかし、外交・防衛関係だけでも多くの部会を擁する自民党では、自衛隊海外派遣のための新規法案をどこの部会の所掌とするかはしばらく定まらなかったようで、関係部会で新法が議題に上がるようになるのは、与党幹部によるテロ特措法案了承後の一〇月に入ってからである。

一方の公明党では、定期的に開催される外交・安全保障部会で同時多発テロ事件への政府の対応やテロ特措法案の詳細が議論され、加えて部会の上位審議機関である政務調査会や中央幹事会等に冬柴幹事長より与党間協議の経過報告がなされるなど、党内での検討が定期的、組織的に行われていたといえよう。例えば、九月一三日に公明党は外交・安全保障部会を開催し、同時多発テロ発生時の初動について警察庁と防衛庁から説明を受け、一八日及び一九日には新法の状況や自衛隊法改正等について協議、二五日には政務調査会全体会議で冬柴幹事長から与党協議の経過報告を受けて協議、二六日には中央幹事会、二七日には両院議員総会でも本案件について協議を行っている。

一〇月一日に自民党と公明党の最後の争点となっていた法案の有効期限を二年で合意したことを受け、五日に設定された閣議決定日前の党内了承を目指し、与党各党は党内審査を開始する。二日、自民党では米国同時多発テロ事件対策本部・内閣部会・国防部会・外交部会・国土交通部会が合同部会を開催し、大森官房副長官補から自民党部会で初めてテロ特措法案の要綱の説明が行われ、その後、政調審議会、総務会で同法案要綱は了承される。[101] なお、今回は海上保安庁法改正案もあわせて一括で審議したため国土交通部会も含まれていたが、この後の自民党のテロ特措法関係の事前審査は、内閣部会・国防部会・外交部会の合同部会で対応するのが定例となる。公明党でも外交・安全保障部会拡大部会での了承後、三日に政務調査会全体会議が開催され、国会承認の問題や武器・弾薬の輸送についての意見も出されるが、最終的に北側政調会長一任となる。[102] 四日の常任役員会では、冬柴幹事長が武器・弾薬の輸送は周辺事態安全確保法と同じ取り扱いでよいのではないかと説明したようであるが、党内からの根強い慎重論を受け、国会答弁で何らかの歯止めをかけるか、付帯決議を付けるなどのやり方も考えられると述べたという。[103] 保守党では三日午後の両院議員全体会議で、テロ特措法案の要綱についての了承を得る。[104] 与党三党は一〇月三日夕方、政策責任者会議で与党各党の了承を確認する。

テロ特措法案は五日朝、自衛隊法改正案及び海上保安庁法改正案とともに、安全保障会議での了承を得て、閣議で決定される。

テロ特措法案に関する与党調整手続きは、幹事長会談や安全保障プロジェクトチーム、党首会談など三党幹部の間で内容を概ね確定させた上で各党の党内手続きに進むという、これまでの党部会から議論を積み上げ了承後に与党間の合意を目指すという慣例に反したトップダウンの流れであった。[105] 自民党における一般的な党内了承手続きは、政務調査会の各部会において政府側から提案された法案等の実質的な審議により法案等に修正を加えながら了承し、政調審議会、さらに総務会においてコンセンサスを得るというボトムアップの手続きとなっている。しかし、テロ特措法案については、与党幹部で既に意見集約に至った案を与党各党の党内審査にかける順番になっており、党内審査で同法案を修正する余地はほとんどなく、形式的な了承手続きとなる。

自民党、公明党、保守党による連立政権では、安全保障政策に関して自民党と保守党との間にあまり意見の隔たりはなく、自衛隊派遣に積極的なスタンスをとる議員が主流であったが、平和の党を標榜する公明党は自衛隊の役割拡大に慎重で、その選好の違いはそもそも小さくなかった。しかし、連立政権発足前には与党間で安全保障政策の意見集約をほとんど行っておらず、突如浮上した米国が主体となる戦争への対応をめぐり、政府が自民党執行部の意向を踏まえながら作成した支援策に、公明党の意見をどこまで反映させるかという調整過程であった。そして、その調整は、形式的に与党合意を確認する場として与党協議会が機能するが、緊急事態という時間的な制約に加え、本連立政権として初めての安全保障事案への対応で、実質的には自民党と公明党の幹事長の個人的調整力に依拠して行われていた。自民党幹事長の山崎は、防衛庁長官経験者でもあり、数少ない国防族の有力者で、国内外の安保分野の要人、特に米国防総省や国務省にも気脈が通じ、小泉首相の盟友で官邸との距離も近いという条件がそろっていたからこそ、与党間調整を優先し公明党に一定の譲歩をした後、党内での審査となっても、党内をまとめ上げることが可能であったともいえる。自民党内でテロ特措法案に対し決して関心が低かったわけではないが、分権的で党内に外交・防衛分野の部会や調査会がいくつもあり、どこが同法案の受け皿となるのか俄かには決まらなかったという事情も山崎幹事長による調整力への依存度を高めたという面もあろう。党内調整が後回しとなったことで、国防部会などから不満の声が上がったとも報じられている[106]が、山崎幹事長は、当時安保関連の知識に富んだ人材はまだそれほど育っておらず、特段の抵抗はなかったと話している[107]。

一方の公明党は党所属国会議員数も自民党の六分の一程度の小政党であり、国民生活に直結する社会保障問題などを得意としており、外交や安全保障分野への知見が深い議員も限られる中、自民党との駆け引きと公明党内への説得は、冬柴幹事長が一手に引き受けていた様子がうかがえる。連立政権の維持のためには自衛隊の海外派遣を実現させなければならないという現実的判断と、自衛隊の役割拡大に反発の強い党内及び支持母体の説得は容易ではなかったと想像されるが、弁護士でもある冬柴幹事長は、相手と交渉しているその場で自ら筆をとり修正条文案を提示したともいわれる調整力で自民党から譲歩を引き出し、党内に対しては外交・安全保障部会や政調全体会議等を通じて丁寧に与党間協議の経過報告をし、公明党の意見が反映されたことで自衛隊の活動が抑制的、限定的になっていることを説得する役割を果たしていた。山崎幹事長も、冬柴幹事長について「党内をまとめるといったら本当にまとめ上げてくれた」と大きな信頼を寄せていたことを感じさせる発言をしており[108]、冬柴幹事長はこの後に次々と押し寄せる安全保障関連の難題についても、公明党の窓口として自民党との厳しい調整をこなしていく[109]。なお、テロ特措法案作成過程において、小泉首相や福田官房長官などの官邸や、山崎幹事長、冬柴幹事長などの与党幹部の関与は顕著であるが、田中外務大臣や中谷元防衛庁長官の関与はあまり見られず、関係省庁の局長以下の官僚が中心となって立案する一方で、与党間の政治的な調整は専ら与党幹部に委ねられていたようである。

(3) 国内重要施設の警備強化

同時多発テロ事件直後から米政府は在日米軍基地等の警備強化を要請しており、日本政府は九月一二日発表の「政府対処方針」でも、一九日発表の「当面の措置」でも、在日米軍基地等の警備強化を列挙し、テロ特措法案の立案作業と並行して、自衛隊が在日米軍基地の警備にあたれるよう自衛隊法の改正の検討に着手する。自衛隊法では、自衛隊が平時に重要施設等の警備にあたることは想定されておらず、治安出動や防衛出動が命じられるまでは国内の警備は警察が担当することになっていた。九月一三日、与党三党の幹事長・国対委員長会談において、山崎幹事長は自衛隊法改正を提案するが、冬柴幹事長は自衛隊法と警察法との整合性等の検討が必要と難色を示し、幹事長レベルで検討を進めることになる[110]。自衛隊の権限強化に慎重な公明党の意見を踏まえ、両幹事長は警察による警備では不十分な場合に対象施設や期間を限定して在日米軍施設、自衛隊施設、国会議事堂、首相官邸、原子力発電所、皇居等の重要施設の任務を付与する方針を固め、一八日の与党テロ対策協議会で、与党独自の自衛隊法改正案に合意する[111]。

一方、自衛隊の権限強化の動きに危機感をもった警察庁は、自民党議員に根回しするなど巻き返しを図る。二一日の小泉首相と自民党総裁等経験者との会談で、橋本龍太郎元首相、宮沢喜一元首相、加藤紘一元幹事長や野中広務元幹事長らは、自衛隊が治安維持にあたることに慎重論を展開し、国内の治安維持は警察に任せるべきとの意見を述べる。[112]自民党重鎮からの反発もあり、二六日の与党党首会談では、自衛隊の警備対象を米軍基地と自衛隊施設に限ることで合意する。[113]なお、二八日の自民党国防部会等の合同会議では、警察力だけで対抗できないテロが起きる場合もあるのに、自衛隊の警護対象を限定するのはおかしいと不満の声も上がったという。[114]

与党各党の党内審査を経て一〇月五日、テロ行為が行われるおそれのあるときに自衛隊が出動する「警護出動」の対象を自衛隊の施設及び米軍の施設・区域に限定し、出動命令者も防衛庁長官から首相に格上げされた自衛隊法改正案がテロ特措法案等とともに閣議決定される。

3 与野党協議

（1）野党民主党の立場

小泉首相は新法立案が浮上したかなり早い段階から、戦闘地域周辺に自衛隊を派遣するという安保政策の転換ともなる新法は超党派合意で成立させるべく野党との協調路線を明確にする。「当面の措置」を発表した翌日の九月二〇日には早速、民主、共産、社民の野党三党首に協力を仰ぎ、特に、最大野党である民主党の鳩山代表からはテロに対する国際協力は当然で、国連決議が必要といった条件に言及しつつも新法に賛成するとの発言を引き出しており、[115]自民党役員に対しても、民主党の協力も得て、対米支援のための新法を迅速に成立させたい旨伝えている。[116]逆に、民主党以外の野党は、自衛隊を海外に派遣するための新法制定には反対の立場を明らかにしており、社民党は自衛隊による後方支援活動は武力行使につながり憲法違反の疑いが強いと主張、共産党は憲法違反に加えて、米国の報復戦争に参戦することになると反発していた。自由党の小沢一郎党首は、国連が米軍の武力行使を認めていない段階での日本の支援活動には反対として、二〇日の与野党会談への出席も拒否する。[117] つまり、テロ特措法案に賛成の可能性があるのは、国会召集日に衆参両院本会議で可決された「米国における同時多発テロ事件に関する決議[118]」にも野党で唯一賛成した民主党に限られていた。

「政権責任政党」としての存在感を国民に示すことを命題にしていた民主党執行部は、政権獲得後をにらんだ現実的な対応として、当初からテロ特措法案に賛成の意向であった。ただし、党内の旧社会党系を中心とする慎重派を説得するためにも、与党側に同法案の修正を要求し協議の手続きを踏む必要があった。九月二六日の民主党両院議員総会では、政権獲得を想定した対応をすべきといった意見が大勢を占め、武器・弾薬の輸送は認めない、基本計画は国会で事前に承認する、戦闘地域に近い場所での医療・難民支援に歯止めをかける等の修正を与党が容認すれば同法案に賛成する方向で意見集約する。[119] 一〇月四日のネクスト・キャビネットでは、自衛隊の活動を国際協調行動として明確に位置づけるため、武力行使を認める国連安保理決議を求めることを前提とした上で、一年の時限立法、基本計画の国会事前承認、任務の場所的範囲は武力行使との一体化を避ける、輸送・補給から武器・弾薬を除外、武器使用基準は周辺事態安全確保法等既存の法的枠組みの規定を参考とすること等を要請する旨決定する。[120] 武器使用基準の緩和は、山崎幹事長から本質的な問題で、譲歩の余地がないと明言されていたようで、[121] 実質的な対立点は、有効期限の期間、国会の事前承認問題と武器・弾薬の輸送の禁止に絞られていた。国の安全保障に関する重要案件は超党派的に決定されるべきとの発言は山崎幹事長も繰り返しており、[122] 自民党も民主党も合意への道筋を見据えた上で与野党の修正協議を開始する。

（2）自公と民主党の駆け引き

第一五三回臨時国会召集日である九月二七日、小泉首相は所信表明演説の冒頭で、ブッシュ大統領と「テロリズムに対して毅然たる決意で闘っていかなければならないとの考えで一致」したことに触れ、米国の行動を強く支持するとともに、「テロとの闘い」は「我が国自身の問題」として自衛隊が米軍等の行動を後方支援するなど対応策を実施するため、早急に法整備に着手する決意を示す。(123)

「テロとの闘い」への日本の対応をめぐる与野党の攻防は、国会での本格論戦を前に、テロ特措法案の審議を行う特別委員会の構成や審議日程などでも展開される。与党はメンバーを三〇人程度の少人数にして質問者数や審議日数を少なくしたい考えであったが、野党は四〇～五〇人規模を要求、結局、構成員は四五人で、委員長には民主党幹部とのパイプが太く防衛庁長官経験者でもある加藤元幹事長が起用される。テロ特措法案は一〇日、衆院本会議における趣旨説明ののち、「国際テロリズムの防止及び我が国の協力支援活動等に関する特別委員会」(124)（以下、「テロ対策特別委員会」）に付託され、自民党筆頭理事となった元防衛庁長官の久間章生政調会長代理と民主党筆頭理事の岡田克也政調会長が修正協議に着手する。

国会でテロ特措法案の実質審議が開始される直前の一〇月八日午前一時頃、米英軍がアフガニスタン国内の軍事施設とテロリスト訓練キャンプに空爆を開始する。空爆開始約三〇分前にパウエル国務長官から事前通告を受けた小泉首相は午前三時前に臨時記者会見を開き、米軍等の軍事行動への支持を表明し、(125)安全保障会議開催を経て、臨時閣議で緊急テロ対策本部（本部長：小泉総理大臣）を設置する。(126)早朝から招集された自民党緊急役員会や与党代表者会議では、テロ特措法案の早期成立の必要性等が確認される。同日夜、再度開催された緊急テロ対策本部で、国内の警戒体制強化と邦人の安全確保等を盛り込んだ緊急対応措置が発表され、(127)その後、政府・与党緊急テロ対策連絡会議が開催される。

米軍等による攻撃が開始され、テロ特措法案の早期審議入りを迫られる中、民主党は役員会で、武器・弾薬輸送と武器使用基準は政府に慎重な運用や明確な憲法解釈を求めるにとどめ、国会の事前承認の修正を条件に同法案に賛成することで大筋合意する。(128)一〇月一五日に設定された与野党党首会談に向けて大詰めとなった一三日の与野党修正協議で、山崎幹事長から武器・弾薬の輸送について、治安情勢の悪化から自衛隊によるパキスタン等陸上での輸送支援は実施困難という判断も加わり、民主党の主張通り、外国での陸上輸送を除外し海上輸送に限り追加(129)、国会の関与については国会の事後承認の追加が提案される。自民党執行部は、与党単独採決を回避するため、最終的には民主党主張の事前承認を容認する意向であったが、連立パートナーである公明党から民主党に譲歩しないよう掣肘される(130)。自衛隊の海外派遣に慎重な手続きを要求してきた公明党にとって、自衛隊の派遣後ではなく、派遣前に国会の承認を必要とする修正は、政策的観点からは党の方針と合致するはずであった。しかし、自民党が民主党と連携するきっかけとなり公明党が与党内で埋没し、ひいては政界再編へとつながるのを避けたいといった政治的思惑から、国会関与の強化を主張する民主党の修正案を否定する側に回ったとされる(131)。また、自民党執行部には民主党が最後には事後承認を受け入れ、超党派合意が実現するとの楽観的な見方があり、一方の民主党内にも与党側は超党派合意を優先させて民主党の主張を受け入れるとの期待があり、鳩山代表は事前承認との文言がなくても実態としてそれが確保できれば合意できるとの思いで一五日の党首会談に臨んだとされる(132)。

一〇月一五日の夜、首相官邸で行われた自民・民主両党の党首会談は、相手の妥協により合意するという双方の楽観的な見通しから大きく外れる。会談では、山崎幹事長と民主党の鳩山代表、菅直人幹事長、岡田政調会長が国会の事前承認をめぐり激しく論争を繰り広げ、議論が平行線をたどる中、韓国から日帰りしたばかりの小泉首相の言葉数は少なく、民主党に賛成を促し頭を下げたとされる(133)。一時間一〇分続いた会談は合意に至らず終了となり、両当事者が目指してきた超党派合意によるテロ特措法案成立の可能性が潰える。自民党執行部は当初から本法案に民主党の賛成を得られるよう、自民党内に説明する前に民主党に骨子案を提示するなど積極的にアプローチしてきたが、修正協議で連立を組む公明党の強固な反対により連立体制の維持を優先させ、硬直的な対応を取らざるを得なくなった。民主党執行部も同法案に賛成する方針でありながら、与党から修正を勝ち取らないと党内を抑えきれないという事情もあり、自民党が国会の事前承認に抵抗したことで目論見が外れ協議決裂に追い込まれる。ただし、与野党協議の過程で自民党が提案した武器・弾薬の陸上輸送の除外及び国会の事後承認に関する修正は、翌日与党三党の政策責任者会議で了承される。

一六日のテロ対策特別委員会では、与野党協議が不調に終わった理由が議論となる。民主党は、シビリアン・コントロールの徹底のため事前承認にこだわったとし、与党側の国会の審議日程が立て込むという主張に対し、民主党案でも原則事前承認としつつも緊急時には事後承認も認めることになっていたと反論する。[134] 岡田政調会長は、自身のホームページで協議不調の理由を連立体制に言及し、「自民党は、当初は柔軟だった。首相も含めて非公式にはそのような（事前承認の）ことも話していたのではないか。だが、途中で固くなった。公明、保守両党の存在があったからだろう」と指摘する。[135] 一方の小泉首相は、「与党としても大方民主党の意見を受け入れることができたという報告を聞いておりまして、最終的に私はこれで民主党も賛成してくれるものと思っておりました。そこら辺が思い違いなんでしょう」と民主党との合意を見込んで与野党協議に臨んだことを明らかにしている。[136] 公明党が与野党協議のハードルを高くしたという批判に対して、冬柴幹事長は与党三幹事長とも国会承認は不要というのが一致した意見だったが、事の緊急性を考えて民主党に最大限に譲歩し、自ら自衛隊法第七八条の治安出動規定に準じた事後承認の規定を盛り込む修正を提案したと説明する。[137] ただし、一七日の公明党国対・理事協議会では、テロ特措法案可決に民主党の賛同は必要だったとか、事前承認とすべきだったという意見も出されるなど、冬柴幹事長の対応に不満の声も上がったという。[138]

衆議院テロ対策特別委員会では一六日のうちに採決に移行し、民主党提出の修正案を否決した上で、武器・弾薬の外国での陸上輸送の除外、自衛隊への活動命令後二〇日以内に国会承認を求めるとの修正を盛り込んだテロ特措法修正案が自衛隊法改正法案及び海上保安庁法改正法案とともに与党の賛成で可決される。二日後、衆院本会議で同法案は与党の賛成多数で通過するが、野中元幹事長と古賀誠元幹事長は党議拘束に反して棄権する。[139] 参議院では外交防衛委員会での審議となるが、二五日及び二六日の二日間の審議で採決となり、与党二会派の賛成多数で可決、二九日に参院本会議で可決される。[140] テロ特措法は国会提出後二四日、審議時間は衆参合わせて六二時間という、これまでの安全保障分野の重要法案の審議としては異例の早さ、「官僚機構の常識から言えば、驚異的なスピード感」[141]で成立する。

自民党と民主党の執行部は、テロ特措法案を与党と民主党の賛成で成立させることを目指していた。実際、民主党側は与党の容認可能な事項に修正要求を絞り、自民党も柔軟に対応する姿勢を示していた。ここで鍵となるのが与党公明党の存在であった。公明党は自民党からの説得で国会承認は不要との立場は変更するが事後承認にこだわる。一方、与党が事前承認を容認すると楽観的に捉えていた民主党は与党が折れない場合を想定していなかったようで、与野党党首会談の場で事後承認への妥協を決断できず、会談は決裂する。この会談結果が異なっていれば、その後の展開も大きく変わってきたであろうが、この小さなボタンの掛け違いにより、与党と民主党との対立は一〇年にわたって続き、他国を巻き込んでの混乱を招くことになる。

4　「不朽の自由作戦」開始と日米政府間協議

（1）タリバン政権の誕生

部族単位の緩やかな連合体として国家を形成してきたアフガニスタンは、最大の民族で人口の約四割を占めるパシュトゥン人による他民族の制圧と支配、あるいはパシュトゥン人同士が争いを繰り返しながら、一九世紀後半にはイギリスとロシアの覇権争いの狭間で領域を維持、冷戦期にはソ連への傾斜を強め一九七八年に社会主義革命が起きると国内混乱をきっかけに、翌年、ソ連が社会主義政権の支援などを名目にアフガニスタンに軍事侵攻する。侵攻してきたソ連軍に対し、ムジャヒディンと呼ばれるイスラム教の反政府ゲリラ組織は抵抗を続け、米政府もC

ＩＡを中心にパキスタン軍統合情報部（ＩＳＩ）を通じてこれらの組織を支援し、米ソ対立の代理戦争として泥沼化する。ムジャヒディン勢力は一九八八年にソ連の撤退合意を勝ち取り、一九九二年に社会主義路線をとっていたムハンマド・ナジブラ政権を打倒、主要八派は暫定連合内閣を発足させたが、各派の思惑の違いや民族対立から内戦に逆戻りとなり、国土は荒廃し各派が軍閥と化して群雄割拠する無秩序な状態に陥る。そこにイスラム教に基づき治安と秩序を回復しようと世直し運動を展開したのがイスラム神学校の学生により組織されたタリバン[142]で、パシュトゥン人の支持を受けて急激に勢力を拡大し、ムジャヒディンの代替勢力として台頭する。

一九九四年一一月、最高指導者であるオマル師の指揮の下、タリバンはアフガニスタン南部の都市カンダハールを制圧、二年後には国内大半とカブールを制圧し、イスラム原理主義政権樹立を掲げる。一方、タリバン政権に対抗する勢力としてタジーク人、ウズベク人、ハザラ人を中心とした諸グループが北部同盟を結成し、アフガニスタン北部を拠点に抵抗を続ける。同時多発テロ事件発生以前から、米政府はタリバン政権が掲げる急進的イスラム原理主義を基調とするイデオロギーは地域の安定に脅威となるのではないかとの懸念を抱いており[143]、対抗勢力である北部同盟に支援を行っていた[144]。

タリバン政権はビン・ラディンを客人として迎え入れていたが、ビン・ラディンは一九九八年のケニア及びタンザニア米大使館攻撃への関与も疑われており、国連安保理決議第一二六七号及び第一三三三号はタリバン政権にビン・ラディンの引渡し及びテロ訓練施設の閉鎖を要請していた[145]。そこに同時多発テロ事件が起き、米政府はその首謀者をビン・ラディン率いるアル・カイダと断じ、テロの実行犯だけでなくテロリストを匿う国に対しても軍事攻撃を辞さないと宣言して、タリバン政権にビン・ラディン等の引渡しを求める。しかし、タリバンのパキスタン駐在大使は、「大英帝国やソ連はアフガニスタンに侵入し大火傷を蒙った。我々は戦う用意ができている」と強気な発言で、引渡しを拒否する[146]。タリバン政権が国際社会で孤立を深める中、米国はアフガニスタン周辺国や関係各国の協力を取り付け、軍事行動への準備を着々と進める。

（2）「不朽の自由作戦」開始

一〇月七日、米英軍はアフガニスタンに対する空爆を開始し、テロ訓練施設やタリバンの軍事施設等の破壊、国際テロ活動の阻止、アル・カイダやタリバンの捕捉・殺害などを目的とする軍事作戦、いわゆる「不朽の自由作戦（Operation Enduring Freedom : OEF）」が展開される。(147) 米軍と共同で実質的な戦闘行為に参加したのはイギリス軍のみであった。

アフガニスタンへの軍事作戦は、最新鋭の技術と軍備を駆使した空からの攻撃を中心とし、地上軍の展開は北部同盟などのアフガニスタン勢力を最大限活用して米軍の規模は小規模に抑えるというラムズフェルド国防長官の方針を反映した構成であった。(148) 米英軍はカブール、ジャララバード、カンダハールにあるタリバンの軍事施設や政府関連施設、アル・カイダの拠点等をターゲットに、トマホーク巡航ミサイル、B1爆撃機等で集中的に攻撃し、数日で制空権をほぼ確保する。一〇月下旬には米軍特別作戦司令部の特殊部隊が北部同盟と協力しながら地上戦に移行し、一一月一三日にカブールを制圧する。カブール陥落後、アフガニスタン全土にタリバンが拡散し、一二月七日、タリバンが本拠地としていたカンダハールも明け渡され、同政権は消滅する。小規模な米軍編成にもかかわらずハイテク兵器と地元の反タリバン勢力を駆使した軍事作戦は、ピンポイントに政権の拠点を制圧するには有効であったといえよう。

インド洋、ペルシャ湾、アデン湾、オマーン湾などの海域では、ＯＥＦの海上作戦として、テロリストや武器・弾薬等の海上移動の阻止・抑止を目的に、ここを通過する不審船等に対して無線照会や乗船して検査等の警戒監視活動を実施する海上阻止活動（Operation Enduring Freedom- Maritime Intercept Operation : OEF-MIO）が展開され、米、イギリス、フランス、ドイツ等が参加する。この活動に従事する米国等の艦船に対し、二〇〇一年一二月から日本の海上自衛隊がテロ特措法に基づいて補給支援活動を実施する。なお、ＯＥＦとＯＥＦ-ＭＩＯの指揮系統は別で、活動根拠も異なっている。(149)

（3）支援内容をめぐる日米協議

一〇月上旬にテロ特措法案が閣議決定された頃から、政府では自衛隊の具体的な活動内容や期間、装備を定める基本計画を策定するため、米側との調整を本格化させる。米政府の基本スタンスは、日本としてやれることを教えてほしい、ただし、自己完結型で制約がなるべく少ない形でお願いする、という日本の自主性を尊重するものであったという[150]。日本の支援内容を検討するためにワシントンで情報収集にあたった岡本行夫内閣官房参与は、ホワイトハウスの幹部から「日本も何か貢献してくれ。金だけじゃなくて」と要請されたが、国防総省幹部からは海洋活動に踏み込み、「日本がインド洋地域で何か貢献してくれれば、自分たちはそれだけ兵力をほかに使うことができる」といわれ、日本が後方で何か海洋活動をすれば、その任務に必要な米軍の戦力を自由にできるという意味の「フリー・アップ」という言葉を繰り返し聞いたという[151]。米政府からの要請が具体的ではなく、今後の軍事作戦がどう展開するかも不透明な中で、日本政府は海上の輸送・補給支援活動を柱として、米兵捜索救助などもできるよう活動内容や地域を広めに想定し、また、海上自衛隊では支援活動実施にあたり、高度なレーダー等を有し対艦ミサイルや周辺の艦船の探知・識別能力が優れているイージス艦の派遣を前向きに検討する。

政府内でまとめた支援策を米政府と調整する枠組みについて、一一月一日、日米安全保障高級事務レベル協議（Security Subcommittee : SSC）で議論し、支援活動の概要や実施経路などの大枠は防衛庁、外務省と国防総省、国務省の局長級の調整委員会（meeting of the liaison committee）で、より実務的な内容は課長級のワーキンググループで検討し、具体的な運用は実施部門である米軍と自衛隊が情報交換しながら進めることで合意する[152]。

翌二日の調整委員会初会合では、基本計画の骨子が話し合われ、主たる支援活動として日本側はインド洋に浮かぶ米英軍出撃基地ディエゴ・ガルシア島方面への食糧・燃料などの輸送・補給の「協力支援」、遭難した要員の「捜索救助」、アフガニスタン難民への物資輸送や医療支援の「被災民支援」を提示する[153]。そもそも米側には変更に国会承認を必要とするような基本計画で自衛隊の活動内容の詳細を規定するという構造が理解できず、基本計画は自衛隊による活動を限定し、支援内容の柔軟な変更を不可能とするものに映っていたようで[154]、自衛隊の活動に多くの制約が課されることで米軍の足かせとなることを懸念していたという。国防総省では水面下で日本のイージス艦派遣を作戦に織り込み、ディエゴ・ガルシア島とその周辺の防空にあたらせる役割を構想していたともされ[155]、調整委員会後の非公式協議で米側はイージス艦派遣を打診するが、日本側は集団的自衛権の行使につながるおそれを理由に難色を示したとされる[156]。

一一月六日から七日にかけて、ホノルルの米太平洋軍司令部で制服組も含めた日米課長級による実務者協議が開催される。防衛庁が自衛隊による活動地域を、ディエゴ・ガルシア島からパキスタンのカラチ港周辺やアラビア海などの区域のうち戦闘となり得る地域以外とするが、当面はグアムからディエゴ・ガルシア島までの範囲の輸送を軸とし、また、艦船用の燃料補給は活動経費が財務当局と調整中であり、当面は燃料費を日本側で負担しないことなどを提案する[157]。米側が期待していたディエゴ・ガルシア島へのイージス艦派遣はなく、補給燃料は当面米側負担という期待外れの日本側の提案は、米太平洋軍から統合参謀本部を通じ、ただちにワシントンのヒル国防総省日本部長、ラフルアー国務副次官補、グリーンＮＳＣ日本部長らに伝達される。ヒル部長や統合参謀本部の日本担当官らは、在米日本大使館員を呼びつけ、日本側の提案は「最大限の支援と協力」を約束した小泉首相の発言と軌を一にしているとは思えず、米軍の作戦にもほとんど役立たないと強い不満をあらわにし、日本大使館員は直ちにこれを東京に打電、受け取った外務省幹部が官邸に報告すると、古川官房副長官が防衛庁の計画案を米側の要請を踏まえた支援内容に見直すよう指示し、アラビア海での洋上補給の実施と、燃料等の購入資金を予備費から拠出することで日本側負担へと変更される[158]。

一一月一四日の東京で開催された第二回日米調整委員会では、海上自衛隊によるインド洋における洋上補給の実施、燃料費の日本側負担など米政府の要請を満たした基本計画概要を提示する。また、医療支援のための医師団派遣は状況を見て実施するとして、当面は見送りとする方針を伝える。クリステンソン公使は、「特に輸送と補給は高く評価している」と謝意を表明したとされる。[159]

テロ特措法の制定、それに続く自衛隊の活動を具体的に規定する基本計画の策定過程では、支援活動を可能な範囲で広めにとろうとする外務省や海上自衛隊に対し、防衛庁内局や陸上自衛隊は抑制的な志向があらわれるなど、日本政府内部でも立場によるスタンスの違いが見られた。防衛庁出身の大森内閣官房副長官補（当時）は、「防衛庁の姿勢は終始受身の考え方であり、積極性に欠けるものであった。このことが、結果として、我が国の自主的な判断に基づいて自衛隊派遣を決定したにも拘らず、自衛隊の業務内容が受動的で限定的なものになってしまった要因ではないかと思われる」と記している。[160]

（4）基本計画の決定及び国会の承認

日米調整委員会による協議の結果等に基づき内閣官房は基本計画案を策定し、一一月一五日の与党緊急テロ対策本部で了承される。中谷防衛庁長官は基本計画決定のこのタイミングで、派遣する護衛艦にはイージス艦を含める方向で調整中であることを明らかにする。[161]しかし、この会合後、冬柴幹事長は「了承したのは基本計画についてだけ」と、イージス艦派遣は了承していないことを強調し、自民党内でも、例えば加藤元幹事長が山崎幹事長に反対の意向を伝えている。[162]

与党幹部による基本計画案の了承を受けて与党は党内手続きに移行するが、一部の与党議員は基本計画よりもイージス艦派遣に関心を寄せる。一六日朝、自民党内閣・国防・外交合同部会で基本計画案は了承されるが、その後開催された総務会では山中貞則元防衛庁長官や野中元幹事長らからイージス艦派遣への批判的な発言が相次ぐ。[163]公明党では前日に開催された政調全体会議で大森内閣官房副長官補が基本計画案について説明するが、作戦行動に絡み詳細は明らかにできないとして概要のみの説明に党内から不満も出ていたが、一六日朝の外交・安全保障・内閣合同部会でイージス艦派遣には慎重な対応を求める意見などが多く出されたものの基本計画案は了承される。[164]与党内からのイージス艦派遣の反対意見を受け、山崎幹事長は基本計画案への影響を懸念して小泉首相と相談の上、派遣見送りを決める。同日夕方、安全保障会議に続いて臨時閣議で基本計画が了承され、国会に報告される。

基本計画では、補給支援活動が含まれる協力支援活動として、海上自衛隊の補給艦及び護衛艦計五隻、航空自衛隊の航空機八機を派遣、活動地域は海自がペルシャ湾を含むインド洋、オーストラリア、インド洋への経由地など、空自がグアム島、インド洋への経由地など、派遣規模は海自一二〇〇人、空自一八〇人以内で、期間は「ある程度まとまった期間継続的に行う必要がある」との観点から六カ月とされた。[165] また、被災民救援活動として、国連難民高等弁務官事務所（ＵＮＨＣＲ）からの要請で、アフガニスタン難民に生活関連物資を提供するために艦艇一隻、約一カ月半の派遣が規定される。

基本計画に基づいて細部の行動計画を定めた実施要項が作成され、一一月二〇日、小泉首相の承認を得て中谷防衛庁長官が協力支援活動等の実施を命じ、二五日、護衛艦「さわぎり」、補給艦「とわだ」、掃海母艦「うらが」が出港する。政府は協力支援活動等の対応措置の開始を受けて、一一月二二日、基本計画で定められた自衛隊の活動実施の承認案を国会に付議し、二六日の衆議院テロ対策特別委員会で提案説明、審議が行われる。

政権交代を狙う民主党執行部は政権獲得後の日米関係を意識して、同時多発テロ事件直後には米国の行動への支持表明を含む国会決議に野党で唯一賛成し、米軍等の空爆開始直後には「今回の米軍等の行動に関しても、テロ撲滅・米国の自衛という見地から十分に理解できる」との談話を発表するなど、[166] 米国の行動に理解を示しており、テロ特措法の採決で反対に回ったことで米国との関係が悪化することを懸念して、鳩山代表は与野党協議が決裂した後ベーカー米大使との会談の設定を指示し、自衛隊派遣には基本的に賛成であったことを伝えたとされる。[167] さらに、自衛隊の活動の承認案件に関し、同党が懸念していたパキスタン国内での陸上自衛隊による医療活動やイージス艦派遣が基本計画では見送られているなど、「民主党の主張がかなり取り入れられている」とし、テロ特措法で反対したのは事後承認についてで内容に反対したわけではないとして、役員会で承認案に賛成することを決定する。[168]

同承認案は一一月二七日衆院本会議で、三〇日参院本会議で、与党と民主党の賛成多数で可決される。ただし、自衛隊派遣の根拠法であるテロ特措法に反対しながら、自衛隊の活動実施の承認案件には賛成に転じるという民主党執行部の判断に一部の議員は反発し、反対・棄権者が続出する。[169] なお、公明党の山口那津男議員は、自衛隊派遣の手続きの流れを検証し、基本計画の決定と国会への報告が同日になされ、自衛隊への派遣命令発出後に国会承認の付議がなされるが、命令に基づいて部隊が出発したのは国会への付議の後であったとして「実質的には極めて事前の承認に近い流れが今回できた」と評している。[170]

かくして、海上自衛隊は、一二月二日より、インド洋で米海軍艦船に並走しながら洋上給油を開始する。情報収集目的で先行していた三隻の艦艇に補給艦「とわだ」と護衛艦「さわぎり」が加わり、当面の間、護衛艦三隻と補給艦二隻の態勢で補給支援活動が実施される。

5　自衛隊の支援活動の実施状況

日本政府が同時多発テロ事件に関連してどのような支援措置を実施したのか、ここで確認しておきたい。政府が九月一九日に発表した「当面の措置」に掲げられた内容は、順次、年内に実施される。その一方で、米政府から非公式にではあるが期待の寄せられていたイージス艦派遣は公明党のみならず自民党内からも反対が強く先延ばしとなり、また、自衛隊による初めての試みのはずであった医療支援活動は実施に至らず、米軍から物資の輸送に関する要請もあまりなく、自衛隊による支援活動は海上自衛隊による洋上補給が中核となっていく。

以下、まず、「当面の措置」に則って支援活動の実施状況を見たあと、実現が先延ばしになったイージス艦派遣と、実施に至らなかった医療支援活動の経緯を見てみる。

（1）「当面の措置」の実施状況

「当面の措置」の最初に掲げられた自衛隊による米軍等への支援活動については、テロ特措法を制定し、同法に基づき、海上自衛隊は協力支援活動として一二月二日からインド洋で米艦艇に洋上給油を開始、航空自衛隊は米空軍から日本国内・国外輸送の支援要請を受け、一一月二九日以降、協力支援活動として航空機エンジン、部品整備器材等の在日米軍基地間の国内輸送、一二月三日から翌年三月までは在日米軍基地とグアム方面などとの間の国外輸送を実施する。

第二の平時の米軍施設警備強化については、自衛隊法を改正して自衛隊による米軍の施設・区域の警護出動を可能とし、また警察官による米軍基地の警戒警備強化を実施する。[171]海上保安庁では海上保安庁法を改正し、国際テロ警備本部を設置して、原子力発電所等重点警備対象施設に対する警備強化を実施する。

第三に掲げられた情報収集目的の艦艇派遣については、一一月八日、海自の護衛艦「くらま」「きりさめ」、補給艦「はまな」、搭載ヘリコプターＳＨ−６０Ｊを四機、人員七〇〇人からなる部隊の派遣を安全保障会議で決定し、翌九日、派遣命令を出す。[172]

第四の出入国管理強化については、税関における通関検査体制を強化（二〇〇一年九月一二日付関税局長通達）するとともに、先進国旅券政策協議会を開催（一一月二七日・二八日）し、旅券発給体制の強化等につき情報・意見交換等を実施する。

第五に、周辺国への人道的・経済的支援に関しては、パキスタンに対して九月二一日に約四〇〇〇万ドルの二国間支援、公的債務繰り延べ、国際金融機関を通じた緊急の経済支援を表明する。[173]また、一〇月二六日には一九九八年に実施されたインド及びパキスタンの核実験に対する日本の経済制裁の停止も発表、[174]一一月一六日にはパキスタン政府による貧困削減の努力を支援するため、先の緊急経済支援とあわせ、三億ドルの無償資金協力の実施等を発表する。[175]さらに、アフガニスタン及びその周辺諸国に対する被災民支援として、一〇月四日、ＵＮＨＣＲに対し六〇〇万ドルの緊急拠出を決定、(176) 難民対策としては、一二日、アフガニスタン難民が多く滞留しているタジキスタンに約二〇〇万ドルの緊急援助を決定、(177) 一一月一六日にはアフガニスタン国内避難民等への支援のため国連世界食糧計画（WFP）等の国際機関に対し三六八五万ドルの拠出を決定する。(178)

第六に、自衛隊による避難民支援としては、PKO協力法に基づく人道的な国際救援活動として、空輸隊により一〇月六〜一二日、C130輸送機六機（自衛隊員一四〇人搭乗）でテント三一五張、毛布二〇〇枚、給水容器四〇〇個等の救援物資を輸送する。また、テロ特措法に基づく海自による被災民救援活動として、UNHCRの要請により、一二月一二日、護衛艦「さわぎり」と掃海母艦「うらが」は、パキスタンのカラチ港までテント一〇二五張、毛布一万八六〇〇枚など約二〇〇トンの救援物資を輸送し、UNHCR現地事務所に引渡しを実施する。

第七の経済システムへの対応としては、タリバン関係者等の資産凍結等の措置やタリバン関係者等と関連する疑いのある取引について、金融庁に届出を行うよう要請（二〇〇一年九月二七日付金総第一六三八号）、また、一〇月六日のG7財務大臣会議を受けて、テロ資金対策のために必要な法整備を実施する。さらに、タリバン制裁決議（国連安保理決議第一二六七号及び第一三三三号）で安保理制裁委員会によって指定されたタリバン関係者を、外国為替及び外国貿易法に基づき資産凍結の対象に指定する。(179)

以上で見てきたように、「当面の措置」に掲げられた事項は、テロ特措法制定に象徴されるように、概ね迅速に実施されたといえよう。ただし、第三の情報収集目的の艦艇派遣は、基本計画で規定される自衛隊の活動内容や活動地域の検討に資するとともに日本のプレゼンスを示すとして、政府は九月中旬にも派遣するとしていたが、調整が進まず、約二カ月遅れでの実現となる。これについて、大森内閣官房副長官補は、政府部内の連絡、調整のまずさが原因であったとし、「受身的、消極的な姿勢により時機を失することになったのは、残念なことである」と記している。(180)

（2）イージス艦派遣の見送りへ

「テロとの闘い」への日本の支援策としてインド洋への海上自衛隊の派遣が現実味を帯びてきたかなり早い段階から、政府内ではイージス艦を派遣する方向で検討を進めていた。一〇月上旬、インド洋へのイージス艦派遣の可能性について問われた小泉首相は、情報収集のため「防衛庁で派遣する海域や艦艇を検討している」と答弁し、イージス艦派遣の選択肢を特に排除していない。[181] しかし、イージス艦のもつ情報収集能力の高さから、日本のイージス艦が収集した目標情報に基づいて米軍が攻撃を加えた場合、憲法の禁ずる武力行使との一体化につながるおそれがあるといった懸念から、マスコミや野党だけでなく与党内からも予想以上に強い反発があり、政府は情報収集目的での艦艇派遣に含めることを断念する。続いて、テロ特措法成立後の基本計画決定時に派遣のタイミングを見計らうが、ここでも公明党のみならず自民党内からも反対の声がおさまらず先送りとされる。自民党内でも麻生政調会長など派遣に積極的な意見もあったが、古賀・加藤・野中元幹事長や、山中元防衛庁長官などの重鎮が批判的で、派遣を見送る。

一方、米側では日本政府内でイージス艦派遣が検討されていることに期待を高めていた。米国は領土防衛のため、NATOの早期警戒管制機（AWACS）に加え、東西両岸にイージス艦を配備しており、インド洋には日本のイージス艦の派遣を希望していたとされ、国防総省幹部から防衛庁幹部や日米調整委員会出席者に、あるいはベーカー大使から与党幹事長へなど様々なルートを使って要望を伝えており、[182] イージス艦派遣が見送られると米政権幹部は失望感を顕わにする。ケリー国務次官補は、小泉首相の米国への支持表明やパキスタンへの支援等日本政府の迅速な初動を評価しつつも、イージス艦派遣は他国が提供できない機能であり、派遣は有益だったのではないかと思うと発言する。[183] ラフルアー国務次官補代理は外務省幹部に軍事上の観点から判断すべき問題をなぜ政治が決めるのかと不満を口にしたとされ、国防総省幹部も「初出場のワールド・カップに、どうしてナカタ（中田英寿）を連れて行かない。自らの安全のため、最も性能の良い艦船を使うのは当然じゃないか」と皮肉ったと報じられる。[184]

イージス艦派遣が政治問題化したことについて、海自幹部は、派遣艦艇の選定は作戦の範囲内で、艦艇の中でイージス艦だけが特別扱いされて、政治的に派遣の是非が議論される騒ぎになるとは思わなかったと話している。(185)米政府側も同様の考えであったようで、米政府と交渉をしていた外務省担当者も、米軍サイドから見ると、派遣される護衛艦の種類についてまで政治判断の対象となることを理解するのは困難であり、また、給油活動を行う自国の艦船を守るために保有する最も有能な装備を使わないというのも軍事的には理解し難いという見解もあったという。(186)イージス艦派遣の見送りは、米側だけではなく、海自にとっても不満が残るものとなり、この問題は一年間持ち越される。

(3) 医療支援活動等の見送り

「日本がやるべき行動は、医療や避難民の救援・救助などだ。それが一番日本らしい実のある貢献だ」と山崎幹事長が講演で発言していたように、(187)自衛隊による医療支援活動は日本政府がこれを機に初めて実現を模索した念願の活動であった。一九九一年の湾岸戦争の際にも自衛隊による医療支援活動は検討の俎上に上ったが、内閣法制局が戦闘地域での医療行為は武力の行使との一体化になりかねないとの判断を示し、それ以降、事実上凍結されてきた。(188)今回の対米支援策の検討過程で、米軍からの要請というより、政府部内、特に外務省の強い意向により、医療支援活動を念頭に置いた被災民支援が盛り込まれる。自衛隊による新たな任務の拡大にあたるが、人道的支援を強調したい公明党の意向とも合致したといえる。

タリバン政権崩壊により当初、六〇〇万人を超す難民が発生し、その多くが国境を接するパキスタンに流れるとの観測もあり、戦場となる可能性の高いアフガニスタンへの自衛隊派遣は無理としても、パキスタンに陸上自衛隊の医療部隊を送り、流入してきた難民に医療・防疫などの支援を実施できるのではないかと検討が進められた。(189)与党三幹事長は難民支援策について調整するため、小泉首相の親書を携えて一一月二日からパキスタンを訪問し、ムシャラフ大統領と会談する。ムシャラフ大統領はカラチ港の自衛隊使用を認めるとしつつも、セキュリティ面からパキスタン国内に米軍以外の外国部隊を受け入れることには消極的で、日本には人的支援よりも経済的支援に期待を示したという。[190] 一方、ハシム・ウトカンＵＮＨＣＲパキスタン事務所長からは、アフガニスタン国境付近の難民キャンプに野戦病院の開設を求められたとされる。[191]

医療支援活動の任務を検討する陸上幕僚監部は、しかしながら、アフガニスタン国境付近では戦闘が拡大する可能性が高く、加えて難民キャンプには難民に偽装したテロリストによる攻撃も想定されるとして、物資の陸揚げ港と宿営地を結ぶ補給路や武器使用権限の制約を考えると、自前で安全確保できる任務ではないと否定的であったとされる。[192] 政府も、一一月九日から一四日にかけてパキスタンのカラチ及びイスラマバードに現地調査団を派遣し、難民キャンプ等の視察や現地政府、国連関係者との会談等を行い、主要病院における難民の医療支援を念頭に医療事情を調査するが、ＵＮＨＣＲやパキスタン側と調整がつかず、米軍がパキスタンに野戦病院を設置することもなければ、要望もなかったことから、当面は実施が見送られ、[193] 一一月一六日決定の基本計画では、医療支援等については「調査・検討を行い、関係行政機関による実施を目指して努力する」と一歩後退した表現で規定される。

他に捜索救助活動もテロ特措法に規定されたが実施に至らなかった。これは周辺事態安全確保法にもある活動で、海上での戦闘により米海軍乗組員が海中に転落した場合等を想定していたが、実際には海上での戦闘はあまり起きず、捜索の要請を受けることはなかったという。[194]

（4）日本の支援活動に対するアメリカの評価

日本政府は、米国の軍事行動への支持を打ち出し、一カ月強で新法を制定して自衛隊による支援活動を開始したり、パキスタン等への経済支援を実施するなど米側の要求に応える一方、実際の自衛隊の派遣は情報収集目的の艦艇派遣でも開戦後一カ月以上経過した後となり、米側が強い期待を示したイージス艦の派遣は先延ばしとなり、外務省の強い意向で挿入されたパキスタン等での医療支援活動も見送った。これらの日本の対応に関しての米政府の反応はどうだったのであろうか。

「テロとの闘い」開始直後における日本の対応について、米政府高官は概ね高く評価していたようである。例えば、テロ特措法が成立した二〇〇一年一〇月二九日、アリ・フライシャー米大統領報道官は、輸送、その他の後方支援の提供を決定した日本の対応を歓迎し、この新たな貢献は揺るぎない日米関係を示すものだと表明している。[195] また、ラムズフェルド国防長官は、一二月一〇日、日米防衛首脳会談で「テロとの闘い」における日本の努力に謝辞を述べ、日本が自衛隊の役割を進展させるのは健全かつ重要であって高く評価していると発言する。[196] ケリー国務次官補は二〇〇二年二月一四日、下院外交委員会の東アジア・太平洋小委員会において、日本は同時多発テロ事件に際し伝統的な軍事的措置に対する政治的・法的障害を乗り越えて早々に支持を表明したと証言し、日本の実施した支援活動を列挙した上で、特に無償の補給支援活動は非常に有意義で、有志連合の作戦にタイムリーに多大な価値をもたらしていると評している。[197]

ブッシュ大統領からも日本政府の対応に賛辞が表明される。二月一八日の日米首脳会談後の記者会見において、「九月一一日の直後に総理のお声を聞き、それ以降も、揺るぐことのない支援を頂いたことは、大変大きな意味のあることでした」として、小泉首相との個人的な信頼関係を改めて強調する。[198] ブッシュ大統領が参院本会議場で行った演説でも、「日本の自衛隊は後方支援という重要な役割を担っています」、「テロの脅威に対する日本の対応は、両国の同盟の強さと日本の不可欠な役割を実証しています」と日本の対応が日米同盟の強化につながっていることを明言する。[199]

米軍関係者も海自のインド洋での活動に好意的な見解を示している。デニス・ブレア太平洋軍司令官は二月の米下院外交委員会の公聴会で、日本の補給支援活動は米軍に大きな助けとなっていると証言する。[200] ＯＥＦの最高責任者である中央軍司令官のフランクス将軍も、日本の給油支援活動はＯＥＦを遂行する上で非常に有益であり、今後も重要であると発言している。[201]

米国防総省作成の支援協力国リストから日本が抜けおち、日本政府が抗議するという事件も起きるが、[202]それ以前にホワイトハウスが公表した報告書「連続テロ事件後の一〇〇日間の対応（The Global War on Terrorism, The First 100 Days）」では、軍事的支援を提供している国として、攻撃に参加しているイギリス、オーストラリアと並んで日本が列挙されており、[203]米国務省がまとめたテロについての年次報告書「テロ年次報告書（Patterns of Global Terrorism 2001）」では、日本はかつてない早さで「テロとの闘い」に対応し、小泉首相の指導力の下、アフガニスタンにおいて自衛隊が実質的な後方支援活動の実施を可能とする法律を制定したと評価している。[204]

ただし、「テロとの闘い」には多くの国が関与しており、[205]日本はそのうちの一カ国に過ぎず、米国の軍事作戦上、重要な関係国というわけではなかったという点に留意する必要があろう。米国は特に軍事作戦という観点からはアフガニスタンの隣接国や攻撃に参加する国、あるいは領空通過等で作戦に影響力をもつ国、国際的包囲網という観点から国連常任理事国やアフガニスタンと親密な関係にある国等との交渉を重視しており、日本はそれらには該当せず、同盟国としてプレゼンスを期待されるという立場であった。加えて、日本の国内事情からすれば、「驚異的なスピード感」で根拠法を制定し、自衛隊の戦闘周辺地域派遣を実現させたが、アフガニスタンの戦況からすると、自衛隊が支援活動を始めた時には既に攻撃開始から約二カ月が経過し、タリバン政権崩壊後の次の作戦段階へと移行するところで、派遣が迅速であったとは評し難い面もあろう。実際、日本の学者の中からも、日本が実施した措置に対してワシントンは過大評価しているのではないかとの印象をもつとの意見もあり、[206]また、米政府関係者等の中には日本の自衛隊派遣は非戦闘地域での訓練レベルでの関与に過ぎないといった指摘や、湾岸戦争の時に一三〇億ドルを捻出した対応に比べれば、お得な写真撮影の参加機会を得ているといった批判的な見解を示すものもあったが、一部にとどまっていたようである。[207]

総じて日本政府の初動が米政府内で高く評価された背景には、日本の自衛隊による後方支援活動への期待値が低かったことが寄与したといえよう。しかし、「テロとの闘い」が長引き日本の実績が蓄積されるにつれて、また、新たな戦争が加わり米国の軍事資源が逼迫することにより、米側から日本への期待は、より高度に、より具体的に変化していくことになる。

6 日本の支援拡充——二〇〇二年

アフガニスタンでの戦闘が比較的順調に展開したことを受け、二〇〇二年に入ると米政府の関心は早くもイラクに移行し、日本政府もイラクへの対応を念頭に置きながら「テロとの闘い」における支援策を実施する。

(1) アフガニスタン情勢

米軍等の軍事作戦により、二〇〇一年末までにアフガニスタンの首都カブールやタリバンの本拠地カンダハールが陥落し、タリバン政権は崩壊したものの、ビン・ラディン他アル・カイダ幹部やオマル師等タリバン幹部の多数は逃亡し、消息がつかめないまま冬を越す。雪解けをまって南東部山岳地帯に再結集しているアル・カイダとタリバンの残存兵を掃討するため、米軍は通常部隊を投入し、加、豪、仏、独、ノルウェー等の特殊部隊の協力を得て、三月に山岳地帯で大規模な掃討作戦（アナコンダ作戦）を展開、四月にも米英軍等による掃討作戦（マウンテン・ライオン作戦）を遂行する。

米軍は当初、軍事作戦を短期で終結し、本格的な冬の到来前に国家再建・復興活動への移行を描いていたともされるが、首謀者は捕まらず山岳地帯での掃討作戦も継続中で、点在するタリバンの拠点は制圧できても広大なアフガニスタンの面としての掌握は容易ではなく、長期戦へと方針転換を迫られる。二〇〇二年四月、ブッシュ大統領は演説で、タリバン政権を倒し、アル・カイダをアフガニスタンから掃討する第一段階は終わったが、第二段階ではアル・カイダやテロリストが他国に移って作戦を継続する動きを阻止し、世界のいかなる場所でもテロリストに聖域を与えないために、米軍及び連合国軍は闘いを継続する必要があり、「テロとの闘い」はまだまだ続くと表明する。[208] 同年夏頃には、ラムズフェルド国防長官が「テロとの闘い」は終結にはほど遠い段階であるとの認識を示し、[209] フランクス米中央軍司令官も、米軍は数年間アフガニスタンにいることになるとの見通しを示す。[210]

海上ではアル・カイダやタリバン残党兵の逃亡・拡散を阻止するOEF-MIOが継続しており、開始当初は一一カ国より二一隻の艦船であったが、これに米から一個空母戦闘群（空母エイブラハム・リンカーンと艦船一五隻程度）、英からは海軍任務部隊等が加わり、五〇隻規模での活動となる。[211]

OEF-MIOを実施しているのは合同海上部隊司令部（Combined Forces Maritime Component Command : CFMCC）で、その下に担当別に多国籍の合同任務部隊（Combined Taks Force : CTF）が編成され、本任務は、CTF150（紅海、アデン湾、オマーン湾、アラビア海北部、インド洋）、CTF152（ペルシャ湾中部・南部）、CTF158（イラクにおける作戦支援）で遂行される。日本の海上自衛隊はCTF150に参加している艦船に対し補給支援を実施するが、海上自衛隊の活動地域はペルシャ湾までとされ、また、指揮系統もCTF150には組み込まれず、日本の司令部の指揮下に置かれた。

日本の海上自衛隊の派遣態勢は、二〇〇二年五月に補給艦の一隻が補修のため、補給艦二隻・護衛艦三隻の計五隻から、補給艦一隻・護衛艦二隻の計三隻となる。これについて、中谷防衛庁長官は補給艦一隻が寄港地で燃料を調達していても他の一隻が活動可能となるように補給艦は二隻派遣することが望ましい、また、艦艇の活動態勢は、補給艦一隻に最低限護衛艦一隻が警戒監視として随伴する必要があり、米第五艦隊の司令部における米軍等との補給計画の調整、寄港地における部隊補給等に関する調整及び今後の寄港候補地の調査等は、補給艦に随伴する護衛艦以外の護衛艦により行う必要があり五隻体制が望ましく、いずれ五隻の態勢に戻すと発言していた。[212] しかし、この後、インド洋では計三隻の態勢が維持され、二〇〇五年にはさらに補給艦一隻、護衛艦一隻に縮小される。

アル・カイダ及びタリバンの掃討作戦が続く一方で、タリバン政権崩壊により部族間の内戦状態に戻らないよう、アフガニスタンにおける民主的な政治体制構築に道筋をつける政治プロセスも始動する。米国・国連主導の下、アフガニスタン暫定政府のあり方を決める主要四派[213]による政治協議が二〇〇一年一一月二六日よりドイツ・ボンで開幕し、一二月五日、暫定行政機構樹立とその後の憲法制定、選挙実施などのロードマップを記した合意文書、いわゆるボン合意が調印される。[214] 二二日に発足した暫定政権の議長には多数派のパシュトゥン人であるハーミド・カルザイ元外務次官が就任し、新たな国造りに向けた取り組みが始まる。六月中旬に開催された国民大会議ロヤジルガでカルザイ暫定政権議長が大統領に選出され新政権を樹立する。カルザイ新政権は、国連等の協力を得ながら、憲法制定、さらに憲法に基づく自由で公平な選挙による正式な政府の樹立を目指して、政治プロセスを進めることになる。とはいっても、長年に及ぶ戦災で荒廃した地で、複雑に交じり合う民族をまとめながらの国家建設は容易ではなく、政治プロセスの進展も難航する。[215]

国連ではボン合意の要請を受け、一二月二〇日、カブール周辺の治安維持を目的とする国際治安支援部隊（International Security Assistance Force : ISAF）の設立を承認する安保理決議第一三八六号を採択する。[216] 活動範囲はカブール及びその周辺地域、マンデートは六カ月、イギリスが指揮権をもち、欧州諸国を中心に一九カ国から約五〇〇〇人が派遣される。[217] ＩＳＡＦのマンデートは二〇〇二年五月に六カ月延長、一一月にさらに一二カ月延長と逐次延長され、指揮権もトルコ（二〇〇二年六月～）、ドイツとオランダ（二〇〇三年二月～）、ＮＡＴＯ（二〇〇三年八月～）と引き継がれ、活動範囲も段階的に全土へと拡大されることになり、ＮＡＴＯによるアフガニスタンへのコミットメントは次第に強まっていく。

ボン合意に基づく復興・開発支援に関しては、二〇〇二年三月、安保理決議第一四〇一号で国連アフガニスタン支援ミッション（United Nations Assistance Mission in Afghanistan : UNAMA）が設立される。[218] 当初は一年のマンデートであったが、繰り返し更新されるうちに役割も拡大し復興・開発や政治プロセスに加え、ＩＳＡＦと密接に協力しながら治安分野や選挙監視などの包括的な調整も行うようになる。四月には治安改善が緊急課題であるとしてＧ８が治安支援会合を開催し、五分野に分けて、新国軍創設は米国、警察再建はドイツ（後にＥＵが継承）、麻薬対策はイギリス、司法改革はイタリア、武装解除・動員解除・社会復帰（Disarmament, Demobilization, and Reintegration：DDR）は日本及びＵＮＡＭＡで支援することを決定する。[219]

日本政府はアフガニスタン復興にあたって主導的な役割を果たすべく各国に復興支援会議の開催を働きかけ、二〇〇二年一月、緒方貞子アフガニスタン支援総理特別代表を共同議長とするアフガニスタン復興支援閣僚級会議を東京で開催し、支援国最大の約五億ドルの支援（拠出金総額は融資を含め約五六億ドル）を表明する。

（2）米国等からの支援拡充要請

アフガニスタンでの戦況が長期化の様相を呈すると、米政府は公式・非公式のチャネルを通じて、日本政府に支援策の拡充を要請する。

米軍では山岳地帯での哨戒活動にＰ３Ｃ哨戒機を展開するため海上監視の数が不足しているとして、米国防総省はイージス艦に加え、Ｐ３Ｃ哨戒機の派遣にも期待をかけるようになる。二〇〇二年三月下旬、国防総省のヒル日本部長は守屋武昌防衛局長、増田好平審議官等防衛庁幹部と会談し、四月の日米外交・防衛当局の審議官級による日米安保事務レベル協議（ミニＳＳＣ）で、イージス艦とＰ３Ｃ哨戒機の派遣を正式に要請できるか打診する。[220] 海上自衛隊内ではイージス艦に加え、Ｐ３Ｃ哨戒機についても、米海軍と共同で太平洋上のパトロールにあたるなどの経験から派遣に前向きだったとされるが、[221] 防衛庁内局では国会で審議中の有事法制関連三法案への影響やタリバン政権が既に崩壊したという戦況に加え、イージス艦に関しては武力行使との一体化の懸念、Ｐ３Ｃ哨戒機については隊員たちの宿泊地や本体の修理・整備のために駐機する飛行場をアラビア海周辺国に確保する必要性からさらにハードルが高いとして、イージス艦及びP３C哨戒機ともに派遣は困難であると回答したとされる[222]。

四月一六日から国務省にて開催されたミニSSCにおいて、米側はアル・カイダとの戦いは継続しているとして洋上補給の継続を要請し、両政府は日米調整委員会を開いて五月に期限が切れる基本計画の延長等を協議することで合意する[223]。イージス艦とP３C哨戒機の派遣については、事前の調整通りその場では米側は言及しなかったが、その後の夕食会で、ヒル日本部長から再度打診があったという[224]。

米政府幹部は与党幹部にも直接、イージス艦及びP３C哨戒機の派遣を要請する。四月二九日にワシントンを訪問した与党三幹事長は、ウォルフォウィッツ長官から基本計画の期限延長を求められるとともに、「高い偵察能力がある海上自衛隊のイージス艦やP３C哨戒機が投入されれば極めて有益だ」と、派遣への期待を告げられたという[225]。会談後、山崎幹事長は基本計画延長には前向きに応じる考えを示したが、イージス艦派遣は非常に微妙な問題であると回答を留保し、冬柴及び二階幹事長は、イージス艦及びP３C哨戒機の派遣は必要ないと記者に話す[226]。

アフガニスタン再建の前提となる治安確保にあたっていたISAFでも追加部隊や費用負担などの支援が必須となっており、ISAFの指揮権を有していたイギリス、それを引き継ぐトルコの双方から支援を求められる。トルコからは自衛隊輸送機でパキスタンなどの周辺国からカブール空港へ必要な物資をピストン輸送できないか打診され、防衛庁は空自のC１３０輸送機での物資輸送を検討するが、散発的とはいえ戦闘が続いていることから派遣は見送られる[227]。六月にはウォルフォウィッツ国防副長官が中谷防衛庁長官と会談し、アフガニスタン復興のため韓国やヨルダンが衛生部隊を派遣している例を挙げながら、陸上自衛隊の医官や衛生隊員による医療支援、施設部隊による社会基盤の整備を打診したとされ[228]、戦闘の長期化に加えて復興支援に部隊を派遣している各国の負担が増大する中で、米政府や関係国は機会を捉えて、自衛隊による追加支援への期待を示すようになる。

（3）テロ特措法に基づく基本計画の延長

政府内では米国やNATO加盟国から受けた追加支援要請についての検討はあまりなされなかったものの、補給支援活動の継続は必要との認識から、五月一九日に期限を迎える基本計画の延長手続きが進められる。四月二九日、中谷防衛庁長官は米軍トップであるマイヤーズ米統合参謀本部議長に、補給支援活動の期限延長に前向きな考えを示したとされる(229)。

五月一〇日、日本が協力支援活動を開始してから初めての開催となる第三回日米調整委員会が防衛庁で開かれる。米側は軍事作戦は継続中で給油を含む支援は依然として必要とし、これまで明らかにしなかったインド洋に展開する各国艦船数などOEF-MIOの活動状況を説明した上で、支援継続とあわせて改めてイージス艦派遣への期待を表明する(230)。日本側は支援を継続して基本計画を半年延長する方針を示すが、イージス艦派遣は保留とする(231)。

与党内の関心が再びイージス艦等の派遣に集まる。神崎代表は記者会見で、基本計画の半年間延長という政府方針は容認するものの、イージス艦やP3C哨戒機の派遣など支援活動の拡大には反対であることを明らかにする(232)。ただし、公明党内で基本計画延長にも全く異論がなかったわけではないようで、基本計画延長を決定する閣議日三日前の五月一四日に開かれた外交・安全保障拡大部会で、延長方針は了承されたものの、いつまで作戦が続き、どこまで日本は支援するのかと、内閣官房幹部を問いただす議員もいたという(233)。自民党では一六日、内閣部会・国防部会・外交合同部会で基本計画の延長方針が了承される。その後の与党緊急テロ対策本部で、基本計画の半年間延長が了承されるが、冬柴幹事長から、期間延長を機としてイージス艦やP3C哨戒機の派遣は行わないこと、また、自衛隊部隊を対イラク戦支援に転用しないことの二点についての確認を求められ、大森内閣官房副長官補は延長期間内にイージス艦及びP3C哨戒機派遣は予定されていない、また、対イラク戦の後方支援への転用は考えていないとの回答をしたとされる(234)。

政府は翌一七日、安全保障会議で了承を得た後、一一月一九日を期限とする基本計画を閣議決定する。洋上補給が含まれる協力支援活動の規模や内容の変更等はなかったが、生活物資の輸送等が含まれる被災民支援活動は特段の要請がないとして延長されなかった。政府は五月一七日に衆議院テロ対策特別委員会、六月六日に参議院外交防衛委員会で基本計画の変更に関し報告する。国会の審議では民主党議員が基本計画の延長に国会承認を求めるべきではないかと問題提起をする。基本計画の変更と国会承認の関係について、内閣法制局長官は、当該承認の対象となる対応措置の同一性が保たれないような変更が行われる場合には、新たに国会の承認を求めることが必要となるが、同じ活動内容を単純に延長するというように、従前の対応措置と同一性があると考えられる範囲の変更は、新たに国会の承認を求める必要はないと解されると説明する。[235] この後も基本計画やテロ特措法の延長が審議される際、国会承認の要不要が繰り返し論点として浮上する。

（4） イラク問題の浮上

ブッシュ政権内では「テロとの闘い」の攻撃対象を検討し始めた当初から、アル・カイダとそれを庇護するタリバン政権に加えて、イラクのサダム・フセイン政権にも矛先が向けられていた。[236] ラムズフェルド国防長官はアフガニスタンとあわせてイラクへの軍事攻撃を主張したが、ブッシュ大統領がまずはアフガニスタンに集中するとの方針を定めたことで、イラク問題は一旦沈静化していた。ただし、事件直後の上下両院合同会議の演説で、ブッシュ大統領は、「テロとの闘い」はすべてのテロ組織を摘発し壊滅するまで続くと宣言しており、この闘いをアフガニスタンで完結させるつもりはなかったことがうかがえる。アフガニスタン開戦約一カ月後、その順調な作戦の遂行状況から、ブッシュ大統領は早速イラク攻撃計画を準備するようにラムズフェルド国防長官に指示しており、[237] 一二月七日にタリバン政権を消滅させると、ホワイトハウスの関心は一気にイラクにシフトする。二〇〇二年一月の一般教書演説で、ブッシュ大統領はテロ支援や大量破壊兵器の使用が懸念される「ならず者国家」として北朝鮮、イラン及びイラクを「悪の枢軸」と称して米国の脅威との認識を国内外に明らかにし、[238] その約三週間後に行われた日米首脳会談では小泉首相にイラク攻撃の意図を伝えるなど、[239]着々とイラク攻撃に向けての布石を打つ。イラクの大量破壊兵器問題には、軍事攻撃よりも国連による厳格な査察を優先すべきというのが国際社会の主流な論調で、政権内でもパウエル国務長官などイラクへの武力行使は中東地域全体が大混乱に陥るとして反対する者もいたが、ラムズフェルド国防長官及びフランクス将軍の指揮の下、中央軍を中心にイラクへの攻撃準備が進められる。ブッシュ大統領も、同年六月、新たな脅威には新たな思考が必要として、後に「ブッシュ・ドクトリン」と呼ばれる、将来攻撃される可能性のある潜在的脅威に対して単独でも先制して自衛権を行使する先制攻撃の方針を打ち出す。[240]

二〇〇二年八月下旬の第一回日米次官級戦略対話では対イラク軍事行動が主要議題となる。アーミテージ国務副長官は、与党三幹事長とも会談し、米政府がイラクへの軍事行動の準備を進めている旨説明したのに対し、冬柴幹事長は国連の枠組みに則った解決手続きを要請したとされる。[241]小泉首相も九月の首脳会談の機会を捉え、ブッシュ大統領に国際協調路線をとるよう説得し、軍事攻撃への慎重な対応を要請する。[242]米政権に国際協調路線を強調し、国連安保理決議に基づいたイラク問題の解決を迫っていたのは、小泉首相だけではなく、結果的には米軍とともに軍事攻撃を展開することになるイギリスのブレア首相も、一足先にブッシュ大統領と会談を行い、軍事行動の前提として安保理決議の必要性を説いたとされる。[243]

ブッシュ大統領と政権幹部は、その後も同時多発テロ事件とイラクの大量破壊兵器とを同じ文脈で並べ、国際社会に「テロとの闘い」の一環としてイラク攻撃の必要性を訴え、統合参謀本部を中心にイラク攻撃への準備を続ける。

一一月に入ると、イラクに大量破壊兵器査察の無条件かつ無制限の受け入れを求め、応じない場合は深刻な結果を招くと警告を発する米英提案の安保理決議第一四四一号[244]が採択される。ただし、同決議ではイラクが決議に従わなかった場合に、軍事攻撃を開始することが承認されているのか、さらなる決議が必要なのか等、曖昧なままに採択されており、新たな決議をめぐる主要国間の政治的対立は開戦直前まで続く。当のイラクは査察に対して既存の資料をまとめて提出するのみの不誠実な対応で、一二月中旬、ブッシュ大統領はイラクが決議第一四四一号の要請に従わなかったのは明白として見限り、ペルシャ湾岸地域に米軍五万人の兵力を追加投入して一〇万人規模とすることを承認し、攻撃体制の準備を開始していたことが明らかになる。[245]

その一方で、独仏露の首脳は米国によるイラク攻撃に公然と反対し、反戦世論が高まるなど国際社会が分断される中、日本政府は米国には慎重な対応及び国際協調の必要性を説きつつ、政府内部では、一一月中旬、古川官房副長官が大森官房副長官補らに指示し、内閣官房でイラク開戦の場合の対米支援策の検討を開始する。[246] 米政府がイラクはもとよりアフガニスタンにおける日本の支援拡充に期待を寄せることは当然に予想され、日本政府はイラクへの対応とあわせて、アフガニスタンへの追加支援も検討する。

（5）支援策拡充をめぐる議論

イラク攻撃が現実味を帯びる中、二〇〇二年一一月で期限の切れる基本計画の延長方針を政府は早々に固め、八月下旬に訪日したアーミテージ国務副長官に中谷防衛庁長官は補給支援活動の継続を提案し、[247] 九月中旬に川口順子外相からラムズフェルド国防長官に国内で延長方針を説明するため掃討作戦や米軍艦艇の活動状況についての情報提供を依頼したとされる。[248]

米政府は二〇〇二年秋以降、同盟国や友好国約五〇カ国に対し各国の米大使館を通じてそれぞれの国の情況に応じた支援を依頼し、[249] 米軍もアフガニスタンに展開している兵力を徐々にイラクに移行させ、米軍が抜けた部分を有志連合で補完する体制整備を開始する。日米政府はインド洋での補給支援活動の継続を既定路線としていたが、さらにＯＥＦに従事している米軍がイラク攻撃にシフトできるよう、日本の支援を拡充すべきとの意見が防衛庁幹部からも表明される。[250]

一〇月初旬には、タンパの中央軍司令部でアフガニスタンの軍事作戦に協力する四〇カ国以上の外交・防衛当局者を対象とした兵力調整会議が開催され、全体会議でフランクス司令官より対イラク攻撃を念頭に置いた今後の作戦方針の説明があり、各国との個別協議ではイギリスやカナダなど軍事行動への直接参加が期待できる国には部隊派遣を、湾岸周辺国には基地使用などが要請されたという。日本に対しては米側がリストを提示し、米国が対イラク武力行使に踏み切った場合の支持表明、有志連合入りを念頭に戦後の治安維持への要員派遣、米軍の補完としてP3C哨戒機及びイージス艦派遣、米英以外の艦艇への燃料補給、基地整備用重機をタイからアフガニスタン周辺国へ海上輸送する輸送機の派遣等が要請される。[251]つまり、米軍がイラク作戦にシフトすることを想定し、日本にイージス艦等の派遣や、米補給艦が補給していたフランスやスペインなどの艦船に対する代替や、米軍が使用する飛行場建設のためタイ陸軍の建設用重機などの輸送を要請したものである。補給支援の対象国の拡大は、二〇〇二年一月末よりイギリス艦艇にも給油支援拡大した経緯があり、オーストラリア等他のOEF-MIO参加国からも支援の要望はこれまでにもあったが、予算的な制約や対イラク国連制裁の船舶臨検を実施している国もあったため、米英以外には補給支援を行っていなかった。

一一月八日に来日したダグラス・ファイス国防次官は福田官房長官や川口外相、石破茂防衛庁長官、山崎幹事長とそれぞれ会談し、基本計画の半年間延長、米英軍以外の艦船への燃料補給、イージス艦派遣などを要望する。[252]イージス艦派遣について政府関係者が明言を避ける中、山崎幹事長は実現の意向を示したとされる。[253]一方、米軍の武力行使との一体化の懸念があるとしてイージス艦派遣に反対していた公明党の神崎代表は、イージス艦派遣等による自衛隊の支援活動の拡充は、間接的に米のイラク攻撃の支援につながると記者会見で発言し、政府や自民党執行部を牽制する。[254]

一一月一二日、東京で開催された第四回日米調整委員会では、クリステンソン公使が、「テロとの闘い」は終わりというよりもむしろ始まりに近いとして長期化の見通しを示し、海上自衛隊が支援するOEF-MIOの意義を説き、他国への燃料補給等の追加支援に強い期待を示したとされる。[255]同日、与党三幹事長は、基本計画の改正案について協議する。要望された給油対象国拡大の実現は、基本計画で物品提供国を限定していないため改正は不要であるが、タイからインド洋沿岸国までの重機輸送は、輸送支援のルートも輸送物資もこれまで実施してきた輸送支援とは異なり、基本計画の改正が必要であった。冬柴幹事長は、米英以外の参加国への補給にはイラクに対する軍事行動に転用しない旨確認すること、重機輸送のための輸送艦派遣は一度に限ることを了承の条件として主張すると山崎幹事長らはこれを受け入れ、また、三幹事長は公明党が難色を示すイージス艦派遣は引き続き検討、P３C哨戒機派遣は見送りの方針を決める。[256] 一二日の公明党政務調査会では、冬柴幹事長が新たに追加される支援策にはイージス艦派遣は含まれない旨説明して党内の理解を求め、政調会長に一任を決定する。[257] 自民党では一三日、内閣・国防・外交合同部会が開催され、基本計画修正案やイージス艦派遣先送り等を了承する。その後、与党三党幹事長・政調会長らが出席した与党緊急テロ対策本部会議で、冬柴幹事長が重機の輸送は一回限りであることや輸送期間・内容などの詳細を基本計画に明記するよう政府に注文した上で、基本計画案及びイージス艦派遣の先送り等の方針を了承する。[258]

一一月一八日開催の安全保障会議で、基本計画の期間を二〇〇三年五月一九日まで延長するとともに、米軍がアフガニスタンで使用する空港施設整備のための重機などの輸送を可能とするため、輸送回数は一回、期間は一二月三一日から三月三一日まで、輸送艦一隻と護衛艦一隻、派遣人員最大四〇〇人などを追加した基本計画を了承し、翌一九日の閣議で決定する。基本計画は同日午後に衆議院安全保障委員会、二一日に参議院外交防衛委員会で報告される。今回の基本計画の変更と国会承認の関係について、福田官房長官は、派遣期間の延長と輸送艦派遣に伴う部隊、構成、装備の追加などを内容とするもので、自衛隊の活動や派遣先国は変わらず、改めて国会承認をとる必要はないと説明するが、[259] 民主党は、自衛隊派遣の是非はその都度国会の審議に付すよう改めて求めるとする談話を発表し、再延長にあたって政府の説明は不十分と問題提起する。[260]

自衛隊が外国の資材と人員を輸送する初めての作戦行動は、二〇〇三年二月一三日中旬から三月にかけて、タイ陸軍工兵部隊のブルドーザなど建設用重機一五両と隊員二九名をアフガニスタンへの中継地となるインド洋湾岸国の港まで、輸送艦一隻と護衛艦一隻で実施される。[261] また給油対象国の追加は、基本計画の変更は不要であるが、補給実施に先立って新たな対象国との間に、提供された油について、テロ特措法の目的外の活動への使用や日本政府の同意なしに第三国への提供禁止等を記した交換公文を締結する必要があった。日本政府は、二〇〇三年二月にフランス、ドイツ、ニュージーランドと、三月にはイタリア、オランダ、スペイン、カナダ、ギリシャ、二〇〇四年七月にはパキスタンとそれぞれ交換公文を締結し、補給支援を実施する。

（6）イージス艦派遣の実現

二〇〇二年秋の基本計画の延長決定時にまたしても見送られたイージス艦派遣であるが、米主導でのイラク開戦が濃厚となる中でインド洋へのイージス艦派遣は間接支援として目玉となり得ること、インド洋海域における米軍の警戒活動が手薄になるおそれから安全確保の必要、また、厳しい環境下での勤務となっている自衛隊員の負担軽減といった観点から、小泉首相、福田官房長官、山崎幹事長はイージス艦派遣の方針を固め、一一月初旬には非公式に米側に伝えていたとされる。[262] 一一月下旬には谷内内閣官房副長官補が訪米し、アーミテージ国務副長官、ケリー国務次官補（東アジア・太平洋担当）、ロッドマン国防次官補（国際安全保障担当）、ピーター・ペース統合参謀本部副議長らと会談し、イラク復興のための経済・人道支援や対テロ後方支援活動の強化など日本としての側面支援の検討状況を説明する。[263] 国内に向けても、政府高官のイージス艦派遣に含みをもたせる発言が目立つようになる。一一月二一日、安倍官房副長官はイージス艦の派遣について問われ、「艦艇の実際の派遣ローテーションや補給活動における安全確保の必要性の高まりなど、今後の状況も踏まえて判断したい」、「ローテーション上、運営において必要とあらば当然そういうことも考えないといけない」と可能性を示す一方、P3C哨戒機は「派遣部隊の活動の安全を確保することが重要であるとの観点から、今後の状況を踏まえて慎重に検討していきたい[264]」と控え目な表現で、イージス艦派遣に前向きな答弁をする。

イージス艦派遣に反対する公明党の存在は派遣実現への障壁の一つとなっていたが、政府・自民党幹部との接点の多い冬柴幹事長は、一一月中旬頃から、イージス艦派遣が自衛官等の安全確保にベターというのが国民のコンセンサスであるなら考慮してもいいと、柔軟な考えを見せ始める。[265] イラク問題等の協議のためにアーミテージ国務副長官が一二月上旬に来日することが決まると、そこで直接イージス艦派遣決定を伝えられるよう防衛庁や自民党幹部は公明党への根回しを加速し、イージス艦は戦闘区域とは一線を画した地域に派遣、米軍と情報をリンクしても攻撃などに資する情報提供は行わず集団的自衛権の行使にあたらないとの考えを整理して、理解を求める。[266]

福田官房長官は、一二月二日の記者会見で、イージス艦派遣に慎重な意見は減ってきているとの見解を示す。[267] 自民党内で強固に反対してきた野中元幹事長は、公明党がイージス艦派遣に同意するなら同党への私の友情は捨てねばならないと、公明党の軟化を批判する発言もしていたが、山崎幹事長から説得され、三日の総務会では発言をしなかったという。[268]

福田官房長官は、当初、一二月五日の与党党首会談でイージス艦派遣の了承を得て首相が決断するという流れを考えていたようであるが、公明党は黙認はできても党首会談では反対表明をするであろうから、それを押し切っての派遣の決断となるのを回避するため、山崎幹事長は党首会談前に小泉首相に決定するよう進言する。[269] 党首会談前日に開催された与党幹事長会談で、二階幹事長はイージス艦派遣に賛意を示すが冬柴幹事長は賛否を明言せず、集団的自衛権の行使にあたらない範囲において対処すべきと述べるにとどめる。[270] その後開催された公明党の常任役員会で、イージス艦派遣は国民のコンセンサスが十分に得られていないとして反対する方針が決定される。[271] 夕方、福田官房長官が神崎代表に電話で理解を求めたが、神崎代表は派遣しないよう強く要請しつつ、ただし、政府が派遣を決定した場合は事実上黙認する考えを伝えたとされる。[272] 党首会談前日の四日、小泉首相はイージス艦派遣を決断し、石破防衛庁長官がそれを発表する。翌日の党首会談で、神崎代表はイージス艦派遣に反対であり、誠に遺憾としつつも、「集団的自衛権の行使に当たらないよう厳格な運用と、日本周辺の防衛態勢に穴があかないよう対応をお願いしたい」と運用に注文をつけ、小泉首相や福田官房長官は了解する。[273] イージス艦派遣決定を伝えられたアーミテージ国務副長官は小泉首相に謝意を表し、パウエル国務長官も高く評価するとのコメントを出す。[274] なお、民主党は、イージス艦派遣の必要性が真に確認され、憲法の枠内であれば否定しないが、派遣の必要性、憲法・法律上の疑義、イラク問題等との関係、現地での運用の問題点、国会での説明、派遣決定手続き等々を総合的に判断し、イージス艦の派遣に反対するとの見解を公表する。[275]

防衛庁は後方支援の具体的な内容等を定める実施要項に、「こんごう型」との項目を加える変更を行い、一二月一六日、イージス艦「きりしま」がインド洋に向けて横須賀港を出港する。イージス艦の派遣は、この後、二〇〇五年四月まで続く。

同時多発テロ事件直後から政府及び自民党執行部はイージス艦派遣の機会をうかがい、米側も強い期待を寄せていたが、公明党だけでなく自民党議員からも反対され、再三先送りとなった。野中元幹事長など自民党内で自らの政治信条等によりイージス艦派遣に反対した議員らの存在は、結果的に、公明党の意見を自民党執行部に主張してくれる有力な代弁者となっていたといえよう。しかし、イラク開戦が目前に迫り、ペルシャ湾へ戦力を振り替える米軍艦艇の補完という軍事的必要性と、米軍が主導する「テロとの闘い」を同盟国として支えるという政治的配慮のもと、政府・自民党執行部はイージス艦派遣への覚悟を決め自民党内の反対を抑えると、これらの状況の変化を察知した公明党は、表向きは反対しつつも政府の決定を黙認するという連立与党としての現実的な対応をとる。

イージス艦の派遣への注目を最後に、二〇〇三年に入るとメディアや政治の関心はイラク戦争にシフトし、アフガニスタンへの関心は一気に薄れていくことになる。

7 小括

米国本土で発生した同時多発テロ事件とそれに続く米主導の「テロとの闘い」において、日本はテロ特措法を制定し、米軍等への支援活動を実施するなどの積極的な対応をとった。テロ特措法は、従来の自衛隊の国外での活動を規定する法的枠組みを越え、活動範囲や権限を拡大している。例えば、補給や輸送といった自衛隊の活動内容は周辺事態安全確保法における対米支援を踏襲しているが、活動範囲は同法に「日本周辺」という地理的制約があるのに対し、テロ特措法では、当事国が同意し、戦闘が行われていない外国領域も含まれるとしており、武器使用基準も緩和され、自分や同僚隊員だけでなく、難民等も防護の対象として加えられた。このテロ特措法の規定は与党の総意としてすんなりと決まったわけではなく、自民党と公明党との間で駆け引きが行われており、その痕跡はテロ特措法に見て取ることができる（表2-1）。自己完結型でなるべく制約が少ない自衛隊の後方支援活動の実施という米国からの要請を踏まえ対米支援策を立案する政府・自民党執行部に対し、公明党はこういった自衛隊の役割や権限の拡大を了承する一方で、法律の名称や目的で国際協調や人道的措置を強調し、また、「具体的な日時の期限は付けない」としていた政府案に時限法を主張するなど、自衛隊の活動を抑制する観点からの修正を要求した。時限法とすることには山崎幹事長も最後まで抵抗を示すが、修正要求を時限とすることの一点に絞った公明党に押し切られ、二年の期限とする政治決着がなされた。政府・自民党と公明党の攻防は、テロ特措法に基づく基本計画の策定や、イージス艦を含む派遣艦艇の選定といった運用面でも見られる。

長年政権与党として日米同盟を基軸とした外交を推進してきた自民党と、宗教団体を支援母体とし平和の党を標榜する公明党が駆け引きをしながらもテロ特措法を短期間でまとめあげ、自衛隊派遣を含む数々の対米支援策を実施できた要因として、「内製化された外圧」の存在、異例の与党間合意を重視した与党内調整手続き、与党幹事長

表2-1　テロ特措法案の主要項目における修正経緯

	政府案（9.22）	与党修正後	国会修正後
名称	2001年9月11日のアメリカ合衆国におけるテロ攻撃に関連して措置をとるアメリカ合衆国の軍隊等の活動に関する支援措置に関する特別措置法	平成十三年九月十一日のアメリカ合衆国において発生したテロリストによる攻撃等に対応して行われる国際連合憲章の目的達成のための諸外国の活動に対して我が国が実施する措置及び関連する国際連合決議等に基づく人道的措置に関する特別措置法 【公明党の主張】 国連，諸外国，人道的措置の強調	同左
目的	・国連安保理決議1368に言及 ・テロ撲滅への取り組みに我が国として積極的に寄与 ・米軍等の活動への後方支援	・国連決議1368, 1267, 1269, 1333等 ・テロリズム防止・根絶のための取り組みに積極的・主体的に寄与のため以下を実施 　・米国・諸外国の軍隊等の活動への我が国が実施する措置 　・国連等の要請に基づく人道的措置 【公明党の主張】 国連，諸外国，人道的措置の強調	同左
活動内容	後方支援（医療，補給，輸送，修理・整備，通信，宿泊，捜索救助）	・協力支援活動（補給，輸送，修理・整備，医療，通信，宿泊，消毒） ・捜索救助活動 ・被災民救援活動	同左
活動地域	戦闘行為が行われていない地域	・我が国領域 ・非戦闘行為の公海，その上空，外国の領域	同左
武器・弾薬の輸送・補給	・武器・弾薬を含む輸送 ・武器・弾薬を除く補給	・武器・弾薬を含む輸送 ・武器・弾薬を除く補給 【公明党の主張】 武器・弾薬の輸送除外を主張するが，時限法とすることで譲歩	・武器・弾薬を含む輸送（陸上輸送不可） ・武器・弾薬を除く補給 【民主党の主張】 武器・弾薬の輸送除外
国会承認	原則実施前に国会承認	なし 【公明党の主張】特別法のため不要	活動開始20日以内に国会に付議し，承認 【民主党の主張】 事前承認
国会報告	基本計画の決定・変更等について報告	同左	同左
武器使用による防護対象	既存の関係法律よりも緩和する方針	・自己，自己と一緒の隊員 ・自衛隊の武器等 ・自己の管理下に入った者	同左
有効期限	なし	2年 【公明党の主張】2年の時限立法	同左

出所）内閣法制局所管資料等より作成。「政府案（9.22）」は内閣官房が外務省及び防衛庁と意見調整をしつつ作成した案で，「名称」及び「活動地域」については，9月25日付法律案，それ以外は9月22日付「立法の骨格（案）」を抜粋・要約している。「与党修正後」は与党協議を反映して修正され，閣議決定された法律案における該当箇所，「国会修正後」は国会で修正された箇所を記載している。

による調整力が指摘できるであろう。

米政府が具体的な支援内容を指示せずとも、日本政府が米側の期待を上回る支援策を実現できたのには、外務省や海上自衛隊、自民党執行部等、日頃から米政府や米軍との接点が多い担当者の間で米側が何を日本に期待しているか、共通の理解が築かれており、その基調となっていたのが、湾岸戦争での失敗の記憶であり、人的貢献に再度失敗した場合の日米同盟への危機感であったといえよう。[276] 一九九一年の湾岸戦争時、日本政府は一四一億ドルの資金を出しながら、国際社会で評価されなかったというトラウマは、交渉の最前線に立ち、直接米国ほか関係国の反応を目の当たりにした外務省関係者だけでなく、当時政権与党として対応にあたった一部の自民党議員にも共有されていたようで、米政府担当者も「湾岸戦争」を引き合いに出しながら、政府や自民党幹部に「目に見える貢献」の必要性を強調する。M・ペンは、日本の政策決定者は湾岸戦争で「小切手外交」と揶揄されたことへの痛烈な屈辱感から、「今度は同じ轍を踏まない」という信念を持ち続け、同時多発テロ事件を好機と捉えて自衛隊派遣の必要性を国内に説得する役割を果たしたとしており、それを「内製化された外圧」と称している。[277] この内製化された外圧は、洋上補給の無償化や活動地域に慎重であった防衛庁等への説得などでも観察され、こういった内部からの誘導もあって日本政府は米政府の意向を踏まえた支援策を策定し、米政府も日本の法的制約を前提に日本の自主性、自律性を尊重する姿勢を見せ、両者は比較的容易に合意に至ることができた。意見調整の難しさはむしろ国内政治にあり、各党の理念にも直結し、妥協の難しい安全保障政策に関し、特に意見を集約させる必要のある連立政権内ではいかなる調整が行われたのか、注目される。

本件では、連立与党の異なる意見を与党幹部が優先的に調整し合意を得た上で、与党各党の党内手続きを踏むという異例のトップダウンでの決定手順がとられていた。この与党間の意見を先行して集約し、各党内の意見を抑えるという調整の要としての役割を担ったのが与党三幹事長であった。ボトムアップによる手続きが確立されている自民党において、与党間合意を優先する異例の手続きや、公明党に配慮した政治的妥協は、自らも防衛庁長官を勤め、安全保障政策の第一人者である山崎幹事長であったからこそ党内を抑えこむことができたといえよう。公明党でも、連立維持のためには、政府自民党が推し進める自衛隊の海外派遣を受け入れなければならないという現実的判断と、それに反発する党内や支援母体を説得しなければならないという難しい立場に置かれ、それを一手に引き受けていたのが冬柴幹事長であった。保守党の二階幹事長も含め、この与党三幹事長が、与党間の意見の相違を集約しつつ、党内の意見を抑えるという与党間及び与党内の意見調整を担っていた。

一方で、自衛隊の海外派遣への新たな枠組みとなるテロ特措法案には超党派合意で国会を通過させるべきとの考えから、自民党も最大野党である民主党も合意前提で与野党修正協議に臨む。同法案に関し政策的にはほとんど一致していた自民党と民主党であったが、両党の協調が進むことで、少数与党としての存在感の低下をおそれた公明党が硬直的対応をとり、協議不調となる。「テロとの闘い」が予想以上に長期化することにより、テロ特措法を二年の時限とした政治決着、また、与党のみの賛成で成立させたことは、その後の支援活動継続の上で、想定外の政治的難局を作り出すことになる。

第3章　インド洋における活動縮小期
——二〇〇三年一月〜〇五年一一月

未曾有の事態の発生に、非日常的状況下で策定された海上自衛隊による補給支援活動を中核とする日本の支援策であったが、支援活動開始から一年以上が経過し、米国による「テロとの闘い」の一環としてのイラク攻撃という新たな想定外の事案の勃発に国内外の関心が奪われ、補給支援活動は日常的な政策判断として継続されることになる。本章では、補給支援活動の期限が半ば自動的に延長され支援活動が粛々と継続される様子とともに、米国によるイラク戦争開始に伴う対米支援策をめぐる米政府との外交交渉と連立政権内の駆け引きを描く。

1　イラク戦争への間接支援——二〇〇三年

(1)　アフガニスタン情勢

米軍等による軍事作戦により三〇〇〇名以上のアル・カイダ関係者を拘束し、アル・カイダ及びタリバン幹部あわせて約四〇名、幹部全体の三分の二は殺害または拘束したとされるが[1]、依然としてオサマ・ビン・ラディンやタリバン最高指導者のムハンマド・オマル師等の主要メンバーは捕捉されず、むしろパキスタンとの国境付近に逃れたタリバンやアル・カイダがアフガニスタンに再侵入し活動範囲を広げる動きもあり、「不朽の自由作戦（ＯＥ

F)」は南東部を中心に掃討作戦を継続、三月のバリアントストライクでは約六〇〇名の兵力を投入して大規模な作戦を展開する。ハーミド・カルザイ暫定政権による国家再建の遅れもあって、同政権が直接支配するカブールでは国際治安支援部隊(ISAF)の駐留でかろうじて治安を維持するものの、北部地域では軍閥抗争が収まらず、南東部の国境付近ではタリバン残存勢力が新兵をリクルートして影響力の拡大を狙う動きも見られるなど、カブール以外では不安定な状況が続く。

一方で、ドナルド・ラムズフェルド国防長官は五月一日、カブールでカルザイ大統領と共に記者会見を行い、「テロとの闘い」での主要な戦闘は終結し、軍事行動から安定・復興活動に移行する段階に来ているとの認識を示す。[2] これには、三月二〇日に開戦したイラク戦争に米軍の資源を集中させるため、アフガニスタンの米軍の活動をISAFに代替させる必要があり、戦闘地域への派兵を渋る各国に対して、主要な戦闘は終結したことをアピールする政治的意図があったとされる。[3] 実際、二〇〇三年以降、ISAFのアフガニスタンでの役割は拡大しており、当初は参加国が六カ月交代で持ちまわしていた指揮権を二〇〇三年八月から北大西洋条約機構(NATO)が継承し、一〇月に採択された国連安全保障理事会決議第一五一〇号では、活動範囲もカブール周辺から段階的にアフガニスタン全土に拡大することが決定された。[4]

地方における治安確保と復興開発を目的とする新たな取り組みとして、軍民一体で活動する地域復興支援チーム(Provincial Reconstruction Team：PRT)が導入される。一〇〇~三〇〇人の米軍やISAFの部隊が担当地域の治安を確保する中で、同行する開発の専門家や技術者が地元の要望を調査しながら復興計画を作り、実施するというもので、二〇〇二年一一月に試行的に開始、二〇〇三年以降アフガン各地で本格展開される。[5]

海上自衛隊が補給支援活動を行っている艦隊が従事する海上阻止活動(OEF-MIO)では、海路を使って逃亡するテロリストが減少してきたことを受け、麻薬の取り締まりなど資金源の封じ込めに重点が置かれるようになる。活動艦艇も減少傾向で、二〇〇二年五月頃にはミサイル搭載巡洋艦なども含めて六〇隻程度(米四〇隻、米以外一五カ国が二〇隻）が展開していたが、二〇〇三年三月のイラク戦争開戦後は各国が派遣規模を縮小させ、一〇月頃には一一隻（米二隻、米以外九カ国が一九隻）に減少する。海自も五隻の態勢から補給艦一隻、護衛艦二隻、計三隻と態勢を縮小させ、給油量も例えば、二〇〇二年一〇月の一カ月の給油量は二万三〇〇〇キロリットル（給油回数一六回）であったのが、二〇〇三年一〇月の給油量は四分の一以下の五〇〇〇キロリットル（給油回数一三回）と減少する。(6) 政府は補給先が補給艦ではなく、駆逐艦等が中心となったことで給油量が減少したと説明する。

アフガニスタンの国家再建プロセスは、二〇〇二年六月のカルザイ暫定政権発足までは順調に進んだが、民族対立の表面化等により、その後の政治プロセスが遅延する。大統領にはパシュトゥン人であるカルザイ大統領が就任したものの、国防相や教育相などの主要ポストにパシュトゥン人以外の少数民族が就任するなどの優遇策に南東部に多くが居住するパシュトゥン人は不満を抱き、後にタリバンが反米・反政府を掲げパシュトゥン人を支持基盤に復活する道を開く原因となったとされる。(7)

二〇〇三年の政治プロセスにおける最大の課題は憲法制定であった。憲法制定のための国民大会議が一〇月に予定されていたが、治安の悪化により二カ月遅れて一二月から開催され、二〇〇四年一月、国教はイスラム教、共和制、男女は法の下に平等、国民の直接選挙による大統領制、公用語はパシュトゥー語とダリ語等を規定した新憲法が制定される。この憲法に基づき、同年一〇月に大統領選挙が実施される。

（2）イラク開戦

二〇〇三年年明け以降、国連安保理決議第一四四一号の要請に従って武装解除を行う様子を見せないイラクに対し、米国は単独の軍事行動を辞さない構えで着々と攻撃体制を整えるが、米国の軍事行動に否定的な国際世論の反発も高まり、国際情勢は緊迫化する。この対立は国連安保理でも鮮明となる。一月二七日、国連査察団は大量破壊兵器の査察に対するイラクの協力は不十分であるものの、大量破壊兵器が見つかっていないことから査察の継続が必要と国連安保理に報告するが、その約一週間後、コリン・パウエル国務長官はイラクが大量破壊兵器を保有する証拠として画像や音声も提示しながらプレゼンテーションを行い、武力行使を容認する新たな国連安保理決議への支持を呼びかける。しかし、仏独露などは国連による査察継続を譲らず、新たな決議の採択に反対する。

日本政府は、対外的には武力行使を容認する国連安保理決議が採択できるよう非常任理事国に支持を呼びかけ、国内では内閣官房を中心に自衛隊によるイラクでの復興支援活動を可能とする新法案の作成作業を内々に進める。(8)

与党でもイラク攻撃が開始された場合の日本の支援策について、与党協議会や各党内の部会等で関係省庁から報告を受け協議を始めるが、議論は紛糾する。自民党では外交部会の関係者等を中心に、日米同盟を考えれば米国の行動を支持する以外に選択肢はないといった認識が示されるが、古賀誠元幹事長、野中広務元幹事長や亀井静香元政調会長などからは、米国に同調する政府の姿勢に批判的な意見が出される。(9) 公明党では、冬柴鉄三幹事長など政府の方針を踏まえた現実的対応を主張する幹部も存在していたものの、党内にイラクへの自衛隊派遣への根強い反発を抱え、市川雄一元書記長が神崎武法代表に、支持者を気にした発言ばかりしていると政権離脱になりかねないと忠告したともされる。(10) 公明党執行部は、党首会談や政府・与党連絡会議など政府・自民党執行部と会う機会を捉えて、平和的解決や国際協調に向けての外交努力の継続を米政府に求めるよう依頼するのに加え、直接ハワード・ベーカー大使やパウエル国務長官、リチャード・アーミテージ国務副長官に、武力行使の前提としてそれを容認する新たな国連安保理決議の採決を要請したり、コフィー・アナン国連事務総長に外交努力を続けるよう求めるなど独自の外交を試みる。(11) しかし、二月下旬、来日したパウエル国務長官が、新たな国連決議が採択されない場合でもこれまでの決議をベースにイラク攻撃に踏み切る旨明言するなど、(12) 直接米政府高官と接触することで、神崎代表はかえって米の軍事行使は避けられないことを悟り、三月一一日の拡大外交・安全保障部会会議で、新たな武力行使容認決議が採択されずに米国がイラク攻撃を開始した場合でも、米国の行動を支持する方向で党内のとりまとめに動いたという。(13)

開戦が間近に迫った三月一二日、与党間の協議機関として「与党イラク・北朝鮮問題連絡協議会」（会長：山崎拓自民党幹事長）が設置される。[14]

三月一八日午前一〇時、ジョージ・W・ブッシュ大統領はテレビ演説で、イラクのサダム・フセイン大統領に四八時間以内に国外に出るよう要求、従わない場合には武力攻撃を開始すると、イラクに対し事実上の最後通告をする。[15] 国連安保理での新たな決議案は採択の見通しが立たず、忍耐を切らしたブッシュ大統領の決断であった。日本政府や与党幹部は米軍のイラク攻撃開始に向けての対応協議に追われる。小泉純一郎首相は神崎代表と熊谷弘保守新党代表[16]に米国支持の方針を伝えた後、午後一時の記者会見で、いち早く米国の支持を表明する。[17] 神崎代表は米国の武力行使宣言を遺憾としながらも、小泉首相の米国支持表明は日米同盟を重視した苦渋の選択だと理解を示し、熊谷代表も首相の決断の支持を表明する。[18] 午後二時四五分から与党イラク・北朝鮮問題連絡協議会、夕方、自民党では総務会、公明党では政調全体会議が開催され、対イラク開戦支持についての説明が行われる。

四八時間の猶予が経過した三月二〇日午前一一時三〇分、米英軍はイラクに空爆を開始する。日本政府は攻撃直前にアーミテージ国務副長官から電話で攻撃開始の通告を受ける。空爆開始約一時間半後、小泉首相は官邸で記者会見に臨み、米国の武力行使の支持を改めて表明する。[19] その後安全保障会議、続いて臨時閣議を開催し、邦人の安全確保や国内における警戒態勢強化、イラクにおける大量破壊兵器等の処理や復興支援等のための所要の措置の実施、「テロとの闘い」を継続する諸外国の軍隊等に対する支援の継続・強化等を盛り込んだ「イラク問題に関する対処方針」と、内閣総理大臣を本部長とするイラク問題対策本部の設置を決定する。[20] 与党はイラク・北朝鮮問題連絡協議会を開催し、政府の対応を了承する。国会では、イラクに対する武力行使後の事態への対応について、夜九時過ぎから衆院本会議、続いて一一時半から参院本会議で議論が交わされる。

米英軍によるイラク攻撃、いわゆる「イラクの自由作戦（Operation Iraqi Freedom : OIF）」では、大規模な空爆により制空権を確保した後、地上部隊がクウェート北部からイラクに進撃する。四月九日、米軍海兵隊がバグダッドを制圧し、フセイン政権は圧倒的な軍事力を前にあっけなく崩壊する。五月一日にはブッシュ大統領がサンディエゴ沖に浮かぶ空母エイブラハム・リンカーンから「イラクにおける主要な軍事作戦は終了した」と主要な戦闘の終結を宣言[21]、形式的には米軍等の圧勝のもと、戦後の復興支援プロセスへと移行する。ラムズフェルド国防長官はアフガニスタンでの攻撃と同様、初戦での空爆を徹底し、米軍の地上部隊の投入を最小限度に抑える方針をとっており、装備も古く戦闘意欲を失っていたイラク軍を退散させて主要都市を制圧することには成功したが、復興を軌道に乗せるために最も重要な時期となる七月から約半年間で米軍兵力を一五万人から一一万人弱に削減したこともあり、全土にわたる治安維持には地上部隊の規模が不十分で、各地で略奪行為が起きるなど無法状態となり、その後の復興支援プロセスは予想以上に難航する[22]。

米政府はイラク攻撃開始直後から、日本政府に復興支援・国家再建プロセスへの参加を促していた。イラク開戦数日後、米政府は戦争を支持した二六カ国に対し、「期待される戦後復興策・イラクの安定化と再建のための能力」として、必要と想定される活動を六分野、五〇項目以上にわたって列挙したリストを配布し、治安維持活動への参加にも期待を示したという[23]。米政府の要望は政治チャネルでも伝えられており、ベーカー駐日大使は三月下旬、与党三幹事長を公邸に招き、復興支援に自衛隊派遣を打診[24]、また、ブッシュ大統領は四月中旬、小泉首相と電話会談を行い、イラクの国家建設への貢献を求めたとされる[25]。

米政府からの要請の一つに、イラクの復興支援を国連に任せず自ら主導する目的で国防総省内に設置した復興人道支援局（Office of Reconstruction and Humanitarian Assistance : ORHA）への日本からの職員派遣があった。政府・自民党執行部は復興支援への積極的関与のために派遣に前向きとなり、四月一四日の政府・与党連絡会議で、山崎幹事長は早急な要員派遣を主張する。しかし、与党には慎重な意見も強く、一七日の公明党外交・安全保障部会では国連の意思を待たず、米国の政府機関に参加させるのは法的根拠に問題がある等の指摘が出される[26]。自民党でも一八日の総務会で野中元幹事長からＯＲＨＡは国防総省内に設置された機関で、要員派遣は慎重であるべきとの発言があるが、山崎幹事長はイラクの国家再建プロセスに最初から参加したいと理解を求めたとされる。[27] ＯＲＨＡへの要員派遣は一八日の閣議で決定され、川口順子外務大臣は同日、五名程度の外務省職員を外務省設置法に基づき派遣することを発表する。民主党はＯＲＨＡへの職員派遣を容認する見解を示す。[28] なお、米政府からは文民警察の派遣も打診されるが、こちらは治安悪化等を理由に派遣をしない方針とする。[29]

国連安保理は五月二二日、米英軍主導による占領統治を認め、イラク国民に対する人道上の支援や復興支援、イラクの安定と安全の回復への貢献を加盟国等に要請する安保理決議第一四八三号を採択し、これを契機に国防総省が主導してきた復興支援プロセスに、少なくとも表向きは国連が関与するようになる。[30] 日本政府は既存の法的枠組みでは、政府開発援助（ＯＤＡ）やＰＫＯ協力法によるイラク周辺国での難民支援等が限界で、戦闘終結後の復興支援といえども、イラクに自衛隊を派遣するには国連安保理の決議が必要と米国に主張していたことから、この安保理決議の採択により、日本の対応は自衛隊派遣のための新法制定という国内政治へ移行する。

（3）テロ特措法に基づく基本計画延長

テロ特措法に基づく基本計画は二〇〇三年五月一九日に期限を迎えるが、アフガニスタンにおける掃討作戦は継続中で、三月にイラクでも戦争が始まっていたことから、政府内では基本計画の延長は当然として、秋に二年の期限を迎えるテロ特措法の延長も避けられないとの認識であった。

五月一日に開催された第五回日米調整委員会で、米側からアフガニスタンの一部では治安が回復しているが、アル・カイダやタリバンによる活動は継続しており、ＯＥＦ-ＭＩＯの継続が必要との説明があり、日本側も自衛隊の派遣期間を半年間延長することを米側に伝える。[31] 与党三幹事長も四月下旬、北アラビア海上で活動するイージス艦「きりしま」を洋上視察した際、山崎幹事長が基本計画を延長する考えを示すと、他の与党幹事長はこれを支持する方向で検討したいと発言する。[32]

五月六日、与党は緊急テロ対策本部を開催し、海上自衛隊の派遣を半年間延長する政府の方針を了承する。[33] 続いて与党各党の党内手続きに入り、自民党は七日、内閣部会・国防部会・外交合同部会で基本計画の延長を了承、公明党は六日に外交・安全保障部会、八日の政調全体会議で同じく了承する。

政府は五月九日、閣議で派遣期間をテロ特措法の有効期限である一一月一日まで延長することを決定する。これに対し、民主党は「インド洋周辺への自衛隊派遣の再延長が、国会への十分な情報提供なしになされることは、国会による民主的統制の見地からも、極めて問題である」とする談話を発表する。[34] 防衛庁長官は同日午後に衆議院安全保障委員会で、一五日に参議院外交防衛委員会で基本計画の変更を報告する。国会審議では、OEF‐MIOの成果などについても議論となるが、政府はオペレーションの具体的な内容については答えられない、実際にOEF‐MIOに従事している国と、OEF‐MIOに従事している艦船に補給支援をしている国とでは情報格差があることは否めないと答えており、[35] 軍事作戦に直接参加していない立場での作戦に関する情報把握の限界を認めている。

（4）イラク特措法の制定

国連安保理決議第一四八三号によりイラクの治安維持と戦後復興への加盟国による取り組みが合意されると、日本でもイラクへの自衛隊派遣の議論が本格化する。安保理決議第一四八三号が採択された翌日の五月二三日、小泉首相はテキサス州クロフォードのブッシュ大統領私邸で開かれた日米首脳会談に臨み、イラクの戦後復興へ国力にふさわしい貢献をする旨を表明する。ただし、自衛隊派遣のための新法制定には触れず、当面の対応として、PKO協力法を根拠にイラク周辺国に人道物資を空輸するためC130輸送機を派遣すると発言する。[36] 会談では「テロとの闘い」も議題となり、ブッシュ大統領は海上自衛隊の補給支援活動は参加国の艦艇に大いに役立っていると賛辞を送る。[37]

イラクの復興支援に関する新法の立案作業は、内閣官房の大森敬治官房副長官補の下で二〇〇二年秋頃から密かに進められていたが、二〇〇三年五月二〇日の有事法制関連法案の衆院通過後に福田康夫官房長官から正式に指示が下りる。[38] 同法案が参議院を通過した翌日の六月七日、小泉首相は与党三幹事長にイラクの復興支援に関する新法案及びテロ特措法を二年間延長する改正法案を開会中の通常国会に提出する方針を伝え、イラクに関する新法案は四年の時限立法とすることで合意する。[39] 国会の会期は残り一〇日足らずのかなり窮屈な日程で、大森官房副長官補も「ある程度の予測はしていたが、突然の電撃的発表で、しかも極めて短期間に法案を提出すると言うもので、いささかの驚きであった」といい、福田官房長官に与党との政治調整に特別の配慮をお願いしたと記している。[40] 六月九日の政府・与党連絡会議で、小泉首相は開会中の国会でイラクに関する新法を成立させる方針を明言し、与党側の協力を要請する。[41]

同日、与党三党は早速、イラク・北朝鮮問題連絡協議会と緊急テロ対策本部の合同会議を開催し、内閣官房から新法（「イラクにおける人道復興支援活動及び安全確保支援活動の実施に関する特別措置法」。以下、「イラク特措法」）案の要綱について説明を受ける。自衛隊の活動内容は、①医療や生活関連物資の配布、被災民施設の復旧・整備などを行う人道・復興支援活動、②イラク国内の安定を回復するため活動する国連加盟国への医療、輸送、補給などの安全確保支援活動、③大量破壊兵器の処理活動の三分野を想定し、活動場所は非戦闘地域に限定、武器使用基準はテロ特措法の規定を踏襲するとされる。与党三党は同要綱を了承し、四日後に閣議決定という非常にタイトな日程で、党内の審査手続きに入る。

六月一〇日、自民党では内閣部会・国防部会・外交合同部会が開催され、大森官房副長官補からイラク特措法案の説明を受けるが、河野太郎議員が非戦闘地域の定義に疑問を呈するなど反対意見が相次ぎ、翌日再度開催されることになる。合同部会後の総務会では、野中元幹事長が「幹事長主導でニーズも分からないまま、いきなりイラク新法というのはいかがなものか」と与党合意を先行させる手順に執行部を批判し、内容についても戦闘地域と非戦闘地域の線をどこに引くのか等異議を唱え、同じく橋本派幹部の野呂田芳成元防衛庁長官も一三日の閣議決定は無理だと発言するなど[42]、執行部の方針に批判が相次ぐ。一一日開催された合同部会では、前日紛糾した非戦闘地域の範囲について内閣官房が具体的な派遣地域を基本計画に明記するという新たな方針を示すが意見がまとまらず、異例の三日連続の開催となる。三日目の合同部会では、派遣にあたっての現地調査など周到な準備、大量破壊兵器の処理は情勢の推移を見極め業務内容を検討、自衛隊派遣に関する恒久法の早期整備に政府が努めることを法案附則に明記することを条件に了承される[43]。しかし、その後の総務会臨時総会では、野中元幹事長から自衛隊派遣ありきの法案を出すのは不見識とする発言が出され、野呂田元防衛庁長官も防衛庁が大量破壊兵器の処理能力はないとしているのに法律に明記するのは行き過ぎとの反対意見を述べるなど審議が紛糾し、翌日再度開催となる。総務会が再開されるまでの間、橋本派で国防族でもある久間章生政調会長代理が調整に入り、大量破壊兵器の処理条項の削除を妥協案として麻生太郎政調会長に提案、麻生政調会長が福田官房長官に打診する。福田官房長官は法案の目的がわからなくなるとして同条項の削除に合意はできないが、基本計画に同条項に基づく活動を盛り込まないという提案をする。しかし、野中元幹事長、野呂田元防衛庁長官、青木幹雄参議院幹事長らは頑なに同条項の削除を主張したため、麻生政調会長、久間政調会長代理、堀内光雄総務会長らが削除で合意する。山崎幹事長は公明党も保守新党も既にイラク特措法案を了承していると難色を示したものの説得され、同法案は大量破壊兵器処理条項を削除することを条件に、閣議の当日、総務会の了承を得る[44]。

公明党でも、六月一〇日、外交・安全保障部会が開催されるが、武器・弾薬の陸上輸送はテロ特措法では禁じられているのにイラク特措法では可能となっており整合していない等意見が相次ぎ、再協議となる[45]。一二日に再び開催された外交・安全保障部会では審議の末、党三役への一任が決定され、その後開催された政務調査会全体会議でもやはり武器・弾薬の陸上輸送が問題となるが、大森官房副長官補が中身をチェックするのは運用上困難と理解を求めたこともあり、法案での規定はそのまま残すが、基本計画で武器・弾薬の輸送を主任務にしないよう党首会談

で要請することで妥協し、イラク特措法案の扱いについて党三役への一任を決定する。(46)

保守新党ではあまり党内で紛糾した様子はなく、一〇日、両院議員全体会議で同法案を了承する。(47)

六月一三日、与党幹事長・政調会長会談において、福田官房長官は自民党の修正意見により政府原案から大量破壊兵器等の処理活動を定めた条項を削除し、将来的に大量破壊兵器の処理支援を加盟国に要請する国連決議が採択された段階で、改めて同活動を追加すると説明し、公明党も保守新党もこれを了承する。(48) 政府は、一三日イラク特措法案及びテロ特措法改正案を安全保障会議で了承した後、臨時閣議で決定し、国会に提出する。

イラク特措法案は、テロ特措法の概念や手続きをベースとしており、国連決議を自衛隊派遣の根拠とし、活動内容は安全確保支援活動と人道復興支援活動、活動地域は非戦闘地域、四年の時限で国会の事後承認を必要としている。有効期限を四年としたことについて、小泉首相は、イラクの復興にはある程度期間がかかると見込まれること、国際協力の観点から余り短い期間は適当でないことから、テロ特措法と同様の二年は短いが、長い期間を設定するのも適当ではなく、四年が適切と考えると説明する。(49)

国会会期終了間近の六月一六日に開かれた与党三党党首会談で、会期の四〇日間延長に合意するとともに、小泉首相が両法案を今期内に必ず成立させたいとの決意を示すと、(50) 神崎代表は自衛隊をイラクに派遣する際の条件として、十分な現地調査を行い、その調査結果を与党に報告すること、基本計画策定にあたっては事前に与党の了承を得ること、非戦闘地域の認定は厳格に行うこと、武器・弾薬の輸送を主任務としないことを小泉首相に要請する。(51)

同月下旬には、与党三党はイラクに現地調査団を派遣する。(52)

イラク特措法案が閣議決定されたことで、同法案をめぐる攻防は与党内から与野党間に移る。小泉首相は、テロ特措法の時と同様、民主党との与野党協議でイラク特措法案を修正することに柔軟な考えを示していた。直前に成立した有事関連法では、民主党と修正合意に至り、民主党も含めた賛成多数で法案を可決したことから、イラク特措法案についても民主党の賛成に期待があったようである。実際、イラク特措法案では民主党との修正協議に向けて、基本計画の国会事前承認への変更、期限を二年に短縮、武器・弾薬の陸上輸送の除外などが「のりしろ」として妥協の余地を残していたとの見方もあり[53]、前原誠司民主党議員が事前承認への修正について質問した際には、小泉首相は、現在の法案でよいとはしつつも「今後、議論の余地がある」と修正の可能性をほのめかしている[54]。しかし、米国が主導するイラク攻撃に対する厳しい国内外の世論に後押しされて、民主党は自衛隊派遣を主軸とするイラク特措法案とは相容れない独自の支援策を提示する。ネクスト・キャビネットで了承された「イラク復興支援のあり方に対する考え方[55]」の中で、自衛隊でなければ果たせない緊急のニーズを現在特定することは困難、戦闘区域と非戦闘区域の識別が不明確で任務遂行が危険、派遣期間の見通しが不透明などと指摘し、自衛隊による支援活動に真っ向から反対し、ニーズがあると思われる支援項目に、現地国連機関の日本人スタッフの増強など国連との連繋強化、警察機能の整備、雇用対策、インフラ整備等の民生支援を列挙し、政府の掲げる支援策との違いを鮮明にする。

六月二四日、衆院本会議でイラク特措法案及びテロ特措法改正案の趣旨説明が行われた後、「イラク人道復興支援並びに国際テロリズムの防止及び我が国の協力支援活動等に関する特別委員会」（以下、「イラク復興支援・テロ防止特別委員会」）で審議が開始されるが、両法案の並行審議には十分な審議を求める野党だけでなく、自民党参議院幹部も反対する。山崎幹事長には一年以内に実施される衆議院解散・総選挙の日程をにらみ、テロ特措法改正案を臨時国会に先送りすることで秋の解散が難しくなることを回避したいとの思惑があり、同じく公明党も秋に衆議院解散ができずに翌年夏の衆参同日選挙の可能性が高まることへの警戒から、ともに両法案の今国会成立を目指すことで一致していた。しかし、青木自民党参議院幹事長は、九月に実施される自民党総裁選で小泉首相の再選支持の代わりに、内閣改造で非主流派幹部らの入閣を求めており、小泉首相への影響力を確保するため、並行審議に反対し、テロ特措法改正案の臨時国会持ち越しを主張したとされる[56]。結局、与党は七月三日の党首会談で、イラク特措法案の審議を優先させ、テロ特措法改正案を継続審査として臨時国会での成立を目指す方針で合意する。会談後、神崎代表は「臨時国会は九月中旬に開くことで一致した」とあえて臨時国会召集時期を公表、冬柴幹事長も小泉首相から衆議院解散には連立与党三党間の信義を守るとの発言があり、これは衆参同日選挙をしないという趣旨と解釈したと、わざわざ記者団に説明しており[57]、解散権を有する首相の翻意を牽制する。

イラク特措法案に関する国会審議では、野党は米軍等の武力行使の正当性や自衛隊の派遣の是非、非戦闘地域の定義などを問いただし、政府・与党との対決姿勢を強める。さらに、民主党が国会に提出した同法修正案は、目的からイラク攻撃が国連安保理決議に基づくものである旨の記述の削除、期間を二年に変更、戦闘地域と非戦闘地域の区別が曖昧で戦闘地域に自衛隊を派遣することは憲法違反として自衛隊の活動削除というもので[58]、政府・与党には全く受け入れられず妥協の余地のない修正案であった。

イラク特措法案は七月三日にイラク復興支援・テロ防止特別委員会で無修正のまま、与党の賛成多数で可決され、四日に衆院本会議を通過して参議院に送られる。ただし、自民党の古賀元幹事長、野呂田元防衛庁長官、野中元幹事長は本会議採決を棄権、亀井元政調会長は本会議を欠席する。参議院では外交防衛委員会での審議となり、野党は関係閣僚の問責決議案や内閣不信任決議案を提出して抵抗するが、二五日夜、与党単独で可決、二六日参院本会議で可決、成立となる。既に戦闘が終結し、復興・国家再建プロセスに移行しているとして成立を急いだイラク特措法であったが、この後、イラク情勢の悪化を受け、現地への自衛隊派遣は二〇〇四年まで先延ばしされる。

（5）テロ特措法の延長

政府は一一月に期限を迎えるテロ特措法を延長させるため同法改正案の成立を臨時国会で目指すが、衆議院解散の日程も絡み、臨時国会召集の時期について自民党内で若干の攻防が見られる。山崎幹事長は、公明党の要望も受け、秋の衆議院解散を可能とするために早期に臨時国会を召集したいと考え、自民党総裁選の前倒しを画策するが、自民党橋本派や江藤・亀井派幹部等から反発を受け、公選規定通り総裁選は九月二〇日実施、臨時国会は九月二六日の召集となる。小泉首相は自民党総裁選挙で再選を果たすが、これまで連立与党の窓口となって与党間をまとめ上げていた山崎は幹事長を外れ、副総裁に就任。(59) 後任には安倍晋三が就任する。

ブッシュ大統領の来日を一〇月に控え、イラク特措法は成立させたものの治安悪化から自衛隊派遣が先送りとなっている状況で、インド洋における補給支援活動の継続は必須との認識から、総裁選翌日の二一日、与党三党首が交わした三党合意文書には「次期国会においてテロ特措法延長法案を必ず成立させる」と明記され、小泉首相も、所信表明演説冒頭で同時多発テロ事件に言及し、同法改正案の成立に向けての意気込みを表す。(60)

政府はテロ特措法延長の必要性について、海上警備の重要性は変わっていない、カルザイ大統領も日本の自衛隊の支援継続を期待している、米中央軍関係者は今後少なくとも二年間の作戦継続は必要との見通しをもっており、国際社会が関与を続ける中で日本だけが切り上げるわけにはいかない、と説明する。(61)

民主党は国会による統制を強める観点からテロ特措法改正案に対し、対応措置の実施について国会の事前承認が必要、法律を延長した場合に継続中の自衛隊の活動にも国会承認が必要、延長は今回限りで再々延長はしない、という三点の修正を求めることを決定し、修正案を衆議院の「国際テロリズムの防止及び我が国の協力支援活動並びにイラク人道復興支援活動等に関する特別委員会」(以下、「テロ対策特別委員会」)に提出する。(62)

国会審議では、国会承認が焦点の一つとなる。民主党の前原議員や原口一博議員から二年の時限立法であり同じ活動でも延長には国会承認が必要なのではないか、また岡田克也議員からもこの法律は二年でなくなるから事後承認でよいという論理を展開したのだから延長するなら事前承認が必要ではないかとの質問に対し、政府側は対応措置の内容は変わっておらず新たな国会承認は不要と説明する。(63) また、二年間のOEF-MIOの活動状況や実績等についても野党から繰り返し質問されるが、政府は円滑な作戦の実施や他国との関係から答えられないとして、これまでの報告の内容を超えての説明はなされなかった。一〇月中旬の衆議院解散が濃厚と報じられると、野党議員も選挙を意識して浮き足立ち、テロ特措法改正案をめぐる審議はわずか一二時間、それもイラク関連にもかなりの時間が割かれており、本件に関する審議はあまり深まることなく採決となる。

一〇月三日、衆議院テロ対策特別委員会において民主党提出の修正案は否決、テロ特措法改正案は与党の賛成多数で可決され、同改正案は衆院本会議を通過する。(64) 民主党は自衛隊による対応措置を漫然と延長することは、特別措置法の立法趣旨を逸脱するとした談話を発表する。(65) 参議院でも短期間で審議を行うため、「国際テロリズムの防止及び我が国の協力支援活動等に関する特別委員会」を設置しての審議となり、六日趣旨説明、七日から連日同委員会で質疑が行われ、九日同改正案を与党三党の賛成多数で可決、一〇日には本会議で可決・成立させる。小泉首相は同日、衆議院を解散する。

衆議院解散中の一〇月二一日、政府は安全保障会議及び閣議を開催し、テロ特措法に基づく基本計画の変更を決定し、海上自衛隊の派遣期間を二〇〇四年五月一日まで半年間延長する。

一一月九日に行われた第四三回衆議院総選挙では、自民党は解散時の二四七から一〇議席を減らし過半数を割り込むものの、与党三党では絶対安定多数を確保する。保守新党は惨敗し、自民党への合併を決める。イラクへの自衛隊派遣に反対姿勢を示した民主党は世論の支持を集め、一七七議席と大きく躍進する。

一一月一八日の与党党首会談では、小泉首相と神崎代表が連立政権合意の内容に署名し、翌日、自民党と公明党の連立による第二次小泉内閣が発足する。また、自民党は保守新党議員四名と城内実議員の追加公認とをあわせて衆議院で二四五議席を獲得、単独での過半数を回復する。総選挙を終え、政権の外交面での最大の関心事は、イラクへの自衛隊派遣の実施となる。

2　イラク問題へのシフト――二〇〇四年

(1) アフガニスタン情勢

掃討作戦を開始して約三年が経過し、多くのアル・カイダ幹部は殺害・捕捉され、組織的な動きは封じられるも、世界各地で、必ずしも物理的なつながりはなくてもその思想に共鳴する組織が形成され、アル・カイダを名乗って自発的にテロ活動を行う例が見られるようになる。またアフガニスタンから逃亡した残党の一部は、フセイン政権崩壊により無法状態となっているイラクに入り込み、イラクのアル・カイダ（後に世界を震撼させる「イスラム国（Islamic State in Iraq and al-Sham：ISIS）」の源流）を名乗り、反政府武装闘争を展開する。アル・カイダの関与が疑われるテロ事件として、三月スペイン列車爆発テロ、八月トルコ・イスタンブルのホテル爆破テロ、一二月サウジアラビア・ジェッダの米総領事館襲撃などがある。(66) アフガニスタンにも国外からアル・カイダ等への賛同者が流入し、反政府勢力が南部で勢力を維持し続ける。米軍等はアフガニスタン国軍（Afghan National Army：ANA）も加えて掃討作戦を継続、特に一〇月のアフガニスタン史上初となる大統領選挙を実現させるために治安確保に力を入れ、パキスタン軍もアル・カイダ等が庇護を受けているとされるアフガニスタン国境付近の連邦直轄部族地域での掃討作戦を強化する。

カルザイ暫定政権下での治安改革や復興事業は遅れ、政権として国内支配を確立できず、人々の生活改善も停滞する。ＩＳＡＦはカブール周辺に加えて拡大プロセス第一ステージであるアフガニスタン北部への展開を完了し、これらの地域では治安がかろうじて維持されるが、南部から東部にかけてのいわゆるパシュトゥンベルトでは、ボン・プロセスの対象から外されたり冷遇されたパシュトゥン人の間に同政権への不満が蓄積、そこにタリバンが入り込み兵士に勧誘して新勢力を調達し、爆発物と起爆装置で作られたローテクな仕掛け爆弾（Improvised Explosive

Device：IED）等によりＡＮＡ兵士等に対する攻撃が繰り返される。[67]

日本の海上自衛隊が支援活動を展開しているＯＥＦ－ＭＩＯは、あまり大きな変化はなく、補給支援活動も淡々と継続される。ＯＥＦ－ＭＩＯの実績の一例が公表され、二〇〇三年一二月から〇四年一月までの立入検査の結果、複数のダウ船からテロリストの資金源となっていると見られる大量の大麻、ヘロイン、覚醒剤が押収され、乗組員を抑留したことが報告される。[68]しかし、海上でのテロリストの活動は抑制的で、イラク戦争への兵力シフトの影響もあり、阻止活動の規模は縮小されて二〇〇四年三月時点では計一五隻（米艦船が三隻、米以外が七カ国で一二隻）に減少する。ただし、米政府より非ＮＡＴＯ主要同盟国に指定されたパキスタンが、駆逐艦一隻ではあるが唯一のイスラム教国として七月からＯＥＦ－ＭＩＯに参加し、[69]海上自衛隊は燃料や水を無償で提供する。

国内の政治プロセスでは、一月の新憲法制定後、最重要視されていたのがアフガニスタン大統領選挙及び議会選挙の実施であった。タリバン等の反政府勢力は民主化プロセスの妨害を予告しており、有権者が脅しを受けるなどの懸念に加え、人口調査も不十分、法制度も未整備で、選挙が実施できる状況ではなかったが、米大統領選挙を控え、ブッシュ政権から大統領選挙だけでも二〇〇四年中に実施するよう圧力がかかったとされ、[70]アフガニスタン史上初の大統領選挙が一〇月九日に実施される。米軍やＩＳＡＦ、ＡＮＡ兵士等による厳重な警戒態勢の中、七〇％の有権者が投票し、カルザイ大統領が過半数を得て当選、一二月七日、カルザイ新政権が発足する。憲法の規定によりカルザイ大統領の任期は五年とされる。議会選挙は翌二〇〇五年九月に実施されることになる。

（2）イラクへ自衛隊派遣

イラクでの自衛隊による復興支援活動を可能とするイラク特措法は二〇〇三年七月に成立し、自衛隊派遣の法的基盤は既に整っていたものの、八月一九日にはバグダッドにある国連現地本部が爆弾テロで爆破されるなどイラク各地でテロ事件が頻発し、急速に治安が悪化する状況を前に、与党は秋に想定されていた衆院選への影響を懸念して総選挙後まで自衛隊派遣を先送りとする。[71] ただし、一〇月に来日するブッシュ大統領に、二〇〇四年分として一五億ドルの無償資金供与とともに、自衛隊派遣準備について説明できるよう、石破茂防衛庁長官が石川亨統合幕僚会議議長と陸海空の幕僚長に年内派遣に向けての準備を指示する。ただし、首脳会談で小泉首相は自衛隊の年内派遣には言及しなかったとされる。[72]

総選挙後、政府・与党は自衛隊派遣に向け、基本計画案などの審議を始めるが、一一月二九日、イラク北部のティクリート付近で日本人外交官が二名殺害されるという痛ましい事件が発生し、政府・与党に緊張が走る。[73] 一二月一日に開かれた自民党の外交関係合同部会では、自衛隊の派遣を見送ればテロに屈することになるなど派遣に積極的な発言が相次いだとされるが、公明党では支持母体である創価学会婦人部を中心に自衛隊派遣に反対が強く、冬柴幹事長は日本人外交官殺害事件の真相解明も終わらないうちに基本計画の閣議決定をしないよう安倍幹事長に釘をさす。[74] また、山崎前副総裁は公明党執行部に配慮して、基本計画の閣議決定を六日に予定されている公明党の全国代表者会議開催の後とするよう小泉首相に進言する。[75]

公明党執行部は自民党側にはイラク自衛隊派遣への慎重な手続きを求める一方、党内には政権与党として自衛隊を派遣する必要性を説得し、中央幹事会や拡大外交・安全保障部会などで意見集約に努める。全国代表者会議で、イラク派遣への反対意見に対し、冬柴幹事長は基本計画案に賛成しても、実施要項策定や派遣命令の段階で党の意見を反映させると理解を求める。[76]

一二月八日、与党イラク・北朝鮮問題連絡協議会で、政府から提示された基本計画案が合意され、翌日の閣議決定に向けて各党の審査手続きに移る。自民党の内閣・国防・外交合同部会では河野太郎議員などから自衛隊のイラク派遣に反対意見等が出されるが賛成多数で了承され、政調審議会でも了承、その後開かれた総務会では慎重な意見も多く出されたようであるが、基本計画案は了承される。[77] 公明党の外交・安全保障部会や政調全体会議では、基本計画の決定は時期尚早といった意見や、首相が実施要項を承認する際にも与党の了承を得るべきなど意見が出されるが、基本計画案は了承される。

九日午後に開催された与党党首会談において、小泉首相は神崎代表の要請に従い、「陸上部隊の活動については、内閣総理大臣は、現地の治安状況を十分に見極め、改めて適切な指示を行う」」、「本件は、政府・与党が一体となって取り組むことが重要であり、与党と緊密に協議するものとする」等明記した覚書を交わす[78]。当該覚書が存在しなくても、政府は自衛隊の派遣前に公明党と協議したと思われるが、これは公明党支持者に対し、政府・自民党が公明党に最大限の配慮を払っているという姿勢を示す意義があったようである。党首会談後、派遣期間を二〇〇四年一二月一四日まで一年間、派遣規模は陸上自衛隊六〇〇人以下等とする自衛隊派遣の基本計画案が安全保障会議で了承され、その後の臨時閣議で決定される。政府は基本計画について、一五日に衆議院テロ対策特別委員会、一六日に参議院外交防衛委員会で報告する。

支持者が自衛隊のイラク派遣に反対署名を集めるなど、根強い反発を抱えていた公明党では、執行部が派遣の実施段階でも政府・自民党に慎重な対応を求め続けるとともに、神崎代表自ら陸上自衛隊派遣予定地のイラク南部サマワ等現地を視察し、支援のニーズや治安状況を確認し、党内及び支持母体に自衛隊派遣の必要性や公明党の抑止的役割を説得するため奔走する[79]。

イラク特措法上は可能とされながらも執行において事実上禁止された活動に、武器・弾薬の輸送がある。これはテロ特措法でも国会修正で外された経緯があり、公明党は事前審査の過程で懸念を示していたが、政府が現場のオペレーションで個々に確認作業をするのは困難との理由から押し切り、党首会談で神崎代表が小泉首相に実施段階での慎重な対応を要請していた。ところが、基本計画決定直後の記者会見で、武器・弾薬の輸送について問われた小泉首相は、これを「行いません」と明言、「実施要項の中で担保されるのか」との記者からのさらなる問いかけに、「そうです」と応え、事実上、武器・弾薬の輸送を封印する[80]。防衛庁には寝耳に水だったとされ、現場での混乱を懸念して関係閣僚に根回しを行い、小泉首相らは実施要項には武器・弾薬を輸送しないと規定するが、武器を携帯した兵士の輸送はこれには含まれない、また、確認作業は各国との信頼関係によると答弁し[81]、現場に配慮した運用方針へと軟着陸を図る。

公明党は自衛隊の派遣にあたっても、危険度の高い陸上自衛隊本体派遣の前に先遣隊を派遣して現地調査を行うよう段階的かつ慎重な実施を要請する。政府は、まず、航空自衛隊の先遣隊を派遣、その後陸上自衛隊の先遣隊を派遣し、陸上及び航空自衛隊の部隊の派遣開始日は、「防衛庁長官が現地の状況等を確認の上、総理の承認を得て」定めるとして実施要項では明記せず、改めて総理の承認を得て決定することとされる。この実施要項は一二月一八日、小泉首相に承認される。

政府は、与党の了承をとった上で、先遣隊に派遣命令を出す。そして、先遣隊の調査結果を踏まえ、陸自本体の派遣について、二〇〇四年一月二六日、与党党首会談を行う。神崎代表は公明党拡大中央幹事会で決定された要望事項である派遣隊員の安全確保、国民に正確な情報を伝える報道対応、現地の期待の高い雇用対策を小泉首相に提示した上で、陸自本体の派遣に合意する[82]。石破防衛庁長官は、同日夕方、陸自本体と陸自の物資を輸送する海自に派遣命令を出す。

イラクにおける復興支援活動等の実施に関する承認案は、一月三〇日、衆議院テロ対策特別委員会で審議されるが、野党は強硬に反対し、与党単独で可決、翌三一日衆院本会議では野党欠席の中、可決される[83]。採決では自民党内からも反対が出る。参議院では、二月九日、イラク人道復興支援活動等及び武力攻撃事態等への対処に関する特別委員会、その後本会議において、与党の賛成多数で可決される。

イラクへの対応をめぐる与党間の意見対立は、自衛隊派遣手続き以外にもしばしば表面化する。イラクの統治に関して、国連安保理決議第一四八三号ではＯＲＨＡに代わる統治機構として米英主導の連合国暫定当局（Coalition Provisional Authority : CPA）が設立され、さらに、二〇〇四年六月末までにイラクの統治権限をＣＰＡからイラク暫定政府に移すこととされる。この主権移行に伴い、ＣＰＡとの地位協定により駐留を認められてきた各国軍は、多国籍軍の一員としてイラク暫定政府から駐留を認められることになったが、自衛隊がこの多国籍軍に参加できるかどうか、その法的位置づけについて与党間で意見が対立する。政府・自民党は自衛隊の活動を人道・復興支援活動に限れば、自衛隊が多国籍軍に参加することは憲法上問題ないとするが、神崎代表は武力行使との一体化しない任務の位置づけができるのかと慎重な立場をとる。[84] 六月一四日の政府・与党連絡会議において、小泉首相が現行法下での自衛隊の支援活動継続に理解を求めると、神崎代表は自衛隊の活動継続にはイラク暫定政府と直接協定を結ぶ方法と、多国籍軍に参加して包括的に協定を結ぶ方法とがあるが、多国籍軍への参加を選ぶ場合の条件として、多国籍軍の指揮下に入らない、活動地域は非戦闘地域に限定、活動内容はイラク特措法の範囲に限定、武力行使と一体化しない活動に限定、という四点が守られるか明らかにするよう要請する。[85] イラク暫定政府は発足直後で個別に自衛隊の受け入れ同意等を盛り込んだ協定を短期間に結ぶことは現実的ではなかったため、政府は多国籍軍の中で法的地位を確保することにする。翌一五日、細田博之官房長官は自民党と公明党の幹事長・政調会長に、多国籍軍の自衛隊参加に関する法的問題についての政府の統一見解の骨子を提示し、日本独自の指揮命令系統を維持する等、公明党の示した四条件を守る旨確認する。与党各党は党内の了解を得る手続きに入る。公明党政調全体会議では、自衛隊は多国籍軍に協力するのか、参加するのかと問われ、北側一雄政調会長が「指揮下に入らない参加」を強調して党内の理解を求めたとされる。[86] 一六日の自民党臨時総務会及び公明党中央幹事会で了承を受け、一八日、自衛隊が多国籍軍の中で活動を継続することが閣議了解される。[87]

陸上自衛隊はイラク南部サマワを中心に給水活動、医療支援、学校や道路等の公共施設の復旧整備等の人道復興支援活動を開始し、二〇〇六年七月まで継続する。また、航空自衛隊はクウェートを拠点にバグダッドや北部アルビルなどに多国籍軍や国連の人員・物資の輸送を開始し、二〇〇八年一二月まで活動する。

以上、「テロとの闘い」の一環として米軍等が開始したイラクへの軍事作戦に対する日本の支援策の実施過程について見てきた。イラク特措法の立法プロセスでは、自公による駆け引きの結果であるテロ特措法をベースとしていることもあり、与党間で条文をめぐる駆け引きはテロ特措法の時ほど顕著には見られず、むしろ自民党執行部の与党間合意優先・党内手続き軽視の姿勢への反発から党内審査手続きで法案が修正されるなど自民党内の対立の方が目立っていた。しかし、執行プロセスでは、例えば、陸上自衛隊の慎重かつ段階的な派遣手続き、武器・弾薬の輸送の禁止、あるいは自衛隊の多国籍軍への組み入れにおける条件付容認など、公明党は機会を捉えて与党としての存在感を発揮し、自衛隊のより厳格な運用を要請する。政府・自民党執行部も、支持母体と板ばさみになっている公明党の立場を理解し、できる限り配慮しようとする姿勢が見受けられ、結果的に、場当たり的にではあるが自衛隊の活動に実質的な制約が加えられていたといえよう。

（3）テロ特措法及びイラク特措法に基づく基本計画の延長

イラク攻撃の可能性が浮上して以降、国内外の関心はイラクに集中し、自衛隊派遣後も国会審議や日本の報道ではイラクでの戦闘状況や人質問題[88]、陸上自衛隊の活動状況などイラク関連が中心となる。一方で、アフガニスタンでの掃討作戦やインド洋での補給支援活動は継続しており、同活動を規定した基本計画の有効期限が近づくと、あまり議論もないままに、政府は半年間の延長手続きを進める。

海上自衛隊による補給支援体制は、二〇〇二年春から補給艦一隻・護衛艦二隻の三隻で実施されており、当初は五隻に戻すことが予定されていたが、各国が派遣規模を縮小させていることから、政府は、派遣期間を一一月一日まで延長するのと合わせて、海自部隊の上限を運用実態に即して、「補給艦二隻以内、護衛艦三隻以内」から、「補給艦一隻以内、護衛艦二隻以内」へと変更した基本計画案を策定する。四月二二日、同計画案は安全保障会議で了承され、二三日に閣議決定される。同日に衆議院テロ対策特別委員会、二七日には参議院外交防衛委員会で報告されるが、質疑はイラク問題に集中する。

アフガニスタンでは治安の悪化により一〇月の大統領選挙の実施が危ぶまれていたが、遅れている民主化プロセスを前進させようと米国やＮＡＴＯは増派による治安体制の強化を目指して各国と調整を続けて、日本政府に対しても陸上自衛隊部隊の派遣が要請される。関係省庁は陸上自衛隊による食料、医療などの生活関連物資の輸送などの被災民救援活動や、他国部隊への補給・輸送などの協力支援活動などを念頭に、夏以降の派遣の可能性を検討するとも報じられるが[89]、政府内で検討は進まなかったようである。

海自の補給支援活動について、これまで海自は艦船用燃料を無償で提供してきたが、ＯＥＦ-ＭＩＯ参加国から、哨戒活動にあたるヘリコプターを搭載している場合は、艦船用燃料と同時にヘリコプター用の航空燃料の補給、また、パキスタンからは飲料水の補給が要望される[90]。そこで、政府は一一月の派遣期限の延長時に、従来の艦船に対する燃料補給に加え、ヘリコプター用燃料及び飲料水の提供を追加した基本計画案を策定する。

自民党は一〇月二一日、内閣・国防・外交合同部会で基本計画案を了承する。公明党は一〇月二〇日及び二四日に外交・安全保障部会で審議の末、最終的には了承するが、なぜ任務の追加が今必要なのか等の質問が出されたという[91]。

政府は一〇月二五日の安全保障会議を経て翌二六日、派遣期間を二〇〇五年五月一日まで延長するとともに、新たな任務として外国艦船搭載ヘリコプターの燃料と飲料水の提供を追加する基本計画の変更を閣議決定する。なお、民主党は再延長に反対する談話を発表する[92]。基本計画の変更は、一〇月二八日、衆議院テロ対策特別委員会及び参議院外交防衛委員会で報告される。質疑は直前に起きたイラクでの邦人人質事件やサマワの自衛隊宿営地でのロケット弾発見等イラク関連が中心となるが、新たに追加されたヘリコプター用燃料の補給支援に関しては、海自が直接ヘリコプターに補給するのではなく一旦艦船に供給されることから、給油した燃料が結果的にＦ１６戦闘機などの爆撃機に使われる可能性が問われ、政府は提供国に対して支援の趣旨は十分に説明しており、国際的な信義誠実の原則から目的以外の使用はあり得ないと答弁する[93]。

テロ特措法に基づく基本計画の変更手続きを終え、次に政府は一二月一四日に期限を迎えるイラク特措法に基づく基本計画の延長手続きに着手する。政府は復興支援に対する地元の需要は高く、二〇〇五年末に本格的な政権樹立が予定されていることから、そこまで一年の延長について与党に理解を求めるが、慎重な公明党に加え、自民党議員の中からも単純延長に反対の意見が上がる。加藤紘一元幹事長、古賀元幹事長、亀井元政調会長は、治安情勢の確認が必要で撤退時期を明確にすべき、また政府がこれまでの復興支援活動の成果を検証すべきとして、小泉首相に申し入れを行う。(94)

一二月初旬、武部勤自民党幹事長と冬柴幹事長はサマワで実際に自衛隊宿営地などを視察して現地の治安状況等を党に報告し、活動の延長に理解を求める。自民党は一二月八日、国防・内閣・外交合同部会で基本計画案を了承し、九日午前、政調審議会、総務会を相次いで開催する。総務会では、野田毅元自治相が「どんな展望をもって派遣延長に臨もうとしているのか。サマワの情勢報告だけではだめだ」と発言、他にも高村正彦元外相、加藤元幹事長、古賀元幹事長、亀井元政調会長などから批判や延長反対の意見が出されるが、基本計画案は了承される。(95)同日、公明党も政調全体会議、中央幹事会を相次いで開き、自衛隊派遣延長について代表一任を決定する。その審議では、治安情勢が改善されない現状から延長期間を半年に短縮すべきとの意見も出されるが、半年では都議選に重なり選挙の争点となるとの懸念も出され、一年で了承される。(96)

一二月九日、基本計画の一年延長が合意された与党党首会談で、神崎代表は自衛隊の活動を国民に広くＰＲするためのビデオ製作を要請したとされる。(97)その後の閣議で、政府はイラク特措法に基づく基本計画の一年延長を決定し、一三日に衆議院テロ対策特別委員会及び参議院イラク人道復興支援活動等及び武力攻撃事態等への対処に関する特別委員会において報告する。

3 海自の撤退？——二〇〇五年

（1）アフガニスタン情勢

国外のテロリストやカルザイ政権に不満を募らせる国民からの加勢もあり、二〇〇四年頃からパキスタンと国境を接する南東部を中心にタリバン等が勢力を盛り返し、米軍をはじめとする外国兵士、ANA兵士、政府機関職員や一般市民もターゲットにIEDを活用したゲリラ戦も展開され、治安が急速に悪化する。米軍等も兵力を拡大し、南部や東部国境付近での掃討作戦を強化するが、連合軍の犠牲者数が二〇〇五年には前年の六〇人から一二九人と二倍以上に増加するなど、戦闘による犠牲者数も急増する。[98]

三六カ国から約一万一〇〇〇人の参加と、その規模を拡大させるISAFは、北部での展開に加え、九月には拡大プロセス第二ステージである西部への展開を完了する。一二月のNATO外相会合では、二〇〇六年には第三ステージとして南部にも拡大するために、イギリス、カナダ、オランダ軍などによる約一万人増派を得て二万人態勢へと増強することを決定するなど、[99]ISAFの任務の拡大に伴い兵力増強を進める。

治安悪化が著しい本土とは異なり海上はあまり変化はなく、OEF-MIOでは武器や麻薬の押収等を中心に活動し、その成果の一例として、政府は三月に約三トン（六〇〇〇ポンド）の麻薬を発見したことを挙げる。[100]海上自衛隊による参加各国の艦船への補給供給量はピークの二〇〇二年度（補給量一七万五〇〇〇キロリットル、補給回数一三〇回）に比べると二〇〇五年度は六分の一程度に減少（補給量二万七〇〇〇キロリットル、補給回数一〇二回）するが、政府はOEF-MIOで活動している艦船が小型化しているだけで補給回数は減っておらず、活動が減退しているわけではないと説明する。[101]

民主化プロセスでは、大統領選挙の結果を受けて、二〇〇四年一二月にカルザイ政権が発足し、二〇〇五年には九月一八日に国民議会下院選挙と地方議会選挙が実施される。これらの選挙は、ボン合意で大統領選挙と一緒に二〇〇四年六月に実施される予定であったが、治安悪化や準備作業の遅れから三度延期されての実現であった。選挙結果を受けて一一月半ばに下院定数二五〇議席、州議会議員議席四二〇が確定し、一二月一九日には王制崩壊以降三二年ぶりにアフガニスタン議会が招集され、ボン合意に基づく民主化プロセスはひとまず終了する。

米軍等の駐留は民主化プロセスの前提となる治安維持をもたらすはずであったが、長期化に伴いその弊害も表面化する。米兵によるコーランを冒瀆する行為が頻発したり、あるいはキューバのグアンタナモ米軍基地に収容されているアル・カイダ等に対する尋問方法や扱いが非人道的であることが公となるなど、アフガニスタン国内で反米世論が盛り上がる。カルザイ大統領は五月二三日、ブッシュ大統領との会談で、アフガニスタン人被拘束者全員の引渡し、アフガニスタン政府に無断でタリバンやアル・カイダ掃討作戦を行わない等、米政府がおよそ容認できない事項について要請する。米政府側もカルザイ大統領が麻薬問題や政府内の汚職問題に断固たる措置をとらないことに不満を募らせており、カルザイ大統領が期待していた米軍のアフガニスタン長期駐留についての方針を明確にしなかったともされ[102]、親密とされていたブッシュ大統領とカルザイ大統領の関係に綻びが目立つようになる。

(2) 第二期ブッシュ政権の「テロとの闘い」への対応

二〇〇四年一一月に米大統領選挙及び連邦上下両院の選挙が行われる。米国が抱えるアフガニスタンとイラクにおける二つの戦争が主要な争点となる中、ブッシュ大統領はマサチューセッツ州選出上院議員のジョン・ケリー民主党候補を下して再選され、上下両院とも共和党が勝利する。就任演説で、世界の国々の民主化を進め、自由の拡大を目指す対外政策を強調した[103]ブッシュ大統領二期目の外交・安全保障担当の陣容は、政権内で孤立していたパウエル国務長官が辞任し、後任に大統領の信頼が厚いコンドリーザ・ライス国家安全保障担当補佐官が就任、アーミテージ国務副長官も辞任し、後任にロバート・ゼーリック通商代表が就任、国家安全保障担当補佐官には次席のスティーブン・ハドリーが昇格する。リチャード・チェイニー副大統領とラムズフェルド国防長官は留任するが、チェイニー副大統領の影響力は第一期よりも大幅に低下、[104] ラムズフェルド国防長官も約二年後の中間選挙における共和党敗北を受けて辞任に追い込まれる。[105] また、ジョージ・テネット中央情報局（ＣＩＡ）長官は辞任、ポール・ウォルフォウィッツ国防副長官やダグラス・ファイス国防次官も政権を去り、政権内で二つの戦争を主導してきた勢力が後退する。

第一期におけるブッシュ政権と小泉政権の関係は、米政府内の日本担当官が米議会の公聴会で「これまでで最良の関係」と証言するほど良好に推移していたが、[106] 第二期目では北朝鮮問題や国連改革、米軍再編といった外交・安全保障分野の重要課題に加え、米国産牛肉の輸入再開など経済分野の懸案ものしかかり、以前は国際会議の際に積極的にセットされていた日米首脳会談が七月のグレンイーグルズ・サミットでは見送られ、九月の国連総会出席のために小泉首相が訪米した際にも見送りになるなど最良の関係に陰りが見え始める。

（3）海自撤退の検討

「アフガン情勢については最近報道等で見聞きする機会が極めて少なく」なったと自民党議員の発言が示すように、[107] 日本国内では報道や国会審議で「テロとの闘い」が扱われることが少なくなる中、米政府やＮＡＴＯ加盟国ではアフガニスタンの治安強化に向けて増派を含めた対応策が検討されており、日本政府にも支援への要請が繰り返される。四月に町村信孝外務大臣がカブール入りしてカルザイ大統領やアブドラ・アブドラ外相らと会談した際、治安維持能力は向上しているが、さらなる強化が必要であるとして、日本の支援を依頼される。[108] また、ＩＳＡＦを主導するＮＡＴＯのヤープ・デ・ホープ・スケッフェル事務総長は小泉首相や町村外相に、アフガニスタンの治安安定に日本のＰＲＴへの参加を要請するが、日本側は将来的に協力できる分野はあるかもしれないがすぐには派遣困難であり、協議をしていきたいと回答したとされる。[109] ザルメイ・ハリルザド米アフガニスタン大使も、アフガニスタン国内の一定の地域における復興支援を担当する形で日本の自衛隊が派遣されることに期待を表す[110]。五月一日までの派遣期限を前に、与党はそれぞれ部会等を開催し、政府から説明を受けるなど補給支援活動の延長を検討するが、そこでは各国から期待が示されていた本土での自衛隊による治安維持・復興支援活動などの拡充策について議論された形跡はあまりなく、一四日開催の自民党内閣・国防・外交合同部会では撤退時期への質問などはあったようだが最終的には半年間の延長が了承され、公明党でも一四日外交・安全保障部会、一九日に政調全体会議で半年間延長が了承される[111]。

政府は四月二一日の安全保障会議の了承を経て、翌二二日、派遣期間を一一月一日までの半年間延長する基本計画の変更を閣議決定する。基本計画の変更は、四月二七日に衆議院テロ対策特別委員会で、二八日に参議院外交防衛委員会で、それぞれ報告される。民主党は談話を発表し、テロへの取り組みは重要であり、真に必要であれば、国会による民主的統制を徹底した上で自衛隊の活用もあり得るが、政府は海上自衛隊の活動延長の理由に、アフガニスタンで掃討作戦が終結しておらず、各国も諸活動を継続している現状を抽象的に挙げるのみで、シビリアン・コントロールの観点から極めて問題と、支援活動に関する政府の説明責任の欠如を指摘する[112]。

二年を期限とする時限法として成立したテロ特措法は、二〇〇三年秋に二年延長され、この秋に再び期限を迎える。小泉首相は、これを機に自衛隊を撤退させられるか、その可能性について検討するよう内々に関係省庁に指示を出す[113]。なぜこのタイミングで海自の撤退の可能性を模索したかについては、小泉首相が二〇〇六年九月の自民党総裁の任期切れをもって首相退任を考えており、自分の決断で始めた「テロとの闘い」に区切りをつけたいとの判断があったのではないかとの推測もある[114]。

海自の補給支援活動の状況を見ても、インド洋での補給支援量は二〇〇三年、二〇〇四年と大幅に減少しており、防衛庁は艦船部隊の態勢縮小について春頃から検討していたとされる[115]。七月一九日に実施要項が護衛艦二隻と補給艦一隻から護衛艦一隻と補給艦一隻の二隻の態勢に変更され、派遣部隊の交替時期に合わせ九月より二隻の態勢での活動となる。大野功統防衛庁長官は態勢縮小の理由を、派遣から三年半以上が経ち補給活動や現場海域に精通してきたこと、港に集まって調整していたのが通信によってできるようになるなど米軍等との調整にも慣れたことから、効率的な運用を考えるべき時期に来ていると説明する。[116] なお、二〇〇五年四月の帰港を最後に、イージス艦の派遣もなくなる。

国内政治では小泉首相が「改革の本丸」と位置づけていた郵政民営化関連法案をめぐる攻防が山場を迎える。二〇〇五年八月八日、小泉首相が政権の命運をかけるとした郵政民営化関連法案が参院本会議で否決されると、首相は前回衆院選からわずか一年一〇カ月にもかかわらず、突如として衆院解散に踏み切る。衆院解散の判断には自民党内部からも公明党からも猛反対されるが、首相の決意が変わることはなかった。九月一一日に実施された衆議院総選挙[117]で、自民党は改選前より四七議席上回り二九六議席、自公政権で三分の二を超える大勝、民主党は一一三議席となる。この自公で三分の二を超える議席数は二年後、補給支援活動の継続に重要な意味をもつことになる。

海自の撤退の検討を指示していた小泉首相は、この選挙直後の時点では、「インド洋はもうやめる」といっていたようで、九月一二日の記者会見でも、テロ特措法を延長するか否か、「近日中に決めないといけない」と方針の明言を避けている。[118] しかし、政府内では日米関係を重視する外務省が補給活動継続を強く主張し、町村外相が「フランスもドイツもテロの戦いに参加している。日本が参加しないのは良くない」と、首相に直接かけあい説得にあたったともされ、首相は延長を決定し、一四日、政府・与党はテロ特措法改正案を特別国会で提出する方針を確認する。[119] 大森内閣官房副長官補の後任の柳澤協二は、小泉首相が撤退方針を転換してテロ特措法の延長を承認した理由として、米国を襲ったハリケーン・カトリーナの対応で中間選挙を控えたブッシュ政権が窮地に陥っている、選挙で大勝した日本が給油を止めるのは米国に対して説明できない、給油は軍事的な危険はなく燃料代も数十億円で国際的な対テロ戦争への貢献としては安上がり、との判断が働いたのではないかと推察している。[120]

町村外相は九月一七日、ニューヨーク市内でライス長官と会談し、「テロとの闘い」は国際社会が一致して取り組む必要があるとして、海自による補給支援活動を継続する政府方針を伝え、ライス長官は日本の貢献を高く評価するとして、感謝の意を表したとされる。[121]

(4) テロ特措法の一年延長へ

『『テロとの闘い』は終わっていません。テロ対策特別措置法の期限の延長を図るなど、国際社会と協力してテロの防止、根絶に取り組みます」と、九月二一日に召集された特別国会での所信表明演説において、小泉首相は補給支援活動の延長の必要性を訴える。[122] これまでと活動内容は同じであるが、延長幅は外務省と防衛庁が官邸に提言した二年ではなく一年に短縮される。[123] 延長幅を一年とすることについて、大野防衛庁長官は、「インド洋における海自の活動があまり議論されない中で、効果やニーズを国民に伝える、情勢の変化に対応する観点から、二年に一度より一年の方がいいと思う」と発言しており、[124] 細田官房長官も「情報の変化に対応するにはより短い単位で判断するほうがいい」との見解を示す。[125] この間も各国から日本政府への支援拡大要請は続いており、例えば、市ヶ谷の陸上幕僚監部を訪れたパキスタンの陸軍参謀長タリク・マジード中将はＩＳＡＦへの陸上自衛隊の参加を強く求めたとされており、フランス軍からもＰＲＴへの自衛隊による協力打診があったとされるが、[126] 延長期限以外は特に政府・与党内で議論とならなかったようである。

テロ特措法改正案は九月二七日、自民党の内閣・国防・外交合同部会で了承されるが、二年とすべきとの意見も出る一方、いつまで活動を続けるのか、テロ撲滅に効果はあるのか等活動継続を疑問視する意見も出されたという。[127] 公明党では二二日、内閣部会と外交・安全保障部会の合同会議で内閣官房等から一年間の期限延長について説明を受けた後審議がなされ、議員から期限延長の判断基準を示すべきといった意見があったとされる。[128] 二七日に再度開催された合同会議で、延長幅が一年となることで立法府が特措法を見直す機会が増えることを評価する声もあがり、同改正法案は了承され、政調全体会議でも了承される。[129] 一〇月三日、テロ特措法改正案は安全保障会議での了承を得て、翌日閣議で決定され、国会に提出される。

テロ特措法改正案が国会に提出されたことで、民主党の対応が焦点となる。民主党は、二〇〇一年のテロ特措法案及び二〇〇三年の同法改正案の審議において、修正案や対案を提出し、採決では反対を投じてきた。しかし、九月の民主党代表戦を制した前原新代表は、自衛隊派遣について「必要性は当初から認めていた。国会承認は重要だが、私個人としては必要条件と考えていない」と述べ[130]、これまでの党の方針を転換し、自衛隊の活動成果が政府から説明されることを条件に、テロ特措法改正案に賛成する可能性を探る。一〇月一二日に民主党が公表した「テロ対策基本方針[131]」では、前原新代表の主張が反映され、「陸上においては、国際機関やＮＧＯとの連携を重視。諸外国の軍隊が行う海上阻止行動への自衛隊による協力支援活動については、アフガニスタン及び国際社会の要請を踏まえて、期限などを切った上で継続していく。ただし、そのためには現在の活動の実績・成果等に対して政府が説明責任を果たしていくことが不可欠」と、説明責任の条件を加えつつも、補給支援活動の継続を支持し、これまでの方針から転換を示す。しかし、同法改正案への対応について十分な党内調整を行わず、執行部一任を取り付けて決定しようとしたことに鳩山由紀夫幹事長は異論を呈し、旧社会党議員や小沢一郎前副代表などは同法改正案に反対を表明するなど、党内政局になりかねない状況となる[132]。政府側も有志連合軍の活動に支障を及ぼすことを理由に、ＯＥＦ-ＭＩＯの実施状況や成果などについて従来の説明を超えることはなく、前原代表は方針転換を断念し、民主党は従来通り、同法改正案に反対する。ただし、民主党としての対案は提出しなかった。

テロ特措法改正案は衆議院テロ対策特別委員会において一〇月一七日及び一八日の実質二日間の審議で可決され、本会議を通過し、参議院に送付される。参議院では二〇日及び二五日外交防衛委員会で審議の末可決され、二六日に本会議で可決成立する。その二日後、同法に基づき基本計画を二〇〇六年五月一日まで半年間延長することが閣議で決定され、同日、衆議院テロ対策特別委員会及び参議院外交防衛委員会に報告される。民主党は談話で、「政府は、関係各国が自衛隊に感謝しているなど抽象的な釈明に終始し、明確な説明責任を果たしてこなかった」とし、

「総合的なテロ対策に真剣に取り組まず、漫然と特措法を延長していく政府の姿勢は、まさに小泉政権の官僚丸投げ、問題先送り体質を象徴」していると政府の対応を非難する。[133]

アフガニスタン情勢が暗転し、米政府やNATO加盟国等が兵力増強などの対応を進める中で、テロ特措法の二度目の延長手続きを迎えたが、日本ではむしろ小泉首相の指示の下、海自の撤退の可能性が模索された。結局、このタイミングでの撤退はなくなったものの、実施態勢を縮小、期間も二年から一年に短縮しての延長となる。有効期限が一年とされたことにより、翌年、再び同活動の延長の是非をめぐる攻防が国会でくりひろげられる。

4　小　括

タリバン政権を崩壊させ、アル・カイダを追い詰めると、ブッシュ政権は「テロとの闘い」開始当初から念頭にあったイラクに矛先を向け、二〇〇三年三月、国際社会の反対を押し切り、イラクへの攻撃を開始した。日本政府はいち早く米国の行動を支持し、イラク特措法を制定して戦後初となる海外への陸上自衛隊の派遣を実現させた。

イラク特措法の立案プロセスは、テロ特措法のそれと類似していた。イラク攻撃開始に前後して、米政府から存在感のある陸上自衛隊派遣への期待が外務省など交渉の窓口経由で伝えられると、内閣官房が中心となって関係省庁や与党三幹事長と協議しながらイラクへの自衛隊派遣を可能とする新法を作成、それを与党幹部が合意した上で、与党各党の了承をとるというトップダウンの手続きをとった。M・ペンは、イラクへの自衛隊派遣についても「内製化された外圧」の存在を指摘しており、米政府という同盟管理者からの圧力と外務省の野心的な働きかけの両方の組み合わせにより派遣が実現したと指摘する。[134]この国内外からの圧力が、湾岸戦争によるトラウマをもつ関係者の共感を呼び、与党三幹事長の政治的調整力により政策としてまとめられ、連立政権内での合意を形成させた。米政府担当者も、湾岸戦争での日本の外交の失敗を持ち出しながら、イラクへの自衛隊派遣を迫っていたようで、例えば、アーミテージ国務副長官は与党三幹事長にイラクでの自衛隊による復興支援を求めた際、湾岸戦争のときには日本が貯金箱の役割しか果たさなかったと思っている人は多いと、湾岸戦争を引き合いに出したとされる[135]。柳澤内閣官房副長官補は、イラク特措法の制定過程について、「自民党・山崎拓、公明党・冬柴鉄三、保守党・二階俊博、三氏の『与党三幹』は、絶えず頻繁に連繫し、官僚をリードしていた。……その背景には、この三氏がいずれも『湾岸戦争のトラウマ』を共有していたことがあると、私は考えている[136]」と、イラクへの自衛隊派遣という困難な政治的調整を主導した三幹事長の根底に、湾岸戦争のトラウマという共通項を見出している。

国際世論を敵に回す中で開始されたイラク戦争への自衛隊派遣には、日本人を含む多数の犠牲者を出した同時多発テロ事件への対応としての自衛隊派遣とは異なり、野党だけでなく、与党内からの抵抗も強かった。そんな逆風の中で、米政権のイラクへの軍事行動への支持や陸上自衛隊の派遣といった方針は、小泉首相を中心とする官邸の判断で決定されており、その方針を支え、連立与党間の相違や党内からの反対意見を抑え、イラク特措法制定を中心とする対米支援策の策定・実施の政治的調整を担ったのは、テロ特措法立案時と同じ布陣の山崎・冬柴・二階幹事長であった。立案過程では自公の駆け引きよりも、自民党内での対立の方が目立っていた。自民党内では陸上自衛隊の海外派遣という政策内容そのものへの反発もさることながら、それが与党間調整で実質決定され党内審議が後回しとなった手続き面での不満が党内審査手続きの過程で噴出し、法案の一部修正を条件に了承されるという異例の事態となる。一方、イラクへの自衛隊派遣に支持母体が反対をしていた公明党は派遣に慎重な立場をとり続けていたが、小泉首相の強固な決意を前に、自衛隊派遣反対を貫けば政権離脱に行き着くおそれが高く、政権にとどまり派遣を容認する代わりに、運用の段階で政府・自民党に細かい条件を付して実質的な自衛隊の活動を制約することで、党内及び支持母体の理解を取り付けた。イラク特措法の枠組みは、与党幹事長の調整により結実したテロ特措法に即して立案されていたため、条文上で公明党が党としての独自性を主張する余地はあまりなく、むしろ自衛隊の派遣手続きやその後の運用上生じる諸問題を捉えて、政府・自民党に要求を突き付け、影響力を発揮することを選んだ。つまり、与党という立場を維持することで、立案過程のみならず、その後の運用の場面で、自衛隊の段階的な派遣や自衛隊による武器・弾薬の輸送の禁止を求めるなどの影響力を行使することにしたのである。野党による政策論争が精彩を欠く中、自衛隊の活動に実質的な制約を加えたのは公明党であり、一部の自民党議員であったといえよう。

公明党は、政府・与党連絡会議や党首会談など、政府首脳・自民党幹部との情報交換、意見調整の場を活用しながら、重要法案の審議日程や成立のタイミング、会期、国会召集日等についても党としての意見を主張し、衆議院の解散・総選挙の日程にも影響を与えている様子も見られた。

イラクへの陸上自衛隊派遣の実現には与党幹事長の調整力が鍵となることは米側も察知していたようで、自らも米連邦上院議員として議会内調整で力を発揮していたベーカー米大使は、イラクへの自衛隊派遣といった政治的調整の難しい課題に小泉政権が対応できるように、与党三幹事長に照準を定めて、非公式な会見を重ねるなど連立与党に対する工作を重視したと述べている[137]。

イラク特措法制定や自衛隊の支援活動実施のプロセスでは、連立政権の意見集約に重要な役割を果たしていた与党幹事長であるが、自民党幹事長の交代もあって、二〇〇三年一一月の総選挙後に自民党と公明党の二党連立政権に移行した頃から、幹事長個人による調整はあまり目立たなくなり、党首会談や政調会長会談、官房長官と幹事長会談、あるいは協議機関による調整など調整機能が分散されていく傾向が見られ、幹事長という個人的なつながりから組織的なつながりへと変化が見られる。自公の意見調整手続きの変化については、第5章で細かく見ていくこととしたい。

国際社会がイラク問題に集中していた間、アフガニスタンでは戦闘が継続し、インド洋上では海上自衛隊による補給支援活動が粛々と実施される。テロ特措法自体の有効期限が二年に設定されていたため、二〇〇三年に最初の同法延長が議題となるが、政府・与党では米軍のイラク攻撃へのシフトの補完という意味合いもあり、特段の異論もなく延長される。二〇〇五年の二回目の延長手続きは、アフガニスタン本土の情勢が悪化し、米軍やＮＡＴＯ加盟国が兵力増強などの対応に迫られ、日本政府にも陸上自衛隊の派遣などの支援拡大が要請される中で行われた。日本国内では、しかし、追加の支援策が真剣に検討された様子はなく、むしろ、小泉首相の指示の下、インド洋から海上自衛隊の撤退の可能性が模索される。首相が自らの退任の時期との関係で海自の撤退可能性を探ったのではないかとされるが、外務省や防衛庁など官僚側の説得により活動を継続する。非日常的な状況下で政治主導のトップダウンにより根拠法が立案され、開始された補給支援活動であったが、活動が長期化するに従い運用上の細かい政策判断は関係省庁で繰り返され、日常的な判断の一環として活動の継続が官僚から政策決定者へボトムアップで提言されるという、政策の立案時とは異なる流れで延長が決められたといえよう。補給支援活動は継続されることとなったが、延長は一年と短縮されたことにより、この後、国会の政治勢力の変化が直撃し、同活動の継続は大きな影響を受けることになる。

第4章　インド洋からの活動撤退へ

——二〇〇六年一月〜一〇年一月

アフガニスタン情勢の急速な悪化に治安体制強化などの対応を迫られる米国等は、日本政府に本土への自衛隊派遣など支援拡大を要請する。同時多発テロ事件に端を発する米主導の「テロとの闘い」を契機に立案・実施に至った補給支援を主軸とする支援活動も長期化する中で、日常的な業務として半ば自動的に関係省庁が活動継続の手続きを進め、与党も了承する流れができる。しかし、二〇〇七年秋の参議院選挙で与党が過半数を失うねじれ国会が出現すると、テロ特措法の立法過程で自民党と公明党の妥協案として埋め込まれた時限という要素が想定外の効力を発揮し、補給支援活動を継続するか否か、与党間、与野党間の駆け引きが展開され、同活動は中止、再開など翻弄される。非日常的状況における政治的主導の下、立案・執行され、日常的な決定として繰り返し延長手続きがとられてきた支援活動が、国内政治勢力の変化により、再び非日常的な決定過程により継続され、政権交代をもって終了に至るまでの過程を本章では追っていく。

1 支援拡大への圧力――二〇〇六年

(1) アフガニスタン情勢

二〇〇六年春から夏にかけてアフガニスタン南東部を中心にアル・カイダ、タリバン、その他反政府勢力によるテロ攻撃はさらに激化し、攻撃の手法も自爆テロや仕掛け爆弾（IED）等を組み合わせた大胆かつ精巧なものとなる。[1] 外国兵士やアフガニスタン国軍（ANA）兵士だけでなく、NGO職員、警察官、一般市民などいわゆるソフトターゲットを狙ったIEDによる攻撃は二〇〇五年に七八三件であったが、二〇〇六年には一六七七件と倍増、自爆テロ件数は二〇〇五年に一六件であったのが、二〇〇六年には一三〇件と急増する。また、南東部で展開されている掃討作戦での戦闘が拡大したこともあり、米軍等外国人兵士の死者数は二〇〇五年に一二九人であったのが、二〇〇六年は一九三人と増加、市民も含めた犠牲者数は二〇〇六年九月までで二〇〇〇人以上と、二〇〇五年時の三倍とも四倍ともいわれる。[2] 治安悪化は比較的平穏とされた首都カブールにまでも及び、カブールで五月二九日、タリバン政権崩壊後初の大規模暴動が起きる。

アフガニスタン駐在の米大使や現地司令官は、本国に情勢悪化による惨状を報告し、追加支援を訴える。ロナルド・ニューマン大使は国務長官宛の公電で、国内経済、インフラ、復興のためには米国から資源の追加投入が必要で、支援のスピードが遅いとミッションが達成できなくなるとの危機感を繰り返し表明する。[3] また、北大西洋条約機構（NATO）のデーヴィッド・リチャーズ最高司令官は、アフガニスタンが「無秩序に近い状態」であり、戦闘機やヘリコプター、緊急搬送システムや救命設備なども不足していると窮状を訴える。[4] 米政府はこれまで、アフガニスタンは順調に復興の道を進んでいるとの前提で、軍の資源をイラク戦争に優先投下していたが、このまま放置するとカンダハールが再度タリバンの手に落ちる危険もあるほど情勢が悪化しているとの現地報告を受けて、ブッシュ政権もタリバンの勢力拡大が深刻な脅威となっていることを認めざるを得ず、政権内でも優先度を上げて対応を協議し、NATOにも任務の拡大や増派を強く要請する。[5]

国際治安支援部隊（ISAF）を主導するNATOは、一月にイギリス（三三〇〇人）、二月にオランダ（一四〇〇人）が追加派兵を決めるなど兵力増強に努め、派遣規模を三七カ国から約一万八五〇〇人とし、拡大プロセス第三ステージとして七月に「不朽の自由作戦（OEF）」から南部の治安維持指揮権を引き継ぐ。しかし、米政府から九月末のNATO閣僚会合でさらなる増派と任務の拡大を迫られ、ポーランド（一〇〇〇人追加派兵）など一部の国は応じたものの、イラクや他の地域への派兵負担もあり、特に戦況悪化が著しいアフガニスタン南東部への増派には各国とも消極的で、ISAFの東部拡大にあわせて米軍は部隊約一万二〇〇〇人をNATO軍の指揮下に組み込むことで合意する。[6]NATOは一〇月に第四ステージとして東部の指導権を引き継ぎ、これによってほぼアフガニスタン全土の指揮権を掌握する。国連安全保障理事会では九月、ISAFのさらなる強化の必要性を認識し、加盟国に対し要員、装備その他の資源での貢献を要請するとともに、そのマンデートを一二カ月延長する決議を採択する。[7]これまで南東部での掃討作戦では米軍主導でマウンテン・スラスト作戦（五月頃）、マウンテン・ヒューリー作戦（九月）、ワイオンダーピンサー作戦（九月）などが実施されてきたが、ISAFの任務拡大によりISAFを主力とした掃討作戦も実施され、南部カンダハールで遂行されたメデューサ作戦（八～九月）ではカナダ、デンマーク、オランダ、英軍、ANA等計一万人を動員する。これらの作戦では反政府勢力から想定以上の抵抗を受け、米、英、カナダ、オランダ軍兵士等に死傷者が続出し、巻き沿えとなる民間人死傷者も急増する。

米軍はANAの育成も強化する。二〇〇二年一二月に創設されたANAは、二〇〇九年までに七万人規模を目標に米英軍等が育成・訓練を実施し、二〇〇三年七月から米軍等と地上戦闘にも参加、二〇〇六年には約三万五〇〇〇人規模にまで拡大し重要な戦力となっていたが、米国やNATO加盟国の増派に限界があることからANAの兵力増強が急務であるとして、一一月、カール・アイケンベリー駐留米軍司令官が計画を前倒して育成を強化し装備も改善するよう提案する[8]。

海上阻止活動（OEF-MIO）には一〇カ国から一五～二〇隻程度が派遣されてテロリストの武器、資金源としての麻薬の移動の監視・摘発を引き続き実施する。日本の海上自衛隊は補給艦・護衛艦各一隻の態勢でOEF-MIO参加国への補給支援活動を継続する。

政治プロセスでは、新しい憲法の制定、大統領選挙や下院・州議会選挙の実施など、ボン合意に基づく国家再建プロセスが完了したことを受け、二〇〇六年一月に関係各国や国際機関が集まって「アフガニスタンに関するロンドン国際会議」を開催し、ボン合意に代わる新たなアフガニスタン政府と国際社会との援助枠組みである「アフガニスタン・コンパクト（Afghanistan Compact）」を採択する。この枠組みでは民主主義制度の確立と治安強化、不正な薬物取引の取り締まり、経済成長、国民への基礎サービスの提供等について、二〇一一年までの五年間の政策目標が掲げられる。アフガニスタン政府からは、国家開発の指針となる「暫定版アフガニスタン国家開発戦略（The Interim Afghanistan National Development Strategy : I-ANDS）」が発表される。

国内では選挙の実施など一定の成果が認められ、一部では道路や橋等のインフラ整備も進むものの、カルザイ大統領が三月に新たに任命した閣僚が下院で信任を受けられず数カ月空席が続くなど同大統領の国内における政治力の弱さが露呈し、汚職蔓延や治安悪化により経済復興も停滞、失業率は高止まりで国民の生活も一向に改善されないなど政権への不満は高まっており、治安面でも経済面でも外国支援に依存する状況が続く。

（2）イラクからの陸自撤収

米国主導で描いたイラクにおける民主化プロセスは、二〇〇五年中に憲法を制定して国民議会選挙を実施し、本格政権を樹立、多国籍軍から新政権への治安権限を移譲するというもので、日本政府では当初、自衛隊の駐留期限を基本計画の期限である二〇〇五年一二月一四日までとすることを考えていた。二〇〇五年一月に憲法を作るために暫定国民議会選挙が実施され四月に移行政府が発足するが、イラク国内でテロ事件等が頻発し、移行政府が多国籍軍の駐留継続を要請したことを受けて、国連安保理は一一月に多国籍軍の駐留期限を二〇〇六年末まで延長する決議第一六三七号を採択し、米政府は自衛隊の駐留延長を要請する。[9] 一〇月に国民投票でイラクの新憲法が承認され、一二月に新憲法の下での国民議会選挙が実施されると、イギリスでも撤退の可能性を模索し始め、[10] 小泉純一郎首相も基本計画を一定期間延長し、その間に陸上自衛隊の撤収を検討するよう内閣官房に指示をする。[11]

一二月七日、イラクへの自衛隊派遣を一年間延長する基本計画の変更が、自民党の国防・内閣・外交合同部会及び公明党の拡大外交・安全保障部会において了承され、翌日の臨時閣議で決定される。

二〇〇六年の年明けから陸自撤退に向けて関係閣僚による協議が頻繁に行われ、三月中旬頃から具体的な手順の検討を開始する。ただし、米軍等が困難な治安対策を強いられる中、自衛隊がすべて撤退するわけにはいかないとの配慮から、政府・自民党は陸自の物資輸送のためにクウェートとタリル基地を往復していた空自Ｃ１３０による飛行を、多国籍軍の輸送ニーズの多いバグダッド空港まで拡大することを検討し、公明党は国連のための輸送を追加することを条件に了解する。[12] 想定されたのは主に北部エルビルに開設された国連事務所を警備するネパール軍の輸送であった。米政府の要請で、南東部最大都市のバスラで地域復興支援チーム（ＰＲＴ）に参加する可能性についても現地調査を実施して検討されるが、自衛隊を派遣するには根拠法がなく、当時サドル派勢力との市街戦も行われていて文民派遣も困難との判断により実現はしなかった。[13] 五月二〇日、移行期を脱してヌーリー・マーリキー政権が誕生し、六月末にサマワを含む南東部の治安権限が同政権に移譲されることが決まったことを受け、六月四日の日米防衛大臣会合において、額賀福志郎防衛庁長官が陸自撤収の具体的な時期を協議したい考えを伝えると、ドナルド・ラムズフェルド長官は陸自撤収後の新たな支援策として空自の輸送活動に言及し、一定の理解を示したという。[14]

六月二〇日、安全保障会議はイラクにおける陸上自衛隊の活動終結を決定するが、その前に小泉首相は神崎武法代表と会談し、陸自撤退への条件が整ったことを説明、神崎代表からは陸自撤退の決定を評価するとともに、撤退時の隊員の安全確保と政府開発援助によるイラク復興支援の要請がなされる[15]。党首会談後、神崎代表は記者に対し、陸自撤収は適切な判断であり、空自の活動拡大はコフィー・アナン国連事務総長の要請でもあり、食料品や医薬品の輸送は重要であると、航空輸送の国連要請や人道的必要性を強調する[16]。同日、額賀防衛庁長官はイラクに駐留する陸自部隊に撤収命令を発出し、七月一七日までに撤収を完了する。

政府は、イラク特措法に基づく基本計画から陸自関連部分を削除し、空自の活動区域を従来の四空港にエルビル等の二空港を追加する等の変更を加え、与党に説明する。八月一日、自民党は国防・内閣・外交部会の合同会議で基本計画の変更を了承、公明党の外交安全保障調査会と内閣部会も同変更を了承する[17]。与党の了解を得て、政府は八月四日に基本計画の変更を閣議決定する。航空自衛隊は、二〇〇六年七月から、クウェートのアリ・アルサレム飛行場とイラクのバクダッド飛行場との間の運航を開始し、九月からはエルビル飛行場も追加して輸送支援を実施する。

この基本計画は一二月一四日に期限を迎えるが、政府は多国籍軍等の輸送ニーズが引き続き高いと判断し、一二月八日、イラク特措法の期限である翌二〇〇七年七月三一日まで延長することを閣議決定する。

（3）安倍政権下でのテロ特措法延長

二〇〇五年秋に一年を期限として延長されたテロ特措法について、二〇〇六年春頃から再度延長するか否かの協議が始まる。日本政府は、まず、テロ特措法に基づく基本計画の期限である五月一日を前に、半年間延長する方針を決定する。与党では四月一二日、公明党が外交安全保障調査会と関係部会の合同会議でテロ特措法に関する基本計画の半年延長を了承し、二〇日の政調会議でも了承、自民党も一八日までに審査を終了する[18]。政府は二〇日の安全保障会議で一一月一日まで延長するという基本計画の変更を了承し、翌日の閣議で決定する。民主党は自衛隊の

活動状況や延長の必要性等の本質的な議論を避けたまま閣議決定したと批判する。(19)

各国からは支援拡大や補給支援活動の継続に期待が寄せられる。四月下旬に開催されたＮＡＴＯ非公式外相理事会に招かれた麻生太郎外務大臣は、アフガニスタン本土への日本の支援を要請される。(20)七月、ピーター・ロッドマン米国防次官補は山崎拓元副総裁に、タリバンの活動が活発化し、インド洋上の警戒活動が非常に重要になっていると状況を説明してテロ特措法の延長を要請、ハーミド・カルザイ大統領も訪日した際、国会議員等との会談で日本の貢献に謝辞を述べるとともにテロ特措法の延長を要請したとされる。(21)

小泉首相は自身の総裁任期である九月までに、インド洋での海上自衛隊の活動撤退に目処をつけたい意向であったともされるが、アフガニスタン情勢に加え、六月にイラク南部のサマワから陸自を撤収させたこともあり、政府は八月下旬、テロ特措法を一一月一日から一年間延長する方針を固め、九月の臨時国会に同法改正案を提出することを決定する。(22)

小泉首相の自民党総裁任期満了を受けて総裁選が九月二〇日に実施され、安倍晋三官房長官が選出される。保守政治家を自認する安倍新総裁は、その直後の記者会見で、次の臨時国会での課題に教育基本法改正とテロ特措法の延長を挙げ、取り組みに意欲を見せる。(23)六日後の首班指名選挙を経て誕生した安倍政権は、衆議院で自民党が三分の二を超す巨大勢力を有し、世論からの内閣支持率も高く、政治的基盤が盤石に見えてのスタートであった。

自民党と公明党は党首が代わってもこれまでの自公連立体制を踏襲することを早々に確認する。自民党総裁選前の九月六日の政府・与党連絡会議で、小泉首相は「自公の信頼関係は大事だ。今後も協力関係を維持していきたい」と、(24)自分が退いた後も公明党との連立関係を維持する方向性を打ち出していた。月末に党首選を控えていた公明党は、自民党総裁選翌日に開催された中央幹事会において、連立協議については党執行部への一任を取り付け、新政権発足前日の二五日、安倍総裁は神崎代表、次期代表に内定していた太田昭宏幹事長代行との間に、「自公連立政権合意」を交わす。(25)ここでは対外政策について「平和外交を積極的に推進する」といった漠然とした方向性は記載されるが、テロ特措法改正案を含め、「テロとの闘い」に今後どのように対応していくかといった具体的課題については触れられておらず、また、公明党が主張していた首相の靖国神社参拝問題への対応としての国立追悼施設や安倍総裁が総裁選で掲げた憲法改正も盛り込まれなかった。九月末に行われた公明党党首選で太田新代表が無投票で選出され、冬柴鉄三幹事長は退任して国交大臣へ、国交大臣であった北側一雄は幹事長に就任する。

臨時国会での最優先課題とされたテロ特措法を延長するための改正案は、一〇月六日、閣議決定される。それに先んじて、自民党は九月二八日、内閣・国防・外交部会の合同会議を開催してテロ特措法改正案を了承、翌二九日には公明党の外交安全保障調査会と内閣部会の合同会議が開催され、出口戦略に関する質問や補給支援活動の広報に関する注文等が出されるが同法案は了承され、一〇月三日に政調全体会議でも了承される(26)。

政府はテロ特措法の延長理由について、「テロとの闘いについては、一定の進展はみられるものの、アル・カイダ及びその関連組織やアル・カイダの影響を受けた細胞等の関与が疑われるテロ事件が世界各地で引き続き発生しており、国際テロの根絶は、依然として国際社会の大きな課題となっていることから、各国は、今後もテロとの闘いを継続する見通しであります。このような中、我が国としては、国際協調の下、引き続き、国際社会の責任ある一員としてテロとの闘いに寄与していくことが重要で」あると説明する(27)。民主党は、海自の活動や成果等についての政府の説明が十分でないとして、従前通り延長に反対の立場をとるが、前年の延長審議の時と同様、今回もテロ特措法改正案への対案を提出しなかった。

一〇月一三日、重要法案のトップを切って衆議院で審議入りする。しかし、数日前に発表された北朝鮮の核実験実施予告に関する警戒監視強化等に関心が集中したこともあり、アフガニスタンへの支援策はあまり議論が深まることはなく、テロ対策特別委員会で二日間審議された後、自民・公明両党の賛成多数で可決、衆院本会議を通過する。参議院では外交防衛委員会で二日間、同様の議論が繰り返された後、二六日に同委員会で可決され、翌日、参院本会議で自民・公明両党の賛成多数で可決・成立し、補給支援活動は一年間延長される。民主党は、国際社会が一致団結してテロ撲滅に取り組むことの重要性は十分認識しているが、今回もまた、政府から活動状況や具体的成果についての詳細な説明がなかったことは極めて問題であるとする談話を発表する。[28]

テロ特措法に基づき派遣期限を二〇〇七年五月一日まで半年間延長する基本計画の変更は、一〇月二七日に行われた自民・公明両党の党内手続きの完了を待って、三一日、閣議決定され、衆議院テロ対策特別委員会で一二月二〇日、参議院では外交防衛委員会で一二月二六日に報告される。

2　高まる補給支援活動への関心——二〇〇七年

(1)　アフガニスタン情勢

米軍やＩＳＡＦの兵力増強、アフガニスタン国軍（ＡＮＡ）の育成など体制を強化し掃討作戦を断続的に決行するも、現政権への不満から反政府的活動を共通目標にタリバン等に加勢する人々も後を絶たず、ＩＥＤや自爆テロによる事件は増加傾向で、女性による自爆テロなども出現し、外国人兵士やＡＮＡ、アフガニスタン市民への攻撃が激しさを増す。[29] 治安の悪化は全土に波及し、比較的安全といわれていた北部でも自爆テロ事件が発生、クンドゥズ州では五月にドイツ兵三名とアフガニスタン民間人数名が犠牲となり、一一月にはバグラーン州内の製糖工場視察中の下院議員ら九〇名が死亡する。

三月に南部ヘルマンド州でＩＳＡＦ兵士四五〇〇名とＡＮＡ兵士等一〇〇〇名を動員してアキレス作戦を展開、九月には同県でＩＳＡＦ及びＡＮＡ兵士等合わせて二五〇〇名を動員してパルク・ワヘル作戦を実施し、グリシュク地区のタリバン等の排除を行うなど数々の掃討作戦が展開される。しかし、タリバン等は掃討作戦中はパキスタン等に逃れ、作戦が終了すると帰還して、タリバンがカルザイ政権に代わる有力な政治主体であることを地域住民に誇示するプロパガンダ活動を展開して勢力拡大に努めており、掃討作戦の効果は限定的であった。[30]
事態の打開には軍隊のさらなる増強が必要との認識から、米政府はＮＡＴＯ加盟国に再三、陸上部隊の増派を促すが、加盟国内でもイギリス、カナダなど掃討作戦に比較的積極的な国々と、ドイツやフランスなど武力行使へのコミットメントに留保条件を出す国々とで対立が深まるなど、調整は難航する。ロバート・ゲーツ国防長官は二〇〇七年一二月に開催された下院軍事委員会公聴会で、ＮＡＴＯは二〇〇六年一〇月にアフガン全土の指揮権をとってから三五〇〇人程度の増派しかしていない、もっとできるはずだし、すべきであるとして、兵隊、装備その他の資源についてのＮＡＴＯの貢献は必要最小限をも満たしていないと痛烈に批判する。[31]ＮＡＴＯは米国からの要請を受けてアフガニスタンでの役割を拡大させてきたが、その関わり方は、二〇〇七年頃までは、大量の軍隊を投入したソ連型の「深い関与（heavy footprint）」とは対極の「軽い関与（light footprint）」で、限定的な陸上部隊や資源等の投入にとどめ、復興・再建の主導はアフガン国民に任せるというスタイルで、[32]イメージ的には国連平和維持活動（ＰＫＯ）に近いものであったとされる。[33]しかし、二〇〇六年のＮＡＴＯリガ首脳会議を機に、不十分な兵力では治安回復できないとの認識が強まり、[34]加えて空爆を多用した結果、誤爆によりアフガニスタン市民に多くの犠牲者を出してカルザイ政権や国連から非難を受け、陸上部隊増強へと方針転換を図る。
国連安保理は九月に採択した決議第一七七六号でＩＳＡＦの任期を一二カ月延長するが、アフガニスタン関連決議では初めて、その前文で「……ＮＡＴＯにより提供される指導的役割並びにＩＳＡＦ及び海上阻止の要素も含むＯＥＦへの多くの国の貢献に対する評価を表明し」と、ＩＳＡＦ及びＯＥＦ-ＭＩＯを含むＯＥＦ参加国に対する評価を盛り込み、持続的な国際的努力の必要性を強調する。「海上阻止の要素」と、日本が補給支援活動を展開しているＯＥＦ-ＭＩＯについても安保理決議でわざわざ言及された[35]背景には日本の国内政治が関係しており、詳細は後述する。
そのＯＥＦ-ＭＩＯでは、三月時点で米艦船八隻、米国以外の五カ国から九隻、合計一七隻が任務にあたっており、日本も補給艦・護衛艦各一隻を派遣して補給支援を継続する。OEF-MIOが対象とする海域での不審船は減少傾向とされ、例えば、無線照会数が二〇〇四年に約四万一〇〇〇回だったのが、二〇〇五年約一万四〇〇〇回、二〇〇六年約九〇〇〇回と減少する。海上自衛隊が提供する補給量は二〇〇五年度に約二万七〇〇〇キロリットル（補給回数一〇二回）で、二〇〇六年度はやや増加し約四万八〇〇〇キロリットル（補給回数一三六回）となるが、二〇〇七年度は同活動が中止に追い込まれる一一月一日までの補給実績が約一万一〇〇〇キロリットル（三七回）と大幅に減少する。給油相手国では二〇〇四年度までは米国が主となっていたが、それ以降米国以外の国への給油量が増え、特にフランスとパキスタンが多くなる。(36)

国内政治プロセスでは、カルザイ政権がアフガニスタン・コンパクトに即して国の再建を進めるもその前提となる治安が悪化し、行政府に蔓延した汚職は一向に改善されず、政治基盤の弱いカルザイ大統領の下での国家建設は遅滞する。(37)国連事務総長報告でも、政治基盤の弱いカルザイ大統領が国内改革を進めるには国際社会の一致した支援が必要であると指摘される。

（2）支援拡大要請

アフガニスタンでの治安体制増強を至上命題とする米国やNATO諸国は、日本政府に対し非公式ではあるものの様々なチャネルを通して支援拡充要請を繰り返す。具体的に期待されていたのが、PRTの治安確保のための要員派遣と、日本の自衛隊が米国に次いで多くを保有するCH47大型輸送ヘリコプターの派遣であった。

「いまや日本人は国際的な平和と安定のためであれば、自衛隊が海外での活動を行うことをためらいません。日本は、このような考え方に基づき、自衛隊によるイラクやインド洋での活動を行っているのです」。安倍首相は二〇〇七年一月のNATO理事会で演説し、アフガニスタンにおける差し迫った課題にさらなる支援が必要との認識を示し、その一環として、NATOとPRTの人道・開発支援分野で連携協力することを明言する。(38)また、二月下旬、リチャード・チェイニー副大統領が訪日した際には、自衛隊によるＰＲＴとの連携をＮＡＴＯと調整中であるとして、その可能性に言及する。(39)

ＮＡＴＯはかなり前から日本のＰＲＴへの参加に期待を寄せていたようで、二〇〇四年五月、ヤープ・デ・ホープ・スケッフェルＮＡＴＯ事務総長は駒野欽一アフガニスタン大使にＰＲＴを一つ引き受けるよう依頼したようであるが、(40)政府の立場はＰＲＴやＩＳＡＦは治安維持活動の要素が強く、テロ特措法の枠組みでは実施が難しいというものであった。(41)しかし緊迫したアフガニスタン情勢や安倍首相の積極的な外交姿勢を受け、防衛省ではＰＲＴに自衛隊を直接参加させるのではなく、輸送業務などの後方支援で参加する可能性を探る。(42)結局、武力行使につながる可能性が否定できず、首相も現状では実現が難しいと派遣を断念し、三月のＮＡＴＯとの高級事務レベル協議では、ＰＲＴへの支援策として初等教育や医療、衛生分野において、二〇億円規模の草の根・人間の安全保障無償資金協力を実施することを伝える。(43)

もう一つ具体的に要望されたのが陸上自衛隊のヘリコプター派遣である。例えばジェームズ・シン国防副次官代理は、六月下旬、守屋武昌防衛事務次官や山崎拓自民党安全保障調査会長(44)と会談し、アフガニスタンでの輸送支援のためＩＳＡＦへの陸自ヘリコプター派遣を要請する。(45)日本側は山岳地帯でのヘリコプター輸送は危険であることから難しいとの考えを伝えるが、当時の米側との交渉を知る防衛省の担当者は、長い「テロとの闘い」において、米側がＣＨ４７ヘリコプターの派遣ほど切実に日本政府に要請したことはないのではないかと話しており、(46)「目に見える貢献」を要請していた「テロとの闘い」開始直後の米政府のスタンスとは異なり、軍事的必要性からくる切迫感をもった要請だったといえよう。

現場からのニーズとして強く要望された自衛隊のＰＲＴへの参加やヘリコプターの派遣を政府は容認できないとはしたものの、この切迫感は日本政府首脳にも伝わっていたようで、別の後方支援の可能性について政府内での検討を試みる。久間章生防衛相はスケッフェルＮＡＴＯ事務総長に、アフガニスタンの復興支援に関して、財政的支援に加え自衛隊が民間人や資材の輸送などもできるか検討する旨表明する。[47] そして、防衛省内に「国際平和協力活動・関係幹部会議」を設置しての検討を行う態勢を整えるが、[48] 具体的な提案にまでは至らなかったようである。

追加支援について検討が続けられる中、五月一日に期限を迎えるテロ特措法に基づく基本計画の延長について、政府は四月二四日、一一月一日まで延長する基本計画の変更を閣議決定する。

イラクではサマワに派遣された陸上自衛隊が二〇〇六年七月に完全撤収、航空自衛隊の輸送部隊がクウェートを拠点にC130輸送機三機で輸送支援活動にあたっており、その根拠法であるイラク特措法の期限は二〇〇七年七月三一日に迫っていた。イラクの治安悪化は深刻で米軍は同年一月に増派を決定したが、この頃日本政府はアフガニスタンへの陸自派遣だけでなくアフリカ・スーダン西部ダルフールへの自衛隊派遣なども打診されており、これらの要請を抑えるためにもイラクでの空自の活動を継続することが必要との考えから、三月一六日に開かれた与党安全保障プロジェクトチーム（山崎座長）ではイラク特措法の期限を二〇〇九年七月三一日まで二年延長する改正法案が提案される。[49] 二〇日、自民党内閣・国防・外交合同部会では、加藤紘一元幹事長からいつまで延長を続けるのかとの反対の意見が出されたというが、延長方針は了承される。[50] イラク特措法改正法案は、三月二七日、自民党及び公明党の党内で了承、三〇日に閣議決定される。五月一五日、同法改正法案は衆院本会議で賛成多数で可決、六月二〇日に参院本会議で可決、成立する。イラク特措法に基づく基本計画は二〇〇八年七月三一日までを期限とする変更を加えて、七月一〇日、閣議決定される。この後、二〇〇八年六月にさらに一年延長される。空自による輸送支援は二〇〇八年末まで続けられる。

（3）与党過半数割れによるテロ特措法延長での攻防

二〇〇七年七月二九日に行われた第二一回参議院選挙で、自民党は議席を改選前の六四から三七に減らす歴史的惨敗を喫し、公明党も議席を一二から九に減らし、非改選（自民四六議席、公明一一議席）を合わせた与党の議席は一〇三議席と過半数を割り込む。一方、年金問題などによる政治不信を追い風とした民主党は六〇議席を獲得し、非改選とを合わせて一〇九議席で比較第一党を確保する。与野党が逆転した、いわゆる「ねじれ国会」において、与野党攻防の最初の試金石として注目を集めたのが、一一月一日に失効するテロ特措法の延長問題であった。「テロ対策特別措置法は、臨時国会の一番重要な法案になる」と安倍首相が開票直後に発言した通り[51]、ここ数年、関心が薄れていた海上自衛隊の補給支援活動が、国内外から一挙に注目を集めることになる。

一方、大躍進となった民主党であるが、党幹部の間でテロ特措法延長への対応をめぐり意見にかなりの幅があった。小沢一郎代表[52]は「以前反対したのに、今度賛成するはずがない」と同法の延長に断固反対を表明する。鳩山由紀夫幹事長は「私どもが延長すべきでないと主張していることに対しても国民の審判が下った」と反対の意思表示をしていたが、別の機会には「効果が顕著にあると国民が納得できれば、賛成する道も完全に閉ざされているわけではない」と与党との妥協の可能性を示唆しており、菅直人代表代行も、「もともと一切支援すべきではないという姿勢で反対したわけではない。自衛隊派遣そのものに反対したイラクとは違う」と与党との協議の可能性に言及、前原誠司前代表は、「インド洋で展開している洋上給油活動は続けるべきだ。テロを阻止するために日本が参加し続けることには意味がある」と、政府の情報提供の姿勢を批判しつつも補給支援活動の延長が望ましいとの考えを示す[53]。小沢代表を筆頭にテロ特措法延長には反対の立場と、与党から妥協を引き出し柔軟に対応すべきとの立場に分かれ、この後、国会審議が始まっても党としての方針が定まらず迷走する。

米政府もテロ特措法延長に反対してきた民主党が参議院で比較第一党となったことを重視し、選挙直後の三一日、米大使館は民主党にトーマス・シーファー大使と小沢民主党代表との会談を申し込む。米大使が野党党首に会談を申し込むのは前例のないことであった。小沢代表は一度は会談を断るが、党内で日米関係を円滑に進められないようであれば政権担当能力に疑問符がつきかねないと異論が出され、八月八日、小沢代表の提案で記者に公開されて会談が行われる。シーファー大使は「日本の貢献は非常に重要だ。日本が燃料提供をやめたら、イギリスやパキスタンは参加できなくなる」とテロ特措法延長の必要性を強調し、政府の情報提供の姿勢を批判してきた民主党の主張に配慮して「機密情報も提供する準備がある」と持ちかける。これに対し、小沢代表は「アフガン戦争はブッシュ米大統領が『アメリカの戦争だ』と言って、国際社会のコンセンサスを待たずに始めた。日本と直接関係ないところで、米国あるいは他国と共同作戦はできない」と従来の主張を繰り返す。また、シーファー大使は、小沢代表が国連の活動には積極的に参加すると主張していたことを受けて、国連安保理決議第一七四六号を引き合いに、国連が認めている活動であると説明するが、小沢氏は「米軍中心の活動を直接的に規定する国連安保理決議はない」と反論するなど、両者の言い分は平行線のまま会談を終える。[54]

小沢代表への直接の説得には失敗したものの、米政府高官は日本政府に機をとらえてはインド洋での活動への賛辞を繰り返し、継続への期待をかける。八月一〇日、シーファー大使は麻生外相に、日本にも「テロが起きる可能性がある。テロ特措法の延長をしっかりやることが重要だ」と支援活動の継続を要請したとされ、訪米中の小池百合子防衛相もゲーツ国防長官やチェイニー副大統領から補給支援継続を要望される。[55]米議会でも日本政府の支援継続を後押しする動きが起きる。米下院はインド洋での対テロ戦争への貢献など日本の努力に感謝する決議を反対なしで採択する。[56]

米国だけでなく各国の政府高官から海自の給油支援活動を評価する声が寄せられる。小池防衛大臣は八月下旬、イスラム国家で唯一OEF-MIOに参加しているパキスタンのパルヴェーズ・ムシャラフ大統領から海自の活動はパキスタンに不可欠なもので、是非とも継続してほしいとの申し入れを受ける。[57]英国のデーヴィッド・ミリバンド外相は町村信孝外相に、「アフガニスタン支援について高く評価している。国際社会が一致してアフガニスタンを支援していくことが重要」と発言、ドイツのアンゲラ・メルケル首相は安倍首相に、「日本の給油活動がドイツ船舶にとっても非常に大きな支援になっており、評価している。各国首脳が断固とした立場を示すことが重要」と発言、オーストラリアのアレグザンダー・ダウナー外相は「テロ特措法の延長を希望する」、フランスのベルナール・クシュネル外相も「インド洋での給油活動を高く評価している」と、それぞれ町村大臣との電話会談で述べる。[58]アフガニスタンのハルン・アミン駐日大使は町村外相に補給活動継続を求めるランジン・ダドファル・スパンタ外相からの書簡を手交し「継続はアフガン政府のみならず国民の願いだ。日本の方々に共有されることを願っている」と期待を表明する。[59]

シドニーで開催されたアジア太平洋経済協力（ＡＰＥＣ）首脳会議に合わせてセットされた九月八日の日米首脳会談で、ジョージ・Ｗ・ブッシュ大統領は日本の「テロとの闘い」への支援に改めて謝意を示すとともに、「日本の支援は、米国をはじめ『テロとの闘い』に参加している国際社会のメンバーにとって不可欠であり、引き続き支援を期待する」と述べ、安倍首相は「給油継続に最大限努力する」と応えたとされる。[60]安倍首相は翌日の記者会見で、補給支援活動の延長が「国際的な公約となった以上、私には大変大きな責任がある。あらゆる努力を払わなければならない。民主党を始め、野党にご理解をいただくため、職を賭して取り組んでいく」と言明する。テロ特措法を延長することができなければ総辞職も辞さないともとれる発言は、与謝野馨官房長官も寝耳に水だったと表現しているように、[61]政府内でも驚きをもって受け止められる。

国内では、臨時国会を前に、衆参の外交・安全保障関係議員はもとより、外交・安全保障関連委員会に所属していない議員からも関係省庁に対してテロ特措法延長に関する個別の説明要求や資料要求、政府への質問主意書が急増し、テレビの政治討論番組などでも同法延長への各政党の対応が話題となるなど、ねじれ国会における与野党対立の象徴として政治的関心の的となる。

（４）突然の安倍首相辞任、福田政権の成立

臨時国会で最大の焦点となったテロ特措法延長について、麻生自民党幹事長、北側公明党幹事長、与謝野官房長官などの政府・与党幹部は、同法の期限である一一月一日までに民主党の協力を得て延長手続きをとるか、もしく

は新法案を出すのか、あらゆる方法を検討し臨時国会で通すことを確認する。[62] 臨時国会は安倍首相の帰国を待って、九月一〇日召集で一一月一〇日までとされる。

第一六八回臨時国会で行われた所信表明演説で、安倍首相は「テロとの闘い」にかってないほど時間を割き、六年前の同時多発テロ事件における二四名の日本の犠牲者にも言及して、「テロ特措法に基づく海上自衛隊の活動は、諸外国が団結して行っている海上阻止活動の不可欠な基盤となっており、国際社会から高い評価を受けています。灼熱のインド洋で黙々と勤務に従事する自衛隊員こそ、世界から期待される日本の国際貢献の姿です。ここで撤退し、国際社会における責任を放棄して、本当にいいのでしょうか。引き続き活動が継続できるよう、是非ともご理解いただきたいと思います」と、[63] 活動延長への賛成を呼びかける。翌日開催された政府・与党連絡会議で、安倍首相は支援活動の継続は大変重要な作業であり、国際社会の要請もあるとして、与党の協力を求める。太田公明党代表は「世論の形成が最も大事だ。今の段階はまだ、十分とは思えない。活動の実態や意義など国民の理解を深める努力が必要」と政府に国民への情報発信にもっと努めるよう求めたとされる。[64]

翌一二日、安倍首相は記者会見で唐突に辞意を表明する。会見で首相は、「小沢党首に党首会談を申し入れ、私の率直な思いと考えを伝えようと、残念ながら党首会談については、実質的に断られてしまったわけであります。……今後、このテロとの闘いを継続させる上において、私はどうすべきか。むしろこれは局面を転換しなければならない。新たな総理の下でテロとの闘いを継続していく、それを目指すべきではないだろうか」と、テロ特措法延長が現体制では立ち行かなくなり、局面打開のために辞任を決意したと説明するが、後日の会見で、体調悪化で体力の限界が辞任の最大の要因であったことを明かす。[65] それまでにも閣僚のスキャンダルが相次ぐなど内閣支持率が急落し、政権内の統制に綻びが目立つようになっていたところに、国際公約の実現と不安定な国内政治の状況との板ばさみとなり、心身ともに耐えられなくなったということなのであろう。テロ特措法の延長は、手続き的には与党は参議院で過半数割れをしていても衆議院では三分の二以上を確保しており、これまでと同様に同法改正案を衆議院に提出・可決させ、参議院で否決された後、衆議院による再可決で成立させることは制度上可能であった。しかし、この手段がほとんど検討されなかった要因には、再可決ができる対象は法律案に限られ国会同意人事や国会承認のように参議院の賛成を必要とする案件もあり、民主党との協調関係構築は不可欠という考えもあったと察するが、参議院での否決を衆議院による再可決で翻して可決することに公明党など与党内からも慎重な意見が強かったという要素も大きかったといえよう。

海上自衛隊による補給支援活動の継続は、確かに米国をはじめ各国から期待を寄せられ、日本政府も継続に最大限努力すると応じたことで国際公約になっていた面もあるが、海自はＯＥＦ－ＭＩＯで直接作戦に従事しているわけでもなく、海自の撤退は給油支援を受けている艦艇の動向には多少影響があっても、ＯＥＦ－ＭＩＯの作戦が続行できなくなるというようなものではなかった。安倍首相は自ら補給支援活動の継続を「国際的な公約」であり、「職を賭して」継続に取り組むと国内外に宣言するなどハードルを上げて自らを追い込んでしまった感は否めない。「職を賭して」取り組むと発言してから、三日後の退陣表明であった。

自民党は即座に後継を選ぶ総裁選に突入するが、これによりテロ特措法失効前に同法改正法案を通過させることは絶望的になる。九月二三日に行われた自民党総裁選では福田康夫元官房長官が勝利し、二五日に第九一代内閣総理大臣に就任する。閣僚は最小限の交代とされ官房長官に町村外相、後任の外務大臣は高村正彦、防衛大臣に石破茂が任命される。

九月二六日、ブッシュ大統領と電話会談した福田首相は、補給支援活動の延長法案成立は首相が代わっても最優先と位置づけることを強調する。[66] 一一月一日の期限切れで給油活動の一時中断が避けられない情勢に加え、他にも在日米軍再編や北朝鮮問題などの重要案件もあり、福田首相は早い段階で日米同盟関係を確認する必要があると判断し、最初の外遊先に米国を選ぶ。[67] 補給支援活動の延長問題がきっかけとなって、突如、誕生することとなった福田首相は、そもそも官房長官として開始した「テロとの闘い」への支援策を収拾しなければならないという使命感に駆られて総裁選に出馬したとされるが(68)、約一年後の退任まで、終始、この問題に翻弄されることになる。

3 補給支援特措法の制定過程

(1) 単純延長か、新法か

政府・与党は安倍首相が辞任を表明する前の八月末の段階では、海上自衛隊の補給支援活動を継続させるために臨時国会に提出する法案として、これまでと同様、テロ特措法を延長する案に加え、民主党の協力を得るために同法に民主党が従来から要求していた条件を加えた改正案、さらに、国会承認を不要とする新法案などを検討していた。具体的には、①テロ特措法の単純延長案、②テロ特措法の単純延長に国会の再承認及び国会報告を充実する規定を加える修正案、③対応措置を補給活動のみに限定して国会承認を不要とし、国会報告を充実する規定を置く新法案、といったオプションが挙がっていた。

これまでのようにテロ特措法を単純延長する①の場合には、同法が一一月一日に自動的に効力を失うため、同日までに国会で同法改正案を成立させる必要がある。臨時国会開会から一一月一日までの二カ月弱で同法改正法案成立が可能かというと、憲法第五九条第四項の規定で、参議院が六〇日以内に議決しないときは、衆議院は参議院がその法律案を否決したものとみなすことができるとされており、これは逆に参議院が六〇日近くまで採決を先延ばしすることが可能ということでもあり、民主党の協力を得られない前提では、参議院で二カ月近く足止めされる可能性が考えられ、よって、九月上旬に同法改正法案を衆院通過させたとしても、一一月一日の期限までに参議院の採決が行われず、同法が失効する懸念があった。

②では、民主党のこれまでの国会審議での主張を盛り込んで、例えば、同法改正案成立後に改めて対応措置につ

いて国会承認を受ける、また、基本計画を変更して活動期間を延長する場合は、延長前の活動の実施状況の国会報告を規定する等、国会の関与を強化する案が検討される。しかし、民主党の主張する条件を盛り込み、協力を得て修正案を成立させた後、もし民主党が対応措置の承認に賛成しないと翻意すると、参議院で承認が得られず、補給支援活動の継続は行き詰まることになる。というのも、法律案は憲法第五九条第二項の規定により、参議院で否決されても衆議院で三分の二以上の賛成により再可決が可能であるが、国会承認は参議院が承認しない場合には衆議院で再可決ができないため、参議院で承認がとれないために海自が派遣できないという事態が想定された。

③の新法案を提出する場合については、一一月一日までに新法案を成立させなければ海自の撤収が必要な点は同じだが、一一月一日までに参議院で採択されなくとも、同日以降も国会審議は続けることができ、また、衆議院による再可決ができない国会承認については、新法案には盛り込まないなど柔軟に対応できるメリットがあった。

八月末の時点では、どの案がよいかは自民党幹部の間でも意見が分かれていたが、九月一一日、麻生幹事長、冬柴幹事長、与謝野官房長官、山崎与党プロジェクトチーム座長らが協議した際には、給油・給水に限定し、国会承認条項を盛り込まない新法案の方向で調整することが確認されたようである[69]。翌日の安倍首相の辞任発表により単純延長は不可能となり、新法案の制定が決定的となる。自民党総裁選直後の記者会見で、福田新総裁は「新法であれば一一月一日に成立しなくても、国際社会に日本が（海自の活動を）継続する意思があると表明する意味合いがあり、理解が得られやすい」とコメントする[70]。民主党からの協力が必ずしも得られない場合も踏まえ、政府はこれまでと同じ補給支援活動を続けるために新法立案を目指す。

（2）小沢代表率いる民主党への対抗策

政府は補給支援活動継続のために新法制定を前提とするも民主党からの協力をあきらめていたわけではなく、民主党への働きかけとともに、米国にも民主党説得のための協力を求める。小沢代表は、海上自衛隊が補給支援を実施している各国の艦船が従事するOEF-MIOは国連からの要請に基づく活動とはいえず、自衛隊は国連の枠組みで活動すべしとの持論を展開していた。そこで、米政府に働きかけ、国連安保理の新決議にOEF-MIOについて盛り込むよう要請する。[71] 一四カ国の賛成[72]を得て九月一九日に採択された国連安保理決議第一七七六号では、OEF-MIOについて初めて言及がなされ、謝意が盛り込まれる。[73] OEFは米国の自衛権発動から始まった有志連合の多国籍軍であり、安保理で正式にその活動を承認するのが困難であったため、前文でISAFへの参加国とともにOEFやOEF-MIOに貢献する国々にも謝意を表す文言が挿入される。[74] これに対し、鳩山幹事長は「謝意と、国連安保理に規定された活動であることとは別の話だ。ロビー活動をして『謝意を入れてくれ』というのは恥ずかしい外交だ」として、延長反対の方針は変わらないと記者団に話すが、町村外相は「決議を歓迎し、国際社会の一員として引き続き活動を継続していく必要がある。国際的な努力に敏感になって欲しい」と民主党を批判する。[75]

政府はさらに、民主党が要求する情報提供に応えようと、九月二七日、高村外務大臣がコンドリーザ・ライス国務長官と国連総会の周辺で会談した際、米軍等のインド洋での活動実態に関する情報提供を要請し、米側もこれに応じる意向を示す。[76] この後始まる国会審議では給油のイラク戦争への転用問題が焦点の一つとなり、野党から米艦艇の動向等の追及を受け、日本政府は在米大使館等を通じて米政府に問い合わせ、米側も異例の協力態勢で政府の答弁を支える。

米関係者の中でもとりわけシーファー大使は積極的で、民主党に乗り込み小沢代表の説得を試みる以外にもこの政治的膠着状況を打開しようと主体的に活動する。九月二七日、シーファー大使らが中心となってOEFに部隊を派遣している英、独、仏、豪など一一カ国の駐日大使らとともに駐日パキスタン大使公邸で会合を開き、海自による給油活動に謝意を示すとともに、「日本の貢献は、アフガニスタンの平和や安定を目指す『不朽の自由作戦』の継続に不可欠だ」として継続を求める声明を発表する。[77] また、テロ特措法が失効する前日の一〇月三一日早朝、OEF-MIOに参加する米、英、パキスタンなど一一カ国とアフガニスタンの駐日大使や駐在武官がカナダ大使館で与野党国会議員（自民党から約五〇人、民主党から代表派遣で六人出席）を対象にコアリッションブリーフを開催し、アフガニスタンの治安情勢や、海上阻止活動の内容、海自が実施する各国への給油活動の説明をする。ブリーフ終了後、シーファー大使は記者団に「小沢代表がこれは国際的な取り組みであるという事実を理解し、最後には支持してくれることを期待する」とコメントするが[78]、民主党議員からは「国会審議に貢献するような情報はなかった」との声もあり、民主党への説得としてはあまり功を奏さなかったようである[79]。

日本政府も民主党を説得するため、あるいは、それが失敗した場合に必要となる衆議院の再可決に慎重な公明党の協力を取り付けるため、国民の補給支援活動に関する理解を深めようと、国民向けの説明に力を入れる。例えば、内閣府が配信している内閣メールマガジンでは、インド洋で勤務した自衛官による経験談を掲載したり[80]、政府インターネットテレビで、「テロとの闘い」と自衛隊の役割、活動に対する評価などを紹介した映像の配信などを行う[81]。防衛省では横浜市、大阪市など全国七カ所で、洋上給油活動の内容や体験談を海自隊員が直接説明する「防衛問題セミナー」を実施[82]、ホームページ上では石破防衛大臣によるメッセージの動画や洋上補給の様子等を映した動画を公開する[83]。外務省でも、ホームページに「日本が支えるテロとの闘い」を掲載、職員による講演や報道関係者等への資料配布などの広報に努める。

（3）新法案をめぐる与党間調整

政府はテロ特措法に代わる新たな根拠法として、海上自衛隊の給油・給水活動に限定し、基本計画上で規定されていた活動を実施するために必要な項目をすべて法律上で網羅することで、基本計画の策定や国会承認を不要とする方針で、立案作業に着手する。一〇月二日、与党テロ対策特措法プロジェクトチーム（山崎座長）に提示された骨子案は、海自の活動は他国艦船への給油と給水支援に限定し、国会の事後承認規定は削除、法律の期限を二年とし、施行から一年後に国会報告を義務付けるという内容であったが、公明党からは文民統制を理由に法律の期限を一年とする意見が出される。[84]四日の同プロジェクトチームに提示された骨子案に、政府は「テロリズムからシーレーンを守る」という新たな目的を追加するが、山崎座長が日本の自衛権の発動になると反対し、骨子案から削除される。[85]骨子案は与党間で概ね合意されるが、意見が分かれていた期限についてはまとまらず、町村官房長官と北側幹事長による調整が続けられ、野党協議の「のりしろ」とすることで一旦は二年で合意される。[86]骨子案は、翌五日、自民党の内閣・国防・外交合同部会と公明党の内閣・外交・安全保障部会・外交安全保障調査会の合同会議に示される。[87]

政府・自民党執行部は立案段階から民主党を巻き込み、民主党の主張も法案に反映させることで協力を取り付ける考えで、これに公明党も同調していた。というのも、公明党は、新法案が参議院で否決され衆議院が再可決を強行した場合に野党が参議院で首相への問責決議案を可決して、衆院解散・総選挙に突入といった展開をおそれており[88]、再可決によらない方策を望んでいた。与党幹部は新法骨子案を与党の部会に提示した直後に与野党国会対策委員長会談を開催し、野党にも骨子案を提示して法案調整のための協議機関の設置を要請する。しかし、既に他の野党と共闘を申し合わせていた民主党の山岡賢次国対委員長は「事前の合意形成は議会制民主主義にそむく」と、与党との事前協議を拒否する。[89]そこで、政府は衆参の予算委員会での野党質疑を法案作成の参考にするとして、予算委員会審議を待って新法案の閣議決定日をセットするという異例の配慮を見せる。

衆院予算委員会での本案件に関する審議では、与党側が期待したような建設的審議とはならず、野党は海自が補給した艦船がイラクの軍事作戦に従事したのではないか、艦船に補給した航空燃料がミサイル攻撃や空爆に使われたのではないかという給油の転用問題等の追及に注力する。給油転用への対策が必要と考えた山崎座長は、一二日の与党テロ対策特措法プロジェクトチームで、燃料の使途が判明にしくい補給艦を法律上あるいは交換公文で補給対象から外すことを提案する。[90]政府は法案に禁止規定を盛り込むことは他国艦艇の活動を過剰に制約するおそれがあるとして、交換公文に転用禁止を明記する方針をとる。また、新法案の有効期限についても議論となるが、政府側の意向を汲んで一旦は二年で了承した公明党であるが、創価学会婦人部等からの反発を受け、再度一年後の国会報告では不十分で、同法案の期限を二年ではなく一年にするべきと主張し、この日は最終合意に至らなかった。[91] 結局、政府・自民党執行部は一五日、公明党の主張を受け入れて新法案の期限を一年とし、国会報告は盛り込まない方針を固め、一六日のプロジェクトチームで有効期限を一年とした「テロ対策海上阻止活動に対する補給支援活動の実施に関する特別措置法」(以下、「補給支援特措法」)案の要綱が了承される。

与党テロ対策特措法プロジェクトチームでの合意を受けて、補給支援特措法案は党内審査に移る。一七日に開催された自民党の内閣・国防・外交合同部会では、国会承認規定を削除することで法案に参議院が反対しても衆議院の再可決で自衛隊を動かすことができる悪い前例になると反対意見も出されるが同法案は了承され、公明党でも外交安全保障調査会、外交・安全保障部会合同部会、その後政調全体会議で了承される。[92]

一七日、政府は安全保障会議後に臨時閣議を開催し、補給支援特措法案を決定する。二三日からの国会審議入りを前に開かれた政府・与党連絡会議で、政府は同法案成立に向けての与党の協力を要請し、公明党は国民に補給支援活動がどのくらい役立っているのか、見える格好で示すことが必要と政府に要請する。[93]

補給支援特措法案の概要は以下の通りである。

目的では、これまでの海上自衛隊による補給支援活動は国際的なテロリズムの防止及び根絶のための国際社会の取り組みに貢献し、安保理決議第一七七六号においても評価が表明されているとした上で、テロリストの攻撃によりもたらされる脅威を除去するために諸外国の軍隊等が活動を継続しており、海上阻止活動を行う諸外国の軍隊等に補給支援活動を実施することにより、国際的なテロリズムの防止及び根絶のための国際社会の取り組みに積極的かつ主体的に寄与し、もって我が国を含む国際社会の平和及び安全の確保に資するとしている。

支援活動内容は、テロ特措法に基づく三つの活動のうち、捜索救助活動は実施したことがなく、被災民救援活動も二〇〇一年一二月以降実績がないことから、OEF-MIOに参加する艦船に対する油と水の補給支援活動に限り規定される。

派遣先の外国の範囲を含む実施区域は、テロ特措法下では基本計画で規定されていた区域のうち今後寄港が想定される範囲が法定される。[94]

テロ特措法では基本計画で定められていた自衛隊の派遣部隊の規模、構成、装備、派遣期間等の実施上の必要事項は、実施計画に定めて閣議で決定し、実施計画の決定または変更後は国会に報告することとされる。

有効期間は一年とされ、必要が認められれば一年以内の延長ができると規定される。

公明党の山口那津男外交安全保障調査会長は、補給支援特措法案の一年間の有効期限と国会承認がなくなった影響について、「文民統制（シビリアン・コントロール）確保の観点から、どれくらいの期間で国会がチェックできるかが大事であり、それを制度上で保証することが重要と考えています。そこで、法案の期限を一年とし、延長する場合は、一年ごとに必ず国会がチェックするようにしました。一年ごとに国会審議を行うことは、その後一年間の活動の事前承認を審議するのと同じこととなるのです。ですから、国会承認がなくなったといっても、文民統制が弱まったわけではなく、むしろ、基本計画の事後承認を規定した現行法よりも文民統制は強化されている」と説明している。[95]

（4）補給支援活動継続の意義

政府は新たな法案を立案してまで、海上自衛隊による補給支援活動の継続にこだわった。テロ特措法の立案に当たって、政府は、日本人二四名を含む多数の犠牲者を出した同時多発テロ事件直後は国際社会全体に対する重大な挑戦であり、日本もテロ根絶に向け主体的な取り組みをしなければならないとして、自衛隊派遣の意義を訴えた。しかし、同事件から既に五年以上経過し、ニューヨークの世界貿易センタービルにジャンボジェット機が突入した衝撃も薄れ、インド洋上で自衛隊が支援活動を継続していることの社会的認知も低下していた中、ねじれ国会により今までのように与党単独での可決によるテロ特措法の延長が困難になったという与党側の都合から、政府は新たな法案を作成し、改めて補給支援活動の意義を国民に説得する必要が生じる。そこで、政府は「テロとの闘い」の文脈でシーレーン防衛に着目し、新たな目的として強調するようになる[96]。補給支援特措法案の立案過程でも、政府は目的に「シーレーン防衛」を明記しようとするが、山崎座長に日本の自衛権の発動につながるとして反対され、削除されたという経緯は前述した通りであるが、国会審議で政府側は補給支援活動を実施する意義として「シーレーン防衛」を度々強調する。福田首相は所信表明演説で、インド洋における補給支援活動は「テロリストの拡散を防ぐための国際社会の一致した行動であり、海上輸送に資源の多くを依存する我が国の国益に資するもので、日本が国際社会において果たすべき責任でもあります。国連をはじめ国際社会から高く評価され、具体的な継続の要望も各国から頂いています。引き続きこうした活動を継続することの必要性を、国民や国会によく説明し、ご理解を頂くよう、全力を尽くします[97]」と、補給支援活動の実施は、テロ防止だけではなくシーレーン防衛という観点からも国益に資すると位置づけている。

実質的に補給支援特措法案の最初の審議となった一〇月九日の衆院予算委員会においても、閣僚はシーレーン防衛に言及する。町村官房長官は「国際的な要請であると同時に……インド洋を通じ、特にシーレーンということを考えたときに、まさに我が国の国益にも資するということにもなります」と答弁、石破防衛大臣は、「あの地域において、私どもは石油の九九・六%は輸入ですから、そのうちの九割はあの地域に頼っているわけで、一日に三隻ないし四隻の、日本に油を入れ、日本に油を出す、そういうタンカーが通航しているわけですね。あの海域が安全であるように哨戒しているアメリカであり、ドイツであり、フランスであり、イギリスであり、そういう国々の海軍の船に補給をしているということは、それが我が国の国益を守ること以外の何物でもあるまい、そして、世界のために我が国が果たすべき責任以外の何物でもあるまい、私どもはそのように考えております」と説明、さらに、福田首相も「このシーライン、日本の生命線だというふうに思っております。そういう生命線にテログループが暗躍するというようなことになっては、これは安心して航海できないということ、すなわち日本の血液の補給がとまってしまうということになりますので、これは何としても阻止をする。これは、ですから、諸外国に協力するという観点もございますけれども、同時に、我が国の安全を守るということが大事なんだと思います」と述べている。(98)

実際、二〇〇四年四月にイラク沖合いで日本郵船の大型タンカー「TAKASUZU」がアル・カイダによる海上テロを受け、銃撃戦で多国籍軍兵士二名と沿岸警備隊員一名が死亡するなど、この海域で日本の海運会社保有の船舶に対するテロ事件が起きている。しかし、その当時、補給支援活動がシーレーン防衛の文脈で議論されたことはなく、また、その後、同地域で日本の海運会社保有の船舶が巻き込まれた事件は発生しておらず、二〇〇七年秋の臨時国会になって突如、シーレーン防衛が強調されるようになるのは、補給支援活動が直接国益に資すると国民にアピールするために後付けされた感は否めない。

もう一点、日本政府が補給支援活動の継続が必要な理由として強調したのが、イスラム圏で唯一OEF-MIOに参加しているパキスタン艦艇への影響である。海自は二〇〇四年七月からパキスタン艦艇に給油を開始し、二〇〇七年秋にはパキスタン艦艇への給油は、ほぼ一〇〇%日本が実施していた。パキスタンの艦艇は旧式のガスタービンを使用し純度の高い燃料が必要で、当時OEF-MIOに参加している艦艇の中では、こうした燃料を提供していたのは日本の海自のみであり、海自からの補給支援が受けられなくなるとパキスタン艦艇の活動継続は困難となり参加国からイスラム圏の国がなくなる、あるいは作戦の効率が低下しOEF-MIOのオペレーションに影響を与えるというものであった。(99)海自の補給活動はテロ特措法の失効により一時活動を休止し、この間、パキスタン艦艇は燃料補給に帰港するため活動効率は約四〇%低下したと報告されるが、(100)パキスタンがOEF-MIOに派遣していたのはフリゲート艦一隻で、OEF-MIO全体の軍事作戦への影響という観点からは、それほどインパクトのあるものではなかったといえよう。実際、海自撤収後に、その軍事作戦上の影響を聞かれた国防総省のジェフ・モレル報道官は「作戦上の影響については今のところないと考えている。我々は早期再開を期待しているが、もし再開しないとの選択をした場合には、必要な補給を得られる代替手段を考える」と発言している。[101]

政府はインド洋で補給支援活動を継続する必要性を各国からの賛辞や継続要請、軍事的作戦上の要請、あるいはシーレーン防衛まで持ち出して国益に資すると訴えるが、実質的な軍事作戦上の役割はそれほど大きなものではなかったとすると、なぜ、政府は行政や政治の多大な資源を動員して新法を制定してまで活動の継続にこだわったのであろうか。

これについて、柳澤協二内閣官房副長官補は、補給支援活動は「既に軍事的意味を失いつつあった。それにもかかわらず、国会の機能停止という大きな政治的コストを払ってまで法律を作らざるを得なかった理由を振り返れば、他に日米同盟を良好に維持する手立てが見出せなかったことに尽きると言わざるを得ない」と述懐する。[102] 日本政府は、イラク作戦なども含めた様々な米国からの要請を前に、何かしなければならないとすると、海上自衛隊による補給支援活動を続けるのが得策であり、米側が納得するようなそれ以外の支援策は立案できない、あるいは立案はできたとしても国内政治情勢から実施することができないとの目算から、補給支援活動の継続に固執せざるを得なかったということなのであろう。

補給支援活動に日本政府がこだわった理由には、これが日本にとっても実施しやすく、かつ、米国や諸外国から評価されているという前提があった。補給支援活動に代わるアフガニスタン本土での復興支援策の可能性を聞かれた高村外務大臣は、「今、安全で評価されている活動がある、海上阻止活動に洋上補給をするという。それをわざわざやめて、そしてこっちに変えましょうというのは、私はどうしてもわからないんですね。……ハイリスクで、それほどのリターンがあるかもわからないところを、ローリスク・ハイリターンの仕事をやめて行くという、そのことがちょっとわからない」[103]、あるいは、表現を代えて、「高いリターンがあってリスクは低い、コストもそれほど高くない、そういう、正に民間事業でいえばもうかっている」事業ともたとえている。[104] 中谷元元防衛庁長官も、補給支援活動を「最も安上がりで、最も安全で、最も評価される」活動と称している。[105] 補給支援活動が「ハイリターン」あるいは「最も評価される」という意味は、米国やNATO諸国等が、軍事的必要性はともかく、日本が「テロとの闘い」に賛同し、自衛隊を派遣しているという政治的プレゼンスを高く評価していたということになるであろう。少なくとも二〇〇一年の開戦直後には、迅速に自衛隊派遣を実現させた日本政府への評価は高かった。しかし、それから五年以上も経て、アフガニスタン情勢は好転するどころか悪化の一途で歯止めがかからず、多大な自国兵士の犠牲を出しながら対応していた米国やNATO諸国等が、自衛隊の政治的プレゼンスをどれほど評価していたといえるであろうか。本当に「ハイリターン」であったのであろうか。少なくとも活動開始時に受けた高い評価とは全く異なるものであったと考えるべきであろう。米国は、おそらく、補給支援活動の軍事的必要性はあまり勘案せず、しかし、日本が「テロとの闘い」への関与を続けることでこの後に追加される支援に期待をかけ、補給活動の継続に協力したと推測される。

日本政府はこの後、「テロとの闘い」へのコミットメントを継続するために、米政府を巻き込んで、膨大な時間とエネルギーを投入しながら、補給支援特措法案通過に注力する。

4　海自の活動再開をめぐる与野党攻防

(1) インド洋からの海自の撤退

一一月一日のテロ特措法失効を前に、政府は国内では立法作業を急ぐ一方、対外的には、海上自衛隊の一時撤退は避けられないが新法制定により同活動の早期再開を目指す旨、米国や他の補給支援対象国に対する説明に奔走する。

一〇月上旬、補給支援特措法案の要綱が与党内で大方合意に至ったことを受けて、政府は在米大使館などを通じて国家安全保障会議（ＮＳＣ）、副大統領府、国務省、国防総省等に同法案の概要や国会審議の状況などを説明し、米以外のＯＥＦ-ＭＩＯ参加国に対しても各在外公館を通じて伝える。町村官房長官、高村外務大臣、石破防衛大臣、福田首相はそれぞれシーファー大使と会談して情報交換を行い、谷内正太郎外務次官は下旬に訪米して、ホワイトハウス、国務省、国防総省の高官と会談し、ジョン・ネグロポンテ国務副長官からは「米国のみならず国際社会全体の気持ちとして日本に油の提供を是非続けてほしい」とコメントされるなど、米政府高官から一貫して補給支援活動継続への期待が示されたという。(106)

米側も海自撤退に向けて、現場オペレーションの調整を開始する。一〇月中旬、米軍統合参謀本部のカーター・ハム作戦部長（陸軍中将）は海自による給油活動が継続されなくなる場合の代替策を中央軍が検討していることを明らかにする。(107)

一一月一日二四時（現地時間一九時）、テロ特措法は失効する。一〇月二九日、テロ特措法下での最後の給油活動をパキスタン海軍に対して実施する。一一月一日、補給支援活動を終結し帰国するよう撤収命令が発出され、補給艦「ときわ」及び護衛艦「きりさめ」はフジャイラを出港し、約三週間かけて帰国する。また、バーレーンの多国籍海軍司令部など四カ所に派遣されていた約二〇人の連絡官のうち、中央軍司令部タンパの連絡官以外は引き揚げる。(108) 撤収に伴い、政府は総理談話の中で、「可能な限り早期に再開できるよう、補給支援特措法案の速やかな成立に向けて全力を尽く」すと表明する。(109)

海自の撤収を受けて、ＯＥＦ-ＭＩＯ参加国を中心に早期再開を求めるコメントが相次ぐ。米政府からはショーン・マコーマック国務省報道官が定例記者会見で、海自のこれまでの活動を高く評価するとしつつ、「国会がこれらの燃料補給活動を再度承認する法案を採択するよう望んでいる。活動が停止されたことを残念に思っている」と発言、ダナ・ペリーノ大統領報道官も、「数週間単位で支援が再開されるよう私は望んでいる」と発言する。(110) 八日に来日したゲーツ国防長官は福田首相に海自の活動の早期再開に強い期待を示し、首相は政府として早期再開に向け、最大限努力していると回答する。[111] イギリスのマーク・ブラウン外務担当大臣は、海上自衛隊の貢献を高く評価するとともに、日本がかかる努力への参加を強化する方法を見つけることを期待しているとの談話を発表、アフガニスタン外務省からも今後同活動ができる限り早く再開されることを願っているとのコメントが寄せられる。[112] パキスタンは、日本のOEF-MIOへの有用な貢献、特にパキスタン海軍に対してなされた支援を評価している、日本の参加の一時停止は継続中の活動に否定的な影響を与えるであろう、我々は日本が早期にOEF-MIOにおける重要な役割を再開することができることを希望する、としたプレスリリースを発表する。[113]

（2）米政府を巻き込んだ給油転用問題

海上自衛隊撤収直前の一〇月二四日、衆議院テロ対策特別委員会において補給支援特措法案の提案理由及び内容の概要説明が行われる。民主党執行部では同法案に賛成するか反対するか、あるいは別の活動を提案するか方針が定まらず、他の野党と同様、給油転用の追及にまずは焦点を定め、イラク開戦時にまで遡って海自から給油の提供を受けた米艦艇の動向に関する質問を繰り返す。政府はこれに回答するために米政府を巻き込んで対応に追われる。

これまでにも海自がOEFとOIF（イラクの自由作戦）の両方の任務に従事（dual mission）する艦船に補給し、その艦船がOIFに従事したことが油の目的外使用にあたるのではないか、また、海自から給油してもらった米補給艦が他国に油を供与したことが第三者への供与にあたるのではないかといった問題は国会で取り上げられていたが、あるNGOが米艦船の航海日誌等を入手し、二〇〇三年二月、海自補給艦から油の提供を受けた米補給艦から米空母「キティホーク」は補給を受け、その直後にペルシャ湾に入ってOIFに従事した、また、給油量が防衛庁側の説明と異なっていた等発表したことを契機に、二つの作戦に従事していた米艦艇の動向について野党議員からの追及が強まる。[114] 日本政府は、追及された個別の艦艇の動向等を国防総省に問い合わせて確認しつつ、一般論として、補給支援対象国とは交換公文を締結した上で支援を実施しているとし、OIFは対象外であると司令部首脳や各国連絡官は明確に認識している、また、実際のオペレーションでも、コアリッションに属する艦艇の一定期間における活動の最新情報は海自連絡官に提供されており、補給対象艦艇がＯＥＦに従事していることが確認できるようになっていると説明する。

国防総省は、当初、質問に答えるためにはデータの洗い出しで膨大な時間がかかり、個別案件が報じられる度に新たに質問を受けるのは不本意であるとして、個々の艦船の運用を含む軍事作戦行動の詳細は明らかにしない方針であったが、米側で公開された文書等が起点となって転用問題が次々報じられたこともあり協力姿勢へ転じる。米中央軍のロバート・ホームズ作戦副部長（空軍准将）は、海自提供の油がイラクでの米軍作戦行動に転用された疑いについて、「私も日本での議論の重要性は了解している。必要な情報の詳細を明らかにできるよう、米当局が日本側と協力している」と、情報開示に努める姿勢を明らかにする。[115] そして、国防総省は「二〇〇三年二月二五日の日本による米補給艦ペコスへの給油について」と題する資料を発表し、特定の燃料がどのように使用されているか追跡することは複雑な作業を要するとしながらも、空母「キティホーク」はＯＥＦを支援するために日本から受けた給油を消費していると結論付け、イラク作戦での使用を否定する異例の報道発表を行う。[116] さらに一週間後、国防総省は「『不朽の自由作戦』に日本が供給する燃料の使用について」を発表する。[117] その中で、日本から給油を受けたすべての米艦船は、ＯＥＦを支援するために給油を受けたことを確認したとし、日本が給油した燃料を米艦船が消費するまで任務ごとに追跡することは、複数の任務に従事している等により複雑な作業であるが、米政府はＯＥＦに参加する艦船のみに燃料を補給するという日本政府との合意に誠実に従ってきたと考えている、また、日本からの提供を上回る量がＯＥＦのために消費されたと説明する。この米国防総省による報道発表の実現には、シーファー大使からの強い意向が働いたとされる。[118] これらの米政府による過去に例のない情報の開示に、シーファー大使は一〇月二四日、日本記者クラブで講演し、給油の転用について米政府は「説明責任を果たした」、「我々は問われた質問には回答したと信じる」、「何千枚にわたる文書を分析して転用はないとの結論を出した。十分だと思っている」と疑念は払拭されたことを強調し、その上で「日本が給油をやめると、テロリストに悪いメッセージを送ることになる。日本はテロとの戦いから離脱するとの印象を与える」と日本政府に活動継続を要請する。[119]これらの一連の国防総省や米大使館による報道発表や個別艦艇の動向調査などの対応は、これまで国会で目的外使用が問題となった時とは大きく異なり、特に米軍が神経をとがらせる個別艦艇の動向などの軍事作戦に絡むものについても踏み込んだ情報提供を行ったものといえ、本案件における米政府からの積極的な協力姿勢、裏を返せば、日本の補給支援活動継続への期待の強さがうかがえるものであったといえよう。

なお、防衛省も独自に二〇〇一年からの給油実績七九四件全件を調査し、転用なしとの報告書を発表するが、[120]補給艦に対する給油のような間接給油では再補給に関するデータが入手できないものもあり、一定の推定を行った上での確認作業であったため、この報告書により転用の疑念が完全に解明されるには至らなかった。野党による政府の失政追及は給油の転用問題にとどまらず、この問題がきっかけで明るみに出た補給艦「とわだ」の航泊日誌の誤破棄が防衛省の文書管理問題へと波及し、さらに、守屋元防衛事務次官の航空・防衛専門商社山田洋行の元専務によるゴルフ接待が明らかになり、防衛装備品の調達をめぐる汚職疑惑の追及へと発展し、補給支援特措法案の審議はさらに遅れることになる。

(3) 大連立構想

衆議院での審議が給油の転用問題で紛糾している最中、小沢代表は国連決議もない米主導の軍事作戦を支援する自衛隊の給油活動は憲法違反であり、民主党が政権を獲得した際には国連決議で認められているＩＳＡＦへの参加を実現させたいとする論文を発表する。[121]国連決議を基準に自衛隊派遣を判断する発想は小沢一郎の持論の延長線上に位置づけられるが、[122]補給支援活動を憲法違反とし、その代替策として危険度の高いアフガニスタン本土でのＩＳＡＦへの参加の提案は国会内外に反響を呼び、政府・与党からは批判が噴出する。しかし、この主張はこれまでの民主党の方針とも相容れないもので、民主党内では相変わらず党としての方針が定まらず、補給支援の審議を棚上げし、給油問題から防衛装備品をめぐる汚職へと政府の失政追及で得点を稼ぎ、政局に持ち込む展開に傾注する。

この状況を打開するため突如、浮上したのが自民党と民主党の連立政権樹立に向けた政策協議、いわゆる「大連立構想」で、福田首相と小沢代表との間で、一〇月三〇日に話し合いがもたれる。福田首相は給油活動を続けることの重要性を説き、会談時間の多くを割いて補給支援特措法案の今国会成立に向けて協力を要請するが、小沢代表は国連の枠外の活動であり認められないと主張、(123) また大連立の前提として小沢代表が公明党を外すよう要請したが、そこは福田首相が拒否したとされる。(124) 一一月二日に二回目の党首会談が開催され、小沢代表は、国連決議に基づく自衛隊派遣を規定した恒久法の制定を条件に、連立に意欲を見せたとされる。(125) 公明党には福田首相から太田代表に局面打開のために小沢代表と会談することが事前に伝えられていたといい、二日には直接会談し、民主党に連立参加を打診するが自公の関係は堅持すると説明されたという。(126) 小沢代表は同日夜の民主党緊急役員会で、自民党との連立に合意を取り付けようとするが、構想を知らなかった民主党幹部は選挙に勝って政権をとるべきと大連立に猛反発し、構想は幻に終わる。小沢代表は、福田首相が自衛隊の海外派遣は国連決議によって認められた国連の活動に参加する場合に限る、補給支援特措法案はできれば通してほしいが、両党が連立し、新しい協力体制を確立することを最優先するので、連立が成立するならば、あえてこだわることはしないと確約したため、これまでの無原則な安保政策を根本から転換する契機になると考え大連立の実現を目指したが、民主党役員会で認められなかったとして責任をとり辞意を表明する。(127) ただし、民主党執行部は小沢代表を強く慰留し、小沢代表は辞意を撤回、続投となる。補給支援活動の有効期限が切れる前後というタイミングでの大連立をめぐる党首会談の開催は、福田首相が国際公約である補給支援活動の再開の目処も立たない事態の打開に加え、それ以外の年金や税制問題、人事案件などの国政全般がねじれ国会による機能不全で立ち往生するおそれを前に、安定的な政権基盤を早急に築きたいという焦燥感があったのではないかと想像される。一方の小沢代表も自衛隊の海外派遣をめぐる混乱を契機に、安保政策を軸とした政権の再編を仕掛けるが、足元の民主党執行部は自民党との大連立に甘んじなくても政権を樹立できるとの判断から強気の姿勢を崩さず、小沢代表は党内説得の目算を誤り、大連立構想は頓挫する。

自民党と民主党の大連立構想を前提とする政策協議による事態の打開は失敗に終わり、与野党対立の構図は変わらぬまま国会の審議が続く。衆議院テロ対策特別委員会では、守屋前事務次官の証人喚問を含む汚職事件の事実関係等の審議を経て、ようやく補給支援特措法案が審議に入り、支援活動の意義や活動終了時期、国会承認等について議論される。一一月一二日、同委員会での審議が約四〇時間となったところで採決に移行し、自民・公明の賛成多数で可決、翌日、衆院本会議を通過し、参議院へ送付される。福田首相は一六日、滞在二六時間という強行日程で初外遊先の米国に出発するが、鳩山幹事長からは「首相訪米を控え、おみやげをもって行かなくてはならない一心で強行的に採決」したと批判される。[128]

ホワイトハウスで開催された日米首脳会談では北朝鮮のテロ支援国家指定解除問題、牛肉の輸入条件緩和、在日米軍再編、在日米軍駐留経費の日本側負担改定、気候変動など日米間の摩擦要因となる議題が山積しており、その懸案の一つである「テロとの闘い」について、福田首相は補給支援特措法案が衆議院で可決されたことを報告し、早期の活動再開に向けた強い決意を伝え、ブッシュ大統領は期待感を表明したとされる。[129] 福田首相は、訪米直後にシンガポールで開催された東アジア首脳会議等に出席するが、そこで補給支援活動に関し、「日米首脳会談で大きな期待が寄せられた。アジア各国の首脳からも『日本の給油活動を是非継続してほしい』という声を聞いた。単に日本のことだけで済ます問題ではないという思いを強くしている」と、各国首脳からの期待を直接受けての感想を語っている。[130]

（４）衆議院による再可決へ

参議院における法案審議の前に、一一月一〇日までとされていた臨時国会の延長手続きが必要となる。公明党内からは会期を延長せずに、補給支援特措法案を継続審議にして、次の通常国会で改めて成立を図るべきとの声も上がるが[131]、会期も延長せずに法案成立を断念するのは、支援活動の早期再開を公言している福田首相の国際社会における信頼に関わるとして、参議院でも衆議院並みの審議時間を確保し、かつ、年末の予算編成への影響を避けて、一二月一五日までの延長とされる。延長方針及び延長幅を自公党首会談で確認後、一一月九日、衆院本会議で三五日間の延長を与党賛成多数で議決する。

参議院では民主党が法案全体の流れを采配する参議院議院運営委員会の委員長及び補給支援特措法案の審議を司る外交防衛委員会の委員長ポストを押さえており、民主党は同法案の審議を遅らせて会期の採決を阻止する戦略をとる。まず、民主党は、イラクで活動する航空自衛隊を即時撤退させるためのイラク特措法廃止法案を外交防衛委員会に提出して優先審議とし、補給支援特措法案の審議入りを一一月二八日まで遅らせる[132]。審議時間については、参議院でも衆議院並みの四一時間を与党側に要請するが、同法案審議を外交防衛委員会の定例日の火曜日と木曜日以外にも行うよう求める与党側の申し出は拒否する[133]。同法案の審議を引き延ばす一方で、民主党内では相変わらず対案を出すか、あるいは対案を出さず野党共闘で廃案を迫るか方針が固まらず、一一月一三日の外務防衛部門会議では対案の骨子案が提示されるも、自衛隊の支援活動に慎重な議員と積極的な議員の双方から不満が出され、民主党執行部は対応を決められず、国会では防衛装備品をめぐる汚職問題等の政府の失政追及を続ける。

参議院での補給支援特措法案の審議が一向に進展しない状況に業を煮やし、福田首相は一一月二二日、野党党首と個別に会って会期内成立や修正協議を呼びかける。しかし、小沢代表の対応は変わらず政策協議を拒否したため、政府は衆議院の再可決による成立を前提に、会期を再延長する方針を決める[134]。再可決に慎重な公明党であったが、福田首相の固い決意や世論の動向などから、太田代表も「八月、九月のころとは違って、ある程度、理解が進んでいるという印象だ」と容認する姿勢を示す[135]。一二月一四日の衆院本会議で、臨時国会の会期を翌年の一月一五日まで再延長することが与党賛成多数で議決される。

民主党執行部は、一二月二一日になってようやく、民生活動に限定した対案（国際的なテロリズムの防止及び根絶のためのアフガニスタン復興支援等に関する特別措置法案）を参議院に提出する。(136)この対案では、アフガニスタン本土における人道復興支援活動を中核として自衛隊や警察官、医師などを一年間に限って派遣、海上自衛隊による補給支援活動は国連決議でＯＥＦ－ＭＩＯが認められるようになった場合に参加を検討するとしている。民主党は補給支援特措法案を民主党の対案とセットで継続審議とするよう求めるが、他の野党からは会期末が近づいたこのタイミングで共闘して廃案を迫る方針からの転換に理解を得られず、野党共闘は崩れる。

参議院外交防衛委員会では補給支援特措法案に関する審議が続くが、政府からＯＥＦ－ＭＩＯなどに関する新たな情報が開示されることもなければ、活動の意義や他の民生支援についての議論が深まることもなく、衆議院並みの審議時間を消化することが半ば目的と化し、二〇〇八年一月一〇日、審議時間約四〇時間三〇分を確保したことをもって採決に移り、補給支援特措法案は民主党など野党の反対多数で否決される。この日は同法案が参院に送付されてからちょうど六〇日であり、憲法第五九条第四項によるみなし否決が適用される直前での採決であった。翌一一日、参院本会議で同法案は否決された後、衆議院に送付され、憲法第五九条第二項の規定に基づき、出席議員の三分の二以上の多数で再可決される。成立を受けて、福田首相は、「我が国が『テロとの闘い』に再び参加できることは誠に意義深いこと」との総理談話を発表する。(137)なお、民主党の対案は一月一〇日、参議院外交防衛委員会で採決され、民主、国民新党等の賛成多数で可決、一一日、参院本会議において僅差で可決された後、衆議院に送付され継続審議となる。(138)

参院本会議で否決された法案が衆議院で再可決されたのは一九五一年のモーターボート競走法以来五七年ぶりで、加えて、臨時国会の再延長、越年国会と異例づくめであった第一六八回臨時国会が閉会した二〇〇八年一月一五日、与党は、派遣部隊を補給艦と護衛艦各一隻、人員五〇〇人以内、期間は同年六月三〇日までとする実施計画を了承し、(139)一六日の臨時閣議で決定、一七日に石破防衛相が派遣命令を発出する。

各国政府からは補給支援特措法成立を歓迎する声明や発言が寄せられる。シーファー大使は、一月一一日、「アフガニスタンに安定と民主主義をもたらす国際社会の取り組みを支援するこの重要な措置を日本政府が取られたことを高く評価する」とのプレスリリースを発表、[140] また、米国務省や国防総省も、広報担当官が支援再開を歓迎する旨発言する。米国以外にも、ブラウン英外務省閣外大臣やグレアム・フライ英駐日大使、オーストラリアのスティーヴン・スミス外相も、海上自衛隊のインド洋での活動再開を期待する旨の声明を発表、パキスタンのニサール・メモン情報・放送担当連邦大臣は、外交ルートを通じて、「本法によって可能となる日本からの給油、給水は、テロとの闘いにおいて多大な支援となり、両国の協力は引き続き促進されていくだろう」[141] とコメント、アフガニスタンもアミン大使や外務報道官がそれぞれ歓迎のプレスリリースや政府声明を発表する。

二〇〇三年以降、テロ特措法の延長を繰り返して継続してきた補給支援活動であったが、四回目の延長となるはずであった二〇〇七年秋は、直前の参議院選挙で与党が大敗、過半数を失うという政治状況の変化から、これまでとは大きく異なるものであった。日本政府は、米国やＮＡＴＯ諸国等からの追加支援要請が強まる中、補給支援活動の継続は最低限実現する方針を掲げるが、国内では参議院をてこに政権をうかがう民主党の対決姿勢は硬く、最低限の方針ですら実現が危ぶまれ、国際公約と国内政治の板ばさみとなって安倍首相が辞任、次の福田首相も事態打開のために民主党との大連立を模索するが頓挫するなどの紆余曲折を経て、新法を立案し、衆議院の再可決という手段を使って公約実現にこぎつける。制度上は、参議院で与党が過半数割れをしていても、テロ特措法が失効する前に延長するための改正案を国会に提出し、参議院で否決された後に衆議院による再可決で通過させることは可能であったにもかかわらず、自民党がすぐには再可決という手段を決断しなかった要因には、連立を組む公明党の再可決に慎重な姿勢もあったといえよう。民主党側も政府に政策論争を挑む好機であったにもかかわらず、党内で安保政策をまとめきれない事情もあり、政策論よりも政府の失政を追及し、政局に持ち込む駒として扱っていた印象は拭えない。

これほどの政治リスクを背負って政府は補給支援特措法を成立させ、約三カ月半の中断を経て海自による補給支援活動の再開を実現させるが、公明党の主張により同法は一年の有効期限とされたことから、成立後あまり期間を置くことなく、政府は延長問題に再び取り組むことになる。

5　補給再開——二〇〇八年

(1) アフガニスタン情勢

アフガニスタン国内の反政府勢力によるテロ活動は、OEFやISAFによる掃討作戦の強化にもかかわらずより組織的・戦略的に展開されるようになり、特にタリバン支配地域である南部で外国人兵士に多大な犠牲が発生し、ISAFの現地司令官が「これは平和維持でも安定化作戦でもなく、戦争である」と表現するほど戦況は厳しくなる。[142] 六月にはカンダハール州のサルボサ刑務所がタリバンに襲撃され約一二〇〇人の囚人が脱走する事件、また、七月には南東部クナル州で、反政府勢力のゲリラ部隊が米軍基地を襲撃し内部に突入、米軍兵士九名、アフガニスタン国軍（ANA）兵士四名が死亡するという事件も起き、反政府勢力の組織力を見せつけられる。反政府勢力は首都カブールにも迫り、七月インド大使館付近でテロにより五〇人以上が死亡するといった事件も発生する。

パキスタンに拠点や避難地を置きながらアフガニスタンとの国境を行き来するテロリストを掃討するには、アフガニスタンでの軍事作戦には限界があるとして、九月、ブッシュ大統領は米軍にパキスタン領域内のタリバン等に対して、パキスタン政府の承諾を得ていなくとも攻撃することを容認したとされ、米軍はパキスタン領域内でミサイルや無人飛行機を使った攻撃を仕掛ける。[143] その前月、パキスタンではこれまでブッシュ大統領に同調し、親米路線をとってきたムシャラフ大統領が退陣に追い込まれ、後継者としてアースィフ・アリ・ザルダリ大統領が就任する。

アフガニスタン大統領選挙が翌二〇〇九年八月に予定される中、治安回復に加え米政府はＮＡＴＯ諸国に最低限三〇〇〇人規模の増派と資金援助、ＡＮＡの育成・訓練といったＩＳＡＦの任務の拡大を要請する。[144] ＮＡＴＯは四月のブカレスト首脳会議において、ＩＳＡＦミッションは最優先事項であるとして長期的・包括的関与を明記した戦略的計画を公表し、各国首脳は部隊派遣に付す留保の緩和を公約する。[145] フランスが東部へ八〇〇人、イギリスが二〇〇人の増派を発表する等、一部の加盟国は増派の要請を受けるが、米側が求める大規模な増派にはつながらず、米政府がイラク駐留米軍の段階的削減とあわせてアフガニスタンへの米軍増派を決定し、二〇〇八年一月時点での駐留米軍規模は二万六六〇七人だったのを半年間で四万八二五〇人まで増員する。[146] 米軍やＩＳＡＦが育成に力を入れるＡＮＡは七万九〇〇〇人規模となり、ＡＮＡ主導の掃討作戦も展開されるようになるが、外国部隊撤退後に反政府勢力を抑え、治安を維持するにはさらなる規模の拡大が必要として、目標を変更し、二〇一四年までには一二万二〇〇〇人の育成を目指す。[147]

国連安保理は九月、ＩＳＡＦの任務を一年間延長する決議第一八三三号を全会一致で採択するが、決議第一七七六号と同様、前文で「ＮＡＴＯにより提供される指導的役割並びにＩＳＡＦ及び海上阻止の要素も含むＯＥＦへの多くの国の貢献に対する評価を表明」するとの文言が盛り込まれる。[148]

アフガニスタンの政治プロセスはあまり進展が見られず、中央政府でも地方政府でも腐敗が拡大、縁故者等への利益誘導が横行する。六月にパリで開催された支援の国際会合では、「アフガニスタン国家開発戦略（Afghanistan National Development Strategy : ANDS）」が発表され、麻薬対策、地域協力、腐敗対策等を含む六つの課題が設定される。この計画は二〇〇六年ロンドン国際会議で発表された「暫定版アフガニスタン国家開発戦略（Ｉ‐ＡＮＤＳ）」の最終版で、二〇〇八年から一三年までにアフガニスタン政府が達成すべき目標を定めており、国際社会はこれに沿って、復興支援を行うことが再確認される。

（2）補給支援活動の再開

臨時国会閉会からわずか三日後の二〇〇八年一月一八日に召集された第一六九回通常国会の施政方針演説冒頭、福田首相は補給支援特措法を、「残念ながら野党の皆様にはご賛同をえられませんでしたが、成立させていただいた」と言及し、「インド洋における給油活動を再開するとともに、アフガニスタン、イラク国民の国家再建に対する支援を継続していきます」との決意を表明する。[149]

既に一月一七日には防衛大臣から海上自衛隊に派遣命令が出されていたが、補給対象国との間で締結していた交換公文はテロ特措法とともに失効したことから、活動を開始する前に、補給支援特措法の下で対象国と交換公文を締結する必要があり、外務省で作業が進められる。特に国会で追及を受けた給油の転用疑惑への対応として、新たな交換公文では、テロリストの移動や輸送を監視・摘発する海上阻止活動への補給であると同法の目的が明記され、転用などの問題が生じた場合に相互協議をする条項も追加される。[150]日本政府は、二月五日、フランス、パキスタン、英、米との間で、二九日にドイツ、三月七日にカナダ、四月一一日にニュージーランド、一二日にデンマークとの間で交換公文を締結する。また、給油転用を防止する運用上の対策として、口頭で確認していた給油量等を、補給日時、対象艦船の名称、配属部隊、補給量や活動予定について定型化されたフォーマットに記入してデータベースとして保存し、補給艦へ給油する場合は補給艦が給油予定の艦船名も明示するよう求めるなど、事前確認をより厳格化する方針を決める。

活動再開の一次隊には補給艦一隻、護衛艦一隻、ヘリコプター二機、人員約三四〇名が派遣される。[151]補給艦「おうみ」は、現地時間二月二一日、補給支援特措法に基づく補給支援活動としてパキスタンのフリゲート艦（Tippu Sultan）に艦船用燃料の補給（給油量約一六〇キロリットル）、真水の補給（給水量約六〇トン）を実施、約三カ月半ぶりに海上自衛隊による補給支援活動が再開される。

（3）洞爺湖サミット

日本政府が秋以降、補給支援活動の延長に全精力をかけて取り組み、インド洋の海上自衛隊派遣にこぎつけるも、混迷を深めるアフガニスタン本土に好転の兆しはなく、日本が議長国として迎える七月の主要国首脳会議、いわゆる洞爺湖サミットを前に、日本政府としても打ち出せる支援策はないか、政府内で検討が続けられる。町村官房長官は五月三一日、「海自の給油活動継続と併せて何らかの活動ができるかどうか。（活動地域は）アフガンの陸上なのかも含め、少し視野を広げて、政府は考え始めようとしている」とサミットでの発表を念頭に、アフガニスタン陸上での新たな支援策を前向きに検討している旨発言する。(152)

米側も日本が議長国として臨む洞爺湖サミットというタイミングで、支援拡大への圧力を強める。在日米大使館は日本政府が洞爺湖サミットの成功にこだわっており、サミットを機にアフガニスタンへの支援拡大に向けてのプレッシャーをかけるべきとする公電を国務省に発出しており、(153)ゲーツ国防長官は石破防衛相との会談で、ヘリコプター派遣などアフガニスタン本土での自衛隊活動を直接要請する。(154)

政府では六月中旬に内閣官房、外務省、防衛省からなる政府調査団をアフガニスタンに派遣し、同国本土での自衛隊活動の可能性を調査する。支援策としては、陸上自衛隊ＣＨ４７大型輸送ヘリコプターによるアフガニスタン北部地域の輸送活動、航空自衛隊Ｃ１３０輸送機によるアフガニスタンとタジキスタン・キルギス両国間の輸送活動、海上自衛隊Ｐ３Ｃ哨戒機によるインド洋の警戒監視活動、ＩＳＡＦ司令部への自衛隊派遣、ＰＲＴへの自衛隊または文民派遣などが挙げられる。(155)防衛省では二〇〇九年度予算要求で、陸自のＣＨ４７輸送ヘリコプターの購入費や、安全性を確保する防弾板の整備やエンジン能力の向上などの研究費も計上する。(156)

外務省及び防衛省はアフガニスタンにおける新たな自衛隊の支援活動の実施は避けられないと検討に前向きだったが、福田首相や官邸幹部はねじれ国会の下で新たな立法を必要とする自衛隊派遣は現実的ではないとの考えから乗り気ではなかったようで、政府内でも温度差があったようである。柳澤官房副長官補は、現地調査の実施について、官房長官、外相、防衛相の三閣僚は法案ができないまでもできる限りの努力をした証として、調査はしておきたいという思いがあったと思うが、官邸のスタッフは米軍の協力を得ての現地調査の実施は、かえって米軍の期待を高め同盟管理を難しくするのではないかとの危惧の方が強かったと官邸内の雰囲気を記している[157]。現地調査では、カブール周辺やアフガニスタン北部に限定した空輸などの任務は不可能ではないとされたが、調査終了時点で通常国会は既に終盤で、国会閉会後に洞爺湖サミットを控える中、誰も福田首相に法案作成を進言せず、それを見越して与党にも説明をしなかったという[158]。連立与党の公明党は、政府が現地調査団を派遣するなどアフガニスタン本土への自衛隊派遣を検討していることに警戒感をもっており、太田代表は本土への自衛隊派遣は現時点で考えていないと政府の動きを牽制するなど[159]、野党の協力以前に与党の合意形成も困難な状況であった。

サミットに先駆けて七月六日に行われた日米首脳会談で、ブッシュ大統領は日本がアフガニスタンに中身のある支援をする必要がある、形だけの貢献は適当でないし、歓迎もされないと強い調子で迫ったとされ、また、ＣＨ４７輸送ヘリコプターやＰＲＴにおける陸上自衛隊の派遣など具体的に期待される支援策についても言及したという[160]。これに対し、福田首相は、インド洋での海自による補給活動を継続できるように必死で頑張るが、それを超えた自衛隊による貢献は国内の政治状況からできないと率直に述べたとされる[161]。

日米首脳会談の翌日から三日間の日程で行われた洞爺湖サミットではアフガニスタンへの支援問題が話し合われるが、その様子について福田首相は、後日、「アフガンの重要性が共通認識とされ、日本国内の認識とずいぶんギャップがあると再認識した」と述べ、町村官房長官も「給油支援だけで本当にいいか、真剣に考えなければいけない。政府内で多面的に検討している」と発言するなど[162]、サミットにおいて主要各国がアフガニスタン情勢に切迫感をもって対応をしている状況を目の当たりにし、緊張感をにじませる。

日米首脳会談で大型輸送ヘリコプターの派遣など具体的な支援策を迫った米政府であるが、サミット閉幕直後の七月下旬に訪日したボビー・ウィルクス国防次官補代理は外務省、防衛省、内閣官房幹部や与党幹部と会談した際、輸送ヘリコプターCH47などの派遣要請に加えて、ANAの訓練などにかかる二兆円近い資金の一部負担を打診したと報じられる[163]。日本の政治情勢の客観的理解に加え、サミットでの日米首脳会談でブッシュ大統領から直接追加支援を要請しても動かなかった福田首相の返答を受けて、米政府はヘリコプター派遣等の軍事支援を言及しつつも実現可能性はあまり高くないと見切り、日本には資金援助での貢献を期待する方針へと切り替えたことが推測できる。この頃を転機に、米政府は日本に対し、資金援助を中心に要請するようになる。

（4）福田首相辞任、麻生政権の成立

やっと国会を通過させた補給支援特措法であったが、有効期限が一年とされたため、活動継続にまたしても秋の臨時国会で同法改正案を通す必要が生じる。衆議院議員の任期満了まであと約一年となる中、翌年七月の都議選と重ならないよう早期解散を主張する公明党と、重要法案成立を優先し解散に消極的であった自民党執行部の間で、臨時国会の会期や召集時期で意見が対立する[164]。自民党執行部は当初、衆議院での同法改正案の再可決も想定し、八月下旬召集で八〇日程度の会期を提案するが、公明党は衆議院選挙を控え再可決には慎重で、かつ、長めの会期設定に反対で、召集時期九月下旬、六〇日程度の会期を主張する。両党幹事長及び国対委員長会談で、両党の間をとり召集日九月一二日、会期も七〇日となる。

臨時国会召集直前の九月一日、福田首相はねじれ国会での打開策が見出せないとして、突如、退陣を表明する。辞任会見で、福田首相は、「ねじれ国会で大変苦労させられました。話し合いをしたいと思っても、それを受け付けてもらえなかったということが何回もございましたし、与党の出す法案には真っ向反対。それも重要法案に限って真っ向反対というようなことで、聞く耳持たずということは何回もございました。私は小沢代表に申し上げたいのは、国のためにどうしたらいいかということ。これは虚心坦懐、胸襟を開いて話し合いをする機会がもっとあったらばよかった。そういう機会を持ちたかったということを申し上げたいと思います」と、胸の内を明かす[165]。福田

首相は、辞意の理由に表向きには小沢代表の非協力的対応を挙げているが、実質的には早期解散を求める公明党との確執があったとの指摘もある(166)。

福田首相の突然の辞任は米国でも驚いて受け止められたようで、米国議会図書館議会調査局が出した特別報告の中で、辞任に至った政治的背景として、国会運営の行き詰まり、自民党の公明党への依存、自民党の意思決定システムの弱体化、政局に持ち込もうとする民主党の結束を挙げ、相次いで首相が退陣する日本の政治的混乱による意思決定の遅れは日米の経済、政治の様々な分野で支障をきたすおそれがあるとし、「テロとの闘い」を含め米国の国益にも悪影響を及ぼすとの認識を示す。また、総裁候補全員がインド洋での海上自衛隊の給油活動継続に賛同するが、国会の日程や公明党の反対により再延長は困難な見通しと分析し、日本は二〇〇八年夏には陸上自衛隊の人道的支援活動の可能性を検討するが公明党や世論の反対により見送ったことにも言及した上で、日本は陸自派遣の決定により政治リスクを負う前に米国の新しい政権の動向を見極めようとしているのではないかとの見方もあるとも指摘する(167)。

衆議院議員の任期満了が近づく中で、選挙に勝てる顔として五人の候補者で争われた自民党総裁選は、麻生幹事長が圧勝し、九月二四日、第九二代内閣総理大臣に就任する。麻生内閣発足の前日、一八日の公明党党大会で代表再選を決めた太田代表と与党党首会談を行い、連立政権合意を交わす。政策課題が列挙されている連立合意文書の中で、補給支援活動にも触れられており、「国際社会と協力して『テロとの戦い』を継続することを確認し、このため、海上自衛隊のインド洋における補給支援活動を引き続き可能とするための法改正を行う」と、延長方針が盛り込まれる(168)。

臨時国会での優先課題の一つである補給支援特措法の延長は、麻生政権が発足するまでの間に、与党協議などの手続きが進められる。九月三日、自民・公明両党は新テロ対策特別措置法プロジェクトチーム（山崎座長）の初会合を開き、臨時国会に同法改正案を提出することで合意する。公明党はその前提として、政府に国民の理解を得るための啓発運動と民主党など野党との政策協議を要求したとされ、また、アフガニスタン本土支援は想定していないとして議論にならなかったとされる。[169] 九日に開催された同プロジェクトチーム会合で、与党は同法改正案を正式に合意する。[170] 麻生総理就任直前の九月一九日、政府は補給支援活動を一年延長する補給支援特措法改正案を閣議決定する。

米政府は麻生新政権に対しても補給支援活動の継続を求めるとともに、アフガニスタン本土における陸自派遣の代替策として、財政面での追加支援への要請を強める。カート・キャンベル元国防次官補代理とマイケル・グリーン前NSCアジア上級部長は、藪中三十二外務次官に、「アフガン問題は米政権にとっても重要だ。日本が何もやらないなら困った事態になる」と釘をさしたと伝えられる。[171] また、ゲーツ国防長官は、NATOの会合前に記者会見し、アフガニスタンに戦闘部隊を派遣していない同盟国は財政支援をするよう発言し、国防総省幹部は同盟国にはNATO以外の国、例えば日本も含まれると明言したと報じられる。[172]

麻生首相は就任翌日に訪米し、国連総会で一般討論演説を行う。その中で、「国際社会はテロリズムに対する粘り強い取り組みを、なお続けねばならぬと信じます。我が国は、アフガニスタンの復興支援に当初から力を注ぎ、インド洋では補給活動を続けてまいりました。私はここに、日本が今後とも国際社会と一体となり、テロとの闘いに積極参画してまいることを申し上げるものです」[173] と、積極参画の具体的な方法には触れなかったが、アフガニスタンで日本としてプレゼンスを維持することを公言する。国内では、臨時国会冒頭の所信表明演説で、「海上自衛隊によるインド洋での補給支援活動を、わたしは、我が国が、我が国の国益をかけ、我が国自身のためにしてきたものと考えてきました。テロとの闘いは、まだ到底出口が見えてまいりません。尊い犠牲を出しながら、幾多の国々はアフガニスタンへのかかわりを、むしろ増やそうとしております。この時に当たって、国際社会の一員たる日本が、活動から手を引く選択はあり得ません。民主党は、それでもいいと考えるのでしょうか。見解を問うものであります」と、民主党への問いかけを基調とする異例のスタイルで、補給支援活動の継続を訴える。[174]

九月二九日、政府は補給支援特措法を一年延長する改正案を臨時国会に提出する。自民党からも公明党からも新政権発足による内閣支持率の高いうちに早期解散・総選挙に打って出ることを期待されていた麻生首相は、当初、臨時国会で二〇〇八年度補正予算案と補給支援特措法改正案が成立次第、衆議院を解散するというシナリオを描いていたとされ、民主党も衆議院の早期解散の環境を整えるために重要法案の審議に次々と応じていた。一〇月一〇日、衆議院テロ対策特別委員会で補給支援特措法改正法案の審議が開始され、一七日の同委員会では、同法改正案と継続審議とされていた民主党の対案が並行審議となる。与党議員からは民主党対案の前提となっている抗争停止合意の条件を満たす地域がアフガニスタンに存在するのか、それがないなら現実的ではないといった批判がなされ、一方、野党からは油を配ることがアフガニスタンの治安維持や復興支援として役に立っているのかとの反論がなされるなど議論は深まらず二日間の審議を終え、一〇月二〇日、同法改正案は自民、公明両党の賛成で可決され、二一日、衆議院を通過する。民主党の対案は与党、共産党、社民党の反対により否決される。

ところが、九月にアメリカのサブプライム住宅ローン問題に端を発した金融市場の混乱である、いわゆるリーマンショックが発生し、日本経済にも影響が波及すると、金融危機を収束するのに政治空白は作れないとして、麻生首相は解散の先送りを決断する。衆議院解散の先送りが決まると、参議院では民主党が徹底抗戦の方針に転じ、補給支援特措法案の審議が遅れ、臨時国会の会期も一一月三〇日から一二月二五日まで延長される。外交防衛委員会の審議では給油転用防止策、政府のアフガニスタン調査団の報告、自衛隊派遣に関する米国の要請、また前航空幕僚長の論文問題と文民統制の在り方といった問題について質疑が行われる。野党はアフガニスタン調査団の報告書の開示を要求したが、政府・与党は調査項目を示しただけで、具体的内容については関係国との信頼関係を損ねると、開示されなかった(175)。一二月一一日、同法改正案は、民主党など野党多数の反対で否決される。翌一二日、参院本会議でも否決されると、衆議院に送付され、衆院本会議で与党による三分の二以上の多数で再可決され、補給支援活動は二〇一〇年一月一六日まで、さらに一年継続される。

二〇〇八年の洞爺湖サミットを契機として行われた日米首脳会談は、「テロとの闘い」における日本の支援策の方向性を決める一つの転機となった。悪化をたどるアフガニスタン情勢への対応に苦慮する米国は陰に陽に日本政府に支援拡充を要請してきたが、日本が議長国として迎える洞爺湖サミットを好機と捉え、ブッシュ大統領が直接、福田首相にアフガニスタンへの「意味ある貢献」を迫る。しかし、ブッシュ大統領への福田首相の回答は、今の国内政治では補給支援活動以外は難しいというものであった。これ以降、米政府は軍事的支援要請のトーンを落とし、資金援助の要請を強めていく。そして、安倍首相に続いて福田首相も、国際公約と国内政治との狭間で苦悩した末、就任後一年足らずで辞任する。二〇〇八年一月に衆議院の再可決によって実現した補給支援活動は、その約一一カ月後、再び衆議院による再可決によってさらに一年延長されることになる。

6 補給支援特措法失効――二〇〇九年

(1) オバマ政権下でのアフガニスタン戦略

二〇〇九年一月、米国では「テロとの闘い」を主導してきたブッシュ大統領が退任し、新政権が発足することで、米国のアフガニスタン政策は政治的転換期を迎える。

二〇〇八年一一月四日、米大統領選が行われ、共和党ブッシュ政権からの「チェンジ」をアピールした民主党のバラク・オバマ上院議員が、長引くアフガニスタンとイラクの二つの戦争や金融危機などで閉塞感が広がっていた米国民の心をつかんで勝利する。イラクからの米軍早期撤退とともにアフガニスタンの対テロ政策を最重要課題に掲げ、二〇〇九年一月二〇日、オバマは第四四代大統領に就任すると、それらの戦略の見直しに着手する。アフガニスタンの戦略見直しの象徴として、オバマ大統領は、ブッシュ政権下で用いられた「テロとの闘い」という用語の使用を回避し、「有事作戦（overseas contingency operation）」といった別の表現を使うよう指示を出す。[176]「テロとの闘い」が長期化し対象が逐次拡大することで焦点がぼやけ戦費が膨張し続けていたのに加え、グアンタナモ収容所での捕虜の非人道的取り扱い、誤爆等による民間人死傷者の増加などによりイスラム世界全体に反米感情が広まっていたことから、有事への対応を強調することで、前政権との外交政略の違いを明確にし、目的を再設定する意味があったとされる。[177]また、これまでテロリストとして掃討作戦の対象とされてきたタリバンであるが、アフガニスタン南部を中心に政治秩序を提供し、住民にも受け入れられている実態を踏まえ、新政権はタリバンを完全に一掃することは困難と判断し、タリバンをアル・カイダとは区別し、タリバンはテロリストではなく反乱勢力とすることで、話し合いによる解決も選択肢に入れる方針へと変更する。カルザイ大統領との関係にも変化が生じる。カルザイ大統領はブッシュ大統領と個人的に近く緊密な関係にあったとされるが、オバマ大統領は距離を保ち、汚職対策等の取り組みを厳しく迫るようになる。[178]

オバマ政権は、ほかにもグアンタナモでの軍事法廷の中止、中央情報局（ＣＩＡ）が運営する秘密の収容所の閉鎖、拷問の禁止等に関する大統領命令を発するなど、前政権からの大胆な政策変更を試みる。公約に掲げたイラクからの米軍撤退についても、六月末には都市部から戦闘部隊を撤収させ、二〇一一年末までには完全撤退のロードマップを公表する。しかし、アフガニスタンにおける反政府勢力によるテロ事件は収まる気配はなく、オバマ大統領もパキスタン等における無人機による攻撃の拡大、容疑者の無期限の拘束等、ブッシュ政権での政策を継続せざるを得なかった面も指摘される。[179]

アフガニスタンの状況は、反政府勢力が南部に加え北部等での攻撃を増やして支配地域を拡大しており、攻撃の仕方も軍事車列や幹線道路にＩＥＤと自爆テロ、ロケット弾等を組み合わせて襲撃するなど複雑化する。これまで北部でアフガニスタン警察の訓練等を担当し、掃討作戦に従事してこなかったドイツ軍もトルネード戦闘機による偵察任務を開始するなどコミットメントを深める。[180]

オバマ政権の外交・安全保障担当者の間ではアフガニスタンへの対応に意見が分かれていたようである。より攻撃的・強硬な方針を支持していたのが民主党の大統領予備選を争ったヒラリー・クリントン国務長官、前政権からの留任となったゲーツ国防長官、マイク・マレン統合参謀本部議長、逆に、対象をアル・カイダに絞り限定的なテロ対策を主張したのが海兵隊出身でNATO軍最高司令官であったジェームズ・ジョーンズNSC大統領補佐官(国家安全保障問題担当)、一九九〇年代後半のボスニア・ヘルツェゴヴィナ紛争における和平交渉で主導的な役割を果たしたアフガニスタン・パキスタン問題担当特使リチャード・ホルブルック、駐アフガン連合軍司令官などを歴任したカール・アイケンベリー駐アフガニスタン大使であったとされる。[181]

アフガニスタンの戦略の見直しの一環として、オバマ政権はまず、二〇〇九年二月にデーヴィッド・マキャナンアフガニスタン駐留米軍兼NATO軍司令官の要請に応じ、一万七〇〇〇人の増派を発表する。さらに、政権発足直後からの検討結果として、三月二七日、「アフガニスタン及びパキスタンのための新戦略[182]」と、「アフガニスタン及びパキスタンのための米国の政策に関する省庁横断協力政策グループ報告[183]」を発表し、新戦略の目標を、アフガニスタンとパキスタンで勢力を伸ばし続けるアル・カイダを分断し、組織を解体し、壊滅させることに絞り、アフガニスタンだけでなく、パキスタンにおける軍事的経済的支援の重要性を強調する。新戦略では、アフガニスタンの治安部隊の訓練のためにさらに四〇〇〇人を増派、パキスタンに対してはアル・カイダ等過激派掃討への真剣な対応を条件に年一五億ドルの五年間供与、中国、インド、ロシア、イランなど周辺国との連携の強化などが盛り込まれる。

オバマ政権はこの新しい戦略を遂行するため、五月、マキャナン司令官を退任させ、スタンレー・マクリスタル司令官を任命する。マクリスタル司令官はアフガニスタン情勢を自ら検証し、八月、アフガニスタンの人々の福祉に着目した包括的テロ対策、ISAFの指揮系統の改善、ANAの規模及び能力の向上、ガバナンスを改善し汚職撲滅、全土でのテロ対策などの課題を掲げ、その実施のためさらに四万人の増派が必要であると提言する。[184] さらに四万人規模の増派を必要とするマクリスタル司令官の提案はワシントンで議論を巻き起こし、ヒラリー国務長官など増派を支持するグループと、ジョー・バイデン副大統領を中心に小規模な部隊と無人機などの活用を主張するグループとで意見が分かれ、見直し作業は遅れて発表が一二月までずれ込む。

一二月一日、オバマ大統領はウェストポイントの陸軍司令官学校で大規模増派を含む新たな戦略を発表する。[185] この時点で、アフガニスタンに展開する米軍は、ＩＳＡＦ指揮下の兵力も含め、六万八〇〇〇人程度だったとされるが、オバマ大統領はアル・カイダ壊滅、タリバンの勢力拡大阻止、ＡＮＡの強化のために二〇一〇年夏までに米軍を三万人増派、ＮＡＴＯ等には五〇〇〇人以上の増派を求めるなど国際社会へさらなる協力を求めるとともに、段階的に治安権限をアフガニスタンに移譲し、二〇一一年七月に米軍の撤収開始を目指すと、その撤退に向けたロードマップも明らかにする。オバマ大統領は公表の直前にカルザイ大統領と電話会談の機会を設け、治安部隊の育成だけでなく汚職対策も新戦略に含まれており、アフガニスタン政府の取り組みが必要と協力を要請する。翌日、アナス・フォー・ラスムセンＮＡＴＯ事務局長は、ＮＡＴＯとしても二〇一〇年に少なくとも五〇〇〇人増派することを発表する。[186]

新戦略にアフガニスタン政府の取り組み、特に汚職対策が盛り込まれたのは、これまでカルザイ政権が有効な対策を講じてこなかったことへの苛立ちの反映でもあった。二〇〇九年八月二〇日、アフガニスタンでは五年ぶりに大統領選挙が実施される。反政府勢力が投票に行かないよう住民を脅すなどの選挙妨害活動を全土で展開する中、ＩＳＡＦ等も警備を増強し、厳戒態勢の下で選挙が実施される。結果は、カルザイ大統領は有効投票の過半数を得たと主張するが、カルザイ大統領側に大規模な不正があったとの抗議が起き、米国等が圧力をかけ、カルザイ大統領と第二位のアブドラ・アブドラ元外相両者の間で決選投票が行われることになる。しかし、公正な選挙が期待できないとしてアブドラ元外相が辞退したため、カルザイ大統領の再選が決定、政権続投となる。カルザイ大統領の統治能力に関してはアイケンベリー大使も米政府に再三疑問を呈すなど、オバマ政権内でもカルザイ大統領が国家再建に真剣に取り組めるのか、そのリーダーとしての資質や倫理観に不信感を募らせており、不安視される中での続投であった。(187)

新戦略では二〇一一年七月に米軍の撤収開始を目指すと、二〇〇一年の空爆開始以来、初めて撤退の時期が示されたが、それには治安維持を移譲できるレベルにANAや警察官などの治安部隊が育っているなどの状況によるとの条件が付されていた。実際、タリバン等の攻勢は衰えず、米軍の戦死者数も掃討作戦が本格化した二〇〇九年半ば以降増加しており、米軍の撤退は予定通り二〇一一年七月に開始されるも、完全撤退は大幅にずれ込むことになる。

アフガニスタン情勢悪化を受け、日本政府に大型輸送ヘリコプターやPRTへの要員派遣など具体的な軍事的援助を繰り返し求めてきた米政府であったが、二〇〇八年の日米首脳会談でブッシュ大統領が福田首相に直接要請しても日本が動かなかったことを転機に、米政府は日本政府に対し、軍事支援に代わり財政支援に期待を寄せるようになっていた。特に、オバマ政権以降、アフガニスタンに関する各国への協力要請は戦闘部隊の派遣が中心となり、米政府の外交政策関係者も政府内部の会議で日本の自衛隊派遣の可能性について話題になったことはないとしている。(188)なお、日本政府は、自衛隊のPRTへの派遣は断念したものの、リトアニア主導のPRTに開発援助調整として外務省員二～三名を二〇〇九年春頃から派遣することを決定する。(189)

海上自衛隊が支援活動を継続するOEF-MIOではテロリストや武器・麻薬の密輸の取り締まりを続けていたが、二〇〇八年頃からソマリア沖のアデン湾からインド洋西部海域で海賊行為が多発し、商船等への被害が深刻化していることを受け、OEF-MIOを構成する部隊CTF-150所属の艦艇がテロ対策に加え、海賊対策を兼務するようになる。海上自衛隊はCTF-150の艦艇に油と水を提供していたが、基本はテロ対策に従事している艦艇に補給支援を行うとし、テロ対策艦艇への補給に支障のない範囲で、海賊対策を担う艦艇にも補給を実施する。(190)

（2）民主党政権の誕生

二〇〇九年八月三〇日に実施された第四五回衆議院総選挙で、民主党は三〇八議席と大躍進する一方、自民党は一一九議席にとどまり、参議院に続いて衆議院でも比較第一党から転落、公明党も太田代表、北側幹事長、冬柴前幹事長など小選挙区候補が全員落選し、衆議院進出以来最低の二一議席と自公は惨敗する。戦後初となる、野党第一党が選挙で過半数を獲得しての政権交代の実現である。民主党は衆議院では単独で過半数議席を獲得したものの、参議院では過半数を維持していないため、社民党、国民新党との連立で自公に代わる政権を樹立する。しかし、外交・安全保障政策に関しては、三党間、特に民主党と社民党では立ち位置が異なり、両党ともテロ特措法、補給支援特措法には反対してきたものの、政権運営を念頭に日米関係を重視し、「テロとの闘い」への関与は必要だが政府の説明責任などが不十分とする民主党に対し、社民党は自衛隊の海外派遣を認めない姿勢で一貫していた。民主党は衆議院選挙直前に作成したマニフェストの原案で給油活動延長反対を盛り込んでいたが、政権交代の可能性を見越し、知日派の国際政治学者であるジョゼフ・ナイ・ハーヴァード大学教授等から懸念が表明され、マニフェストから給油活動の箇所を削除したという経緯もあったとされ[191]、こういった背景もあり、鳩山代表は、海上自衛隊の給油活動について、外交の継続性も必要であり政権交代を実現しても直ちに撤退させない意向を示すが、即時撤退を主張する社民党は、鳩山代表の発言を非難する[192]。連立政権樹立前に、三党がまとめた政策合意では、「テロとの闘い」について、「テロの温床を除去するために、アフガニスタンの実態を踏まえた支援策を検討し、『貧困の根絶』と『国家の再建』に主体的役割を果たす[193]」と、アフガニスタンの国家再建に向けた支援策の必要性の認識にとどめ、補給支援活動を継続するのか否か、支援の実施は自衛隊によるのか文民によるのかなど具体策への言及は回避される。

九月一六日、首班指名選挙を経て、鳩山が第九三代内閣総理大臣に就任し、国民新党から亀井静香党首、社民党から福島瑞穂党首が入閣した連立内閣を発足させる。鳩山首相は就任から約一週間後に国連総会で演説を行い、アフガニスタン支援について、「警察支援を含む治安能力の強化や社会インフラの整備、日本の援助実施機関であるＪＩＣＡによる農業支援や職業訓練を含む人材育成など幅広い分野での支援を実施してきました」と民生支援の実績をアピールし、今後の日本の支援策として、「和解に応じた人々に生活手段を提供するための職業訓練などの社会復帰支援の検討も含め、有益な貢献を果たします。また、周辺地域の安定も重要であり、パキスタンなどに対する支援も着実に行います」と述べ、補給支援活動の継続には言及しなかった。[194] 記者から補給支援活動について聞かれると、「単純に延長するということは考えていない」、「本当にアフガニスタン、あるいは米国をはじめとする国際社会にも喜ばれる日本の支援のあり方は何かということをしっかり調査して、最も望まれている支援を積極的に行いたい」と答え、[195] 補給支援活動をそのまま継続することはないと明言する。一〇月二六日に召集された臨時国会での所信表明演説においても、国際社会が抱える最重要課題の一つがアフガニスタンとパキスタン支援であるとし、「日本としては、本当に必要とされている支援のあり方について検討の上、農業支援、元兵士に対する職業訓練、警察機能の強化等の日本の得意とする分野や方法で積極的な支援を行ってまいります。この関連では、インド洋における補給支援活動について、単純な延長は行わず、アフガニスタン支援の大きな文脈の中で、対処していく所存です」と補給支援活動に代わる別の支援活動を実施する意向を示す。[196]

一一月一三日にオバマ大統領の初来日を前に、日本政府では補給支援活動に代わるアフガニスタンでの自衛隊の支援活動を検討する。ＩＳＡＦ司令部やＰＲＴへの要員派遣、本土での陸自輸送ヘリコプターや空自の輸送機派遣などが挙げられるが、治安の悪化でリスクが高い中、社民党のみならず民主党内からも自衛隊派遣に懐疑的な声があがり、政権内で意見集約には至らなかった。[197] 結局、日米首脳会談では、鳩山首相がアフガニスタン支援として五年間で総額約五〇億ドルを支出し、民生支援を行うと表明し、オバマ大統領からはこれまでの日本の貢献及び今回の決定への謝辞と、軍事支援も重要だが民生支援も極めて重要であるとして、今後もアフガニスタン支援に関し、緊密な連携を行いたいとの発言があったとされる。[198] アフガニスタン支援については穏当に話が進んだが、米側が懸念していたのは普天間基地の移設問題であった。日米政府間では既に辺野古移設で合意していたが、鳩山首相は選挙期間中から基地の県外・国外移設を明言していたことから、米側も強い関心を寄せており、オバマ大統領も会談で現行案を基本とする微修正で早期決着を図るよう主張する。この後、鳩山政権は県外・国外移設にこだわり普天間問題をめぐって迷走し、退陣に追い込まれることになる。首脳会談後の記者会見で、米記者から補給支援活動を継続しない理由を聞かれ、鳩山首相は日本が行うべきテロ対策は、テロの根源を絶つ民生支援を中心とした支援であるとし、最近は補給支援活動が減ってきていたことを挙げる。[199]

鳩山政権は、補給支援特措法の延長を行わず、同法は二〇一〇年一月一五日二四時をもって失効する。同日午前、補給艦「ましゅう」は通算九三九回目となる最後の補給をパキスタン艦に実施する。北沢俊美防衛大臣が現地部隊に一五日二四時をもって補給支援活動を終結させ、撤収するよう命令を発出し、[200]「ましゅう」と「いかづち」は帰国の途につく。鳩山首相は、活動の終了にあたり自衛隊員への感謝とともに今後もテロ対策に積極的に貢献していく旨を談話で発表する。[201]

野党自民党・改革クラブは、インド洋における補給支援活動を一年間延長するための補給支援特措法の改正案を参議院に提出したが、未付託未了で廃案となる。公明党は、インド洋での海自の活動は重要としつつも、自民党との議員立法には同調しない方針をとった。[202]

7　日本撤退後の「テロとの闘い」――二〇一〇年以降

二〇一〇年一月に日本の自衛隊がインド洋を撤退して以降も、アフガニスタンでは米軍やＮＡＴＯ加盟国が中心となって反政府武装勢力の掃討作戦及び治安維持・復興支援活動が続けられる。アフガニスタンにおける外国兵士の駐留規模は二〇一〇年がピークで、約五〇カ国から約一四万人となる。

二〇一一年五月二日、米軍の最大の標的であったオサマ・ビン・ラディンが、パキスタンの首都イスラマバード郊外のアボタバードにある潜伏先の邸宅で、米海軍特殊部隊の急襲により殺害される。ホワイトハウスでモニター越しに作戦を見届けたオバマ大統領は、作戦終了直後の緊急声明で、「正義はなされた」と宣言し、アル・カイダ掃討に尽くしてきた長きにわたる努力の重要な成果と強調する。[203] 米政府はビン・ラディン殺害をこれまでの戦いに終止符を打つ重要な契機と位置づけ、先に示したロードマップ通り二〇一一年七月からアフガニスタン駐留米軍の撤退に着手する。オバマ大統領は約一〇万人の駐留米軍のうち、七月に五〇〇〇人、年末までに五〇〇〇人、計一万人を二〇一一年中に撤退、翌年夏までに戦闘部隊総数三万三〇〇〇人を撤退、二〇一四年までに治安権限をアフガニスタン政府に移譲する段階的な撤退方針を発表する。[204] これには政府内でも異論があったようで、ゲーツ国防長官、デーヴィッド・ペトレイアス司令官やNATO司令官等は二〇一一年中に一万人規模の撤退は後方支援や掃討作戦の遂行を困難にすると反対したとされるが、[205] オバマ大統領は早期の米軍撤退という政治的な目標を優先する。

ISAFも撤退準備を進め、二〇一〇年一一月のNATOリスボン首脳会議で採択された治安権限移譲のロードマップに従って、二〇一一年七月、バーミヤン州でアフガニスタン政府への初の治安権限移譲を実現する。翌年五月には、シカゴ首脳会合で二〇一三年中にISAFの戦闘任務をアフガニスタン治安部隊に移譲し、米軍とともにISAFも二〇一四年末までに任務完了することが確認される。

各国は戦闘部隊の撤収を決定するが、アフガニスタン政府では国家予算の約六割は海外からの支援を見込んで編成するなど、自国の治安部隊への給与の支払いなど自主財源の目途は立っておらず、[206] 二〇一一年一二月、第二ボン会合で、外国戦闘部隊撤収後の二〇一五年から二四年までを「変革の一〇年」と位置づけ、この間も国際社会はアフガニスタンへの関与を続けることを約束する。さらに、二〇一二年七月八日には日本政府がアフガニスタンに関する東京会合を主催し、アフガニスタンの持続可能な開発に向け、国際社会は二〇一五年までに総額一六〇億ドル超の資金を援助、二〇一五年以降も支援を続けるとし、アフガニスタン政府は汚職対策を含めたガバナンスの改善を進める相互責任原則を確認し、二年ごとに検証することで合意する。

国際社会はアフガニスタン政府に自律を促し各国軍隊の撤退を進めるが、国内では反政府勢力が弱まらず混迷が続き、ＡＮＡのみで治安を維持する能力はなく、また、パキスタンでもテロ組織が拡大し、核問題も深刻化する。加えて、米軍撤退後のイラクで国軍がイスラム教スンニ派過激組織ＩＳＩＳの台頭に有効な手立てを打てていない状況に、アフガニスタンが同様の事態に陥るリスクが現実味を帯び、二〇一四年五月、オバマ大統領はアフガニスタンからの撤退を二〇一六年まで延長する方針を発表し、ＡＮＡの訓練・支援にあたる部隊として当面は九八〇〇人を維持するが段階的に撤収を進め、二〇一五年末には五五〇〇人まで削減、二〇一六年末には米大使館警備等のための約一〇〇〇人を残して撤収するとした。

しかし、ＩＳＡＦが二〇一四年一二月までに全土の治安維持権限をアフガニスタン治安部隊に移譲して解散し、ＮＡＴＯはアフガニスタン治安部隊に訓練・支援を主導する役割に転じると、治安の悪化が顕在化する。オバマ大統領は二〇一五年三月、前年四月の大統領選で選出されたアシュラブ・ガニ大統領との会談で、二〇一六年末の撤退方針は変わらないが、二〇一五年末までは九八〇〇人規模を維持する方針を伝える。しかし、その半年後、米政府は二〇一六年末までの撤退方針を翻して九八〇〇人の部隊を残すとし、オバマ大統領は自らの退任までに米軍を撤退させるとしていた方針を断念する。

アフガニスタンにおける軍事作戦は、当初の見込みからは大きく外れ、米軍の二四〇年にわたる歴史の中でも最長の任務となっており、総経費はアフガニスタン・イラク戦争合わせて四～六兆ドル[207]、米兵だけでも二〇〇〇人以上の犠牲者を出しながらも、その出口戦略が見えず、苦悩が続いている。

8　小括

「テロとの闘い」における日本の中核的な支援策となった海上自衛隊による補給支援活動は、開始当初こそ国内外の注目を集めたが、活動が長引くにつれ注目度も下がり、首相の指示で撤退の検討すらされたが行政機関の進言により規模を縮小して継続されることになった。その後、アフガニスタン情勢の悪化、それに伴う戦略の見直しの一環としての各国の増派など国際環境が変化するが、日本は頑なにテロ特措法の延長手続きを繰り返し、補給支援活動を継続した。

二〇〇七年七月の参議院選挙で与党が惨敗し、民主党が参議院で比較第一党に躍進すると、これまでのような与党内議員数に立脚した単純延長が困難となり、テロ特措法失効による支援活動の一時中断をはさみながらも、政府は新法を制定して活動再開にこぎつけた。

政府が補給支援活動の延長に固執するのには理由があった。治安悪化で緊迫するアフガニスタン情勢に米国やNATO諸国は増派を繰り返し兵力を増強して掃討にあたっており、日本政府は支援拡大へのプレッシャーにさらされていた。一方、国内では政権交代をうかがう民主党が政府への対決姿勢を顕わにし、与党内では公明党が支援拡充はもちろんのこと、半世紀もの間使われていなかった再可決という手段を行使しての自衛隊派遣の実現にも慎重で、政府・自民党にとって現状維持がギリギリの選択肢だったといえる。その現状を維持するのも容易なことではなく、国際公約と国内政治の板ばさみとなって安倍首相は辞任に至り、後を継いだ福田首相も事態の打開のために民主党との大連立を模索するが失敗に終わる。結局、補給支援のみに対象を絞った補給支援特措法案を衆議院の再可決という手段を使って通過させ、補給支援活動の再開を実現する。

支援拡大を要望していた米政府であったが、まずは政府が目指す補給支援活動継続の実現に歩調を合わせ、民主党の説得や、日本政府への情報提供など積極的に協力した。しかし、実際のところの関心は支援拡大にあり、補給支援活動を再開した数カ月後、ブッシュ大統領は福田首相に直接、アフガニスタンへの意味ある貢献を要請した。これに対し、福田首相は国内政治を理由に補給支援活動以外は難しいと回答し、その約二カ月後、退陣に至った。米政府も日本に軍事面での支援拡充を期待することを断念し、資金面での貢献へと要請を切り換える。同法は麻生政権でも再び衆議院による再可決によってさらに一年延長されるが、二〇〇九年夏の衆議院選挙で、民主党を中心とする連立政権の成立により延長手続きがとられず、二〇一〇年一月に失効し、海上自衛隊はインド洋から撤退した。

「テロとの闘い」を開始してしばらくはアル・カイダ等の掃討作戦も順調に進み、都市部を中心に治安も回復し、国家再建が進展しているかに見えたが、二〇〇五年頃から情勢は一転、反政府武装勢力による攻勢が強まり外国人兵士や市民の犠牲が増加し、関係各国からの要請も変化するが、日本政府は補給支援活動の実施にこだわり続けた。環境の変化により政策の妥当性が薄れたとしても、行政機関に内包される慣性が働くことにより、政策を自発的に中断する、あるいは他の政策に切り替えるなどの方向転換を図ることが困難となり、それを実現するためには政権交代などの相当の政治的圧力が必要とされる様子は、経路依存性（path dependency）の特徴として見ることもできるであろう[208]。

慣性が強く方向転換が困難であったとしても、新法立案や再可決といった膨大な政治的エネルギーを投下してまで継続にこだわった補給支援活動の意義は何だったのであろうか。米主導の「テロとの闘い」に、同盟国として何らかの支援活動を実施しなければならないとの立場からすると、湾岸戦争の時に負担した額に比べれば「ローコスト」でリスクが少なく、かつ、米国や諸外国から評価されていて「ハイリターン」という認識があった。海上自衛隊の実施した活動は、インド洋で海上阻止活動に参加している艦船に燃料や水を補給するというもので、軍事作戦の観点から必要不可欠というわけではなかった。そういう意味では、米国や諸外国からの評価というのは、日本の活動の軍事的意義というよりは、日本の政治的プレゼンスに重きを置いていたといえるであろう。日本政府は活動継続の理由に各国からの「高い評価」を挙げるが、自国兵士の多大な犠牲を出しながら治安回復にあたっている米国やNATO諸国等が、どこまで補給支援活動を評価していたのであろうか。各国の評価は、当然、環境や状況の変化に応じて変わるものであり、少なくとも補給支援活動を開始した時に日本が受けた高い評価とは異なるものであったと考えるべきであろう。

テロ特措法をめぐる攻防は、二〇〇七年の参議院選挙で民主党が比較第一党と勢力を伸ばしたことにより補給支援活動は一時中断に追い込まれ、民主党政権成立により同活動が終了したことから、民主党の同政策への影響が印象づけられる。しかし、政策の形成やその実現へのプロセスに主体的に関与し、自らの主張や都合を反映させていたのは連立与党であった。その連立与党間でも政策をめぐる駆け引きが繰り返されており、例えば補給支援特措法の有効期限が一年とされる、あるいは衆議院による再可決の行使がすぐには選択肢とならなかった背景には、公明党の主張があったといえよう。

平和の党を標榜する公明党にとって、イラク問題も含め「テロとの闘い」は難しい舵とりを強いられる課題であったが、要所要所で自らの主張を政府・自民党に迫り、政策に反映させることで党内や支持母体に与党としての存在意義を示し、連立を維持することに成功していた。公明党の存在が対外政策の形成や実現に影響をもたらしてきたことは観察できたが、それでは小政党である公明党がいかにして大政党自民党に対峙できたのか、その交渉力の背景に何があるのか、また小政党であるがゆえの限界は何か、次章で詳細に見ていきたい。

第5章　分　析

本章では、第2章から第4章で記述してきた「テロとの闘い」における日本の支援策に関する事例をもとに、連立小政党の対外政策への影響力を分析する。第1節では本章での分析枠組みについて説明する。第2節では、約一〇年にわたって実施された「テロとの闘い」への日本の支援策について、日米両政府による交渉はどのように変化したのか、ツーレベルゲームの枠組みを活用して両者の交渉ポジションの変遷を示す。その上で、日本政府はどうして交渉ポジションを変化させたのか、米政府はそれにどう対応したのかについても分析する。第3節から第6節までは、日米両政府の交渉ポジションに変化をもたらした要因として考えられる日本の国内政治レベルに着目し、対外政策の決定主体である連立政権内での駆け引きを小政党の観点から考察する。具体的には、政党の勢力関係における連立小政党の交渉力（第3節）、党内集約度による影響力（第4節）、与党間あるいは与党内の交渉戦術（第5節）、そして与党間の政策調整手続き（第6節）に着目して検討する。第7節では、連立小政党として影響力を発揮しつつも、時には党としての一貫性を損ないながらも大政党である自民党に譲歩する場面もあったが、いかにして支持層をつなぎとめているのか、公明党の特徴、あるいはその特異性に焦点を当てる。

1 連立政権における小政党の影響力に関する分析枠組み

長期に及ぶ国際交渉において、交渉当事国は国内政治におけるアクターの権力関係の変化や想定外の外的要因の発生等により、その交渉ポジションを変化させるとの研究があるが[1]、本事例研究で対象とした「テロとの闘い」における日本の支援策についても、一〇年に及ぶその過程で日本政府も米政府も交渉ポジションを変化させている。そこで、日本の支援策に関する日米両政府の交渉はどのように変わってきたのか、R・パットナムの提唱したツーレベルゲームの枠組みをベースに、二〇〇一年の支援策決定開始から一〇年の終了に至るまでの米政府と日本政府の交渉ポジションを示し、国際レベルの二国間交渉の変遷を見る。そして、国際レベルの交渉ポジションを規定する日本国内の主要アクターのポジションはどう変化したのかも明らかにする。

次に、日本の交渉ポジションがどのように決定され、どうして変化したのかを明らかにするため、交渉ポジションの決定主体である連立政権与党に着目する。連立政権の決定はすべて連立与党間の合意の産物であり、連立政権の維持・運営にあたっての最大の課題は、連立与党間で選好が異なる問題をどのように解決するかにある。

交渉では、一般的に同程度の勢力を有するグループが行う場合（power symmetry）に、双方が最も満足の高い最適な結果を生むとされるが[2]、実際には同程度の議席数を有する政党同士の連立政権は例外的で、議席数の大きい政党と小さい政党の組み合わせとなることが多いため、勢力が非対称の交渉（asymmetrical negotiation）となることが想定される。大政党（senior party）と小政党（junior party）との協議では、議席数も多く総理大臣を含む多くの閣僚ポストを輩出する大政党が小政党よりも交渉上有利であり、政権として決定する政策にその主義主張をより多く反映させることができると仮定される。また、政権運営においても、連立発足前に想定されていないような非日常的事件への対応方針に与党間で食い違いが生じる場合、政権内で権限が多く配分されている大政党の選好が尊重されるとの想定が働く。一方で、大政党の選好が常に優先され、小政党は自ら掲げる方針と相容れない政策を受け入れる妥協が続けば、小政党が政権に留まるメリットは享受できずに連立離脱となり、連立政権は崩壊する。連立政権に留まる以上、小政党もその選好を一定程度政策に反映できると考えられ、実際、連立小政党の影響力は当該小政党が有する議席率よりも大きいという研究も報告されており、例えば、小政党がマニフェストで掲げる政策は、大政党がマニフェストで掲げる政策や連立合意よりも、政府が実施した政策経費に合致している部分が多いとして、小政党が実質的な政策決定に及ぼす影響の大きさが指摘されている(3)。政権追求モデルの理論的含意は、各政党の連合形成における交渉力が必ずしも議席数に比例しないということであったが、政権の形成時だけでなく、運営にあたっても、小政党は議席数に比例しない交渉力を有しているのではないだろうか。議席数とは別の権力の源泉は何か、また、小政党はその力関係を背景にどのように政策への影響力を行使しているのであろうか。

「テロとの闘い」への日本の支援策の立案・実施にあたった連立政権の主要な担い手は自民党と公明党であった。戦後、長期にわたって政権与党として日米同盟を基軸とした日本の外交路線を主導してきた自民党と、宗教団体を支持母体とし、野党時代は日米同盟すら否定していた公明党とでは、米国が開始した「テロとの闘い」における日本の対応についての考え方にもそもそも大きな隔たりがあった。日本政府としての対応を立案・実施する過程で、公明党は自民党に対し、何を主張し、どのように政策へと反映させていったのか、また、何を妥協したのか。さらに、このような国内政治での駆け引きは、米政府との交渉にどのような影響を与えたのであろうか。

連立政権における公明党の影響力を分析するにあたり、まずは、政党全体の勢力関係における公明党の位置づけを明らかにし、政党の所属議員数による政党の大小以外に、政党全体の勢力関係から派生する交渉力を検討する。次に、その交渉力をどのように活用して選好する政策へと修正させるのか、連立政権内の政党の行動面に注目する。J・カーボは連立政権下での対外政策に及ぼす小政党の影響力について、ドイツとイスラエルの連立政権で小政党が政策に影響力を行使し得た事例と、行使できなかった事例とをそれぞれ四つずつ抽出し、何が影響力の行使に有効に機能したかを比較している。その結果、効力のあった指標として、党内の意見集約度及び交渉戦略、そして連立政権内の意思決定手続きを指摘する。[4]

以上の観点を組み合わせ、本事例が対象とする連立政権内での大政党に対する小政党の影響力を、①政党全体の勢力関係における政党の交渉力、②党内集約度、③交渉戦略、④連立与党内の意思決定過程、の四つの指標をもとに検討する。なお、「小政党」について、P・メイヤーは「通常得票数が一%を超えているが一五%は超えない範囲」としており、これに即して国政選挙での得票率が原則一〜一五%の範囲で推移する政党を小政党と考える。[5]

（1）政党の交渉力

連立政権では、一般的に、発足前に閣僚配分や重点政策課題、政策決定手続き等について参加政党で合意を形成するが、発足後も日々政権が直面する課題や事件に対応するため、与党間で意見調整を繰り返す。

A・ルピアとK・ストロームは連立政権の形成、運営、終了という政権のライフサイクル全体を包括的に説明する理論的枠組みの構築の試みにおいて、すべての段階において連立与党間で行われる「交渉力（bargaining power）」に着目する。[6] 交渉とは、アクターがお互いにメリットのある合意を見出す目的でコミュニケーションに従事するプロセスと定義し、このモデルでは、政党の交渉力について、議席数に単純に比例するのではなく、連立の交渉不成立の場合に当該政党が得られる対価（walk-away value）に左右されると説明する。[7] つまり、A政党はB政党と連立交渉をしているが、C政党とも連立政権を樹立できる可能性があれば、それがB政党にとって暗黙の脅威となり、C政党が存在しない場合と比べてA政党の要求を受容する可能性が高まり、A政党の交渉力は上がるという考え方である。

まずは、政党全体の勢力関係をもとに連立小政党の交渉力を分析する。また、他の連立政権では例を見ない与党の選挙協力についても考察する。さらに、小政党ながら、二大政党の双方と連立組み替えによる政権交代を実現させ、キングメーカーと呼ばれたドイツの自由民主党（ＦＤＰ）の例も参考にしながら、小政党が影響力を発揮しやすい政治環境を検討するとともに、自民党と公明党の連立の独自性を分析する。

（2）党内集約度

カーボは、小政党が外交事案について大政党に影響力を行使し得た事案と、失敗した事案との比較の中で、小政党が影響力を行使し得た外交事案では、大政党内で当該事案についての意見が分裂していたが、小政党では意見が収斂していたことを指摘する。また、これらの事案では、大政党の中に小政党の意見に同調する議員の存在が認められたとして、ある政策に関して大政党の一部の議員の主張が小政党のそれと一致していたとの構図を指摘する。

相手陣営に当方の主張を支持する集団が存在していることが交渉において有利に運ぶ要素となる点については、二国間交渉の事例ではあるが、Ｌ・ショッパも指摘している。ショッパは、ブッシュ・シニア政権下の日米貿易不均衡の是正を目的とした日米構造協議において、日本国内で米側の主張（外圧）を支持する勢力が存在する場合に日本政府から譲歩を引き出すのに成功したと分析している。[8] また、Ｍ・ハビブは小国と大国という非対称的二国間交渉事例において、小国の方が当該交渉に傾注し、結果に固執することにより、小国が大国に対して交渉ポジションを高めることに成功していると指摘する。[9] Ｊ・ナイは、これを「関心の非対称性（asymmetry of attention）」と称し、小国の政府が見せる交渉事項に対する団結力と集中力が規模での劣勢を凌駕すると分析する。[10]

多様な意見をもつ議員を抱えた包括政党である自民党と、一つの宗教団体を支持母体とする公明党とで、党内の意見集約度の違いが政策をめぐる与党間交渉に影響を与えていたかどうかという点については、第４節で分析する。

（3）交渉戦略

連立を構成する政党のうちの一つが政権離脱すると、政権が過半数を割り込み崩壊に追い込まれる場合、連立各党は離脱を脅迫に使うことが可能となる。特に、連立崩壊による痛手は、総理をはじめより多くの閣僚を選出している大政党の方が大きいので、連立離脱をほのめかして先方から譲歩を引き出すというのは、一般的に小政党が使う交渉戦略である。連立離脱への党首の本気度が高く妥協の余地がないことが明らかであれば、連立パートナーも譲歩する可能性が高くなると考えられ、その典型的な手法が、ある政策が実現しなければ連立から離れることを公言し、連立パートナーに本気度を示すことである[11]。カーボの事例研究でも、与党間の協議で小政党が連立離脱をほのめかすことで連立パートナーからの譲歩を引き出し、影響力を行使することが指摘されている[12]。

与党間協議において、公明党の交渉者が連立離脱を明言することによって政策協議を有利に運ぶというようなことが行われていたのか、あるいは別の戦略があったのか、交渉戦略の観点から分析する。

(4) 連立政権の意思決定

連立政権の発足後、連立与党は日常的な政権運営においてどのような手続きで政策協議を行っているのか、小政党はいかにして自らの主義主張を政策に反映するのか、連立政権内の主要な意思決定機関及び手続きに注目する。

政府中枢の政治指導者は首相と大臣であり、首相と大臣によって構成されるのが内閣であるが、首相と大臣、内閣との関係は、議院内閣制を採用している国でも同じではなく、それぞれの権限の範囲等は国によって違う[13]。連立政権では、通常、最高権力者である首相は最大与党から選任され、大臣は連立与党から選任されるが、与党間で政策に関して意見が対立する場合、それがどのように解決されるかは首相と大臣、内閣との関係によって異なる。例えば、首相の権限が強く、強力な指導力を発揮する体制では、首相の発言力が強く、小政党が影響力を発揮できる余地はあまりないことになるが、分権的体制で大臣の独立性が高い場合は、ある行政分野を所掌する大臣の所属政党の意見がその分野では反映されやすくなり、逆に、連立パートナーから選出される大臣の所掌する行政分野の政策にはほとんど影響力を行使できないという状況が考えられる。あるいは、首相と大臣の集合体である内閣が強い権限を有する場合は、閣議等で小政党所属の大臣が党の意向を伝えるということになるであろうし、与党間調整を法律等で規定された公式の機関とは別に、与党幹部を集めたアドホックな非公式会議で調整を行うという場合は、内閣とは別に与党幹部を通じて各党の意向を反映させることになろう。

権限がどこに集中するかは時の政権や議題によっても変わるであろうが、日本では、総じて小泉純一郎首相以前は首相の指導力については受動的と評価されることが多く、また、大臣の自律性についても、「分担管理の原則」に基づく各省庁の独立性の高さは強調されるが、それは官僚組織の強さを意味し、大臣の権限が強いとは評されてこなかった(14)。また、首相と大臣によって構成される内閣の意思は閣議で決まるが、閣議は全会一致を慣例とする会議体であり、主体的に政策調整を行う場としてはあまり機能していないとされる。では、与党間における意見対立の調整はどこで行われるのであろうか。どういう場で、誰が出席して調整・決定されるのか、実質的な調整権限を有する与党の意思決定メカニズムについて検証する。

2　「テロとの闘い」をめぐる日米両政府の交渉ポジションの変遷

本節では「テロとの闘い」に関する日本の支援策についての日米両政府の交渉ポジションをツーレベルゲームの枠組みを用いて整理し、時間経過とともにどのように変化したかを明らかにする。

ツーレベルゲームでは、国の代表者が暫定的な合意に向けて交渉する過程を第一レベル、第一レベルにおける合意の承認・実施に必要な国内主要アクターの意見調整の過程を第二レベルとし、二国間における交渉の合意は、第一レベルと第二レベルの相互作用により決定されると説明する。そして、第二レベルにおいて承認・実施に必要な国内アクターの支持の範囲をウィンセットと呼び、そのウィンセットが第一レベルにおける合意を規定するとしている。第一レベルで国際合意が成立するためには、国際合意の内容を両交渉当事国のウィンセットに収める必要があり、つまり、交渉代表者は両国のウィンセット内で合意事項をまとめるという制約を受ける。ツーレベルゲームの提唱者であるパットナムは、ウィンセットの相対的大きさは交渉力や利得分配に影響を及ぼし、ウィンセットが大きいほど第一レベルでの合意が容易になる、また、ウィンセットが小さければ、交渉上有利に働くことになり得るとの命題を示している。

事例研究で見てきたように、「テロとの闘い」における日本の支援策に関する日米両政府の交渉ポジションは、開始から終了までの一〇年間で、それぞれ変化していた。両政府のウィンセットを、事例の初期、中期、後期のそれぞれの区分の中でもポジション変化が顕著となった時点を取り上げて示したのが、図5-1である。初期（二〇〇一年九月〜〇二年一二月）の段階では、テロ特措法及びその基本計画を制定し、実際に海上自衛隊が補給支援活動を開始した二〇〇一年一二月時点での各アクターの交渉ポジション、中期（二〇〇三年一月〜〇五年一二月）では、小泉首相が海自の活動撤退を模索していたが継続の方針を決定した二〇〇五年九月時点、後期（二〇〇六年一月〜一〇年一月）からは、補給支援特措法が成立した二〇〇八年一月時点、同年七月の日米首脳会談時点、そして、同活動の完全撤退命令が出された二〇一〇年一月時点を取り上げる。

日米両国のウィンセットは、「テロとの闘い」における日本の支援策に関して、両政府がそれぞれ国内の意思決定手続きで承認が得られる範囲と考える。[15] 米政府のウィンセットは、日本からどのような支援策を受けるかは行政府の裁量に任されていたと考えられるため、米政府が合意可能と考える範囲とするが、日本の場合は、既存の法律の枠組みにはない自衛隊の活動の実施が検討対象となっており、政府内での決定に加え、国会で自衛隊活動の根拠となる法律案の可決が必要となったことから、国会で法案が通過できる範囲、実質的には連立与党が合意できる範囲と捉える。

また、範囲の基準を示す横軸は、左側が日本にとって国内調整が不要でコストがかからない状態、右にいくにつ

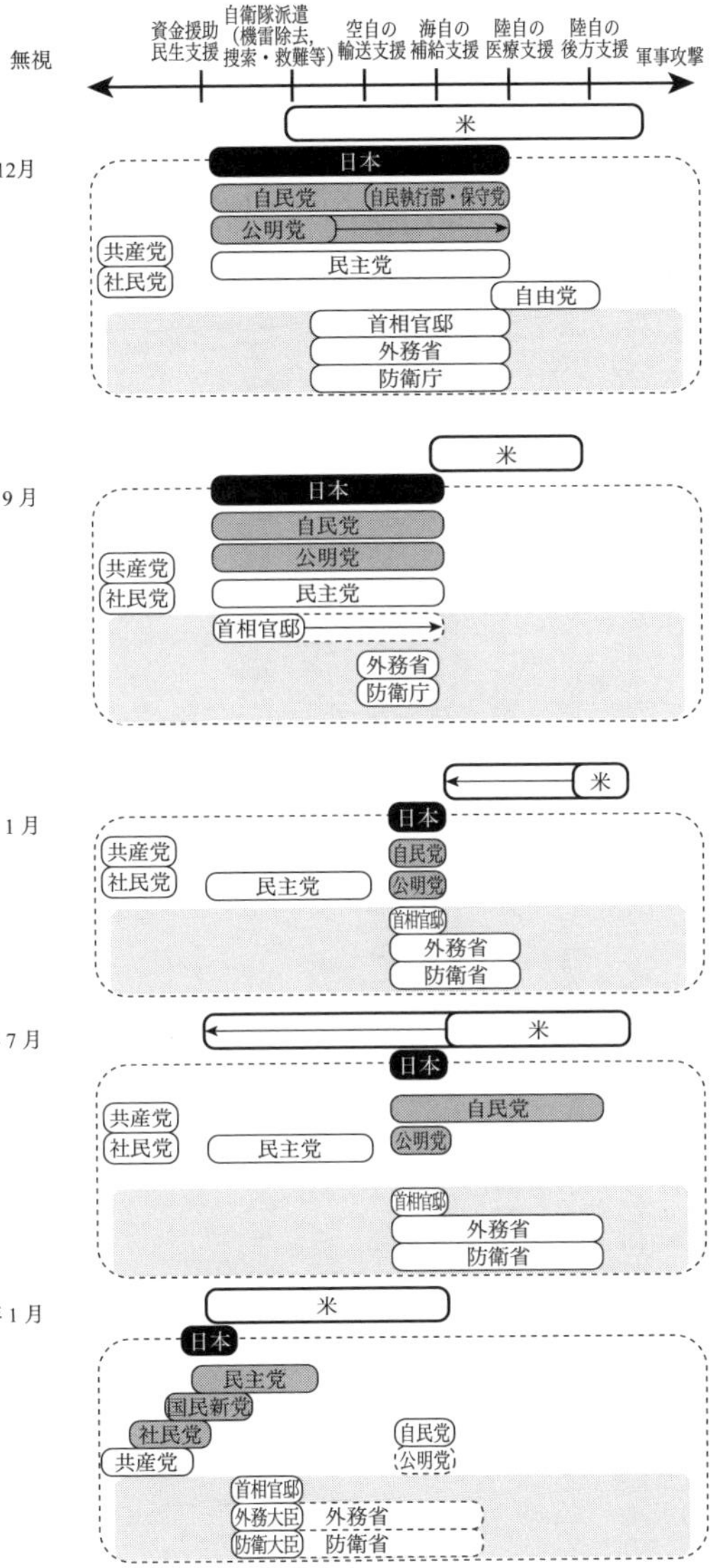

図5-1　「テロとの闘い」の日本の支援策に関する日米のウィンセットの変遷

注）日米両政府のウィンセットは「日本」「米」と示されているもので，米政府のウィンセットについては行政府内で合意可能な範囲とし，日本政府のウィンセットは連立与党での合意可能な範囲とする。横軸は，左側が日本にとって最もコストが低く国内調整が不要な対米支援策，右側にいくにつれてコストが高く国内調整が難航する政策を列挙している。ウィンセット内の矢印は交渉ポジションの変化を示す。

れて調整が難航し実施のハードルが高くなる政策を列挙する。一番左の国内調整が不要な場合というのは何も支援を実施しないこと、次に、実施へのハードルが低い支援策として資金援助や技術者派遣などの民生支援、次の段階が湾岸戦争後に実施した自衛隊法を根拠とする機雷除去のための掃海部隊の派遣など既存の法体系で可能な自衛隊員の派遣で、これ以降は新法による対応が必要な戦闘地域周辺での後方支援活動となり、その中でもハードルが比較的低いのは航空自衛隊による輸送、次が海上自衛隊による補給支援、次が戦闘地域にかなり近づき危険度が増す陸上自衛隊による医療支援、さらに戦闘に巻き込まれる可能性が高まり難易度が高いのが陸上自衛隊による輸送などの後方支援活動、そして一番右の支援策は、憲法上あまり現実的ではないが自衛隊による軍事攻撃への参加としている。

（1）初期：インド洋への自衛隊派遣決定から実施——二〇〇一年九月〜〇二年一二月

同時多発テロ事件発生直後の米政府の支援要請は、「憲法の範囲内で、しかし目に見える貢献をしてもらいたい」と、自衛隊派遣には期待を示すものの支援内容については特段の指示はなかった。アフガニスタンにおける軍事作戦の策定過程で米政府が重視したのは隣国パキスタンや、作戦遂行に積極的な協力姿勢を示していた北大西洋条約機構（ＮＡＴＯ）各国であり、日本に対する軍事作戦上の期待はかなり低かったといえよう。

日本政府は米政府の期待を、直接、あるいは「内製化された外圧」によって間接に受けていたが、日本がその期待に早々に反応できた背景には、湾岸戦争の教訓から引き出される目に見える貢献、つまり自衛隊の派遣が必要最低ラインという認識が、首相官邸、外務省、防衛庁や自民党幹部に共有されていたことがあったといえよう。新たに制定されたテロ特措法には、戦闘が継続する地域周辺における航空自衛隊や海上自衛隊による輸送支援、海上自衛隊による補給支援、陸上自衛隊による被災民支援が支援活動として盛り込まれる。よって、首相官邸、外務省、防衛庁のウィンセットはともに、自衛隊派遣を最低限とし、陸自による医療支援を上限とする。

国会では与党である自民党、公明党、保守党で衆参ともに過半数の議席をもっており、政府は与党の合意を取り付けることで新法を制定できる状況であった。自衛隊派遣で政府と歩調を合わせる自民党執行部や保守党と異なり、公明党は当初、米国への支援には一定の理解を示しながらも自衛隊の海外派遣に慎重な見解をもっており、自民党執行部との間に乖離があったが、与党協議の過程で、時限とすることなどを条件にテロ特措法を容認するに至っており、公明党は合意可能範囲を拡大させる。自民党内には米国支援に理解を示しながらも必ずしも自衛隊の海外派遣に賛成ではない議員も存在していたことから、自民党のウィンセットの最低ラインは、公明党と同様、資金援助・民生支援と設定される。

民主党は、政権交代を意識して、テロ特措法に賛成する方針で与党との修正協議に臨んでいた。与野党修正協議の過程で主要な論点については意見集約が図られたが、最後に残った国会の承認について、その必要性までは合意に至っていたがそれを自衛隊の活動開始前とするのか開始後とするかの一点で噛み合わず、自民党と民主党の党首会談は決裂する。つまり、民主党はテロ特措法の規定する自衛隊の活動内容には異論がなく、派遣にかかる手続きに関して与党と意見対立が解消できなかったということであり、民主党の合意可能範囲は、自民党や公明党のそれと同じと考えられる。他の野党については、自由党は国連決議を条件に武力行使を含む平和維持活動や救援活動を可能とする対案を提出しており、合意可能範囲は与党のそれよりも右寄りに、共産党や社民党は自衛隊による後方支援活動は憲法違反とし、米国のアフガニスタン攻撃も報復戦争と反対していたことから、支援の実施に賛同しない立場、つまり一番左に置いている。

一方、米政府のウィンセットは、ジョージ・W・ブッシュ大統領が首脳会談で要請したのは軍事的支援ではなく人道的支援やパキスタンへの経済支援等であったが、リチャード・アーミテージ国務副長官など政府高官からは自衛隊派遣への期待が示されていたことから、自衛隊派遣を最低ラインとし、自衛隊ができる後方支援ということで幅広く設定される。

結果として、二〇〇一年一二月時点では、日本と米国のウィンセットの重なり合いは大きく、陸自の派遣可能性をも含む根拠法を成立させた日本の対応は、米政府の期待以上であったといえよう。「テロとの闘い」開始直後の米政府は漠然とした期待を示していたが、イラク戦争の開始に加え、アフガニスタンでの予想以上の戦闘の長期化で、米政府はインド洋へのイージス艦やP3C哨戒機の派遣、海自の実施する補給支援活動の対象国拡大など、軍事作戦に照らした具体的な要請を繰り返すようになる。イージス艦の派遣には与党からの反発が強く先送りされていたが、米側の要望も強く、イラク開戦への側面支援という観点もあり、二〇〇二年一二月に実現する。

(2) 中期：インド洋での活動縮小期――二〇〇三年一一月〜〇六年一一月

テロ特措法は二年の時限法で二〇〇三年秋に期限を迎えるが、同年三月に米軍等がイラク戦争を開始しており、米軍を補完する観点からも、政府・与党は海上自衛隊による補給支援活動の延長を決定し、国会で延長法案が可決される。ただし、被災民支援活動は米軍等から特段の要請がなく実施されなかったことから、基本計画からも外される。

二〇〇五年半ばになると、イラク戦争も長期化の様相を呈し、アフガニスタン情勢の悪化も著しく、米政府はNATOにアフガニスタンでの役割拡大を迫り、日本にも陸自の派遣等支援拡大を要請する。日本政府内では新たな支援策についての具体的検討には至らず、むしろ小泉首相は自らの退任のタイミングを念頭に、海自のインド洋からの撤退を検討するよう指示する。しかし、外務省・防衛庁が海自の活動継続を主張し、小泉首相は同年九月、テロ特措法を一年延長する方針を決定する。つまり、首相官邸は自衛隊派遣までには至らない資金援助や民生支援などを合意可能な範囲の上限と考えていたが、外務省や防衛庁は補給支援を上限として首相官邸を説得し、首相官邸の上限は補給支援まで拡大される。ただし期間は一年に短縮され、派遣態勢も縮小される。自民党と公明党は補給支援活動の継続という現状維持で合意しており、新たな陸自による支援活動の追加の意向はなく、合意可能範囲の上限は補給支援活動であったと考えられる。よって、日本政府のウィンセットは上限が補給支援活動と、二〇〇一年時点よりも狭まっていたといえる。

民主党は新たに着任した前原誠司代表が、政府の情報提供等を条件にテロ特措法の延長に賛成する方針転換を試みるが失敗する。採決では同法の延長には反対するが、海自の補給支援活動自体に反対したというより、政府の説明不足等を問題にしていたことから、民主党の合意可能範囲は、与党のそれと基本的に重複していると考えられる。

一方、二つの戦争を抱える米政府の要請は、軍事オペレーションに照らしてより具体化し、陸自による後方支援活動も期待するが、二〇〇五年秋のテロ特措法延長時には、海自の補給支援活動の継続という現状維持を容認する。では、米政府は日本の支援策の最低ラインをどう考えていたのであろうか。日本による支援策の立案・実施の段階から米政府担当者として深く関与してきた国防総省のジョン・ヒル日本部長は、当時、日本政府がインド洋からの撤退を検討していたのは知っていたといい、各国のプレゼンスを重視するホワイトハウスと、実際に給油を享受していた米海軍からは活動継続を期待する声が強く、外交ルートでは日本政府に活動継続を要請していたが、日米同盟の戦略的観点からは、日本が地理的に離れた地域の後方支援活動に自衛隊を派遣したという実績を重視しており、あの時点で日本が政治的判断により補給支援活動を終了したとしても問題ないと考えていたという(16)。米政府内でも立場により日本のコミットメントへの期待は異なっていたということであるが、ウィンセットの最低ラインは、米側が日本に伝えていた海自による補給支援活動の継続、上限は陸自による後方支援活動と考えられ、二〇〇一年時点よりも狭まっていたといえよう。

結果として、二〇〇五年九月時点での日本と米国のウィンセットはともに狭まり両者の一致点は小さく、かろうじて補給支援活動で折り合えるという状態であったと考えられる。

（3）後期：インド洋からの活動撤退――二〇〇六年一月～一〇年一月

二〇〇六年に入ると、さらにアフガニスタンの治安が悪化し、米政府等は軍事作戦に照らして、日本に大型輸送ヘリコプター派遣や地域復興支援チーム（ＰＲＴ）への自衛隊派遣などの支援要請を繰り返す。日本政府は、米政府の緊迫感に押され、政府内部で陸上自衛隊派遣などについて検討を開始するが具体化せず、国会では一年延長とされていた海自の補給支援活動をさらに一年延長するための改正法案が可決される。

しかし、二〇〇七年夏の参議院選挙で与党が過半数割れすると、支援拡充どころか、その年の秋に期限を迎えるテロ特措法の延長も困難になる。政権交代に向けて勢いにのる民主党は補給支援継続に反対しており、小沢一郎代表にいたっては国連決議に根拠のない海上阻止活動（ＯＥＦ-ＭＩＯ）への支援活動は違憲であり、国連決議によって設立された国際治安支援部隊（ＩＳＡＦ）の後方支援活動に自衛隊を派遣すべきとの持論を展開する。

日本のウィンセットを決定するアクターは、衆議院で与党による再可決を行使できるか否かで変わる。衆議院では与党で再可決に必要な三分の二以上の議席を保有しており、参議院が法案を否決しても衆議院による再可決で法案は可決されることから、制度上は、これまでと同様、決定主体が自民党と公明党ということになる。しかし、これまで半世紀以上も行使されなかった衆議院による再可決を行わないとすれば、法案を通過させるためには、衆議院及び参議院で過半数の賛成が必要となり、参議院で過半数の賛成を確保するためには与党に加えて野党の賛成が必要で、政策距離に基づく現実的な可能性から民主党も決定主体ということになる。

当初、政府・与党は民主党の協力を得て、海自の補給支援活動延長のための改正案可決を目指す。民主党の協力が必須と見た米政府も、直接、民主党の説得にのりだす。トーマス・シーファー大使は小沢代表に会談を申し入れて補給支援活動の役割を説明、また、ＯＥＦ-ＭＩＯ参加国の大使や駐在武官が国会議員を対象に同活動内容等について説明する機会を設定するなど、これまでにはない野党への積極的なアプローチを見せる。また、国会での給油の目的外使用の追及に対して、国防総省が問題となった艦船の活動経路や給油量等過去のデータを精査し一部情報提供するなど、日本政府を側面支援する。さらに、国連決議を重視する小沢代表への対策として、米政府は国連決議にOEF-MIOへの謝辞を盛り込むよう調整も行う。これらの米政府の働きかけは、補給支援活動の継続を支えるためで、米政府が本来望んでいた陸自の後方支援活動の実現からは程遠いものであったが、日本の国内政治状況に鑑み、ウィンセットの最低ラインを補給支援活動にとどめ、インド洋での自衛隊の活動の継続を支えたといえよう。

与党の歩み寄りや米政府からの説得にも民主党は一向に対立姿勢を崩さず、被災民生活支援や復興支援などの民生支援を中心とし、海自の補給支援活動はその支援先であるOEF-MIOが国連決議等で認められた場合に検討するという対案を発表する。政府・与党は民主党の協力なしに補給支援活動を実現させるため、補給支援活動のみを規定し、国会承認を必要としない補給支援特措法案の制定を目指す。再可決に慎重であった公明党も、民主党の頑なな姿勢、福田康夫首相の補給支援活動実施への決意や国内世論などの状況を踏まえ再可決に歩調を合わせる。よって、補給支援特措法案が可決された二〇〇八年一月時点での日本のウィンセットの決定主体は自民党と公明党で、その範囲は補給支援活動を上限とし、民主党が主張する民生支援にも反対していたことから、補給支援活動に集約していたと考えられる。

民主党のスタンスは、自衛隊による人道復興支援活動は認めるものの、海自による補給支援活動は国連決議等がないと認められないとする小沢代表の持論も反映し、補給支援特措法には反対しており、よって、合意可能範囲に補給支援活動は含まれず、与党のそれとは重なり合いがなく、範囲が以前よりも狭まったといえる。

以上から、二〇〇八年一月時点での日米両政府のウィンセットは、補給支援活動に限定する日本側に、米政府が合わせるためにウィンセットを拡大し、補給支援活動で一致する状態、つまり、日本の硬直的で小さいウィンセットに米政府が譲歩し、あわせた形となっている。米政府が日本のウィンセットを広げるべく積極的にアプローチした民主党への働きかけは、功を奏さなかったようにも見える。しかし、当初、公明党は衆議院の再可決に慎重で政府・与党も民主党に協力を求めるスタンスをとっており、米政府が民主党にアプローチするという判断は合理的であったといえよう。また、米政府による給油の目的外使用に関する情報提供など積極的な関与なしでは国会審議がさらに泥沼化した可能性も考えれば、米政府の力添えもあって日本のウィンセットは補給支援活動を維持することができ、合意点に到達できたという見方もできる。

日本政府が海自による補給支援活動を再開すると、米政府は改めてアフガニスタンでの支援拡大への期待を寄せる。二〇〇八年七月の洞爺湖サミットを控え、日本政府もアフガニスタン本土へ政府調査団を派遣して自衛隊活動の可能性を調査するなど前向きな姿勢を見せる。この時点で、外務省や防衛省、自民党内では陸自派遣などの追加支援は避けられないとの認識があったと推測されるが、公明党は支援拡大への動きを常に牽制しており、また、福田首相も国際的なプレッシャーは感じながらも国内政治事情に鑑み支援拡大へは消極的であった。結果的に、日本のウィンセットは、半年前の補給支援特措法制定時と同様、補給支援活動に限定されたものとなっていたと考えられる。

一方、後方支援拡大を要請していた米政府の内部の状況について、国防総省のヒル部長は、戦闘に従事する現地の米軍やＮＡＴＯ加盟国関係者は日本が多くを保有するＣＨ４７大型輸送ヘリコプターを派遣できれば山岳地帯の輸送に多大な貢献となると追加支援を期待していたが、国防総省内局では、この時期、日本との関係では在日米軍再編やミサイル政策協議に注力しており、日本に支援拡大を求める声はむしろホワイトハウスで強く、米軍増派への国内理解を得るのに腐心し、増派に向けて国際的な機運を高める政治的な観点から日本にも支援拡大を望んでいたという。(17) しかし、ブッシュ大統領が直接要請した支援拡大に対し、福田首相が補給支援活動以上の支援は厳しいと返答したとされ、新たな支援策の実施は困難ということが明らかになると、米政府は支援拡大への期待を示しつつも財政的支援を要請するようになる。つまり、米政府は日本政府がアフガニスタン本土への後方支援を実施することは困難と判断し、最低ラインを財政的支援にまで下げてウィンセットを拡大させたといえる。

二〇〇九年一月に発足したバラク・オバマ政権では、イラクから兵力を引き揚げ、アフガニスタンに増派を決定するなどテロ作戦を最優先の外交課題として取り組む。日本では同年夏の衆議院選挙により与党が惨敗し、民主党、国民新党、社民党による連立政権が誕生する。日本のウィンセットを形成することとなった新たな与党三党は、補給支援活動の継続を行わない点では一致していたが、補給支援活動に代わる支援策については与党間で意見集約に至らず、結果、財政的支援として五年間で総額約五〇億ドルの支出を決定する。

二〇一〇年一月、補給支援特措法は期限を迎えて失効し、海自はインド洋から撤退する。この時の日本側の交渉ポジションは、意思決定主体である民主党、国民新党、社民党の間で、自衛隊派遣の是非については温度差があるものの、補給支援活動の継続には反対、財政的支援は容認で一致しており、日本政府のウィンセットは財政的支援に集約される。なお、民主党所属の外務大臣や防衛大臣は、民主党と同じ選好であったと考えられるが、外務省や防衛省の官僚はこれまで補給支援活動の実施を支え、国際情勢に関する情報や米国等からの意見や批判に常時接する立場であり、政権交代によって直ぐに民主党が掲げる補給支援活動からの撤退支持に変更したとは考えにくく、しかし形式的には各大臣の指示に従う必要があることから、大臣とは別の合意可能範囲を点線で示している。

米政府は、既に日本によるアフガニスタン本土への追加支援の期待を喪失し、また、民主党を中心とする連立政権が補給支援活動を継続しない方針を明らかにしていたことから、資金面での貢献が現実的と受け止めていたと考えられ、実際、オバマ大統領は日本の財政的支援の提案を受け入れている。つまり、米政府の大幅な譲歩により、日米両政府のウィンセットは、財政的支援で折り合うことになる。

野党となった自民党は議員立法で給油活動を継続させる法案を国会に提出するが、公明党は給油活動の必要性は認めつつも法案提出には同調しない判断をする。よって、自民党については補給支援活動の実施を合意可能範囲とし、公明党についてはその範囲を点線で示している。

以上、「テロとの闘い」の日本の支援策に関する日米両政府の交渉ポジションの変遷を見てきた。この交渉の特徴としては、まず、二〇〇一年の支援策策定段階では、湾岸戦争における日本の対応への反省を共通理解に、米側は同盟国日本が自衛隊を派遣することを最低ラインに日本としてできる活動を実施してほしいというもので、日本政府も米政府の期待を把握して自衛隊による支援活動を盛り込み、両政府のウィンセットは大きく、合意形成が比較的容易に進んだが、作戦が長期化するに従って両国のウィンセットは狭まり、どちらかが譲歩をしないと合意形成できない状況となったことが挙げられる。特に二〇〇七年以降、日本政府は政権基盤を支える与党の弱体化により国会で野党の抵抗を抑え込めず硬直的になり、軍事的支援の拡大に期待を寄せていた米政府が繰り返し譲歩して、日本政府が実施可能な支援策を含むウィンセットへと移行させる。また、両国ともに相手の国内政治状況の観察が容易で、相手のウィンセットをかなり正確に把握でき、相手国のアクターにも個別に直接交渉が可能であった。従来から、米政府は、日本国内の分権的意思決定構造を踏まえ、日本の政府高官だけでなく長年の政権与党である自民党幹部とも定期的に情報交換を行ってきたが、公明党が連立入りすると、公明党幹部とも直接接触するようになり、さらに、最大野党である民主党の協力が政策実現に不可欠と見ると、異例の野党へのアクセスを試みる。しかし、政権奪取を目指す民主党への説得は失敗に終わり、連立政権内からもアフガニスタンへの陸自派遣への異論は払拭されていなかったことから、米政府は軍事的支援には固執せず、資金的支援への要請へと切り替える。

日米関係が抱える複数の懸案事項の一つであった「テロとの闘い」への日本の支援策という一面だけを切り取ってみれば、日本国内の与党間対立や政権交代により日本のウィンセットが縮小したことが交渉上有利に働き、米政府がウィンセットを大幅に広げ、譲歩することにつながったといえるであろう。ただし、この米政府からの譲歩を日本政府は意図的、戦略的に引き出したわけではないことに留意する必要がある。日本は補給支援活動のみを維持し、陸自派遣などの追加支援は実施しないという選択肢は、米政府との駆け引きによって引き出したというのではなく、日本の国内事情から政権としてそれ以外に手の打ちようがなく、米政府の要望と国内事情との板ばさみの中で、実現可能な唯一の選択肢となっていたといえよう。

「テロとの闘い」における日本の支援策をめぐる日米交渉では、支援が長期化するにつれて米側が譲歩する場面が見られ、その要因となったのは日本の国内政治事情であった。海上自衛隊がインド洋から撤退することになったのは、民主党を中心とする新連立政権の方針転換であるが、それに至るまでの過程、つまり、補給支援活動を中心とする支援策の立案及び決定、同活動の有効期限を二年とし国会承認を必要とする判断、二年から一年へと短縮した判断などは連立与党で決定されたもので、与党間での駆け引きの影響を受けたと考えられる。次節以降では、連立政権内で本事例に関する対外政策に関してどのようなゲームが展開されてきたのか、小政党はその選好を政策に反映することができるのかを分析する。

3　連立小政党の交渉力

前節では、「テロとの闘い」における日本の支援策に対する日米両政府の交渉上のポジションが、二〇〇一年から一〇年までの間に大きく変化してきたことを示したが、その変化は、政権交代や与野党対立だけでは説明できず、連立与党の自民党と公明党の駆け引きによる影響が推測される。連立与党の間でどのようなゲームが展開されていたのか、特に、議員数も圧倒的に少なく、外務大臣や防衛大臣等外交・安全保障関係の閣僚を輩出していたわけでもない、小政党の公明党がどのように対外政策における意思決定に影響力を行使したのか。まずは、他の政党との勢力関係をもととした政党の交渉力に着目し、自民党に対する影響力を分析したい。

（1）政党の勢力関係における構造的な交渉力

連立政権の形成、運営、終了という政権のライフサイクルを通じて、すべての段階で連立政党は常に閣僚の配分や政策の調整、突発する事件への対応等の交渉を行うが、連立を組む政党の交渉力を、連立形成時には政権樹立の交渉不成立の場合に、連立運営時には連立離脱の場合に、当該政党が得られる対価（walk-away values）と考えると[18]、政党の交渉力は、その時点で存在する他の政党との勢力関係に左右されることになる。

政党の勢力関係をもとに、他の政党との相関で政党の交渉力を測るという考え方をもとに、A・アベディとA・シアロフは、小政党が過半数を有していない大政党との連立で政権樹立の可能性があるのか、あるいは他の大政党とも連立樹立の可能性があるのか等を基準として小政党の影響力を以下の五段階に分けて類型化している[19]。

1. 無関係（irrelevant）：当該小政党が議席を有しないか、有していても大政党の一つが過半数を保持。
2. 関係あり（relevant）：当該小政党が議席を有し、過半数を有する大政党はなく、かつ、いずれかの大政党一つと当該小政党での連立では過半数に達しない状態。この場合は大連立（大政党どうしの連立）か、別の小政党と大政党の連立、もしくは当該小政党を含む三党連立が組まれる可能性がある。
3. 影響力あり（influential）：当該小政党が議席を有し、過半数を有する大政党はなく、かつ、最大議席を有する大政党と当該小政党で過半数に達するが、他の小政党とも過半数に達する状態。
4. 強い影響力（crucial）：当該小政党が議席を有し、過半数を有する大政党はなく、最大議席を有する大政党と当該小政党で過半数に達するが、他の小政党とは過半数に達しない状態。つまり、最大議席を有する大政党にとって過半数を達成するには当該小政党と連立を組む以外に選択肢がない状態。
5. 中枢（pivotal）：当該小政党が議席を有し、過半数を有する大政党はなく、当該小政党は大政党のいずれと連立を組んでも過半数に達することができる状態。つまり、大連立を除けば、当該小政党がどちらの大政党と政権を樹立するか、決定権を有する立場。

この類型化では、単独で議会の過半数を制する政党がある場合は、その政党が単独で内閣を形成する可能性が高いが、単独で過半数を制する政党がなく、かつ大政党と小政党で過半数に達することができる場合、つまり上記類型の3以上の場合は、小政党の連立離脱が政権の崩壊を招くおそれに直結するため、小政党に影響力が生まれると し、さらに、小政党に他にも連立政権を樹立できる大政党候補が存在し政権選択できる立場（五段階評価の5）が最も強い影響力を有すると規定している。

小政党が中枢的な立場になる例は多くはないが、ドイツでは、一九八二年に小政党である自由民主党（Freie Demokratische Partei : FDP）が大政党であるドイツ社会民主党（Sozialdemokratische Partei Deutschlands : SPD）とキリスト教民主同盟・社会同盟（Christlich Demokratische Union Deutschlands/ Christlich-Soziale Union in Bayern : CDU/CSU）の双方と連立政権を樹立できる状態となり、キングメーカーとして影響力を発揮したことが代表的な例である[20]。

この小政党についての五段階評価を公明党に当てはめて、自民党の一党優位体制の崩壊が決定的となった一九八九年以降の衆参両議院における公明党の影響力を示したのが図5-2である。一九八九年の参議院選挙では自民党は過半数を割り込み、議席占有率も四五％以下に落ち込む大敗を喫す。衆議院では過半数を維持していたが、参議院では法案ごとに多数派を形成する必要が生じ政治が不安定化、一九九三年の衆議院総選挙後、自民党は初めて野党に転落する。そして、同選挙後に政権に就いた細川護熙内閣以降、第二次橋本龍太郎内閣と小渕恵三内閣の一時期を除き、連立により内閣が構成される。

公明党は一九八九年から九四年まで、自民党と日本社会党に次ぐ第三勢力を保持する。一九九四年から九七年まで、公明党の一部（衆議院議員と一九九五年選挙で改選される参議院議員）が新進党に合流し、公明党としての勢力は一時低下するが、一九九五年選挙で改選されなかった参議院議員と地方議員は公明として活動を続け、一九九八年

内閣		中曽根 1982.11.27〜	竹下 87.11.6〜	宇野 89.6.3〜	海部 89.8.10〜	宮沢 91.11.5〜	細川 93.8.9〜	羽田 94.4.28〜	村山 94.6.30〜	橋本 96.1.11〜	小渕 98.7.30〜
衆議院	政権	自民党単独					8党派連立	5党連立	自社さ3党連立	自	自自連立
衆議院	選挙	1986年7月6日	1990年2月18日	1993年7月18日	1996年10月20日						
衆議院	最大政党（議席率）	自民党（58.60％）	自民党（53.71％）	自民党（43.64％）	自民党（47.80％）						
衆議院	公明党議席率	10.90％	8.79％	9.98％							
衆議院	5段階評価	1	1	3	（新進党に合流）						
参議院	選挙		1989年7月23日	1992年7月26日	1995年7月23日	1998年7月12日					
参議院	最大政党（議席率）	自民党(56.75％)	自民党(43.25％)	自民党(42.46％)	自民党(44.05％)	自民党(40.87％)					
参議院	公明党議席率	9.52％	8.70％	9.52％	4.37％	8.73％					
参議院	5段階評価	1	4	4	2	2					

内閣		森 2000.4.5〜	小泉 01.4.26〜	安倍 06.9.26〜	福田 07.9.26〜	麻生 08.9.24〜	鳩山 09.9.16〜
衆議院	政権	自自公（→自公保）3党連立	自公連立	民主・社民・国民新3党連立			
衆議院	選挙	2000年6月25日	2003年11月9日	2005年9月11日	2009年8月30日		
衆議院	最大政党（議席率）	自民党（48.50％）	自民党（49.90％）	自民党（61.70％）	自民党（64.20％）		
衆議院	公明党議席率	6.50％	7.10％	6.50％	4.40％		
衆議院	5段階評価	3	3	1	1		
参議院	選挙		2001年7月29日	2004年7月11日	2007年7月29日		
参議院	最大政党（議席率）		自民党(44.94％)	自民党(47.52％)	自民党(34.3％)		
参議院	公明党議席率		9.31％	9.92％	8.26％		
参議院	5段階評価	2	4	4	4		

図5-2　衆議院・参議院における公明党の影響力（5段階評価，1989〜2009年）

注1）公明党の5段階評価は，アベディとシアロフの類型化をもとに行っている。その際，共産党が自民党などの主要政党と連立を組む可能性は現実的に低いため，5段階評価検討の対象外としている。

2）公明党議員は参議院非改選組及び地方議員を除いて，1994年12月に新進党に合流。よって，1995年7月の参議院選挙後は，非改選の参議院議員11名が公明党として残る。新進党は1997年12月解散し，98年11月公明党は再結成される。

3）議席率は選挙の結果議席で算出し，選挙後の移籍は反映していない。

一一月、公明党を再結成する。そして、二〇〇〇年の総選挙以降は、自民党と民主党の二大政党に次ぐ第三勢力として衆議院及び参議院において議席数を安定的に保持する。

公明党の初入閣となった細川連立内閣では衆議院で最小勝利連合を形成するが、続く羽田孜内閣は少数与党で過小規模連合となり短命に終わる。自民党が社会党、さきがけと連立を組んで政権に復帰し樹立された村山富市内閣、第一次橋本内閣では過大規模連合、第二次橋本内閣では社民党、さきがけが閣外に転じ、一時的に自民党による少数与党内閣となるが一九九七年中に自民党は単独過半数を回復、自由党と連立を組んで以降の小渕内閣では過大規模連合となり、そこに一九九九年一〇月、公明党が加わる。二〇〇〇年六月の総選挙で自民党は過半数割れとなり、公明党と保守党の三党連立で外形上は過大規模連合となるが、保守党と自民党とでは過半数に届かないため、公明党と自民党にとっては事実上の最小勝利連合ともいえ、公明党は自民党に対し政権運営に強い影響力を発揮できる地位を獲得する。二〇〇三年には保守党の後継である保守新党が党勢を後退させて自民党に合流したため、第二次小泉内閣からは、形式上も自民党と公明党二党による最小勝利連合となるが、二〇〇五年九月の郵政解散・総選挙の大勝により自民党単独過半数を回復したことで、衆議院では再び過大規模連合となり、二〇〇九年の政権交代まで続く。

政権基盤に直接影響する衆議院だけを見ると過大規模連合となっていることも多く、公明党の影響力は五段階評価で1の場合もあるなど、自民党は単独でも十分に政権運営できるように見えるが、参議院を見ると自民党が連立を組む必要性が明らかになる。衆議院で過大規模連合となっていた自自連立、自自公連立、自公保連立は、参議院で過半数を確保するために形成されたもので、その後も自民党は参議院で単独過半数に達せず別の政党と連立する必要があり、イデオロギーの乖離から現実的な連立パートナーとなりにくく政権入りの実績のない共産党を除くと、公明党は大政党が過半数を達成できる唯一の小政党候補で、五段階評価の4という強い影響力を行使できる立場を維持してきたことがわかる。(21) ただし、この間、自民党と民主党の二大政党の議席数には大きな差が生じており、二大政党が拮抗して公明党がいずれについても政権を獲得できるという中枢的な立場にはならなかった。また、二〇〇五年の郵政解散・総選挙以降、衆議院では過大規模連合が続き、公明党の影響力は1となる一方、参議院では公明党の連立参加なくしては過半数に届かず、公明党の影響力は4の状態が続く。

衆議院と参議院が首班指名や予算など一部の優越を除いて、ほぼ対等な権限を有していることから、衆議院で単独過半数を獲得する政権政党も、参議院で過半数割れをしていれば、参議院で多数派形成のために連立を形成する動機が生まれる。[22] そして、「テロとの闘い」が開始された二〇〇一年から民主党を中心とする連立政権に移行する二〇〇九年までの間、公明党は参議院を中心に、最大与党である自民党が政権を維持するための必要不可欠な存在として、政党の交渉力を維持できる環境にあったといえる。

政党の勢力関係をてこに、小政党でありながら下院で最小勝利連合を形成して連立政権に参画し、交渉力を発揮する例は他の連立政権でも見られる。その代表的な例として、二大政党との連立の組み替えにより長らく連立政権に与し、大政党に対し交渉力を発揮したドイツのFDPを取り上げてみたい。

ドイツ連邦共和国では連立政権が常態化しており、[23] 戦後直後は小政党が乱立していたが、一九六一年選挙までの間に淘汰が進み、議会進出政党数が一〇からCDU／CSU[24]とSPDの二大政党とFDPという小政党の三党に絞られる。特にこの一九六一年から八三年まで三党制が継続し、FDPが連立政権の樹立を左右する中枢的な地位を占める。一九六一年選挙で過半数に届かなかったCDU／CSUはFDPと連立を組んで政権を形成するが、一九六六年、FPDがCDU／CSUと予算問題が原因で連立を離脱して政権は崩壊、CDU／CSUはSPDといわゆる大連立を組んで政権を樹立し、FDPは唯一の野党という立場に追いやられる。しかし、FDPは、今度は外交政策等で違いが大きいと見られていたSPDとの間で政策調整を行い、一九六九年選挙後にSPDとの連立を成立させ、政権交代を実現させる。

連立パートナーをSPDに組み替えて政権復帰したFDPは、ヴィリー・ブラント政権、ヘルムート・シュミッ

表 5-1　FDP の連立政権参加の状況

内　閣	内閣発足日	与党 1	議席数(%)	与党 2	議席数(%)	与党 3	議席数(%)	与党計(%)	定数
アデナウアー①	1949. 9.15	CDU/CSU	140(34.8)	**FDP**	**52(12.9)**	ドイツ党	17(4.2)	52.0	402
〃　②[2)]	1953.10. 9		244(50.1)	〃	**48(9.9)**	GB/BHE[3)]	27(5.5)	68.6	487
〃　③	1955. 7.23		251(51.5)	〃	**49(10.1)**	ドイツ党	15(3.1)	64.7	487
〃　④	1956. 2.25		251(51.5)	ドイツ党	16(3.3)	自由国民党	16(3.3)	58.1	487
〃　⑤	1957. 1.20		249(51.1)	〃	34(7.0)			58.1	487
〃　⑥	10.22		270(54.3)	〃	17(3.4)			57.7	497
〃　⑦	1960. 7. 2		271(54.5)					54.5	497
〃　⑧	1961.11. 7		242(48.5)	**FDP**	**67(13.4)**			61.9	499
〃　⑨	1962.11.19		241(48.3)					48.3	499
〃　⑩	12.13		241(48.3)	〃	**67(13.4)**			61.7	499
エアハルト①	1963.10.16		241(48.3)	〃	**67(13.4)**			61.7	499
〃　②	1965.10.20		245(49.4)	〃	**49(9.9)**			59.3	496
〃　③	1966.10.28		245(49.4)					49.4	496
キージンガー	12. 1		245(49.4)	SPD	202(40.7)			90.1	496
ブラント①	1969.10.21	SPD	224(45.2)	**FDP**	**30(6.0)**			51.2	496
〃　②	1972.12.15		230(46.4)	〃	**41(8.3)**			54.6	496
シュミット①	1974. 5.16		230(46.4)	〃	**41(8.3)**			54.6	496
〃　②	1976.12.14		214(43.1)	〃	**39(7.9)**			51.0	496
〃　③	1980.11. 5		218(43.9)	〃	**53(10.7)**			54.5	497
〃　④	1982. 9.17		215(43.3)					43.3	497
コール①	1982.10. 1	CDU/CSU	226(45.5)	**FDP**	**53(10.7)**			56.1	497
〃　②	1983. 3.29		244(49.0)	〃	**34(6.8)**			55.8	498
〃　③	1987. 3.11		223(44.9)	〃	**46(9.3)**			54.1	497
〃　④	1990.10.30		305(46.0)	〃	**57(8.6)**	ドイツ社会同盟	8(1.2)	55.8	663
〃　⑤	1991. 1.17		319(48.2)	〃	**79(11.9)**			60.1	662
〃　⑥	1994.11.15		294(43.8)	〃	**47(7.0)**			50.7	672
シュレーダー①	1998.10.27	SPD	298(44.5)	緑	47(7.0)			51.6	669
〃　②	2002.10.22		251(41.6)	〃	55(9.1)			50.7	603
メルケル①	2005.11.22	CDU/CSU	226(36.8)	SPD	222(36.2)			73.0	614
〃　②	2009.10.28		239(38.4)	**FDP**	**93(15.0)**			53.4	622
〃　③	2013.12.17		311(49.3)	SPD	193(30.6)			79.9	631

出所）和田絢子・宮畑建志「欧米 10 か国の歴代政権及び政権政党」『レファレンス』788，2016 年，Der Bundeswahlleiter（http://www.bundeswahlleiter.de）等参照。

注 1）アデナウアー②には，さらに与党としてドイツ党（15 議席，3.1 %）が加わった。

2）GB/BHE は全ドイツブロック/祖国及び権利喪失者同盟。

ト政権としばらく連立政権を継続させる。しかしオイルショック後の経済状況の中、経済界の利益を代弁する立場のFDPは経済政策や安全保障政策でSPDと対立し、一九八二年、FDPはシュミット首相への建設的不信任案を可決させ、同政権を崩壊させる。そして、連立パートナーをCDU／CSUに組み替えて、ヘルムート・コール中道右派連立政権を成立させ、一九九八年まで連立与党の地位を確保し続ける。

一九六一年から八三年まで続いていた三党制であったが、一九七〇年代末以降、環境問題への関心の高まりを反映して緑の党（Die Grünen）が台頭し、一九八三年の総選挙では連邦議会で議席を獲得し、二大政党と二つの小政党という構成となる。緑の党が議会進出を果たした一九八三年総選挙では、政権与党であったCDU／CSUとFDPは引き続き過半数を確保したものの、FDPが要の党として機能するための前提条件である最大野党SPDとの合計では過半数に届かずFDPの地位は低下し、中道右派のCDU／CSUとFDPに対抗して中道左派のSPDと緑の党が組む四党による対極の構図となる。それまでの相互に連立可能性を有していた三党制の求心的な競合状態から、政策軸で分断される二ブロック化への移行は、小政党にとっての最大の武器となる連立組み替えの威嚇が現実味を失い、その影響力はかなり減退することになったと指摘される。[25] 一九九〇年以降はドイツ再統一により旧東独市民の現状への不満票を吸収した旧東独政権党の流れを汲む左派党（Partei des Demokratischen Sozialismus : PDS）が議会進出に成功するが、二極の構図は変わらず、一九九八年の選挙後にはSPDと緑の党が最小勝利連合となって赤緑政権を誕生させ、FDPは野党に転落、その後の約一〇年間、政権から遠ざかる。

SPDと緑の党が支えるゲアハルト・シュレーダー政権は二〇〇五年まで続くが、二〇〇五年の選挙ではCDU／CSUとFDPの連合もSPDと緑の党の連合も過半数に届かず、CDU／CSUは連立の相手をFDPからSPDに組み替えて、大連立によりアンゲラ・メルケル政権を発足させる。二〇〇九年総選挙では、二大政権与党に対する批判票により、緑の党、左派党、FDPの小政党が得票率を伸ばし、二〇〇九年からCDU／CSUとの連立でFDPは政権復帰を果たす。しかし、リーマンショックやヨーロッパ債務問題等相次ぐ経済危機に直面する中でFDPの公約は実現できず、またそのリベラルな主張も国民に敬遠され、二〇一三年総選挙で得票率五％未満となって、連邦議会での議席を失うことになる。

政党の勢力構図の変化により議会での影響力を減退・喪失させることとなったFDPであるが、一九六〇年代から八〇年代にかけては、三党という政党の勢力関係を有利に活用して大政党への影響力を発揮しており、その外的環境から交渉力を高める構図は、自民党と社会党、あるいは自民党と民主党という二大政党に次ぐ第三勢力としての地位を維持し、参議院での自民党の過半数割れを補完する役割を果たしてきた公明党と類似しているといえよう。

自民党と公明党の連立は、自民党が両院で与党として過半数を確保する必要性という制度的理由もあるが、政党の勢力を決定する選挙において、大政党と小政党という立場の違いを利用して協力し合い議席の最大化を目指すという、他の連立政権ではあまり見ることのない特殊な力の作用も働いている。次項では、その選挙協力に起因する両党間における影響力に着目する。

（2）選挙協力

日本の選挙制度は、一九九六年の第四一回衆議院総選挙から小選挙区比例代表並立制が導入され、衆議院・参議院ともに選挙区制と比例代表制の並立となる。有権者は二票をもって、居住する選挙区の候補者に一票と、比例代表選挙区で候補者に順位をつけた名簿を提出した政党に一票と、別個に投票する。衆議院議員は定数一の小選挙区と比例区から選出されるが、小選挙区の定数が多く割り当てられており、重複立候補制で比例代表での復活当選のためには小選挙区での惜敗率（当選者に対する落選者の得票比率）を高める必要があることから、大政党推薦の候補者は小選挙区での得票を重視し、中小政党は原則、比例区で生き残りをかけることになる。[26]一方の参議院では、小選挙区である一人区、中選挙区（二～五人区）、全国を一選挙区とする非拘束名簿式比例代表が組み合わされており、中選挙区や比例制での選出割合が高く、中小政党でも比較的議席を獲得しやすい制度となっている。

選挙は、本来、各政党が凌ぎを削って議席獲得を競うもので、たとえ連立を組んでいたとしても、ライバルである政党が選挙で協力し合うというのは想定されていない。しかし、小選挙区比例代表並立制は、大政党が有利な方式と中小政党が有利な方式とが並立し、有権者も二票与えられていることから、大政党と小政党による選挙協力の余地がある制度設計といえる。また、ドイツの連邦議会では、得票率が全投票数の五％に至らなかった政党は議席を獲得できない制限があるが、日本では国会で数議席しか獲得できなくとも政党として存続可能である。つまり、大政党が衆参いずれかで過半数に達しない場合は、数議席の小政党であっても連立交渉に加わりキャスティングボートを握ることが可能であり、選挙制度も議会制度も、小政党が一定程度の影響力を保持し得る構造となっている。

自民党と公明党は連立政権樹立後、選挙でも協力関係を構築し、政権長期化により、その協力の程度を深化させる。当初の協力内容は、競合選挙区での公認候補者の調整や統一公約の作成などであったが、次第に、自民党は小選挙区を中心に公明党候補のいないところで公明票の上積みをもらう、一方の公明党は少数だが候補者を立てる小選挙区で自民党に候補者擁立をやめてもらい、統一候補とすることで自民党からも応援を取り付け、主戦場である比例区で自民票の上積みを狙うという構図が一般的となる。そして、両者とも選挙前から選挙後の連立政権継続を前提として選挙戦を展開する。

自民党が公明党との選挙協力を積極的に推し進めた背景には、やはり公明党の手堅い組織票の存在がある。公明党の参院選比例区での得票は八〇〇万票前後であり（図5-3）、小選挙区数で割ると、一選挙区あたり二万票前後の計算となる。かつて自民党を支えてきた農業協同組合や全国建設業協会といった業界団体が弱体化し組織票が細っている自民党にとって、公明党の組織票は垂涎の的で、それが上乗せ分となるか、あるいは他党候補に流れるかは当落に多大な影響を与える。実際、同じ連立与党でも保守党（保守新党）との選挙協力には自民党は素っ気なく、候補者調整もなかなかしてもらえず、二〇〇〇年衆院選挙で議席を減らし、二〇〇三年の選挙後に解党に追い込まれた主因は与党間対決だったとも指摘される。[27] また、公明党側にも、固い支持基盤があるとはいえ一人しか当選し

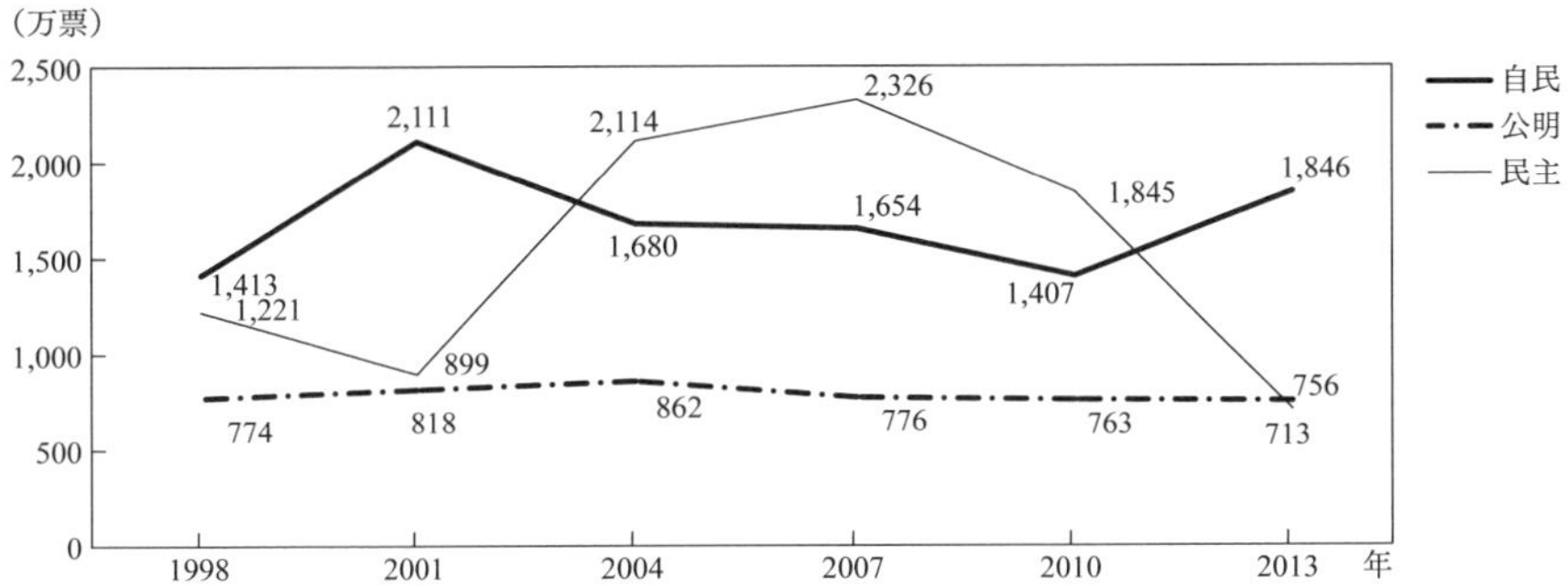

図 5-3　参院選比例区の選挙結果（1998～2013 年）

出所）総務省統計局資料（http://www.stat.go.jp/data/chouki/index.htm）。

ない小選挙区で当選者を出すには公明党の集票だけでは限界があり、小選挙区制の下で生き残るには自民党との候補者調整が不可欠という事情があった。

以下、連立政権開始後の国政選挙での自公の協力関係やその効果について見ていく。

最初の国政レベルでの選挙協力は、自民党と公明党、保守党が連立政権を組んだ直後に迎えた二〇〇〇年六月の第四二回衆議院総選挙であった。選挙を取り仕切る自民党幹事長は公明党との連立を主導した野中広務であり、選挙協力も初回でありながら積極的に行われ、連立政権では初の試みとされる共通公約も発表される。ただし、内容としては社会保障、安全保障政策等各党の主張が分かれる分野については踏み込まず、三党の掲げる政策の列挙にとどまるものであった[28]。三党では小選挙区の候補者の調整を進め、一部で調整不能により競合したり、調整に不満をもった候補者が無所属で出馬したりするケースもあったが、三〇〇ある小選挙区のうち、三二で競合する候補者を一本化（うち自民党は二五で公認候補の擁立を見送り）、出馬した自民党候補のうち約六割近くの一五六人が公明党の推薦を取り付ける[29]。また、公明党候補のいる選挙区で三党党首による演説会を実施して与党統一候補をアピールするなど、公明党側へのテコ入れも行っている。

選挙結果は、自民党が選挙前議席三八減で二三三議席、公明党が一一減で三一議席、保守党も一一減で七議席と、与党各党議席を減らすが計二七一議席で絶対安定多数は維持する。この選挙結果をもとに自民党と公明党の選挙協力による効果を推計すると、小選挙区で当選した自民党議員一七七名のうち、推測される公明党票分を自民党候補の得票から差し引くと、次点の対立候補を下回るのが四二名にも上るとされ、公明党支持者が小選挙区の自民党候補当選に果たした貢献度の高さが指摘されている。[30] 公明党も同様の推計を行っており、選挙協力で他の与党議員を一七八人推薦し一二一人が当選したが、そのうち次点との差が二万票以内が三二人、一万票以内が一七人で、選挙協力による公明票の上乗せが勝利につながったと論じている。[31] 公明党は支持母体の創価学会による集票力によって自民党議員の当選に寄与する一方、個人後援会を主体とする自民党では、なかなか自民党執行部の公明党候補者への応援指示が浸透せず、選挙後に公明党から自民党へ次期選挙での対応改善が要請される。[32]

二〇〇三年一〇月の第四三回衆議院総選挙では、自民党側も公明党への応援を積極的に展開するなど、前回選挙よりも協力関係が深まる。公明党や保守新党の主張で共通の政権公約が策定され[33]、また、三党間による候補者調整の結果、自民党と保守新党が競合する三選挙区以外は与党統一候補に一本化される。小泉首相や安倍晋三幹事長が公明党候補の応援演説に入ったり、公明党推薦を受けた自民党候補が比例は公明党に投票するよう街頭演説で訴える姿も見られ、さらには自民党候補者が後援会名簿を公明党関係者に渡すという例も報じられる。[34] 自民党候補者の選挙運動は、政党支部というより候補者個人で努力して集めた後援会が中核となっており、後援会名簿を他党候補者に提供するというのは、自民党候補者にとって相当な覚悟での選挙協力といえる。

選挙結果は、自民党が一〇議席減で二三七議席、公明党が三議席増で三四議席、保守新党が五議席減で四議席、与党三党で二七五議席であった。この選挙結果をもとに、蒲島郁夫・菅原琢は自民党と公明党の選挙協力の効果を推計し、自民党小選挙区当選者の半数近くが公明党の票に頼っているとして、二〇〇〇年総選挙よりも自民党議員の公明党への依存度が増しており、協力関係が深化していると指摘する。[35] また、公明党も、比例区で八七三万票と、前回の衆議院選挙よりも一〇〇万票近く得票しており、その背景には自民党候補の貢献によるところが大きいとされる。[36]

郵政民営化の是非を焦点に、前回衆院選から一年一〇カ月足らずでの実施となった二〇〇五年九月の第四四回衆議院総選挙でも自民党と公明党による選挙協力は行われ、公明党による自民党候補者の推薦数は前回、前々回よりも増加し[37]、自民党候補が「比例は公明党に」と訴える姿も多く見られるようになる。結果は自民党が二九六議席と圧勝し、公明党は三議席減の三一議席であった。選挙協力の回を重ねるごとに、自民党支持層の公明党候補への投票、あるいは公明党支持層の自民党候補への投票が浸透している様子が見られ、公明党支持層が、公明党候補のいない小選挙区で自民党候補に投票した割合は二〇〇〇年総選挙が六一%、二〇〇三年が七二%、二〇〇五年が七八%と増加傾向を示し、この傾向は自民党支持層にも共通し、自民党候補がいない小選挙区で公明党候補に投票した割合は、二〇〇〇年が三八%、二〇〇三年五六%、二〇〇五年六八%となる。[38]また、菅原は連立に入る前と後との公明党の比例区相対得票率を比較し、以前は相対得票率が都市部で高かったが、連立後は農村部で上昇しているとし、この上昇には自民党支持層からの得票が寄与していると分析している。[39]

自民党と公明党による参議院選挙における選挙協力は、衆議院選挙の時よりも慎重ではあるが、徐々に進展を見せる。参議院選挙では、自民党の比例区候補者の多くが業界団体の支援を受けており、これに公明党との協力関係を持ち込むと自民党の支援団体等から反発されることが懸念され、加えて、三人区、四人区などの選挙区では両党とも候補者を立てて戦うことになり、公明党の立候補者がほとんどいない一人区、二人区では公明党が自民党候補を支持することは可能だが、公明党側が見返りを受けにくいという事情があった。自公連立となって初めて迎えた二〇〇一年七月の第一九回参議院選挙では、制度的な難しさに加え、小泉首相が就任して初めての国政選挙で小泉人気の高さから自民党執行部に焦りはなく、小泉首相は勝敗ラインを自公保三党で過半数とするが統一公約は作られず、各地域に任せた協力にとどまる。[40]選挙結果は小泉人気が寄与して与党の議席数は伸び、非改選あわせて自民党が一一一議席、公明党が二三議席、保守党が五議席で与党として安定多数を上回るものであった。

二〇〇四年七月の第二〇回参議院選挙では、当初、自民党執行部は、自民党公認候補が「比例選は公明党に」と投票を呼びかけるのを禁止するが、小泉人気もかげり厳しい選挙戦が予想されると、自民党参議院の青木幹雄幹事長が冬柴鉄三幹事長に一人区を中心に協力要請をし、自民党と公明党で統一公約となる連立与党重点政策を発表、各選挙区では公明党からの選挙協力の見返りとして自民党議員が後援会名簿を公明党側に渡すなど、衆議院選挙と同じように選挙協力が進められる。(41) また、公明党は四二人の自民党公認候補者にも推薦を出す。(42) 選挙結果は自民党が改選前から一議席減で四九議席、非改選とあわせて一一五議席、公明党は改選前から一議席増で一一議席、非改選とあわせて二四議席と、自公で過半数を維持する。自民党支持の職域団体の一部などが公明党との選挙協力を理由に離反したとも報じられるが、(43) 出口調査による推計では、自民党候補が勝利した二五の一人区から公明票を除くと四選挙区が逆転したとの分析もあり、(44) 公明票の上積みにより当選する自民党議員は参議院でも増加したと考えられる。支持層の動向から見ても、衆議院選挙と同様、公明党と自民党の協力の深化がうかがえ、公明党支持層が公明党候補のいない選挙区で自民党候補に投票したのは、二〇〇一年参議院選挙で五一％であったのが、二〇〇四年には六一％に上昇、一方、自民党支持層が比例区で公明党に投票したとするのは二〇〇一年に三・七％であったのが二〇〇四年は五・一％と上昇する。(45)

自民党と公明党は連立パートナーとして政権を担って以降、政権運営だけでなく、衆議院及び参議院選挙でも協力関係を構築し、それも選挙区の候補者調整にとどまらず、選挙区によっては候補者が地元で自分の支持者に連立パートナーへの支持を働きかけるという他国では例を見ない密接な互助関係となっている。一般的に、選挙では個々に独立した政党が、それぞれ掲げる理念や方針、それに基づく具体的政策を有権者に提示して獲得票数を競うものであり、候補者が別の選好を有する政党への支持を訴えるというのは特異なことで、各議員を応援する支持層レベルにまで行き渡っている協力関係は、連立維持が各議員の再選の命運を決することにもなりかねず、ただでさえ連立離脱や組み替えには一定の支持層を失うコストがかかるところ、選挙をも連立維持ありきで戦う協力体制は、政策上の対立などによる連立離脱や連立組み替えを行うコストを高めているといえよう。

また、小選挙区制では得票率の小さな変化が議席数の大きな変動につながり、その時の勢いで新人議員が多数誕生する可能性がある。例えば、二〇〇五年総選挙のように小泉人気にあやかって地盤が脆弱な自民党議員が多く当選すると、次の選挙で再選するために組織票を求めて、公明党への依存度を高める誘因ともなっている[46]。

自民党と組んで国会での議席数を安定的に保つという効果だけでなく、固い支持基盤から自民党議員の得票を積み上げ当選に貢献している公明党は、自民党に対して表面的な議席数以上の影響力をもっているといえよう。では、その力の源泉をどのように自民党と交渉して自らが掲げる政策へと結び付けるのであろうか。議席数や選挙協力を背景とする影響力は、効果的な交渉手法と結び付いて初めて実現するものである。以下、第4節から第6節までは、ドイツのＦＤＰの例もまじえながら、公明党が自民党にどのように交渉を展開していったのかを分析する。

4　党内集約度

連立小政党が対外政策において大政党に影響力を発揮する場面の一つとして、小政党では当該政策について意見が一致しているが、大政党内では意見が割れており、その大政党の様々な意見の中に小政党の意見に同調するグループが存在する場合が指摘されている[47]。本事例において、自民党と公明党の党内での意見集約状況はどうだったのか、それぞれの組織体制も含めて分析する。

もともと自民党は、社会主義陣営に対抗するため、自由主義および資本主義を目指す勢力の結集として自由党と日本民主党とが合同して結成された寄り合い所帯であり、例えば、前者は日米安保条約を基礎に軽軍備で国内産業の発展を重視したが、後者は憲法改正を含む自主防衛を目指していたなどの違いも多く、その結果、多様でまとまりのない思想的政策的立場に立つ党員を取り込んだ大政党となり、さらに、長期にわたり政権を担う過程で、多くの支持団体を取り込むために、政治的スペクトラムを横断した包括政党としての傾向を強めてきた(48)。

テロ特措法やイラク特措法の制定過程では、野中元幹事長、古賀誠元幹事長、後藤田正晴元官房長官など自衛隊の海外派遣には個人的信条として強く反対するベテラン議員の発言が要所要所で政策変更をもたらした。彼らの存在感が際立った例の一つが、イージス艦の派遣見送りである。公明党もイージス艦派遣には反対の立場であったが、それ以上に自民党内で反対する声が大きく、自民党執行部は党内への配慮もあってイージス艦派遣を再三先延ばしにする。また、イラク特措法案の自民党事前審査の場面では、自民党の最終意思決定機関である総務会で異論が噴出し、無修正では了承がとれない事態となり、既に公明党、保守新党と合意していた同法案から大量破壊兵器の処理条項を削除するという大幅な修正が行われる。野中元幹事長は、反戦への確固たる政治信念から、一貫して自衛隊の役割拡大には強く反対してきたが、加えて、小渕政権時代に公明党と自民党の連立政権を実現させた立役者でもあり、公明党の立場への配慮という側面もあったのであろう。中には政権に対する政局を意識しての行動という場合もあったかもしれないが、いずれにしても、自民党内に、安全保障政策で公明党と見解が一致する勢力が存在したことは、公明党が政府・自民党執行部に党としての主張を通す上での推進力となったといえよう。

自民党は、内政だけでなく外交についても多様な意見や立場をもつ議員を抱えており、度々党の方針をめぐり激しい路線対立が起きているが(49)、政権党として安定するに伴い、党内の様々な意見を集約するために、ボトムアップで段階を踏んで合意形成を育む意思決定手続きが制度化される。それが政務調査会の下部機関である部会（特別委員会、特別調査会）から政務調査会審議会、そして総務会という段階を踏んだ審査手続きで、各レベルで自由な発言を許容し、様々な意見を吸収する仕組みとなっている(50)。

政務調査会は党の政策の調査研究・立案のための議決機関で、その下に衆参常任委員会と対応して、内閣、国防、外交等の部会が党則で常置されている。衆参常任委員会と対応しないが、党として推進する政策を調査する必要がある案件については、政調審議会の了承の下、特別調査会もしくは特別委員会が設置される。特別調査会等には各部会の縦割りを是正する役割が期待され、その会長は、部会長が当選二〜三回の若手議員が族議員への登竜門として就任するのと異なり、例えば、結党当初から設置されている外交調査会であれば芦田均、桜内義雄、渡辺美智雄、山崎拓などの党の重鎮が会長に就任し、事務局も政調事務局が担当するのではなく、外交調査会担当事務局などのように独立体制をとり、比較的広範囲な政治自治が与えられているのが特徴とされる。[51] また、特別調査会は党内の反対勢力の欲求不満のはけ口としての役割もあるとされ、例えば、安全保障調査会は、池田勇人内閣が前政権の反動で安全保障政策を動かそうとしなかったことへの不満を吸収するために、一九六二年に設置されたという経緯がある。[52] なお、小泉・安倍政権下で官邸主導の政策立案により党の存在感が低下したとして、福田政権では閣僚経験者をトップに起用した調査会を相次いで新設する。[53]

総務会は党の運営及び国会活動に関する重要事項を審議決定することを目的に、二五名の総務から構成されており、事実上の党議決定の最終関門となっている。党則では総務会の議事は出席者の過半数で決するとされているが、全会一致あるいは会長一任を慣行とし、コンセンサスを形成することを重視してきた。

長年政権を担当してきた自民党内には閣僚や党三役等の要職経験者、政調部会で専門能力を高めた族議員などが存在しており、総務会、調査会、政調審議会、部会等の審議機関で声を上げることができる分権的かつ多元的体制を構築することで党内での合意形成の正当性を担保している。さらに、このプロセスは党内での合意形成という役割を超えて、政府における意思決定過程とリンクさせることで、政策としての実現性を確保することに成功してきた。自民党は一九六〇年代初め、政府提出法案等を閣議決定前に自民党で審議・決定する事前審査をシステム化する。[54] 事前審査で承認したことの帰結として国会での採決には党議拘束がかかり、自民党議員の投票行動は制約される。よって、自民党の審査で法案が了承されれば、実質的に同法案は国会で通過することを意味し、長らく内閣官房副長官の職にあった石原信雄は部会の実力者と政調及び総務会のメンバーに根回しをすれば国会審理はセレモニーに近い状態であったと述べている[55]。

政党としての一体性が確保される要因には、執行部が所属議員に同じ行動を強制する「規律（discipline）」か、同じような理念や政策上の関心をもった議員が集まっている「凝集性（cohesion）」か、少なくともどちらかが作用しているとされる[56]。多様な支持母体に推された様々なバックグラウンドの人材を抱える自民党では、ボトムアップによる分権的意思決定手続きに加え、シニオリティ・ルールと人事派閥の制度化といったような党の規律[57]を発達させることで、一体性を確保してきたといえるであろう。多元的な組織を統率する手段として、党員には政調部会等で自由に発言をさせ、段階的な審議の過程で集約を図るという慣行が成立したといえる。

一方、公明党は議員候補者の選定や選挙区の割当など組織的、集権的に行われる組織政党であり、所属議員に対する執行部の統制は他党に比べて強い。また、平和の希求を謳う宗教団体を支持母体として、国益を超えて人類益の追求を党として掲げており、少なくとも安全保障政策に関しては、議員の政策上の選好はかなり近いと推察され、凝集性も規律もどちらも作用して集約度が保たれていると考えられる。テロ特措法やイラク特措法に基づく自衛隊の海外派遣や防衛庁の省昇格問題に関する立案・実施過程では、議員本人の信条に反する、あるいは反対する支持者への説明責任などから党内での抵抗がかなり強く、統制力の強い執行部といえども何度も党部会等を開催して協議の場を設け丁寧に所属議員に説明し、自民党側に政策の妥協を求める必要があった。ただし、一旦、党内で決定した方針については、国会の採決で反対・棄権したり、公の場で声高に党執行部への不満を口にするといった議員が出ることはなく、総じて集約度の高い組織といえよう。野中元幹事長も、連立パートナーとして公明党に接近した理由として、「公明党は少なくとも党内でぶれない」ので、組みやすい相手だと思ったと、党内としての一体性を評価している[58]。

公明党の最高議決機関は全国大会であるが、二年に一回の開催であり、実質的には全国大会に代わる常設の議決機関として中央幹事会が党の政策や方針を決定する。中央幹事会の下には、政策・立法の調査、研究及び立案を担当する政務調査会が設置され、その下に政策課題ごとに部会や委員会が設置される。法案等の審議は、部会で議論を行い、部会の了承を経て政務調査会で決定、政策や立法に関する重要事項についてはさらに中央幹事会の了承を得るというボトムアップの仕組みとなっている。細川・羽田連立政権で一度政権与党を経験したこともあり、政策をボトムアップで審議する体制は既に構築されていたが、一九九九年の連立政権入り以降、自民党の党内手続きのように事前審査で政策に影響力を行使する体制が整備され、法案の事前審査をきめ細かく行うために政策審議会の開催日を増加させ[59]、政策審議会から政務調査会に名称を変更[60]、自民党が設置している個別政策課題別のプロジェクトチーム等の設置などが行われる。

公明党は国会議員数五〇人前後の小世帯であり、自民党と同様にすべての政策分野に対応しようとすると、個別分野での担当議員は少数で固定化される傾向が強くなり、ましてや公明党が政策的に重点を置いてきたわけではない外交・安全保障分野に関わる議員はかなり限定される。例えば、新進党解党後、一九九九年一月に新たな公明党として党内の部会を編成した際、外交部会長に赤松正雄、安全保障部会長に佐藤茂樹が任命される[61]が、両者ともその後、断続的にではあるが外交・安全保障部会長、あるいは外交・安全保障調査会長に繰り返し就任している。もともとの関心領域ではなかったとはいえ、連立政権入り後、公明党は外交・安全保障分野の機能強化を図っており、二〇〇〇年に国際局を充実、二〇〇五年には外交・安全保障調査会を新設して、弁護士出身で政策に強く、後に代表に就任する山口那津男を会長に充てるとともに、これまでの外交・安全保障部会を外交部会と安全保障部会に分離するなど機構改革を行う[62]。外交・安全保障調査会は、二〇〇五年一二月頃から議論が本格化した防衛庁の省昇格問題や二〇〇六年九月の安倍政権成立以後議論が活発となる集団的自衛権等、重要な外交・安全保障政策の公明党側の受け皿となる。自民党をモデルに党内体制を構築するも、小世帯である公明党は、多数の議員を抱える自民党のように類似の分野を担当する部会等がいくつも並立するような重層的体制とはなっておらず、また、公明党ではいったん執行部入りすると長らく要職を歴任してそのまま勇退する場合が多く[63]、自民党総務会のように、党の重鎮が執行部の方針に公然と異論を唱えるというようなことが見られなかったことも、党内集約度を高める結果につながっていると考えられる。

公明党は自民党と連立を組んで以降、自民党と協議しやすいように組織体制を整え、大臣経験者の数はそれほど多くないとしても副大臣や政務官など政府内のポストを経験する議員も増え、政権入り当初から比べれば、幹事長など党執行部が一元的に政策全般を調整するというような集権的意思決定から党内部会等の役割が増し、分権化が進んできたといえる。他方、多様性を包摂してきた自民党も、公明党と連立を開始した当初から変化を見せている。テロ特措法・イラク特措法に象徴されるように自衛隊の役割の拡大に舵を切る政府の方針に強く反対してきた野中元幹事長は二〇〇三年一〇月に政界を引退、イラクへの自衛隊派遣承認に反対した山中貞則は二〇〇四年に死去、亀井静香、綿貫民輔、野呂田芳成らは二〇〇五年の郵政選挙で反対票を投じ自民党から離党・除名、武藤嘉文も引退、二〇〇九年に山崎も引退となるなど、公明党の主張に近かったベテラン議員勢力が徐々に縮小する。二〇〇五年の郵政選挙後にテロ特措法延長の事前審査で自民党総務会に臨んだ柳澤協二官房副長官補は、野呂田や亀井などの重鎮の不在でそれまでの総務会と雰囲気が一変し、それ以降は党内から異論が出なくなったと感想を述べている[64]。選挙制度改革で衆議院選挙が小選挙区中心となったことにより、公認付与権を握る党執行部への抵抗が難しくなったという選挙制度の変更による影響も党内の集約に寄与していると考えられる[65]。大政党であり幅広い支持層を対象とする自民党と小政党で特定の支持層を対象とする公明党の基本的な組織構成は同じであるが、連立政権の一〇年間で、自民党は以前よりも党内集約度が高くなる方向に、逆に公明党は党内集約度が下がる方向にシフトしてきたともいえるであろう。

党内集約度に関して自民党と非対称をなす公明党は、自民党内に存在する公明党と同様の主張を展開する勢力の働きもあり、自分たちの主張を政策に反映することにある程度成功してきた。しかし、日々の連立政権の運営における政策の立案・実施の過程で、常に自民党内に公明党と同調する勢力による後押しを期待できるわけではない。

次に、政権運営の中で連立小政党は大政党に対し、どのように交渉を行っているのか、小政党による交渉戦略について見ていきたい。

5　交渉戦略

連立政権内で意見が対立する場合、小政党にとっての最大の武器は、連立離脱による政権崩壊をほのめかし、大政党から妥協を引き出すことといわれる。首相を筆頭により多くの閣僚を輩出し、政権与党として多くの方針を実現させる力をもつ大政党の方が、連立崩壊による打撃が大きいと一般的に考えられるからである。カーボが研究対象としたドイツやイスラエルの事例においても、連立合意で掲げた政策と違うことを大政党が押し切ろうとしたときに、小政党が連立離脱を示唆し、妥協を迫るという手法は一定の成果を上げていると報告されている[66]。

本書が対象とした事例では、公明党が自民党に連立離脱を暗示して政策の修正や妥協を迫るといったことは見受けられなかった。山崎元幹事長も「それを言ったらおしまい」と、公明党側から連立離脱をほのめかされたことはないと話す[67]。連立小政党が大政党に、連立離脱を盾に妥協を迫り、満足な結果が得られず、実際に連立離脱に至るケースは自自公連立での自由党や自社さ連立での社民党など前例があるが、離脱カードをなかなか切らないというのが公明党の一つの特徴であり、自公連立が安定的に継続している理由ともいえよう。

しかしながら、公明党が連立離脱を武器に自民党に揺さぶりをかけるということが全く行われなかったというわけではなさそうである。二〇〇三年一一月の総選挙で民主党が躍進し、二大政党制に現実味が出てきた二〇〇四年から〇五年にかけて、自民党は民主党と憲法や教育基本法改正等の重要法案で連携を模索し、また、小泉首相が就任直後の前原代表に自民党との大連立をもちかけるなど[68]、自民党が民主党への距離を縮める動きを見せる。これに対し、公明党は「連立解消」という言葉を用いて、民主党に接近する自民党の動きを牽制する。教育基本法改正をめぐって自民・民主両党の議員連盟の結成の動きが報じられると、神崎武法代表は不快感を示し、「重要課題について合意できないときは連立解消もありうる」と発言し、将来的には民主党との連立の可能性もあり得ることすら示唆したとされる。(69) 冬柴幹事長も講演で、政治の安定のためにはそれしかないというのなら、民主党との連立に躊躇すべきではないと述べている。(70)

しかし、二〇〇五年九月の郵政選挙で自民党が単独過半数を大幅に上回る議席を獲得すると、公明党はその存在感を示すための焦りからか、今まで公明党が強硬に反対し先延ばししていた案件への対応を軟化させ、積極的に進めるなどの動きを見せる。例えば、教育基本法改正についても二〇〇五年末頃からこれまでの頑なな対応に変化が見られ、二〇〇六年四月に与党協議で改正案に合意する。

公明党が党内事情から先延ばしにしてきた案件に、防衛庁の省昇格問題がある。防衛庁の省昇格問題が本格化したのは、橋本内閣の行政改革会議における議論が発端で、二〇〇一年通常国会に連立与党であった保守党が防衛省設置法案を提出、二〇〇二年には三党連立政権合意に盛り込まれるが、公明党が慎重な姿勢を崩さなかったことから長らく棚上げとなっていた。しかし、二〇〇五年一二月、冬柴幹事長が突如、防衛庁の省昇格を、自衛隊の本来任務に国際平和協力業務を位置づける、省名に平和のニュアンスが出るようにする等、条件付きで容認する方針を示す。(71) 公明党内の慎重論は根強く、冬柴幹事長ら執行部は、「省昇格は国の根幹に関わる問題だ。連立政権を維持する立場なら、公明党が邪魔する理由はない」と党内を説得したとされる。(72)

公明党執行部は、省昇格問題における党内説得でも見られたように、政権離脱の可能性をほのめかして妥協を引き出すという手法を、むしろ党内向けの説得に活用する。特に党内が紛糾したイラク戦争への対応では、政権の方針に異議を唱えれば政権離脱になるとして、執行部が党内を必死に説得する様子が報じられている。(73)

また、テロ特措法やイラク特措法の制定にあたり、冬柴幹事長は自ら書き上げた修正案を提示して関係者に諮るなど、自民党との調整、党内や支持団体の説得など難しい調整を一手に担ってきたが、個人的な手法として、関係者に妥協案を提示し、これで受け入れられないのであれば自分がこの職を降りるといって、説得にあたっていたようである。[74] なお、ドイツにおいても二〇〇一年のアフガニスタン派兵にあたり、派兵に強く反対していた緑の党所属で外務大臣の任にあったヨシュカ・フィッシャーは、連立離脱の脅しを連立パートナーのSPDに対して使うのではなく、党内に対して使い、自分を支持しなければ辞任するとして説得にあたったとされる。[75]

連立小政党が大政党に対してよく使う別の交渉戦略として、譲歩を引き出すために他の論点との取引（log rolling）や資金提供などの交換条件（side payment）が挙げられる。ログ・ローリングは米議会における法案の投票でよく使われる交渉手段で、懸案事項を他の案件とリンクさせ譲歩を引き出すというのは、国際交渉などでもよく見られる。[76] また、サイド・ペイメントは懸案事項で相手側から譲歩を引き出す代わりに、特別な便益を与えるもので、通商交渉などで影響を受ける利益団体等への補助金の付与などが典型であるが、[77] 一般的な交渉でも不利益を蒙る側に対価を与えるというのは、よく使われる手法である。

懸案となっている問題を他の案件と結び付けて、一方の案件で相手の主張を通してこちらが譲歩をする代わりに、別の案件では相手側に譲歩を迫るという交渉戦略は政党間でもよく行われており、特に大政党と小政党との間では、小政党がこだわりをもつ、あるいは専門とする政策課題でその主張を通す代わりに、広く政策をカバーする大政党が他の懸案で主張を通すという取引を行える可能性が高いとされる。[78] 他の案件との取引は、水面下で行われるため、その事実関係は明らかとされないことも多いが、例えば、連立政権に入る直前、当時の野中元幹事長は、地域振興券構想[79]（七〇〇〇億円規模）や一九九九年度補正予算における少子化対策（二〇〇〇億円規模）で公明党の主張を実現する合意があったおかげで、国旗国歌法、日米防衛協力のためのガイドライン関連法等の成立に公明党が協力してくれたと述べており、[80] 自民党と公明党との関係では、公明党が安全保障政策で譲歩を強いられた分を、福祉など公明党が固執する政策での実現に自民党が協力するというような配慮がなされていた可能性があろう。心理面からの交渉に関する研究では、相手から妥協を導くには脅しよりも約束を活用した方が効果的であるという結果も発表されているが[81]、連立政権の運営において、連立離脱カードによる威嚇よりも、交渉の論点を多角的にし、それぞれ譲り合いながら、各党が独自性を発揮するための材料を獲得するというのは、より建設的で実際的な駆け引きといえるのかもしれない。

連立離脱を示唆する交渉戦略は、たとえ自分の党の意見を抑えるためとはいえ、重要案件で限定的に使うから効果が発揮されるものであって、日々の連立運営で頻繁に活用できるものでもない。また、与党間での駆け引きというのも、先方のこだわりが強い政策課題と当方のこだわりの強い政策課題が同時期に存在している必要があり、タイミングにも左右され、小政党が大政党に恒常的に影響力を発揮するには、こういった交渉戦略だけでは不十分といえよう。

6 与党間の政策調整

政党の勢力構図や選挙協力をベースとして公明党は自民党に対する交渉力を獲得し、それを背景に、自民党内の公明党の政策選好と同じような選好を有する議員の働きかけもあって公明党の主張を政策として実現させる、あるいは、連立離脱カードを公明党内に向けて使う等の交渉戦略を重要な局面で駆使することで連立政権を維持し、案件での取り引きなどを行いながら公明党の主張を政策に反映させていることを確認した。しかし、自民党議員が常に公明党の意見を代弁してくれるわけではなく、また、連立離脱カード等の交渉戦略も、重要案件で限定的に使うから効果が発揮されるものであって、日常的に活用できるものでもない。

では、日々の連立政権において連立与党間の意見集約がどのように行われているのか、連立政権内の政策調整手続きについて検討する。

（1）与党間の役職配分

議院内閣制では、国民から選出された国会議員が首相を選任し、首相が国務大臣を任命して内閣を構成し、各大臣が官僚を使って所掌する行政分野を担当するという構成になっている。一般に、国務大臣はその所掌する分野の情報収集や政策提案に責任者として関わることから、政党にとって政策を実現したい分野の大臣を自分の党から輩出することが影響力を行使するのに有効な手法の一つとなる。したがって、連立政党は政策への影響力を高めるために、閣僚ポストをなるべく多く獲得するとともに、実現したい政策を担当する行政機関の大臣、例えば外交政策に影響力を行使したければ外務大臣を確保することが重要となる。

連立政権における閣僚ポストの配分は、連立を組む政党がそれぞれ保有する議席数に比例して配分されるのが通例とされる一方で、[82]連立与党間での交渉力の強さに比例するという指摘もある。[83]小政党でありながら連立与党内で交渉力を発揮したとされるドイツのＦＤＰは、約一五の閣僚ポストのうち四〜六と、連立大政党に対する議席比よりも多くの閣僚ポストを獲得しており、優遇された閣僚ポスト数を背景に、大政党に対して実質的に過分な政治権力を行使してきたとされる。[84]例えば、一九六九年のブラント政権時には、全閣僚数一七人に対し、ＦＤＰは四人（二四％）入閣させており、ＦＤＰのＳＰＤに対する議席数の割合の一三％に比べると、閣僚は倍近い割合となっており、しかも、獲得した閣僚ポストも、副首相、外務、内務、食料・農林と、要職を占める。[85]ブラント政権で外務大臣のポストを獲得して以降、ＦＤＰはシュミット政権、また、政権を組み替えてＣＤＵ／ＣＳＵとの連立となったコール政権においても、外務大臣のポストを獲得する。また、二〇〇九年のＣＤＵ／ＣＳＵとＦＤＰの連立では一六閣僚のうち、ＦＤＰは外務、司法、経済・技術、保健、経済協力・開発の五閣僚を占める。[86]

日本の連立政権での大臣ポストの配分はどうであろうか。自公保連立となった第一次森喜朗内閣では、一九の閣僚ポストのうち、公明党が一、保守党が一、残りが自民党に配分され、これ以降、公明党の閣僚ポストは一というのが定着し、自公の二党連立となっても維持される[87]。公明党の自民党に対する議席数の割合は大体一割強であり、この割合からすると閣僚ポスト二〜三が妥当で、閣僚ポスト一という慣行は議席比よりも少ないことになる。では、公明党は閣僚の数で過少となる代わりに、ポストで優遇されていたのであろうか。自民党との連立政権で公明党が獲得した閣僚ポストを見てみると、総務庁長官（続訓弘、一九九九年一〇月〜二〇〇〇年一二月）、厚生労働大臣（坂口力、二〇〇〇年一二月〜〇三年一一月[88]）、国土交通大臣（北側一雄及び冬柴、二〇〇三年一一月〜〇八年八月）、環境大臣（斉藤鉄夫、二〇〇八年八月〜〇九年九月）となっており、確かに公明党の関心が高い政治倫理、福祉や環境といった分野を所掌する閣僚にも就任しているが、国土交通大臣など必ずしも公明党が最重視する政策分野の閣僚ポストではないこともある。また、外交・防衛分野については、閣僚ポストを一度も獲得したことはない。なお、閣僚人事の選任については、派閥が強力であった一九九〇年代以前の自民党政権では、首相が、連立パートナーからは各党党首が事実上選任した大臣を任命し、自民党内からは派閥の推薦を受け入れ閣僚に任命していたが[89]、小泉首相はこの慣習を打ち破り、公明党や保守党（保守新党）からは閣僚ポストと入閣者の要望を受け、自民党内では派閥を通さず、小泉首相が決定したとされる[90]。連立パートナーからの閣僚ポストの要望は受け入れられない場合もあったようで、例えば、公明党は小泉首相に近いポストに連絡役を送り込むことで、政策決定により大きな影響力をもたせる意図から、首相補佐官の起用を要請していたようだが[91]、実現はしなかった。

また、二〇〇一年の行政改革では副大臣や政務官制度が導入されて政治任用ポストが拡充されたが、森政権で副大臣（二二ポスト）及び政務官（二六ポスト）ともに公明党枠三、保守党枠一が配分され、この配分もほぼその後の連立政権に引き継がれていく。副大臣及び政務官人事は、稀に政権側の意向での差し替えもあったようだが、基本的には幹事長に任せられていたとされる[92]。

形式的な閣僚ポストの配分だけを見ると、副大臣や政務官を含めてみても、公明党が過剰に配慮されているようには見られず、むしろ、議席数の割合から見て過小ともいえる。与党間の役職配分における交渉で公明党がなぜ議席比相当のポストを要求しなかったのかは不明であるが、少なくとも、公明党は党としての政策を実現させる手段として、どこの大臣ポストをとるか、いくつとるかは、それほど重要視していないようである。福田政権でも大臣ポストを二つに増やす提示をしたが、公明党側が断ったとされ、その理由として、公明党幹部は、大臣は連立をつなぐための人質であり、二人もいらないと発言したことが報じられている。[93] つまり、与党として入閣していることが重要なのであって、大臣ポストもその数もそれほどこだわりがないということのようである。

公明党が大臣ポストへのこだわりを見せない背景には、大臣の政策決定における官僚に対する統制権の弱さが関係しているといえよう。議院内閣制を採用している日本では、首相を首長として、その他の国務大臣と内閣を構成し、閣議で全会一致によって政策決定を行うことになっており、首相が大臣の任命及び罷免について自由裁量権をもち、大臣は首相の代理人となる制度構成となっている。首相が大臣を自由に任免できるのであれば、首相にかなり強い権限が与えられているようにも見えるが、首相の行政各部への指揮監督権は閣議にかけて決定した方針に基づくと厳しい縛りをかけられており、さらに、連立政権の場合には、連立パートナーからの入閣は各党首が選任した者を大臣として任命するなど、首相の権限は慣行上、大きく制限されている。首相の行政各部への指揮監督権限が実質的に制限されるのであれば、各大臣の所掌行政分野における統制権が強いのかというと、大臣は各省庁官僚制の代理人として観念され、そのことは大臣への選考に当選回数や派閥の均衡が重視され、在任期間も一年前後と短く、「待機組」ともいわれる当選を重ねた与党議員に次々とポストを回すなど、政権党の都合が優先される大臣選出の実態に裏付けられている。[94] つまり、分担管理原則の下、各省庁の自律性の高い行政が行われてきたが、その各省庁における権限の所在は大臣というより行政官僚側にあり、大臣は行政官僚が作成した原案に承認を与えるという受動的立場にとどまることが多かった。二一世紀初めの橋本内閣の行政改革において、分担管理原則の行き過ぎを是正するため、内閣官房の事務を企画、立案、総合調整機能に拡充するなどの内閣機能の強化、首相の権限強化が図られるが、各省の大臣と行政官僚との権限関係に変化はあまり見られない。本事例においても米国の軍事行動に関し、いち早く支持表明し、自衛隊派遣を決断するといった初動における小泉首相の指導力は顕著であったが、それを政策として実現させるための立案・調整過程では官僚や与党幹事長らが中心となっており、関係省庁トップの外務大臣や防衛庁長官が主導的な役割を果たす場面はほとんど見られなかった。

連立与党が政策に影響を与える手段として、閣僚ポストがそれほど重要ではないとすると、与党が政策に関与する機会として、与党の調整が鍵となってくる。以下、与党間調整に焦点を当て、意思決定の過程を検証する。

（2） 連立与党間調整手続きの形成

内閣での意思決定は閣議でなされるが、その決定は慣行により全会一致制とされたため、閣議が開催される前に関係省庁の政策調整が済まされるようになり、自民党単独政権時には与党である自民党とも意見調整を終える手続きが確立されたことで、閣議開催前に関係省庁も与党も了承していることが事実上要件化し、閣議は形式的な決定機関となる。連立政権に移行した後も、閣議決定前に与党の意見集約を終える流れは踏襲され、与党各党による事前審査手続きを経た後に、さらに連立与党幹部をメンバーとして設置された上位機関によって連立与党間の意見調整を行う手続きが形作られる。この原型は、一九九三年、それまで三八年間続いた自民党単独政権に代わって誕生した非自民七党一会派の連立による細川政権時代に遡る[95]。以下、細川政権から小泉政権に至るまでの連立政権における政策決定の仕組みの変遷を見ていく。

①細川政権期の与党間調整手続き

政治改革法案をめぐる対立から自民党を離脱した小沢ら自民党の中核にいた人々によって結成された新生党と、社会、公明、民社など野党が連合して一九九三年八月、細川政権が成立する。七党一会派にまたがる与党間の政策調整手続きは、衆参両院に議席をもつ五党の幹事長・書記長クラス各一名計五名をメンバーとし、連立与党の最高

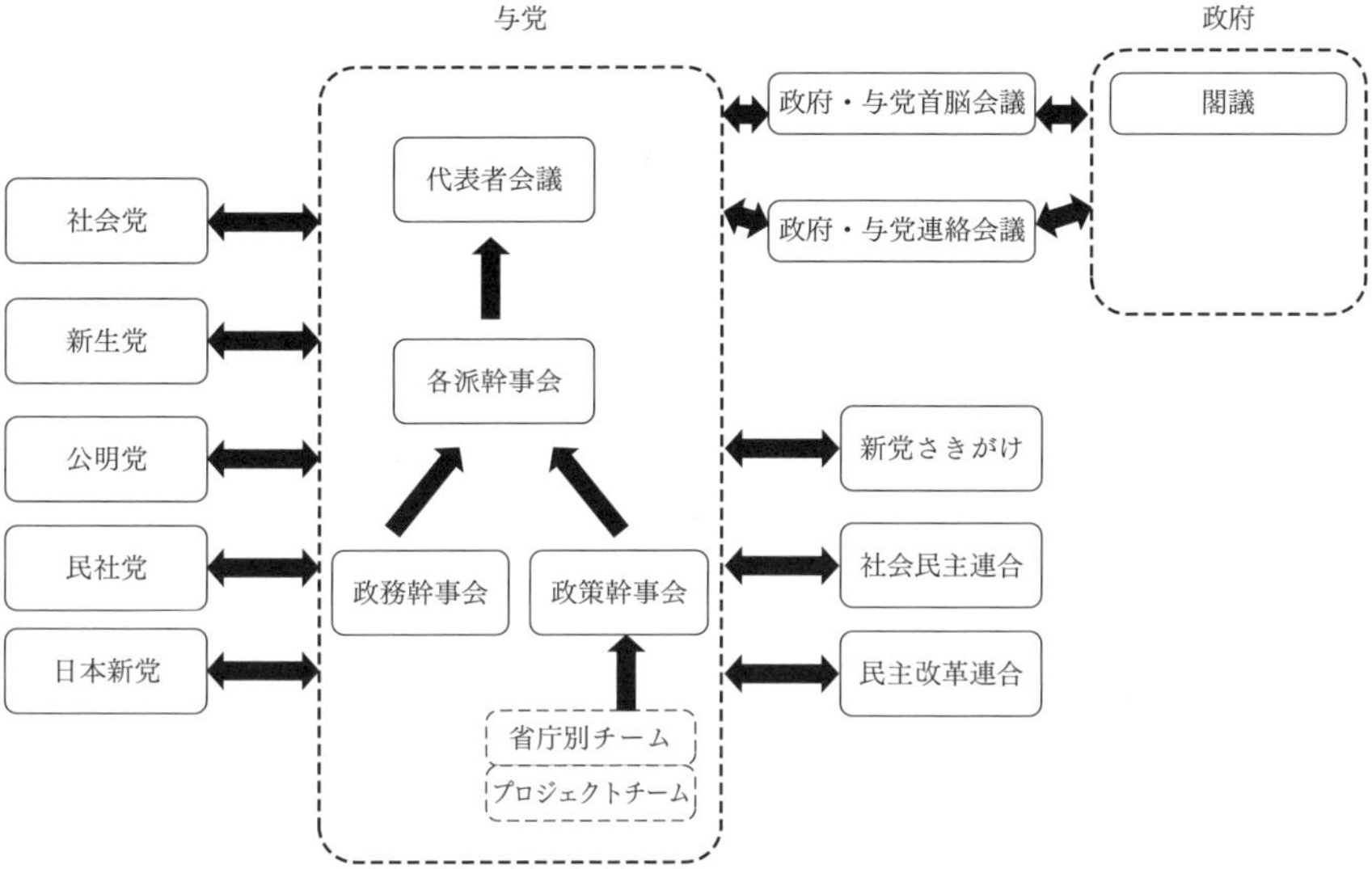

図 5-4　細川政権（1993 年 8 月〜94 年 4 月）における与党間調整手続き

出所）市民がつくる政策調査会『検証連立政権——転形期の政策決定システム』生活社，2007 年，9 頁；村川一郎『政策決定過程』信山社，2000 年，90–95 頁。

注 1）政府・与党首脳会議：政府側から細川護熙総理（日本新党），武村正義官房長官（さきがけ），羽田孜副総理・外相（新生党），石田幸四郎総務庁長官（公明党），大内啓伍厚生大臣（民社党），山花貞夫政治改革担当大臣（社会党），案件に応じてその他の大臣，与党側からは与党代表者会議の構成員。代表者会議：赤松広隆（1993 年 9 月から久保亘）書記長（社会党），小沢一郎代表幹事（新生党），市川雄一書記長（公明党），園田博之代表幹事（日本新党・新党さきがけ），米沢隆書記長（民社党）。政策幹事会及び政務幹事会：社会党，新生党，公明党，日本新党・新党さきがけ，民社党から各 1 名。

2）政策決定手続きは下からの積み上げを原則としつつも，代表者会議などのトップレベルで調整・決定されることもあった。

意思決定機関である与党代表者会議の下に、同じ五党からそれぞれ二名の代表者、計一〇名によって構成される各派幹事会が設置され、そのうちの半分は国会運営について調整を行う政務幹事、残りの半分は政策責任者である政策幹事とされる(図5-4)。政策幹事会は与党間で政策に関する調整を行い、政務幹事会は与党間で国会運営に関する調整を行い、これまでの与野党の折衝窓口となってきた国会対策委員会は廃止され、国会の議院運営委員会で協議されることが期待された。政策の意思決定の流れは、政策課題ごとに設けられたプロジェクトチームで関係省庁との調整を行い、それが政策幹事会で調整された後、代表者会議に上げられ、そこで決まったことが政府・与党首脳会議に報告され、政府と与党の間で調整が必要なものはそこで合意されるというボトムアップの手続きとされる。しかし、自民党的ボトムアップの手続きを否定する小沢は、しばしばトップレベルでの調整を先行させたようである。政府と与党の連携の場である政府・与党連絡会議[96]は、政府と与党の情報交換が中心となるのに対し、優越的議席数をもち主導権を握る政党のない多党連立の細川政権では、細川と与党主要五党派の幹部が参加する政府・与党首脳会議が実質的に重要な意思決定の場ともなっていたという。[97] 代表者会議や各派幹事会、政策及び政務幹事会で共通する特徴は、出席者が代表を送る五党については同数とされ、与党内では意思決定に対等に関わるとされたことである。この点は、閣僚が与党各党の議席数をベースに比例配分（首相を除き、社会党六、新生党五、公明党四、民社党、新党さきがけ、社民連は各一）されていたのとは異なる。

本政権で、与党各党の意見対立を抑えるなど、与党間の意見調整の中枢機能を果たしたのが代表者会議であった。この代表者会議において、「一・一ライン」と称された小沢新生党代表幹事と市川雄一公明党書記長、これに米沢隆民社党書記長が加わって大勢を決することが多くなり、与党第一党でありながら意見調整で不利な立場に置かれ、存在感を発揮できなくなった社会党が不満を抱くようになる。[98] 対外政策の面でも、この時期、北朝鮮の核疑惑問題が深刻化し、米朝交渉の難航から一九九四年春には米軍による海上封鎖の可能性が高まる危機的状況を迎えるが、与党内では、対米協力をめぐり積極的な対応を主張する小沢党首や市川書記長と消極的な社会党久保亘書記長が対立するなど、[99] 外交・安全保障政策は自民党政権の基本政策を継承するとしながらも、内包されていた与党各党の路線の相違が表面化する。次第に社会党の反発が大きくなるなど代表者会議による合意形成がうまく機能せず、国民福祉税構想の頓挫に見られたように与党内の確執も深刻となり、細川首相は就任後約八カ月であっけなく退陣を表明する。

細川内閣の後を継いだ羽田内閣は、発足直前に社会党とさきがけが連立を離脱したことで少数与党政権に転落しての発足となり、約二カ月で総辞職に追い込まれる。この過程で、社会党・さきがけの新生党・公明党に対する不

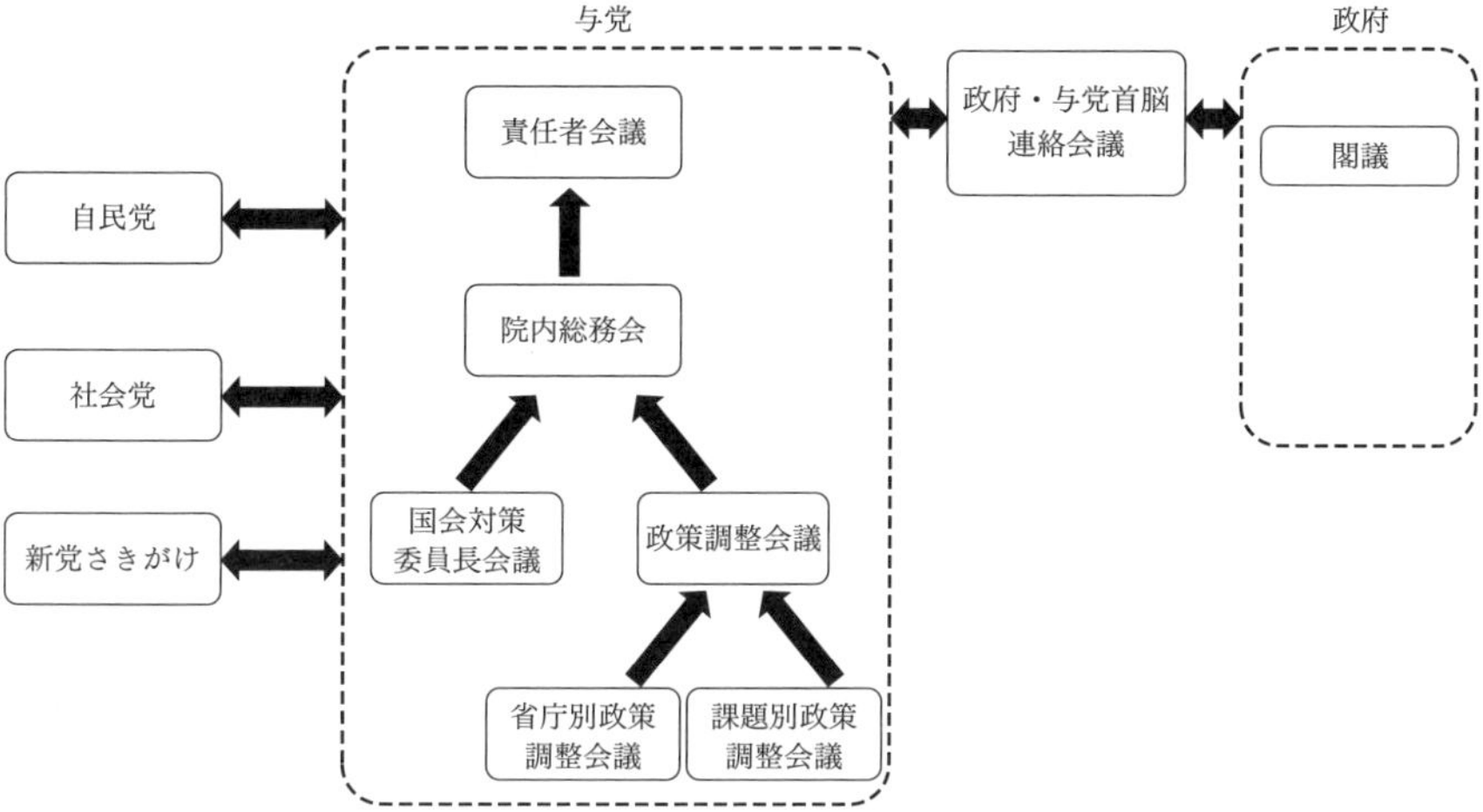

図5-5　村山政権（1994年6月〜96年1月）における与党間調整手続き

出所）市民がつくる政策調査会『検証連立政権』23頁；村川『政策決定過程』98頁；芹川洋一「権力の二重構造――日本政治のひとつの型」北村公彦他編『現代日本政党史録』第4巻，第一法規，2003年，457頁参照。

注）責任者会議：自民党5，社会党5，さきがけ3。院内総務会：自民党10，社会党7，さきがけ3。国会対策委員長会議：自民党4，社会党3，さきがけ3。政策調整会議：自民党3，社会党3，さきがけ2。省庁別19チーム及び課題別9プロジェクト：自民党3，社会党2，さきがけ1が原則。

信感が決定的となり、五十五年体制で反目し合っていた自民党への接近を促すことになる。

②村山政権期の与党間調整手続き

一九九四年六月、自民党は政権復帰を果たすため、自党よりもはるかに議席の少ない社会党の委員長村山に首相の座を差し出し、政策的にも社会党やさきがけに譲歩しながら三党による連立政権を発足させる。新生党など細川政権を支えた各党は一九九四年一二月に新進党を結成しており、共産党を除く政党勢力配置は、自民党、新進党、社会党やさきがけなどの三極構造となっており、自民党と新進党という拮抗する二大勢力の間で第三極が政権構成のキャスティングボートを握れる構造であった。

村山政権の与党間調整手続きは、細川政権のそれを基本的に踏襲しているが（図5-5）、特徴的なのは、与党協議機関への出席者が小政党に加重配分されていること、また、ボトムアップによる意思決定手続きを徹底したことである。閣僚人数は、自民党一三、社会党五、さきがけ二と、議席比分となっていたが、会議の構成比は、原則、自民党三、社会二、さきがけ一が基準とされる。社会党は当初、議席数に応じた比例配分（自民党六、社会党三、さきがけ一）を求めたとされるが、それでは自民党が過半数を制することになり、意思決定は全会一致原則とはいえ自民党がゴリ押しすることも可能となるおそれがあるとして、当時の森幹事長が「円満にやっていくためには、自民党が多数を占めていると受け取られない方がよい」と、自民側が自発的にメンバー数を減らしたとされる。(100) この割合は一九九四年七月一一日の与党責任者会議で「村山連立政権与党意思決定機構」として合意・確認される。

与党間調整では、細川政権時代の代表者会議に代わる最高意思決定機関として、各党の幹事長・書記長、政調・政審会長、参院代表らで構成される責任者会議が設置され、その構成比は自民党五、社会党五、さきがけ三とされる。その下には、新たに政策全般の協議・承認機関として、院内総務会（自民党一〇、社会党七、さきがけ三）が置かれ、その下には国会対策担当者で構成される国会対策会議（自民党四、社会党三、さきがけ三）と、政調会長・政審会長ら政策担当者によって構成される政策調整会議（自民党三、社会党三、さきがけ二）が設置される。

与党間の意見調整機関における各党の構成比が、議席比ではなく、与党間でより対等に近い比率、つまりは、小政党に有利な比率とされることは、この後の連立政権においても受け継がれていく。

意思決定の流れは、まず、省庁別政策調整会議または課題別のプロジェクトチームにおける審議、続いて政策担当責任者らによる政策調整会議、そして院内総務会、最後に責任者会議へと上げられるボトムアップ方式とされ、下位機関による政策調整を尊重する方針がとられる。(101) 政権発足当初は、省庁別に対応した一九の調整会議と、七つのプロジェクトチームが設置された。

細川政権で社会党が与党の決定手続きの閉鎖性に不信感を抱いたことへの反省として、院内総務会を設置し、政策決定の民主性・公開性を確保し、決定過程の透明性を高めたとされるが、実際に政権運営を行うにつれ、目玉であったはずの院内総務会が各党の意見調整としての機能を発揮せずに形骸化し、政策調整会議等でも、構成比では

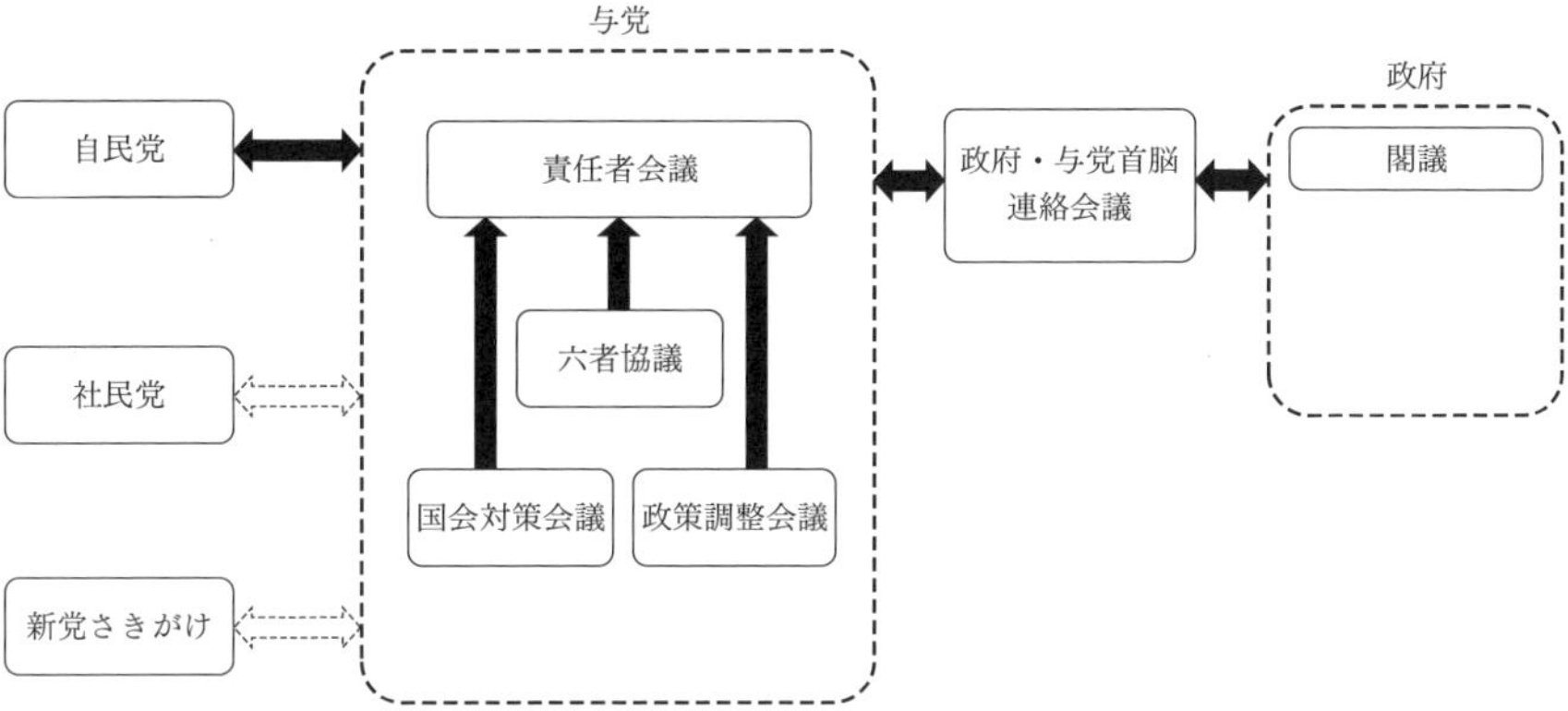

図 5-6　第 2 次橋本政権（1996 年 1 月～98 年 7 月）における与党間調整手続き

出所）市民がつくる政策調査会『検証連立政権』37 頁参照。
注）与党責任者会議：自民党 7，社民党 5，さきがけ 3。1997 年 6 月，社民党（1996 年 1 月改称）と新党さきがけは閣外協力を解消。

社会党やさきがけが有利になっていたにもかかわらず、自民党議員が主導するようになり、両党の影は次第に薄くなる。[102] 戦後五〇年という歴史的節目を迎えた村山政権では、その後の政権の歴史認識の礎となる日本の戦争責任を認めた談話を発表するなど、自民党と社会党の連立であったからこそ可能となった外交上の成果を残している。

③橋本政権期の与党間調整手続き

一九九六年一月、村山首相が突然退陣を表明したことを受け、三党連立を維持したまま橋本自民党総裁が首相に就任する。政策調整も前政権の手続きが踏襲され、最初の与党責任者会議で、加藤紘一自民党幹事長が与党機関の構成比率三対二対一の原則を含めて意思決定システムをそのまま運用していく意向を表明し[103]、社民党とさきがけは連立政権内での有利な立場を維持する。

同年一〇月二〇日に小選挙区比例代表並立制下で実施された初めての衆議院総選挙で社民党とさきがけは惨敗、自民党は議席を増やすが単独で過半数は確保できず、第二次橋本政権では社民党とさきがけは閣僚を出さないものの与党として政権を支える閣外協力に転じるが、基本的な与党間調整の枠組みはそのまま継続される[104]（図5-6）。ただし、社民党とさきがけの議席数減少を受けて、省庁別や課題別の会議を廃止して政策調整会議に一本化、構成比も変更（自民党六、社民党三、さきがけ二）、また、三党幹事長、政調・政審会長をメンバーとする六者協議を新たに設置する。第二次橋本内閣発足直後は六者協議や政策調整会議で三党による政策調整や決定が行われるが、社民及びさきがけは個別の法案に関与する余力がなくなり、自民党主導がさらに加速する。(105) 政策面でも日米安保の再定義やそれを反映させた日米防衛協力のためのガイドライン改定等で自民党と社民党の軋轢が生じていたが、さらに沖縄問題をめぐり両者の対立が先鋭化する。一九九七年四月、政府は在日米軍基地として提供する土地の地主が契約更新を拒否しても強制的に使用を継続できるようにするための駐留軍用地特措法改正案を閣議決定するが、これに社民党は反発し、反対に回る。橋本首相が小沢新進党党首の協力を取り付け、同法改正案が可決されたことで、社民党は自民党への不信感を募らせる。自民党は新進党からの離党者等を吸収して議席数を増やす一方、与党調整機関の開催も激減するなど社民党やさきがけとの距離感が広がり、同年六月、二党は閣外協力を解消する。

同年九月に発足した第二次橋本改造内閣では、つかの間の自民党の単独政権となり、内政外政ともに橋本首相がリーダーシップを発揮して一定の成果を上げるが、この状態は長くは続かず、消費税増税や医療費引き上げ等による景気後退の影響で、一九九八年七月の参院選で自民党は大敗する。

なお、新選挙制度の下で政権交代を目指していた新進党であったが、得票を伸ばすことができず、むしろ離党者が相次ぐ事態となり、遅れて合流するはずであった公明党の翻意をきっかけに一九九七年末に解党される。一部は公明党や新たに小沢が結成した自由党に流れるが、一九九八年四月、鳩山と菅直人らが社民党とさきがけの一部の議員と一九九六年九月に結成した民主党に多くが合流し、新進党に代わり二大政党の一翼を担うようになる。

④小渕政権期の与党間調整手続き

参議院において与党過半数割れの状態でスタートした小渕政権は、発足直後から世界的な金融危機への対応に迫られ、苦しい政権運営を強いられる。金融機関の破綻を防ぐために公的資金の投入を可能とする金融早期健全化法

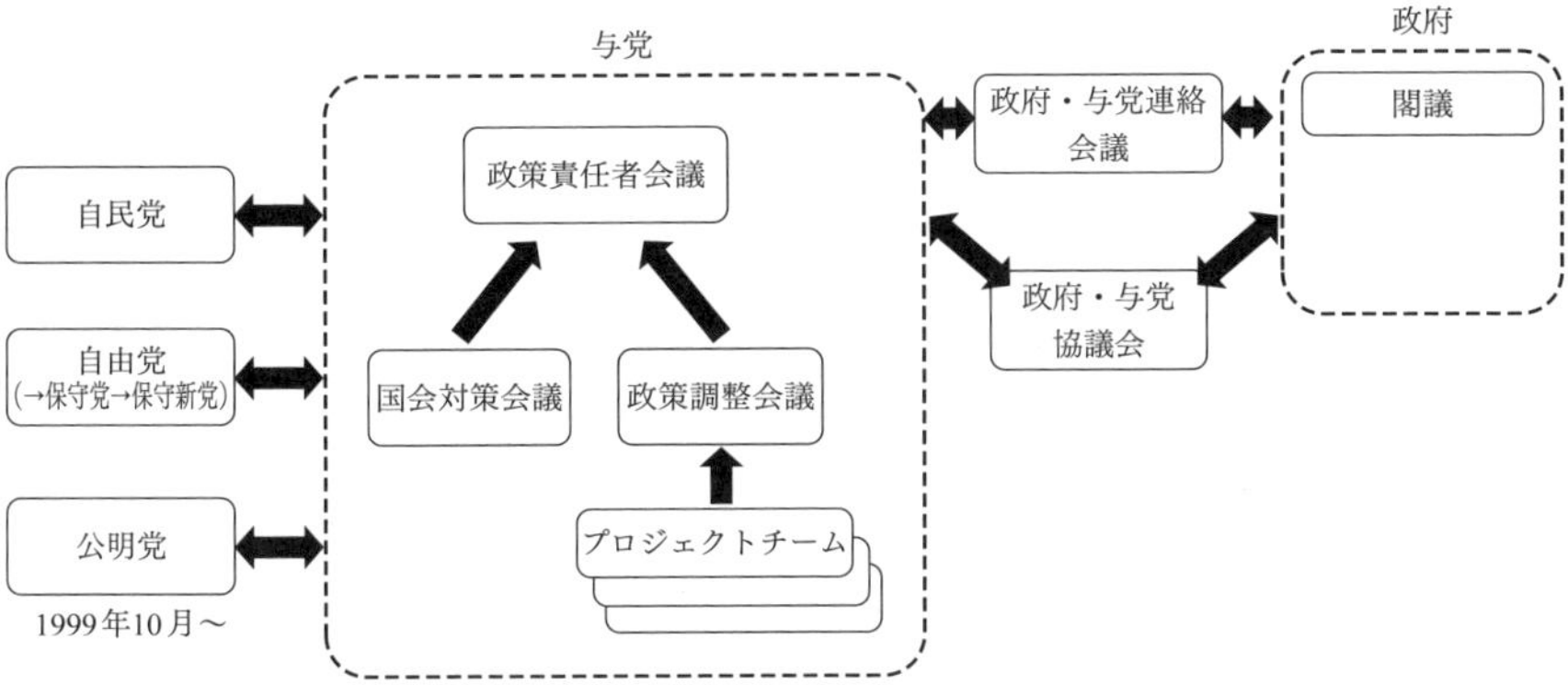

図 5-7　自民党・自由党（保守党・保守新党）・公明党における与党間調整手続き（1998年11月～2003年11月）

注）自民党と自由党は1998年11月，連立に基本合意し，1999年1月から自自連立政権樹立，10月に公明党が参画し，自自公連立になる。その約半年後の2000年4月に自由党は連立から離脱し，その一部が保守党として政権に参加，2002年に保守党は保守新党と改名する。政策責任者会議：幹事長，政調会長ら党3役がメンバー。

案を平和・改革（現公明党）と自由党の協力を得て成立させたことをきっかけに、自民党は自由党と公明党に接近する[106]。小渕首相はまず、一九九九年一月一三日に自由党と連立合意を締結し、翌日、自由党から一人入閣させて自自連立による改造内閣を発足させ、公明党とは政策協議を続ける。五月には、日米安保再定義を反映させたガイドライン関連法案の成立に野党であった公明党が協力し、三党連立への道筋をつけ、一〇月、自民党・自由党・公明党による三党連立が実現する。これまでの連立政権では、安保関連政策がきっかけで与党内の足並みが乱れ、連立崩壊につながることもあったが、自自公三党は、ガイドライン法案の成立を契機に、連立政権樹立へと足場を固める。

一九九九年一〇月に発足した自自公連立政権における政策決定機関およびその手続きは、自自連立発足時に合意されたものがそのまま活用され、三党政策責任者が集まって、次の事項が合意される[107]（図5-7）。

法的措置を視野に入れた政策協議は、①政策責任者会議の下に、必要に応じてテーマ別のプロジェクトチームを設置、または②テーマによってはプロジェクトチームを立てずに必要に応じて政策責任者会議に専門議員を加えて協議する。

内閣提出法案は各党が党内手続きを進め、終了した時点で政策責任者会議に報告、それをもって与党手続きの終了とし、修正等の要求があり三党の了承がそろわなかった場合は、同会議で協議・調整して決定、その後、三党の党内手続きを踏む。

議員立法は、三党の共同提案を原則とする。

この合意に則り、幹事長、政調会長らがメンバーとなる政策責任者会議の下に国会対策会議及び政策調整会議が設置され、さらに、政策テーマ別にプロジェクトチームが設置される。[108]
自自公連立政権は、各党の重点政策の相違等により発足直後からプロジェクトチームの大半が休眠に陥るなど政策調整が滞る。[109] とりわけ、公明党との連立で参議院での過半数を達成した自民党は、政党再編を狙う自由党が繰り出す要求の実現に消極的になり、痺れを切らした小沢率いる自由党は二〇〇〇年四月一日、連立から離脱、自由党は分裂し、一部は保守党を結成して与党に残る。
自自公政権は短期で終焉を迎えるが、この与党調整機関の枠組みは、その後の森政権、小泉政権へと引き継がれていく。また、これまでの連立政権は政党の存在意義にも直結する憲法や安全保障政策に関する基本理念の相違から、必要に迫られるまでは安全保障関連政策は回避してきたのに対し、自由党は政権内の重要課題として積極的に安全保障政策を位置づけたことが功績として挙げられるであろう。[110]

⑤森政権期の与党間調整手続き

自由党が連立離脱を決めた二〇〇〇年四月一日の深夜、小渕首相が脳梗塞で倒れて昏睡状態に陥り、自民党幹部による後継者選びが行われ、四日、小渕内閣は総辞職し、森喜朗内閣が発足する。自民、公明、保守党の幹事長は会談を開き、一九九九年一〇月四日の自自公による政策合意を踏襲し、連立政権を発足させることを確認する。三

表5-2　自民党・公明党・保守党連立政権発足時に設置された協議機関（2000年4月）

	自民党	公明党	保守党	政　府
政府・与党整備新幹線検討委員会	野中広務，亀井静香	冬柴鉄三，坂口力	野田毅，井上喜一	青木幹雄官房長官，宮沢喜一大蔵大臣，二階俊博運輸大臣，保利耕輔自治大臣
税制協議会	桜井新，津島雄二，久世公堯	枡屋敬悟，北側一雄，日笠勝之	安倍基雄，西田猛，星野朋市	
金融問題に関するPT	相沢英之，宮本一三	石井啓一，谷口隆義，西川知雄(ク)	安倍基雄，星野朋市	
国会改革に関するPT	赤城徳彦，熊代昭彦，阿部正俊	倉田栄喜，東順治，浜田卓二郎（ク）	西野陽，西田猛，泉信也	
少子化対策検討会	衛藤晟一，鈴木俊一，塩崎恭久，木村仁	遠藤和良，福島豊，山本保，西川知雄（ク）	吉田幸弘，西田猛，松浪健四郎，入澤肇	
安全保障に関するPT	久間章生，石破茂，浅野勝人，鈴木正孝	赤松正雄，佐藤茂樹，益田洋介，浜田卓二郎（ク）	安倍基雄，三沢淳，松浪健四郎，月原茂皓	

出所）『日本経済新聞』2000年4月11日朝2面；『公明新聞』5月1日2面参照。
注）2000年4月に設置された16協議機関の一部抜粋。必要のなくなったプロジェクトチーム（PT）は廃止され，検討を要する重要施策に関するPTがその時々で追加される。（ク）は改革クラブ。

党連立の枠組み及び合意された政策は引き継がれるが、政権の中枢が公明党を連立に引き入れた立役者である小渕首相や野中官房長官ら旧竹下派から、自主憲法制定を掲げるなど思想的にタカ派の議員が多く所属する清和会へと代わり、この後も清和会出身の首相が続く。

与党三党は、政権発足直後に政策責任者会議で重視する政策課題を整理し、一六の政策課題に対応した協議機関を設けることで合意する。これらの与党協議機関は、表5-2で示されているように、与党各党からほぼ同人数の出席者で構成されており、原則、三党が対等な立場で議論できるように配慮されている。

森首相の就任に至る過程が自民党幹部の密室協議で決定されたとして、森内閣は発足当初から国民の支持率は低く、失言や閣僚の不祥事等も加わり支持率は低下の一途をたどり、二〇〇一年四月、森首相の退陣を受けて行われた自民党総裁選を制した小泉が内閣総理大臣に就任する。

（3）小泉政権期の調整手続き――二〇〇三年以降

二〇〇一年四月、小泉首相は自民党・公明党・保守

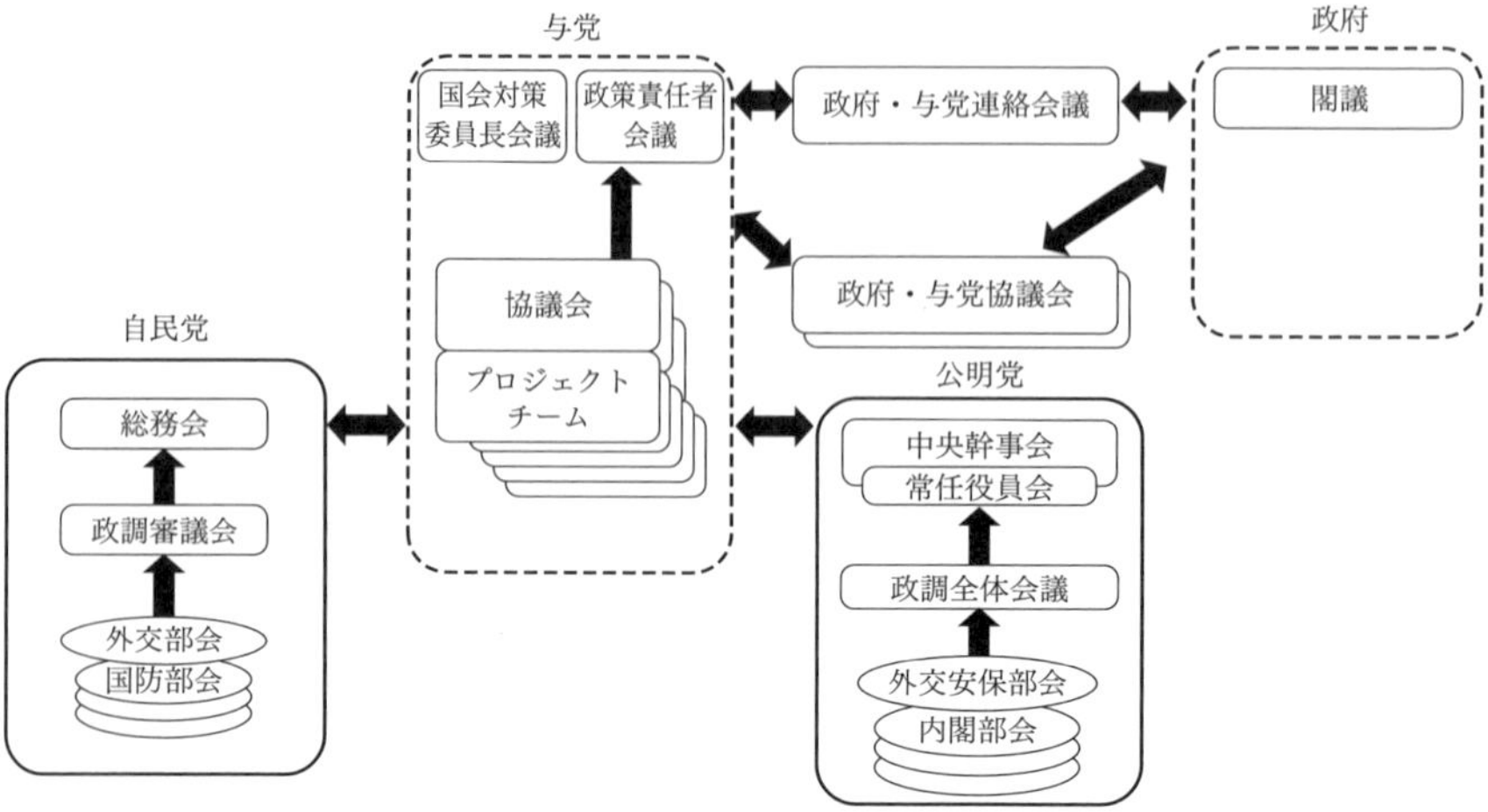

図 5-8　自民党・公明党の調整手続き（2003 年 11 月〜09 年 9 月）

注 1）政策責任者会議：自民党・公明党の政調会長，政調会長代理幹事長，参院政審会長ら（自民党 5 名，公明党 4 名）。政府・与党連絡会議：首相，内閣官房長官，主要閣僚，党首，幹事長，国会対策委員長らが出席。政府・与党協議会には，定例で内閣官房長官や幹事長等が出席し国会運営も含めた政権課題全般を話し合うものと，個別政策に関し実務担当者を中心に必要に応じて設置されるものがある。

2）政策決定手続きは下からの積み上げを原則としつつも，政策責任者会議等での連立与党執行部の了承が先行し後から与党の党内審査手続きがとられる場合もあった。

党（二〇〇二年一二月より保守新党）による三党連立の枠組みを引き継いで政権を発足させる。二〇〇三年一一月九日の衆議院総選挙で保守新党が惨敗し自民党に合併され、一一月一八日、小泉首相と神崎代表は連立政権合意に署名し、自民党と公明党の二党による連立政権へと移行する。

二党連立政権での政策調整は、連立与党がほぼ対等となるような構成をもとに、全会一致、ボトムアップ方式など、これまでの連立政権の決定手続きを踏襲する（図5-8）。具体的には、政策責任者会議（自民党政調会長ら五名、公明党政調会長ら四名）を最高意思決定機関とし、意見調整を必要とする個別政策については与党協議会やプロジェクトチームを設置する。二党連立政権となって初の与党政策責任者会議で、乱立している与党協議会等を見直し、二四機関あった与党協議会やプロジェクトチームを、税制、年金の二協議会と安全保障、司法制度改革など一〇のプロジェクトチームに整理することで合意する。[11] 当初、自民党はプロジェクトチームを全廃する方針だったが、公明党側が与党幹部の協議だけでは自民党主導になると難色を示し一部存続となったとされる。[112] プロジェクトチームは自民党から五名、公明党から四名とされることが多く、また各党の方針から逸脱しないよう両党の部会長をメンバーとする等、構成・運営が配慮されている。[113] その後、自民党と公明党では、個別政策ごとに、まず実務担当者を中心とする与党協議会やプロジェクトチームを設置し、最終決定は政策責任者会議で行うという流れが定着し、与党協議会やプロジェクトチームは両党の意見調整の中心的な役割を果たす。

自民党と公明党の意見調整に与党協議会等の協議機関の活用が主流となった背景には、公明党が自民党と連立を組んで政権入りして以降、公明党が自民党をモデルに党内組織体制を整え、幹事長や政調会長といった党幹部の個人的調整力に依存するだけでなく、実務担当者レベルでまずは意見調整を行い、それを責任者会議で決定するという調整手続きの組織化が定着したことが挙げられるであろう。この傾向は、実際に本事例が対象とした対外政策の調整過程でも観察することができる。二〇〇一年九月のテロ特措法制定時にはテロ対策協議会、イラク開戦直前の二〇〇三年三月にはイラク・北朝鮮問題連絡協議会、二〇〇七年九月の補給支援特措法制定時にはテロ対策特措法プロジェクトチームと、懸案が浮上するたびに与党では調整機関を新設するが、その機能は二〇〇一年時と二〇〇七年時とでは大きく異なっていた。二〇〇一年の時は、自公保が政権を樹立して約一年半しか経過しておらず、特に外交・安全保障分野については三党で意見調整があまり行われていない段階で、テロ対策協議会は与党の合意を確認する場として実質的な意見調整は与党三幹事長が担っていた。イラク・北朝鮮問題連絡協議会も同様、形式的な確認や承認の場としての役割が中心であった。しかし、二〇〇七年の補給支援活動の延長時には、自公でテロ対策特措法プロジェクトチームが設置され、政府からの骨子案の説明、内容協議、要綱の了承等プロジェクトチームが何回かにわたって開催され、与党間の実質的な意見調整にも一定の役割を果たしたといえよう。テロ特措法やイラク特措法制定等への対応を経て、安全保障上の主要な課題は自公の政務調査会長の下にプロジェクトチームを作り、必要に応じて政府を交え、方向性をすり合わせる方法が慣例化したとも指摘されている。[114]

自公保時代の安全保障政策をめぐる与党間の調整は、緊急事態への対応という時間的制約もある中、三党の幹事長の個人的な調整力に依拠するところが大きく、与党協議機関は形式的な合意の確認の場であった。三幹事長の調整力は、時として、ボトムアップで与党各党の了承を経てから与党間調整へと流れるプロセスを逆転させ、与党間調整を優先するトップダウンでの決定を可能とした。しかし、自公の与党内調整が組織的に行われる潮流が強まるのと入れ替わりに、幹事長や政調会長による属人的な調整はかつてのような機能をもたなくなる。公明党の冬柴幹事長と個人的に良好な関係を築き与党間調整を担ってきた自民党の山崎は自公連立となる直前に幹事長を退き、安倍、武部勤と続くが、両党の幹事長の個人的な関係はあまり深まらなかったようである。

外交・安全保障政策を含めたすべての政策を対象に、自民党と公明党がほぼ対等に参加者を送る与党協議会やプロジェクトチームで協議を積み重ね、責任者会議で最終決定するというメカニズムの定着は、小政党である公明党が個別政策についての意見を大政党たる自民党に主張する重要な装置となっていたといえよう。

個別の政策課題を与党間で調整する与党協議会に政府を交えた政府・与党協議会も設置される。二党連立開始直後は、政府・与党協議会では「政府・自民」対「公明」になるのを警戒し、公明党はほぼ同人数の実務者で構成される与党協議会やプロジェクトチームを志向したともされるが[115]、次第に政府が主導する政策に与党として対抗する、あるいは積極的に関与する手段として、政策テーマ別の政府・与党協議会が活用される[116]。また、日常的政治課題や突発的な案件、あるいは選挙など幅広い案件についての情報共有には、政府側から首相や主要閣僚、与党からは党首、幹事長、国会対策委員長らが出席する政府・与党連絡会議が定期的に開催される。この会議は自民党単独政権時代に政府に反発する与党勢力と政策調整を行う必要性に迫られて設置された経緯からもうかがえるように、政府が与党の意向をうかがう場としての役割もあり、例えば、公明党が小泉首相の衆議院解散の意向を探ったり、国会召集日や会期を提案したり、小泉首相の靖国神社参拝に抗議したりと、自民党よりも政権に足がかりが少ない公明党が政府首脳から情報を収集する、あるいは公明党側の要望を伝える上で重要なツールとなっている。さらに定例で政府側から内閣官房長官、与党側から幹事長等が出席し国会運営等も含めた政権課題を話し合う政府・与党協議会も開催される。

自公連立政権における与党調整手続きが確立するまでの過程を細川政権に遡って追ってきたが、連立政権における与党間調整手続きは、自民党が単独政権時代に政府に対抗し、与党として政策への関与を高める手段として発達させた事前審査手続きをベースに、連立与党幹部による承認を上積みする形で発展してきたといえる。自民党が構築してきた事前審査手続きは、連立政権入りした他の政党にとっても自分たちの政策を実現させる手段として魅力的なものであったろう。各党は自民党の党内手続きに即した審査手続きを整備し、さらに、そこに連立パートナーとしての「対等性」を持ち込むことに成功する。組織間の交渉では、党首会談や幹事長会談など組織を代表する者どうし、あるいは同レベルで同様の役割を担っている者どうしの会談としてセットされるのが一般的で、そこでは出席する人数や意思表示の仕方、合意の手続きは、その組織の大小に関わらず対等となる場合が多い。公明党は、党首会談や幹事長会談等の幹部どうしの協議だけでなく、与党協議会やプロジェクトチーム等の協議機関にも対等性を持ち込む。国会の審議では、各政党は議席獲得数に合わせて議席配分を受け、多数の意思の確認に重点が置かれた制度となっており、例えば、第一五八回臨時国会のテロ対策特別委員会における定員四五名の内訳は自民二三、民主一三、公明三、共産二、社民二、保守一、フロンティア一と、公明党は四五名中わずか三名で、質疑の時間は議席率に比例し、議決方法も多数決で、少数党の影響力はかなり減殺されることになるが、非公式な手続きである与党協議では議席比による拘束を回避することができる。公明党は、立法機関における正式な審議手続きに移行する前に、与党間で協議を行い、対外政策も含め関心を寄せるすべての政策を対象に自民党と意見調整を行うことで、影響力を行使してきたといえる。

連立小政党が大政党と対等な立場での意見調整を実現するため、閣議等の法定された正式な手続きではなく、非公式な与党会合を活用する手法は、小政党が大政党に対して影響力を行使する有効な手段として他の連立政権でも例が見られる。[117] 日本と同様に閣議における与党や行政機関の意見調整機能が弱いとされるドイツでは、意見調整の場として非公式の会合が多用されており、[118] その中心的な協議機関が、与党党首や幹事長、連邦議会議員団長、首相、関係閣僚等からなる連立委員会（Koalitionsausschuss）とされる。[119] 連立委員会では、政策の全体的な方向性や重要政策の決定、連立合意からの政策変更、連立ガバナンスの問題等が主な議題とされる。[120] 連立委員会への各党の参加人数や決定ルールなどは法律上で規定されておらず、連立与党が対等な立場で参加できることから、小政党側が活用を求める傾向にあるのに対し、大政党側は憲法上の根拠が明確ではなく、議会に直接的な責任を負わない裏の政府による支配を招くとの批判があることを理由に、開催を制限しようとする傾向のようで、連立政権によって開催頻度や作業グループの設置など活用状況は異なるようである。[121] 例えば、一九六一年選挙後のCDU／CSUとFDPとの連立政権では、CDU／CSUが恣意的判断で連立委員会の開催を制限するため、FDPが要請して、連立委員会が連立協定に明文化されるが、一九八二年選挙後のCDU／CSUとFDPによる連立政権では、コール首相がFDPを尊重する姿勢を示し、与党党首会談が政権運営の実質的な中枢に据えられたことから、連立協定で連立委員会について規定されなかったという。[122] 一九九八年、緑の党とSPDの連立政権の際に連立委員会は再び連立協定に明記されるが、この時、緑の党は定期開催を要望するものの、SPDが拒否し不定期開催となったとされる。[123] なお、二〇〇九年のCDU／CSUとFDPの連立協定では、連立委員会の定期（毎週）及び不定期（要請があった場合）開催と、参加者（党首や幹事長、議員団〔会派〕団長や幹事長、首相、財務大臣等）が明記されている。

連立政党間の調整を、党首会談とするのか、与党の話し合いで設置する連立委員会などの会議体とするのか、そこでの決議を多数決とするのか全会一致とするのかなどの変更は大政党からの抵抗が少なく、小政党が大政党との交渉によく活用する手法とされる。[124] つまり、ドイツの連立政権では、FDPなどの小政党が閣僚の数や関心のある政策に直接的影響力を有するポストの獲得とあわせて、与党間の意見集約を小政党と大政党が対等で議論がしやすい非公式の会合で行うことで大政党に対抗し、小政党の選好を政策に反映させようとしてきたといえる。非公式の与党間協議には、重要な課題に迅速かつ、柔軟に対応できるメリットがある反面、その手続きは公式に規定されたものではなく、小政党の実現している対等性は選挙における有権者の選択を蔑ろにするものであり、有権者や国会に対する政府の説明責任が曖昧になるという問題が指摘される[125]。

日本の自公連立政権では、公明党から輩出される大臣は一人で、それも、必ずしも公明党としてこだわりの強い政策に直結する分野のポストとはなっておらず、閣僚の人数やポストが小政党の大政党に対する影響力のバロメーターとすると、自民党に対して公明党は十分な交渉力を発揮できていないことになる。しかし、非公式の与党間協議を見ると、政策ごとに設置される協議会やプロジェクトチームで自民党と公明党の実務担当者がほぼ互角に意見を主張し合い、その結果が与党政策責任者会議や党首会談で調整・決定され、時には政府・与党協議会等を通じて政府側にも直接要望を伝えるなど、小政党であっても与党として意見を政策に反映できる仕組みが組織的かつ綿密に構築されている。さらに、この与党審査の対象は閣議にかかるすべての案件で、閣議決定前に審査を終了させることが慣例となっており、与党が政府の政策決定に対抗するための有効な装置となっているといえよう。連立政権に参加する政党が、内閣を構成する大臣、大臣を補佐する副大臣や政務官に所属議員を送り込むことで、その選好を政策に反映させるというのは、裏を返せば、所属議員を送り込んでいない分野の政策には影響力を行使できないことになる。公明党は、これまで外務大臣にも防衛大臣にも所属議員を輩出していないが、この与党間調整のメカニズムにより、テロ特措法やイラク特措法といった外交・安全保障関連分野についても、政府の法案作成の段階から党としての主張を入れ込み、あるいは党の主張に反するものに削除要求を出すなどして関与し、立法過程のみならず、自衛隊の派遣手続きといった実務にも影響力を行使してきた。要するに、公明党は閣僚ポストによる政策への影響力の行使にはあまり期待しておらず、政策決定過程に組み込まれる非公式の与党間協議に対等性を持ち込み、自民党への政策面における交渉力を確保してきたといえよう。

（4） 与党間の監視体制

これまで連立与党間はどのように異なる選好を調整し、政策に反映させているのかを見てきたが、最後に連立与党が異なる選好を与党間で調整せずに勝手に政策に反映させるということはないのか、連立パートナーを監視する制度的手当てはあるのかを見ていきたい。

連立政権では、連立を組む政党から閣僚が輩出されることを前提としている。そのため、政策選好の異なる政党から選出された大臣が、それぞれ行政分野の長として所属政党が志向する政策を実現しようとする可能性がある。単一政党からすべての閣僚が選出されている場合は、所属政党にそぐわない行動をとったとしても党内での処罰で対応可能であるが、連立政権の場合は、他党所属の閣僚に対するコントロールが及びにくいことから、大政党をプリンシパル（依頼人）、小政党をエージェント（代理人）に見立てたプリンシパル・エージェント問題があるとして、連立政権に関する研究の高い関心を集めている。[126] なかでも連立パートナーをいかに監視するか、連立パートナーに所属する大臣が連立合意を忠実に実施しているかをどのように監視するかが一つの論点となっており、制度的な担保の方法として、主に副大臣の任命や議会の専門委員会を通じての監視、また連立合意による監視が挙げられる。[127]

①副大臣等による監視

連立パートナーからの副大臣の任命は、連立与党間の情報の非対称性の解消に役立ち、外部から監視する役割を果たすとされる。[128] 大臣は分担管理の原則によりそれぞれ担当の所掌事項について専ら権限を有し、他の大臣は干渉をしないのが原則であるが、連立政権において連立パートナーに所属する大臣をどのようにコントロールするかという問題について、M・ティエスはドイツ、イタリア、日本、オランダの連立政権の大臣と副大臣の所属政党を比較し、制度的に大臣に対する監視が充実しているドイツでは、同一行政機関の大臣及び副大臣が同じ政党に属している場合も少なくないが、他の三カ国では、大臣と副大臣の所属政党が異なる場合が多く、大臣の行動を他党が副大臣のポストを通じて監視していると指摘する。[129] ドイツが制度的に大臣に対する監視が強いとされるのは、“chancellor democracy（宰相民主主義）"と呼ばれるように首相の権限が強いこと、中央集権的な日本やイタリアと異なり連邦制であるドイツでは、州政府に対する連邦政府の権限は限定的で、州政府の代表によって構成される連邦参議院（上院）は州政府に影響を与えるような法案についての事前承認権を有するなど、連邦大臣に拒否権をもって監視する権限があること、さらに連邦議会（下院）に設置される委員会は専門性が高く、委員長とは異なる与党所属の大臣がトップとなっている行政機関からの政府提出法案を無批判で受け入れることはないとされるほど活発な審議が行われるとされることなどによる。[130] 日本に関しては一九九三年から九六年の細川・羽田・橋本内閣における大臣と政務次官[131]を分析対象としており、各省庁に配属された政務次官は、ほぼ大臣とは別の連立与党から選出されているとし、一九六四〜九〇年の自民党単独政権時は、大臣と政務次官とは別の派閥から出されていることが多かったとも付記している。[132]

②議会による監視

議会の政策分野別の専門委員会は法案をチェックするだけでなく、連立与党間の監視機能も有しているとされる。L・マーティンとG・ヴァンベルクは、連立与党間で政策に関する意見の相違が大きい場合、当該政策を所掌する大臣の所属政党ではない与党は、対抗策を通じて特定の政党や閣僚が過大な影響力を行使するのを阻止するのではないかとの仮説を立て、オランダとドイツの政府提出法案を分析する。[133] そして、連立与党の間で意見対立のある政策に関する法律案は、当該政策を担当する大臣の所属政党とは別の連立政党から議会修正の要望が出され、修正される可能性が高いとの結果を発表している。また、副大臣が大臣とは別の連立与党所属の場合は、議会に法律案が提出される前に副大臣を通じて副大臣所属政党の意見が反映されることが想定されることから、議会での修正は減少するとの仮説を立てる。そして、大臣とは別の与党所属の副大臣が存在しない場合に比して議会での法案修正が少ないことから、法律案を議会に提出する前に副大臣が所属政党の主張をそれに反映させており、抑止として有効に機能しているとする。なお、政策選好の異なる野党が存在する場合の議会での修正状況についても検証しているが、有意差はなかったとし、野党が政策において実際に行使できる影響力は意外と小さいとも結論付けている[134]。

③連立合意による監視

多くの連立政権では政権樹立の前に、政権に参加する連立与党間で政策課題や重要政策の取り扱い等に関する合意がなされる。連立合意の主要な目的は、連立与党間で政策の優先課題や内容、決定手続きに関する意見を調整し、政権運営にあたっての意見の相違やリスクを事前にできるだけ抑え込むことにある[135]。連立合意で事前に政策の細部や潜在的問題をできる限り調整して規定すれば、連立政権発足後の調整や監視の必要性が少なくなり、逆に、連立合意に詳細を盛り込まない場合は副大臣による監視等に頼ることになるが、一九七〇年代以降は、事前調整メカニズムとしての連立合意による監視と政権発足後の制度的担保を両方組み合わせる政権が増えているという[136]。

ドイツでも、首相の権限や議会での制度的な担保に加え、詳細な連立協定を結ぶことで、各大臣への政策面における裁量に縛りをかけている。例えば、二〇〇九年のCDU／CSUとFDPの連立協定では、一五八頁にわたって内政・外政を含めた政権が重視する政策の詳細や政権運営方針について記載しており、アフガニスタンを例に挙げると、「ドイツの国際的責任」として、ドイツが関与する意義を説明し、現在実施している政策の継続と、今後の方向性としてアフガニスタン国軍・警察の訓練にさらに努める、パキスタンの安定化のための支援の実施、特使の任命等の具体的施策が並ぶ[137]。

連立合意が与党間の意見対立を事前に解消し、政権の安定をもたらす効果については、C・モウリーらが連立合意の役割についてドイツの大臣経験者ら一九人に意見聴取をしており、ほぼ全員が連立合意に事前の紛争解決機能を認め、政策課題設定としての評価も高かったとされる[138]。また、連立合意を制約とする見方もある一方、大臣の行動に権限を与える源泉であるとの意見、さらに、小政党所属の大臣経験者は、連立合意は自分の所属政党も含めて与党から大臣を守ってくれるものとの見解を示していたという[139]。

④日本における与党間の監視体制

制度的監視体制や詳細な連立合意の策定など、西欧諸国の連立政権では与党間の意見対立を前提にその対応策が定着しているようであるが、日本の与党間の監視体制はどうなっているのであろうか。まずその前提として、日本の連立与党間にプリンシパル・エージェント問題が起きるのかという点であるが、各省庁の大臣は分担管理する行政事務の責任者であるものの、政策立案は官僚が主導し、大臣は各省庁官僚の代理人とみなされるなど、統制権は弱く、独自の政策を主導するようなことは想定しにくいといえよう。それでは日本の連立与党間ではプリンシパル・エージェント問題は起きず、大政党は小政党に全幅の信頼を寄せているのかというと、そうともいえないことが、大臣と副大臣を与党間でクロスさせる人事にあらわれている。

政府の中の政治任用ポストには、二〇〇一年の中央省庁改編前は大臣と政務次官、改編後は大臣、副大臣、政務官の三ポストが当てられている。政治任用ポストにおける出身政党の組み合わせを見ると、ティエスが指摘しているように、大政党である自民党は自民党どうしの組み合わせがあるが、大臣と政務次官が同じ小政党所属という組み合わせはない。また、二〇〇一年以降については、大臣と副大臣あるいは大臣と政務官という組み合わせは、基本的に自民党と公明党、自民党と保守党（保守新党）といったクロスした組み合わせとなっている[140]。一方で、他の連立政権で見られるような、副大臣を通じてその行政分野の情報格差を解消したり、政策に所属政党の主張を反映させるという必要性は乏しく、こういった機能は事前審査制度で担保されており、同制度が与党間の監視機能を果たしているともいえよう。

その他の国会審議や連立合意による監視機能はどうであろうか。

日本の国会審議では、事前審査により、与党の意見対立は法案が国会に提案されるまでに集約されており、国会での採択には党議拘束も加わることから、国会内で与党から法案修正が提案されたり反対意見が述べられるということは原則、想定されていない。実際、イラク特措法のように公明党がかなり慎重となっていた法案審議においても、公明党議員からの質問は政府に対して「確認」や「注意喚起」にとどまっており、厳しく追及するという姿勢は見られず、法案の修正を要求するということは起きなかった。

また、日本の連立政権も政権発足前に連立合意を策定しているものの、政策の中身にまで至るものはあまりなく、ましてや連立パートナーの監視機能への意識は希薄といえよう。多くの場合、連立合意は政権が取り組もうとする重要課題が列挙されているのみで、その課題への具体的対応策までは記載されていない。特に外交・安全保障分野についての言及はあまりなく、あっても項目の列挙など限定的記載にとどまっている。

例外的に、連立合意に比較的細かく政策課題が列挙されていたのが、自民党・自由党・公明党の連立発足時である。

自自公連立政権樹立時に「三党連立政権合意書」とともに結ばれた「三党連立政権政治・政策課題合意書」では、経済、社会保障、安全保障、政治行政改革、教育環境その他の重要事項と分野別に個別の政策が列挙されており、例えば、安全保障分野では、有事法制を念頭に置いた緊急事態への対応や、領域警備に加え、国際協力として「PKF本体業務の凍結を解除するための法的措置を早急に講ずる。PKO訓練センター等の誘致を図る」、等の具体策が列挙される（「三党連立政権合意書」及び「三党連立政権政治・政策課題合意書」一九九九年一〇月四日）[141]。

しかし、自公保連立による小泉政権成立時の政策合意では、自自公政権樹立の際に締結した政権合意を実行するとしながらも、九項目列挙されている個別の政策課題には、外交・安全保障分野の課題は挙げられておらず、挙げられた項目についても、例えば、政治倫理について与党協議会を発足させて「早急に改革を進める」、衆議院選挙制度の見直しについて「早急に結論を得る」といった方向性を示すレベルにとどまっている（「三党連立政権合意書」二〇〇一年四月二五日）。その後の第一次、第二次、第三次小泉政権の政権合意（「三党連立政権合意書」二〇〇二年一二月二六日、「自由民主党・公明党連立政権合意」二〇〇三年一一月一八日及び二〇〇五年九月一二日）はいずれも数項目の重点政策課題が並べられている簡単なもので、外交・安全保障分野についても、「北朝鮮との国交正常化」、

「日米同盟・国際協調重視の責任ある外交・安全保障政策を推進」、「平和外交の推進」などが挙げられているが、外交全体としての方向性を示しているというにはあまりにも素気ないもので、具体的な政策や手段等についても触れられていない。後継の安倍内閣でも「平和外交の推進」は引き継がれ、「平和外交を積極的に推進する」、「総合的な外交力を強化し、様々なレベルでの人的交流を推進する」と総論は示されるが、臨時国会で法案を提出する予定となっていたテロ特措法に関する方針や防衛庁の省昇格関連法案、安倍首相が意欲を燃やしていた集団的自衛権の容認などの具体的な政策については触れられていない[142]（「自由民主党・公明党連立政権合意」二〇〇六年九月二五日）。

テロ特措法の延長が問題となっている時に発足した福田内閣では、政権合意で、「国際社会と協力して『テロとの戦い』を継続することを確認し、このため、今国会において、海上自衛隊による対テロ抑止活動を引き続き可能とするための法整備を行う」と、初めて政権合意の中で「テロとの闘い」を取り上げ、補給支援活動の継続を明記する。他の外交政策として列挙されているのは「核廃絶」と、「アジア重視の外交」で、日米同盟とのバランスをとりながらも福田内閣のアジア重視の姿勢を打ち出している（「自由民主党・公明党連立政権合意」二〇〇七年九月二五日）[143]。その後の麻生政権における外交・安全保障政策は、福田政権の政権合意をほぼ踏襲する（「自由民主党・公明党連立政権合意」二〇〇八年九月二三日）。

なお、政権交代後の鳩山政権における政権合意では、「自立した外交、世界に貢献」として外交・安全保障政策を六項目ほど列挙しており、その中で、アフガニスタン支援について、「実態を踏まえた支援策を検討し、『貧困の根絶』と『国家の再建』に主体的役割を果たす」と、確認されている（「三党連立政権合意書」「連立政権樹立に当たっての政策合意」二〇〇九年九月九日）。

連立合意において、政権としての外交・安全保障政策の独自性や方向性が多少醸し出されている場合もあるが、連立各党がそれぞれ掲げる基本政策や公約に軌道修正はあるのか等については、これまでの連立合意からは見ることはできない。

つまり、日本では連立与党間の相互監視の役割として、連立合意や国会審議は期待されておらず、政治任用ポストにおける組み合わせは確かに大政党と小政党となるよう配慮はされているようだが、監視としての役割は低いといえ、相互監視の機能についても、与党幹部の定期・不定期の会合や事前審査制度など、専ら政権運営の中での与党調整手続きに委ねられていることになる。特に、政権合意の際に調整が困難として蚊帳の外に置かれがちな外交・安全保障政策については、政権運営の中で突如浮上してきた問題、あるいは交渉相手国の国家元首や高官の来日が迫る等これ以上先延ばしにできない切羽詰まった状況で、対応策を与党幹部で話し合うという、場当たり的対応が多くなる傾向があった。

連立政権樹立時に政策合意といった公開される文書で政策の詳細等に縛られることもなく、国会における公開された審議による監視もなく、政策の詳細の詰めは、連立運営の中で問題に対応しなければならなくなった時に与党幹部の調整力に任される状況は、その時々で対応する与党幹部の個人的才覚や人間関係などによる振れ幅がより大きく、連続性をもつ対外政策を展開するのには不向きな構図となっているともいえるであろう。

7 公明党の影響力

これまで本事例研究における対外政策の立案・実施を担ってきた自民党と公明党の連立政権に焦点を当てて、特に小政党である公明党側から、大政党に対してどのように交渉力をもち、自らの主張を政策へ反映させているのかを見てきた。事例研究が対象とした自公連立一〇年間で、公明党が影響力を発揮したことによって対外政策が修正されたことは観察されたが、一方で、この間自衛隊の役割や権限は着実に拡大するなど公明党の意向に反して実施された政策も見られ、政府・自民党の方針に公明党が追随することで政権与党としての地位を維持してきたと見えなくもない。これまでにも、公明党はその時々の政党勢力関係に機敏に反応し、野党共闘路線を追求して日米安保廃棄を掲げたかと思うと、湾岸戦争では自民党に協力し米国等への多額の資金援助を実現させ、さらには日米同盟を基軸とする戦後の日本外交を築いてきた自民党との連立を樹立するなど、安全保障政策に関して大胆な方針転換を行っている。これだけの方針転換が起きても、公明党支持者は一貫して同党を支持している場合が多く、これは他党支持者にはあまり見られない特徴といえる。自民党と公明党の選挙協力を分析した蒲島・山本耕資は、自民党に大きな交渉力をもっているにもかかわらず、理念的には中道あるいは平和主義を掲げている公明党が、安全保障政策分野で政策的主張を実施できずに譲歩を繰り返していると指摘し、それができる理由として、公明党は支持を失うことを恐れる必要なく政策位置を自由に変えることができるから、としている[144]。

公明党はなぜ、党としての政治理念にもつながるような重要政策で方針転換をしながら、支持層をあまり変えることなく、つなぎとめておくことができるのであろうか。公明党が他党とは違う、その特性を明らかにしてみたい[145]。

（1）党の生い立ちに起因する特性

公明党が他党と異なる特徴として、その理念が宗教から導き出されている、支持している人々の政策思考が多様である、素人の政党であった点が指摘されている[146]。以下、その三つの特徴について設立経緯をもとに考察する。

第一の公明党と宗教の関係であるが、公明党の前身は日蓮仏法を信奉する創価学会の文化部であり、政治団体「公明政治連盟」として独立した後、一九六四年一一月に「公明党」を結成する。結党以前から政界には進出しており、一九五五年の統一地方選挙で学会文化部員が東京都とその周辺の自治体の議員に立候補し、初めて議席を獲得する[147]。結党時の綱領では、①王仏冥合と地球民族主義による世界の恒久平和の構築、②人間性社会主義に基づく大衆福祉の実現、③仏法民主主義を掲げる大衆政党の建設、④公明なる議会制民主政治の確立、の四項目を掲げ、結党宣言では、「世界に恒久的平和機構を確立することを最大の目標」と謳う[148]。王法とは政治で、仏法は思想を意味し、この両者を合わせて世界平和を構築するという、宗教と政治がセットとなった観念的な理念であり、幹部人事のみならず、党の方針にも宗教との一体性が明らかとなっているが、この観点的な理念から引き出される政治路線は曖昧なもので、逆にいえば、この抽象的理念からはどのような政治路線も導き出すことができた[149]。

創価学会の信者増加に合わせて公明党が勢力を急速に拡大させると、憲法で規定する政教分離に抵触しないのか問題視される。特に、一九六七年から七〇年にかけて、創価学会に批判的な書物に対して創価学会・公明党による出版妨害があったとされる、いわゆる「言論出版妨害事件」がきっかけとなり、創価学会と公明党は政教分離の圧力にさらされる。一九七〇年一月に党幹部並びに議員は創価学会幹部の立場を辞任、五月の創価学会総会で池田会長が政教分離を打ち出し、六月の第八回党大会において、学会は公明党の支持団体であると位置づけ、学会との制度的分離を明確にした上で、「王仏冥合」といった宗教用語を廃した党綱領と党則を採択し、中道主義を貫く国民政党としての再出発を誓う[150]。宗教と政治を合わせた政治理念から宗教性が払拭され、そこに旧綱領では触れられていなかった憲法遵守などが盛り込まれるが、激しい体制批判を中心とする活動方針と観念的政治理念とはそもそも噛み合っておらず、政治理念をもとに政治路線や活動方針が導き出される関係とはなっていなかったといえる。

第二に、支持層の多様性である。創価学会は一九五〇年代半ばから六〇年代にかけて、戦後の高度成長の進展の過程で農村地域から都会に集まってきた庶民層を信仰の力で結集し、新興宗教として急激に会員数を伸ばす。一九六〇年代後半の調査によると、公明党支持者全体の半数が義務教育修了者で、一〇大都市に全支持層の四割が集中し、労働組織をバックとする社会党や高学歴者の支持を集める共産党からは抜け落ちた層とされ、かつ、組合・政治意識調査では、ある面では自民党支持者、ある面では共産党支持者と近い志向を示していたという[151]。つまり、創価学会は、急激な都市の発展などの社会変化の直撃を受け、生活に不安を抱えるが拠り所をもたない労働者層に浸透していった結果、政治思考的には保守志向と革新志向が混在することになったと考えられる。そして、公明党は、この学会の多様な政治意識を有する会員の組織力に全面的に依存し、地方議会、続いて、参議院、そして衆議院で議席を獲得する。なお、地方議会では、社会党と連立を組んで政権をとるところもあれば、自民党と連立を組むところもあるなど、中央政界とは別の動きをしているのも、会員の思想的多様性の一つの表れといえるであろう。

第三に、公明党の特徴として、素人の政党として出発したことが挙げられる。既成の大政党から分離したわけでもなく、同じ組織政党である共産党のように非合法政治活動を源流としているわけでもなく、学会の文化部員という政治の素人を議員に押し上げ、議員と支持者が一緒になって政策を勉強してきたといえる。これは、公明党の政策の策定過程にも反映されている。公明党は、徹底した現場主義、調査主義に基づき、議員が人々との対話や受けた陳情を吸い上げ、住民が直面する問題の実態を調査し、行政に対峙しながら政策を作り上げ、改善を要求していったと評されており[152]、他党のように、党として掲げるイデオロギーや政策に支持者が集まってくるというスタイルの逆を実践してきた。つまり、党としての政策は、国家の政治体制や国際社会における日本の位置づけといった大所高所からの視点というよりも、現実的な日々の生活における困難や支障を取り除き、改善することに主眼が置かれたといえる。

要するに、都市の労働者で組合等の組織に取り込まれなかった人々に急速に拡大した創価学会の一部として誕生した公明党は、政策面では現実的な視点が重視され、その政治理念においても、支持層においても、イデオロギー面での多様性を包含していたといえる。よって、公明党幹部が外交方針を度々大きく転換させても、支持層には受け入れられる素地があったともいえる。

(2)　柔軟な外交方針

公明党は労働者階級の福利厚生の向上や平和主義を党是として、国政への足がかりを築いた後、他の野党との共闘から政権与党である自民党との連立へと切り替え、政権入りを果たす。その経緯において、労働環境や福祉など人々の生活に直結する分野の政策については一貫性を示すが、外交・安全保障分野に関する基本政策は状況にあわせて変容させており、その対応には政党として明確な政治原理をもたない「機会主義」「是々非々主義」といった批判もある。[153] その象徴的な方針転換として、日米安保体制への見解が挙げられる。

公明党が初めて挑戦した一九六七年衆議院総選挙を控えて公表した基本政策では、外交・安全保障政策について、世界民族主義の徹底や自主外交の確立等を掲げつつ、全面完全軍縮と核兵器全廃への努力、国連の安全保障機能の強化、多面的な平和外交、日米安保条約の段階的解消、平和民主的な憲法の精神に基づく体制の構築が掲げられる。[154] 日米安保条約については、自民党が堅持、社会党や共産党が即時解消を謳っていた中、公明党は我が国が他国から侵略される危険性も考えられると段階的解消を主張し、その現実的な視座の一角を見せるとともに、自民党とも他の野党とも異なる独自路線を示す。

しかし、一九七〇年代初め、公明党は反自民を基礎とする野党共闘路線を追求し、革新色を強めた一九七三年九月の第一一回党大会では日米安保条約の即時廃棄を党の方針として決定し、社会党、共産党と歩調を合わせて共闘の素地を整える。ところが、他の野党とは主要政策への考え方の違いや自民党との距離感への温度差は大きく、特に共産党との政権共闘に支持者の反発が強く、一九七五年一〇月の第一三回党大会では、「即時廃棄」をトーンダウンし、事実上、当面の日米安保体制の存続を黙認するような姿勢に転じるなど現実路線に舵を切る。一九七六年、ロッキード事件で田中角栄元首相の逮捕により自民党が打撃を受ける中、公明党は共産党を除外し社会党や民社党による「中道革新連合政権」を提唱、政権の受け皿づくりを進める。しかし、一九八〇年の衆参同日選挙で自民党が大勝し、野党は議席を大幅に減らすと、野党による連合政権構想はあっさり頓挫する。

社公民による政権奪取に失敗したことで、一九八〇年代初め、公明党は政策を右寄りに大きく旋回し、新自由クラブといった中道政党や自民党との連合にも関心を寄せる。[155] 日米安保体制に関しても一九七八年の第一六回党大会で既に竹入義勝委員長が自衛隊を認知する発言を行うなど軌道修正をはかり、一九八〇年の第一八回党大会では

「合意廃棄をめざすが、それまでは存続を容認」、翌年の第一九回党大会では、市川安全保障部会長が中心となって取りまとめたとされる「公明党の安全保障政策」を発表し、我が国の平和と安全を確保するために非武装中立論は非現実的であるとして、日米安保の存続を容認、自衛隊は合憲、原子力発電の容認を表明する。公明党と民社党が自民党と接近することで孤立化をおそれた社会党は、全野党共闘路線を変更して公明党と民社党との連携を再度模索し、公明党との間でも日米安保条約などについて「政策の現実化」などすり合わせを試行するが、社会党が現実路線に転向することはなく、一九八六年の衆参同日選挙で自民党が圧勝すると、公明党は野党間の連合政権樹立を断念し自民党に近づく。一方の自民党もリクルート事件や消費税導入などの影響で一九八九年の参議院選挙で大敗し、単独での政権維持が困難な状況であった。国際的には米ソ冷戦が終わり、国内外ともに政治秩序が変動する中、公明党は、一九九〇年四月の第二八回党大会、続く一一月の第二九回党大会で、自民党、社会党に次ぐ一極となることを掲げ、「三極の中の一極として中道の主体性を発揮する」と、中道政治の新機軸を打ち出す。

公明党が自民党に大きく接近する契機となったのが湾岸戦争であった。一九九〇年八月二日、サダム・フセイン大統領率いるイラク軍がクウェートに侵攻し、全土を占領、併合を宣言する。国連安全保障理事会は一九九一年一月一五日までにイラク軍がクウェートから撤退しない場合は国連加盟国に武力行使を容認するとした決議第六七八号を採択し、撤退を迫るが、イラク軍は占拠を続ける。一月一七日、多国籍軍が軍事作戦を展開し、二月二七日、クウェートをイラク軍から解放するに至る。日本政府はまず、一九九〇年八月三〇日に多国籍軍への一〇億ドルの資金援助を決定し、九月一四日には追加で一〇億ドルと周辺三カ国への二〇億ドルの経済援助を決定する。さらに、ブッシュ・シニア大統領から日本政府に輸送・補給等の後方支援の要請があったことを受け、一〇月の臨時国会で急遽、国際連合平和協力法案を提出して自衛隊の医療や輸送などの非軍事分野での活動参加を目指す。この時、公明党は中央執行委員会で、イラクの軍事侵攻に限る時限立法によって非軍事分野（例えば、医療分野）に限定した対応を緊急的に実施し、その後については憲法論議を経て中長期的に恒久立法を検討するとの方針を決定し、イラクについては時限立法で対応するよう海部俊樹首相に提案する。[156] しかし、政府・自民党からは国連平和協力法案が示され、公明党は任務を医療に限定、派遣される自衛隊はいったん自衛隊を辞めて派遣組織に属すること等の条件を示す。ところが、国会審議が始まると政府側の答弁に一貫性がないなど混乱状態に陥り、公明党も態度を硬化させて他の野党とともに反対に転じ、衆議院で同法案は廃案となって軍事面での貢献は実現できなくなる。

多国籍軍への軍事面での支援を断念した日本政府に対し、米政府は追加の財政的支援を求める。自民党単独では九〇億ドルの追加支援を盛り込んだ補正予算案と増税等によりその財源確保を定めた臨時措置法案[157]を国会で通すことはできず、政府・自民党は公明党に狙いを定めて協力を要請し、公明党も協議に応じる。公明党は、追加資金の使途として武器・弾薬に充当しない、政府自らの歳出削減の努力で五〇〇〇億円程度は増税を圧縮、防衛費は一〇〇〇億円削減する等との条件を政府・自民党に迫り、ほぼ丸呑みする形で受け入れられる。[158] なお、湾岸戦争終結後、一九九一年四月二四日の臨時閣議で、政府は海上自衛隊掃海部隊をペルシャ湾に派遣し機雷等の除去作業の実施を決定するが、これを自衛隊法九九条に基づく自衛隊の通常業務と解釈して実施したため、野党は自衛隊法に基づく自衛隊の海外派遣を既成事実化するものと反発し、公明党も同調して反対する。

湾岸戦争を契機に、安全保障政策をめぐる与野党対立は、日米安保条約の容認か廃棄か、自衛隊は違憲か合憲かというこれまでの単純な二項対立から、自衛隊を活用して何をするか、何ができるのかという政策的多元的な論争へと転換する。湾岸戦争では実現しなかった国際貢献のための自衛隊派遣は、国連平和協力法案が廃案となる際に、自民党小沢幹事長、公明党市川書記長、民社党米沢幹事長が新たな国際貢献策を作ることで合意した「三党合意覚書」を締結しており、[159] これをもとに立案過程から公明、民社両党が積極的に関与して国連平和維持活動（ＰＫＯ）協力法案が形作られ、一九九一年秋の第一二一臨時国会に提出される。海部政権は最重要課題として同法案の早期成立に取り組むが、公明・民社両党の意見対立等もあり継続審議とされ、続く宮沢喜一政権下で、公明党が提示した、国民の理解が得られるまではＰＫＦへの自衛隊参加を凍結するという案に民社党も歩み寄り、[160] 一九九二年六月、自民、公明、民社の賛成で成立する。ＰＫＯの参加五原則は公明党、ＰＫＦ派遣には国会の事前承認が必要という条件は民社党からの要請により挿入される。[161]このＰＫＯ協力法をきっかけに、小沢幹事長、市川書記長、米沢幹事長の自民・公明・民社による協力関係が作られ、一九九三年七月の非自民連立政権発足、そして、公明党の初政権入りへとつながっていく。言い換えれば、安全保障政策をめぐる意見集約の失敗から公明党は社会党との共闘路線をあきらめ、これまで否定的であった自衛隊の海外派遣を容認する代わりに実施主体を「自衛隊と別組織」とすることやＰＫＯ五原則など、執行に条件を付けることで党内支持層の理解を得つつ、政権党との協調を実現する現実路線に舵を切ることになる。

小沢・市川・米沢の連携が核となって実現した非自民連立政権であったが、わずか一年足らずで崩壊して自社さ政権が誕生すると、野党に転落した公明党は分党を決め、非改選参議院や地方議員を「公明」として残して、小沢が主導して発足させた新進党に合流する。[162]しかし、新進党の勢力は伸び悩み、一九九七年末に解党となると、旧公明党のうちの衆議院議員は「新党平和」、参議院議員は「黎明クラブ」を結成し合流、さらに「公明」との合流を経て、翌九八年一一月、衆参六五名の国会議員を抱えて新「公明党」として復活し、自民党、新進党解党後の受け皿となった民主党に次ぐ第三勢力となる。その後、公明党は、参議院で過半数割れという政権基盤が不安定な状況にあった自民党からの誘いを受けて、両党は距離を一気に縮める。小渕内閣の野中官房長官らが中心となって、公明党に連立への参加をもちかけるが、これまでの対立関係を踏まえ、公明党からまず自由党との連立を先行してほしいとの要請があったとされ、[163]自民党は第一段階として一九九九年一月に自由党との連立政権を実現し、続いて公明党との連立交渉を開始する。小渕政権は、前政権から棚上げとなっていたガイドライン関連法案を既に与党入りしていた自由党と、公明党の賛成を得て成立させる。

公明党は、結党から三〇年の間に、その外交・安保政策を他の政党勢力との関係や時代の要請にあわせて柔軟に転換し、日米安保体制を廃止から容認、湾岸戦争では人道的支援活動を時限立法で提案、多額の資金援助に野党でありながら条件を付けて賛成、ＰＫＯ協力法やガイドライン関連法でも賛成に回り可決・成立に寄与するなど現実的な対応を積み重ね、ついには一九九九年一〇月、自民党と自由党の連立に参加して二度目の政権入りを果たす。その半年後の二〇〇〇年四月、政策調整の遅れに不満をもった小沢党首率いる自由党が政権から離脱を表明し、自由党は分裂、連立維持を目指す一部の議員が新たに保守党を結成し、自公保連立政権の誕生に至る。現実を踏まえて柔軟に適応させてきたとはいえ、底流に平和主義をモットーとする宗教団体を抱える公明党の外交・安全保障政策は、戦後政権与党として一貫して日米同盟を基軸とした安保政策を主導してきた自民党のそれからは、依然として距離感があったといえよう。

自民党と公明党における安全保障政策での政策位置の違いを確認するため、経年で実施されている「政党の政策位置についての専門家調査」を見てみたい。これは各国の政治学者等の専門家に、自国の政党の政策位置を評価してもらったものを集計した調査であるが、様々な政策項目の中から、「対米政策」及び「全体的な左右イデオロギー軸」についての主要な政党の位置づけを取り上げたのが図5-9である。これによると、対米政策については、米国との緊密な関係に最も反対しているのが共産党であり、全体的なイデオロギーも主要政党の中で最も左に位置しており、その対極にあるのが自民党で、緊密な対米関係の維持を最も重視し、イデオロギー的にも最も右側に位置し、その中間に位置しているのが公明党と民主党となっている。つまり、安全保障政策の観点から見ると、公明党は民主党と政策的に非常に近く、自民党とはむしろ距離があり、この傾向は政権入り直後の二〇〇〇年から約一〇間年、あまり大きく変化していない。つまり、外交・安全保障政策に関して自民党と公明党とはかなり選好が異なった状態で連立を形成し、その傾向は連立政権が継続していた間あまり変わることはなく、維持されていたと認識されているといえよう。

一方で、主要政党の防衛分野の法案支持率（一九七七〜二〇〇四年）を調査した研究によると（表5-3）、公明党の防衛関連法の支持率は、一九七七年一月から社会党の村山首相が自衛隊合憲・日米安保堅持に踏み切る直前の一

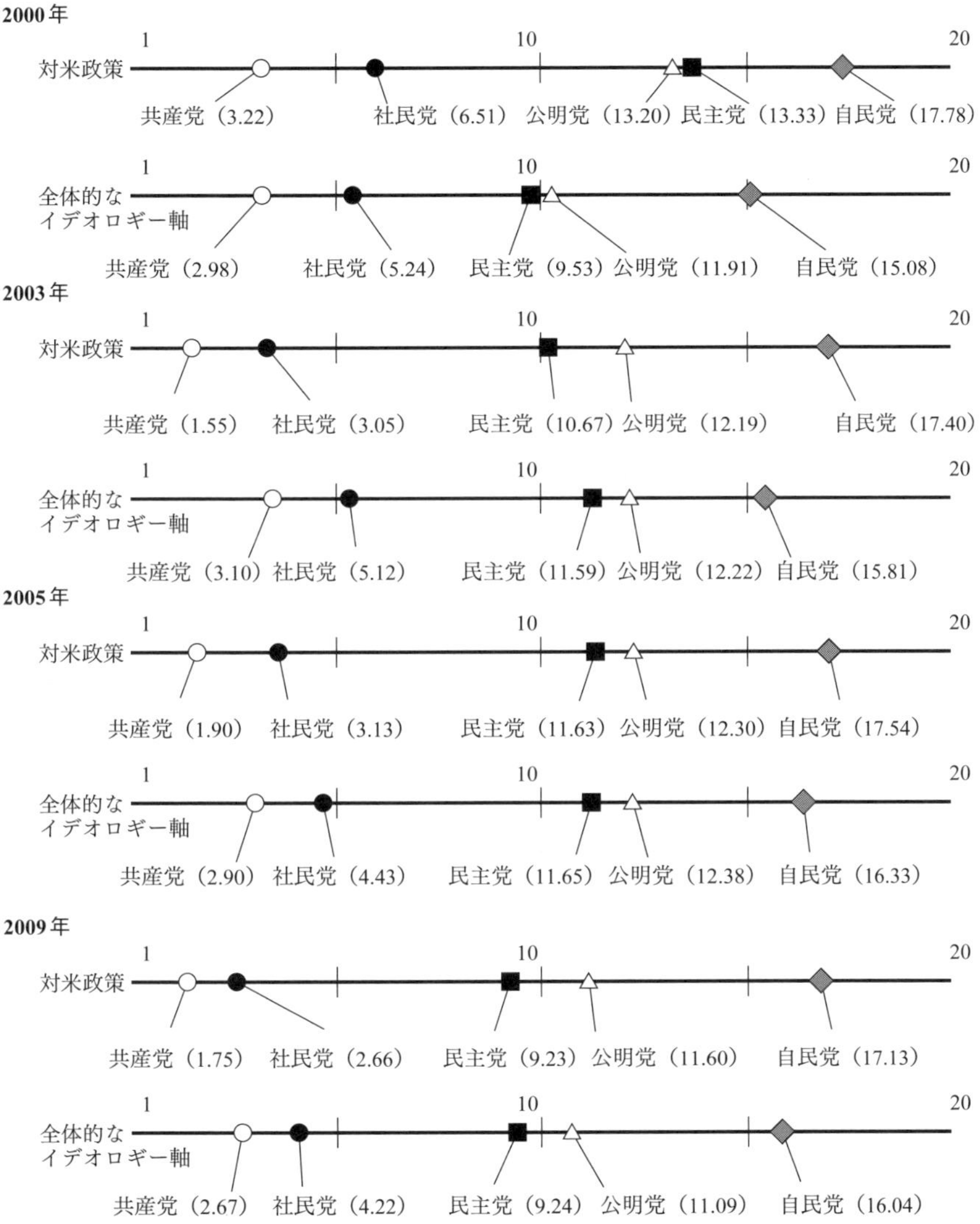

図 5-9　対米政策等に関する政党の政策位置の変遷（2000〜09年）

出所）東京大学加藤淳子研究室「政党の政策位置についての専門家調査」（http://www.katoj.j.u-tokyo.ac.jp/）より作成。

注）「対米政策」については，「米国と緊密な関係を保持することに反対する」が1，「支持する」が20，「全体的な左右イデオロギー軸」では，「最も左翼的な政治立場」が1，「最も右翼的な政治立場」が20とされる。

表 5-3　各党の防衛分野の法案支持率（1977〜2004 年）

法律の種類	国会の回次	共産	社会/社民	公明	民社	自民	民主
防衛庁所管法	80〜129	19 %	44 %	68 %	85 %	100 %	
	130〜161	10 %	46 %	100 %		100 %	88 %
防衛関連法	80〜129	9 %	9 %	36 %	82 %	100 %	
	130〜161	18 %	34 %	100 %		100 %	90 %
どちらにも該当しない立法	80〜129	56 %	80 %	89 %	90 %	100 %	
	130〜161	50 %	83 %	98 %		100 %	76 %

出所）助川康「1990 年代以降の防衛分野における立法と政党の態度」『防衛研究所紀要』9 (3)，2007 年，14 頁。

注）社会党が自民党とさきがけと連立政権を組み，1994 年 7 月，村山首相が自衛隊合憲，日米安保堅持へと政策転換をした時点を境に，第 80〜129 回国会（1977 年 1 月〜94 年 6 月）と第 130〜161 回国会（1994 年 7 月〜2004 年）で分けている。なお，公明党の法案支持率は，同党が衆院で統一会派「改革」，次いで新進党に参加していた第 131〜141 回国会（1994〜97 年）にかけての時期は除く。また，民主党の法案支持率は，政党として同党が法案審議に加わった第 139 回国会（1996 年）以降のもの。

九九四年六月までの間は三六%であるが、一九九四年七月〜二〇〇四年一二月までは一〇〇%とされており、一九九二年の湾岸戦争時の財源確保を定めた臨時措置法を転機に、「公明党の防衛問題に対する態度の変化が政策転換といってもおかしくない域に達している」と指摘される[164]。つまり、防衛分野の法案支持率という観点から見ると、公明党は政権入りの準備段階から自民党に同調し、政権入り後も連立与党として自衛隊を海外に派遣する法律や事態対処法など数々の法案を成立させているのである。

公明党は政権入りした後も、表向きは平和・護憲の党として、軍事力の保持や使用には慎重との姿勢を貫く方針は変えることなく、実態としては、外交・安全保障分野では日本の政党の中で最も右翼的保守的立場をとっている自民党との協力関係を優先し、政策距離を縮めてきているともいえる。国際環境は冷戦下からポスト冷戦時代へと大きく変容し、国内も長期単独政権から連立時代へと変化する中で、政党が理念や政策の一貫性の保持と時代への適合とで折り合いをつけていくのは当然のことであるが、公明党は政党の生い立ちからくる観念的理念や支持層の多様性、現実的政策選好により、他党が抱えるジレンマをあまり感じさせず、現実的対応が党の一貫性をいとも簡単に凌駕しているように見える。

（3）創価学会と選挙活動

公明党では党幹部が現実に即して外交・安全保障に関する方針転換を繰り返しても、支持者層である創価学会会員にはそれを許容できる素地があったことを前項で説明した。公明党の特徴というと、一般的には創価学会による集票力の強さがイメージされるが、では、創価学会会員はなぜ公明党を支持し、どうやって高い集票力を維持しているのであろうか。

まず、公明党と創価学会の形式的関係であるが、公明党の党員には創価学会の信者も多くいるが、創価学会会員が公明党党員資格の要件ではなく、公明党設立当初は候補者のほとんどが学会幹部であったが、一九七〇年に制度的分離を明確にして以降、組織上は全く別のものとして運営されている。公明党の衆参議員候補は、ある選挙区で新たな候補者が必要となったとき、地方議員や地域の学会幹部から学会の活動に熱心であるとか、献身的であると評価された人物が推薦を受け、都道府県本部の候補者選考委員会が候補者を決め、それを受けて党本部の選考委員会で最終的に決められるが、最近は学会だけでなく、公明党幹部が適材を発掘してきて選考委員会にかけることも増えてきているという[165]。

公明党と創価学会の正式な意見交換は、中央レベルでは年に一、二回程度開催される「連絡協議会」で、公明党が党の方針や活動内容を説明し、創価学会側は公明党に要望を伝える機会があるが、それ以外での表立っての意見交換は報じられていない。学会と公明党との関係で指摘される池田大作創価学会名誉会長の公明党幹部に対する発言力は、神崎代表のように創価学会で幹部を務めた経験のない者が公明党の幹部になったことで、個人的な関係も希薄になっているともされる[166]。

選挙協力についても、形式的には選挙ごとに公明党からの依頼を受け、創価学会が候補者について支持するか否かを協議した上で決定するプロセスをとっている。例えば、二〇〇三年の第四三回衆議院選挙では、九月八日に公明党が創価学会に支持依頼をし、一一日、創価学会は中央社会協議会を開催し、公明党が約四年間連立与党の一翼を担い、日本の政治の安定を図りつつ、国民のための改革を着実に推進してきたこと等を評価するとして、比例代表選出選挙の全国一一ブロックで公明党支持を決定し、正木正明創価学会副会長が同日、神崎代表に支持決定通知書を手渡している。また、公明党から支持依頼があった小選挙区公認候補一〇名については、支持依頼のあった該当県の社会協議会が同日、それぞれ開催され、支持を決定している。[167]

形式上は分断されている創価学会と公明党であるが、これまで創価学会の会員の公明党への支持行動を学会のアイデンティティとして理解する見方が強かった。[168] G・エアハルトは、一般の創価学会員と活動をともにしながら現地取材を行い、どのように創価学会幹部及び公明党が学会員に公明党の政策をアピールしているかを研究している。[169] そして、学会員が公明党に投票するのは、社会的アイデンティティという側面も否定はしないものの、それよりも公明党の政策を支持しているからであるとし、また、学会員は、非学会員に、「友達だから」といったような社会的なつながりではなく、公明党の政策を強調して、公明党への支持を訴えていると説明する。学会員の中でも特に年配者には、学会の活動の一部として公明党の選挙活動を位置づけている人もいたが、若い人ほど政策面における観点から公明党の支持を選択する傾向が出ているとされる。[170]

学会幹部が公明党の政策を活動的な学会員にアピールする主な手段は、学会の各地域のリーダーへの直接的説明、公明党議員による学会会合での説明、そして印刷物とされる。説明の手順はほぼ同じ構成となっているようで、まず社会問題を提示し、他党がこれにどのように対応しているか、公明党の提案がどうして最も適しているかと進むとされ、ここでは客観的に各政党の政策を比較するというよりも、公明党の政策への誘導的な側面が強いものの公明党が提案する政策への理解を深めようと尽力しているとされる。[171]

自公政権による自衛隊の海外派遣や自衛隊の役割拡大といった政策の実現は、公明党がそれまで掲げてきた方針とは矛盾するものであり、政権に残るか、離脱するか、最もその判断が揺れたのが、本書でも事例研究の対象としたイラクへの自衛隊派遣の決定であろう。自衛隊のイラク派遣を容認するにあたり、公明党幹部はイラクへの自衛隊派遣を支持者に説得するために全国行脚し、神崎代表自らがイラク入りして自衛隊の活動が地元民を助ける国際協力として役立っていることや活動地域の安全性を確認するビデオを見せたり、政府・自民党の提案に対して公明党がいかに「歯止め」をかけ、自衛隊員の安全に配慮した派遣手続きとなっているかを強調するなど、相当苦労して支持者に理解を求めている。この時の若い学会員の反応として、自衛隊はイラクの人々を助けるものであり、戦闘行為ではないと解釈する者、また、政権離脱になったとしても自民党が主導するイラク派遣には反対すべきであったとする者もいたが、大方は、自民党の政策に歯止めをかける機能を果たしており、野党にいるよりも与党で政策に影響を与えた方が有効であるという現実的な見解を示していたという[172]。

つまり、公明党幹部の一存で党の方針を自由に変えられているわけでもなければ、支持者もイラクへの自衛隊派遣を安易に容認したわけでもなく、公明党議員からくり返し説明を受け、自衛隊派遣の意義や公明党が与党として機能していることを理解し、公明党への支持を継続しているといえよう。

他国には宗教団体を母体とする政治政党は珍しくはなく、エアハルト他海外の研究者は公明党が一般的な政治政党と変わらないとしつつ、他の政党と異なる最大の特徴に支持団体の動員力の高さを挙げ、公明党が支持する候補者に投票させることができる動員力の高さは他に例を見ないと指摘する[173]。その動員の原点は、地域ごとに細かく分けて運営されている組織体制にあるとされる。創価学会では各地域を細かく縦に組織化し、本部の下に支部、その下に地区、さらに一三世帯程度で構成されるブロックを設置し、さらに青年部、婦人部、壮年部という横軸の組織を設け、この両軸で各層にきめ細かく対応した集会が定期的に開催されており、これが政治活動でも即戦力となっているという[174]。

なお、創価学会の会員数は八二七万世帯（二〇〇七年）ともされるが正式には公表されておらず、憶測の域を出ないが、島田裕巳は創価学会の会員を二二〇万人程度と推測し、二〇〇五年総選挙の八九八万票では学会員一人当たり二・五人の友達票と、自民党からの上積みで達成したと分析する[175]、参院比例区の得票では二〇〇四年の八六二万票をピークに、その後七五〇万票強へと減少している（前掲図5-3）。

結成直後の公明党は、創価学会の会員が公明党に強い帰属意識をもち、組織的な選挙活動を展開することで、学会の会員数の増加と比例して急速に勢力を拡大させてきた。社会的組織から取りこぼされた人々の間に広がった創価学会が、学会員の声を政治につなぎ生活を改善させるために誕生させたという公明党の生い立ちから見れば、党の外交方針如何に関わらず、学会員が公明党に執着してきた理由が見えてくる。一方で、公明党結成から五〇年を経て、公明党形成期を支えた会員世代も大きく交代しており、例えば、組織への帰属意識の希薄化や流動化といった日本社会全体に見られる価値観の変化は、当然、創価学会にも無縁のものとはいえないであろう。幅広い支持者を対象とする自民党や民主党といった大政党では、この傾向が顕著に現れており、組織を中心とした支持基盤は脆弱化し、選挙では無党派層の動向やその時の政党の勢いに左右される傾向が続いている。これらの政党と比べれば、公明党の支持基盤は強固に見えるが、その公明党支持者が公明党を支持する理由も、「公明党だから」ではなく、「公明党が最も自分の政策選好に近いから」という政策的要素が強くなってきたとしても不思議なことではない。

創価学会員の公明党への帰属意識の希薄化は、これまで公明党が強みとしてきた強固な支持基盤を揺るがすおそれがある反面、創価学会と公明党が形式的にだけでなく、一般の有権者の目から見ても別の組織と観念されるようになれば、公明党は特定の組織を代表する政党から、政策面でのアピールによって、より広がりのある有権者を獲得するチャンスへとつなげる可能性を含んでいるともいえるであろう。

（4）連立小政党としての限界

幅広い支持層の獲得を目指す大政党と異なり、小政党は特定の支持層に訴える明確な主張を掲げ、政策に反映させて存在意義を明らかにする。単独政権が樹立できない小政党にとって、自ら主張する政策を実現させるには、一定の議席を選挙で確保し、大政党と連立政権を樹立する機会をつかむ必要がある。しかし、大政党との連立形成には自ら掲げる政策を実現させる可能性のある一方、連立政権内で埋没し、支持者を失うリスクも伴う。

自民党を中心とする連立政権に参画してきた公明党は、自民党が政府に対抗して政策決定を優位に進めるために活用してきた与党の事前審査制度にうまく乗じ、ここでの対等な立場をてこに、福祉分野など看板とする政策分野のみならず、外交・安全保障分野においても自衛隊の海外での活動に制約を加えるなどの影響力を発揮し、自らも自民党の政策に「歯止め」をかけてきたことをアピールする。しかし、一方で、自公連立政権下で国際的にも賛否が分かれたイラク戦争にも米軍等の攻撃開始直後に政府として支持を表明し、陸上自衛隊を派遣、防衛庁も省に格上げされるなど、全体的な潮流としては政府・自民党の方針に則って自衛隊の役割・権限拡大を容認する方向にシフトしており、影響力を行使したとはいえ、小政党としての限界も露呈している。

自公政権下での公明党の限界は、外交・安全保障政策で政府自民党執行部の提案に「歯止め」をかけるという受身的な対応に終始し、主体的に政策を主導するという光景が見られなかったことにも現れている。本事例でも、公明党側は政府・自民党の提案に対して、常に修正を要求する受身的立場で交渉にあたっていた。小政党が大政党の「歯止め役」「矯正役」として政策のバランスをとる役回りは有権者の期待にも沿う部分もあり、ドイツのＦＤＰも単独政権がもたらしかねない独善の弊害を正す矯正役や監視役をアピールして票につなげている[176]。ただし、制度的違いもあり単純には比較できないが、ＦＤＰは外務大臣のポストにこだわり、外交政策を主体的に展開する場面もあったのに比べ、公明党は「歯止め役」にとどまっていた印象が拭えない。

公明党が対外政策において主導的な役割を果たす可能性のあった課題として考えられるのが、小泉外交の負の側面である中国・韓国など近隣諸国との関係改善であっただろう。一九六〇年代、自民党では共産中国を脅威と捉え、親台湾が主流となっていた時分に、公明党は既に中国との関係構築に動いていた。一九六四年の公明党結党大会での活動方針では、中国の承認と国交正常化の推進が盛り込まれており、一九六九年一月の党大会で決定した「公明党の外交・安全保障政策」で、日中国交回復、中国の国連参加の促進などを謳い、台湾は中国の内政問題と位置づける。竹入公明党委員長が訪中し、会談した周恩来首相の発言等を記録した、いわゆる竹入メモが日本政府に伝えられ、これがきっかけで、就任直後の田中首相が訪中を決断したといわれており、竹入委員長が日中国交正常化に寄与していると評されている。[177] それ以降、公明党は中国との特別な関係を維持し、小泉政権期にも二〇〇二年四月、二〇〇四年二月と神崎代表を筆頭に訪中し江沢民や胡錦濤国家主席等と会談をもったとされる。しかしながら、小泉首相は二〇〇一年の就任以降、毎年一回靖国神社に参拝を続けたことで首脳間の往来も途絶え、日中関係が冷え込む。公明党は小泉首相が靖国神社を参拝する度に政府・与党連絡会議で首相に遺憾の意を表明するなど反発はしていたが、与党でありながら公明党は強みと自認する中国との関係を改善する役割を発揮するまでには至らなかった。[178]

「歯止め」「ブレーキ役」として政府・自民党が掲げる政策や方針の一部修正といった受身的な機能は事前の与党協議では有効でも、中長期的な外交戦略を提示するなど主体的な機能を発揮する場としては不向きであり、これを中核とした公明党の自民党に対する影響力の限界ともいえよう。

終章　連立政権は対外政策にどのような影響を与えるか

（1）連立小政党と対外政策

日本の対外政策の展開において、米国の軍事力に依存する安全保障体制の下、特にハイポリティクスといわれる安全保障政策の分野では、米国からの要請は常に意識される重要な要素となってきた。二〇〇一年の同時多発テロ事件を契機として米国が主導した「テロとの闘い」においても、米国との接点が多い外務省や海上自衛隊などの関係者が、湾岸戦争の教訓を思い起こしながら、米政府の期待を主体的に「圧力」として政府・与党幹部に伝え、自衛隊の海外派遣を含む支援策の実施を促す。支援策の策定過程では、しかしながら、連立政権内でゲームが展開され、米国の意向を必ずしも反映しない方向で政策が修正される。この連立与党間での駆け引きは、政策の策定段階だけではなく、その実施の過程でも繰り返された。また、二〇〇三年に米国が開始したイラク戦争についても、テロ特措法の時と同様、内製化された外圧が機能を発揮し、自衛隊の海外派遣を含む支援策を策定・実施するが、その過程で連立与党間における交渉が繰り返された。この連立与党間の駆け引きは、主に、政府の方針を支持し米軍支援を目的とする自衛隊の海外派遣に積極的な自民党執行部と、これに慎重な立場である公明党によるものであった。

「テロとの闘い」における日本の支援策は、海上自衛隊による補給支援活動を中核に二〇〇一年より実施され、途中、小泉純一郎首相が一時撤退の検討を指示した時もあったが、自公連立政権から民主党を中心とする連立政権に交代し、撤退命令が下される二〇一〇年一月まで継続する。支援策の策定段階では日米両政府のウィンセットは大きく、合意形成も比較的容易に進んだ。アフガニスタンの作戦が長期化するに従い、米政府の期待は軍事作戦に照らしてより具体化されるが、日本政府内ではこれまでの政策の継続を重視する経路依存性が強くあらわれ、補給支援活動の継続に執着し、両国のウィンセットは狭まる。二〇〇七年、参議院選挙による国内権力構造の変化から日本政府が自らのウィンセットを動かせず硬直的な対応をとらざるを得なくなると、支援策拡大を要請していた米政府は態度を軟化させ、補給支援活動の継続、さらには財政的支援の容認など、自らのウィンセットを日本が受け入れ可能な支援策を含む範囲にまで移行させ、両政府の合意形成を可能とした。

本事例では、日米交渉が国内政治の構図に影響を与える場面もあれば、国内政治が日米交渉に影響を与える場面も見られた。「テロとの闘い」への支援継続という国際公約を実現するために、第一次安倍晋三内閣は退陣し、引き継いだ福田康夫首相は民主党の小沢一郎代表に大連立を持ちかけるが失敗に終わり、就任後約一年で退陣に至る。海上自衛隊がインド洋から撤退することになった直接の原因は、政権交代で誕生した新政権による政策転換であったが、そこに至るまでの過程、例えば、補給支援活動を中心とする支援策の立案及び決定、イージス艦派遣の先延ばし、根拠法を時限とすること、その有効期限を二年と決定し、その後一年に短縮したこと、衆議院による再可決を強行するか否かの判断などは、自民党と公明党を中心とする連立政権内での駆け引きの結果であった。連立政権内に自衛隊派遣に慎重な姿勢の政党の存在が支援拡充を困難にさせ、米政府の譲歩を得ることにつながったり、その期待値を下げる要素となるなど、日米交渉にも影響をもたらしたといえるであろう。

では、連立小政党である公明党がいかにして大政党の自民党に影響力を行使し、対外政策に選好を反映できたのであろうか。

連立与党間で小政党がどうやって議席比以上の力を獲得しているのかについて、まず、政党全体の勢力関係をもとにした連立小政党の交渉力に着目した。そして、公明党が連立政権から離脱すると参議院で与党は過半数割れを起こし、政権が不安定化するという構造を背景に、公明党は自民党に対して有利に交渉を運べる立場を維持してきたことを見た。加えて、自民党と公明党は連立を組むようになって以降、本来各政党が議席獲得をめぐって競い合うはずの選挙で、小選挙区比例代表並立制という大政党に有利な選挙区制と小政党に有利な比例代表制の特徴をうまく使って協力関係を深化させていた。他の連立政権では見ることのないこの特異な協力関係は、選挙区における候補者調整にとどまらず、小選挙区では自民党議員が公明党の組織票を当てにし、比例区では公明党が自民党支持者の上乗せを当てにするなど候補者個人の選挙運動のレベルにまで浸透している。特に確固たる組織票を有する公明党は、政権運営以外のところで、それも選挙という議員生命を左右する局面で助勢することで、自民党への交渉力を強めている要素があった。

これらの自民党に対する力関係を背景として、公明党はどのようにその交渉力を対外政策に結び付けたのかを明らかにするために、党内集約度、交渉戦略、そして与党間の政策調整メカニズムを検証した。党内集約度に関しては、幅広い支持層を対象とする多元的組織である自民党と、特定の支持母体を有し党内集約度も高い公明党とでは非対称性があり、自民党内に公明党と同様の主張を展開する勢力が存在したことで、自らの主張を政策に反映させることに成功する場面が見られた。大政党内に小政党の選好を有するグループが存在し、そのグループの主張により、結果的に小政党の選好が政策に反映されるというのは他の交渉事例でも観察されているように有効性はあるものの、一方で、大政党に小政党の選好と似た選好を有するグループが、あらゆる政策分野について常に存在するわけではなく、案件やタイミングなど効果は限定的とならざるを得ない。実際、自衛隊の権限拡大に慎重な立場を主張していた自民党のベテラン議員は、この一〇年の間に引退等により自民党から離れ、本事例後半ではこれらの勢力が自民党執行部の方針に影響を与えるという場面はあまり観察されなくなっており、逆に公明党では、自民党をモデルに組織を整え、幹事長など党執行部が一元的に政策全般を調整する体制から党内部会の活用など分権化が進んだ。つまり、自民党は以前よりも党内集約度が高くなる方向に、公明党は党内集約度がむしろ下がる方向にシフトしたといえるであろう。

次に、公明党が自民党と交渉するにあたり、どのような交渉戦略を使っているかを見た。一般的に観察されているように、小政党が大政党に連立離脱をほのめかして大政党から妥協を引き出すという行動は、本事例では見られなかったが、むしろ、公明党が党内に対して自民党との連立維持のために妥協を迫るといったように、政権離脱の可能性をほのめかして党内の譲歩を引き出す場面が見られた。ただし、長期にわたる自公連立政権において、連立離脱を示唆して連立パートナーを威嚇する手法が全く見られなかったわけではなく、自民党が民主党と接近した時期に、公明党幹部が講演等で「連立解消」「民主党との連立の可能性」を口にし、自民党の動きを牽制するということはあった。また、懸案となっている問題を他の案件と結び付けて、お互いに譲歩し合うというような交渉戦略や、相手側は重視していたが党内の強い異論から先延ばししていた案件を、タイミングを見て動かすことで連立の足場を固めるといった行動も見られた。連立離脱カードや駆け引きといった交渉戦略も一定効果は見られるものの、連立離脱カードは滅多に使わないから効果が期待できるものであり、また、駆け引きにはお互いに譲歩し合う案件が存在している必要があるなど、連立政権運営で常に活用できるものではなく、やはり効果は限定的なものであった。

公明党がその選好を政策に反映させる手段として、党内集約度や交渉戦略は一定の効果は得られるもののその活用にはタイミングや政策分野などの制約がある中、日々の連立政権の運営において最も効果を発揮していたのが、連立与党間の政策調整手続きであった。政府に対抗し、与党が政策への関与を高める手段として構築した自民党の事前審査手続きを与党間の調整手続きとして整備し、さらに、そこに連立パートナーとの対等性を持ち込むことで、閣議にかかるすべての案件に対し、公明党は自民党とほぼ対等な立場で、重層的かつ綿密に政策を審査する機会を通じて影響力を行使してきた。この制度により、公明党は外務大臣や防衛大臣といった外交・安全保障政策分野に閣僚を出していなくても、政策に関与することに成功したといえる。また、与党審査手続きに加えて、定期的に開催される政府・与党連絡会議や、必要に応じて開催される党首会談、幹事長会談、政調会長会談等の与党幹部会合により、自民党との意思疎通が図られ、国会の会期や衆議院解散・総選挙の日程、選挙協力についての要望など、政策面以外においても影響力を行使する機会を得ていた。

与党協議により意見集約を終えた法案は、全閣僚が出席する閣議で内閣としての意思決定を経て、国会に提出され、審議は国会の場に移る。与党合意が成立した法案を国会に提出することが内閣にとってもメリットがあることを理解するため、ここで、内閣と国会の与野党関係について触れておきたい。議院内閣制は行政権をもつ内閣の存立が議会の信任による制度であるが、内閣と議会の関係は各国によって異なっている。A・レイプハルトは民主政治を運営するための政治制度と慣行を多数主義的（majoritarian）かコンセンサス（consensus）重視かで分類しており、この分類を踏まえ、川人貞史は日本の内閣と国会の関係をマジョリタリアン・モデルがあてはまる部分が多いとしている。[1]日本では国会の議事運営が政党各派間の協議によって決定され、内閣が直接関与できないことなどから、コンセンサス・モデルに近いように見えるが、内閣を支える政権党が過半数を占めていれば、国会の本会議及び委員会の議事を進行することができることから多数主義的であるとし、また、政府提出法案の修正率が低いことも内閣・与党優位の議事運営であることを示しているとする。[2]つまり、日本の国会における与野党の関係は、内閣が関与しない議員立法の一部についてのみ法案成立に野党からの合意が必要で与野党協調に基づくコンセンサス・モデルが適合するものの、それ以外の政治過程は与野党対立を基調とし、マジョリタリアン・モデルが適合するという。[3]与野党協調を基調とするか対立を基調とするかは、国会の機能にも違いをもたらす。コンセンサス・モデルでは、国会における与野党の審議や交渉により立法の合意点を見出し、あるいは対立を鮮明にさせる機能が期待されるが、マジョリタリアン・モデルでは、多数決により与党が国会の議事運営権を掌握していることから、法案の生殺与奪を左右することで、行政機関に与党の政策目標を実現する法案を作成させることになる。[4]連立内閣の与野党対立を前提としている国会に法案を提出する場合には、提出前に連立を組む与党議員の意見を法案に反映させる等して支持を確実にし、国会の採決で造反することがないよう担保することになる。内閣は法案を国会に提出する前の非公式の与党政策調整手続きで与党の意見を反映させるのと引き換えに国会の採決で与党が賛成する確約を得ることを重視してきた背景には、与野党対立を基調とした内閣と国会の関係という制度的誘因があったことも踏まえる必要がある。

また、マジョリタリアン・モデルでは、国会で与党が多数決により政府提出法案の議事運営権を握ることが特徴とされるが、この議事運営権に関して、G・コックスとM・マッカビンズは与党によって好ましい立法を推進する力を「肯定的議事運営権（positive agenda power）」と呼び、これとは別に、与党にとって好ましくない立法を議事から排除する「否定的議事運営権（negative agenda power）」の存在を指摘する。(5) 与党は自らの政策目標に合致する法案を国会に提出し、議事運営を握るだけでなく、自らの政策目標に反する法案をそもそも国会に提出しないという権限を有しているというものである。連立小政党である公明党は、自民党との非公式の与党調整において、国会に提出する法案に自らの選好を反映させるということに加え、本事例研究では防衛庁の省昇格問題に見られたように、自らの政策目標に合致しない法案の国会提出を断念させる、あるいは先送りさせるといった、否定的議事運営権を行使することによっても、自らの選好の実現を可能させることができたといえよう。

内閣が議会での法案審議の前に与党間で意見集約をはかり、議会の法案採決では与党議員の賛成を確実にするというのは、議院内閣制で連立政権が常態化している国では一般的に行われている手続きといえる。これらの国々では、連立与党間で意見調整を行った後、その意見調整が実際に守られるのか、連立パートナーが勝手に自らの選好を政策として実現することがないかをチェックする仕組みも導入されており、連立パートナーを監視する手段として、同じ分野を所掌する大臣と副大臣をそれぞれ異なる政党から出す、国会の法案審議で修正意見等を提案する、あるいは政権発足前に連立合意として個別政策を詳細に規定するなどが行われている。

日本の連立政権でも政権発足時に連立合意や政策合意が策定されているが、そこでは政権が重視する政策を列挙する程度で具体的な政策の内容には踏み込まず、ましてや調整が難しい外交・安全保障問題については、記載があっても限定的内容にとどまっている。また、高度に制度化された与党の事前審査によって、政府・与党の意見集約は国会外で綿密に行われており、国会の審議で与党議員が修正意見等だすことは想定されず大臣や副大臣といった政治任用ポストにおける組み合わせでは、大政党と小政党となるような配慮は見られるが、政治任用ポストが政策を主導する自律性は低く、大臣と副大臣が互いを監視するという機能を担ってるとは言い難い。つまり、日本では、連立与党の相互監視は、与党幹部の定期・不定期の会合や事前審査制度など、専ら政権運営の一環としての与党手続きに委ねられていることになる。

本書では、連立小政党である公明党が、政党の勢力関係や選挙協力をもとにした交渉力を基盤として、連立大政党に対し、党内集約度、交渉戦略、与党間の政策調整を軸に対外政策に関して影響力を行使してきたことを検証してきた。他の連立政権でも小政党が大政党に議席比以上の影響力を行使している例は見られるが、自公連立政権が特徴的なのは、自民党と公明党の協力関係が選挙にまで及んでいるという点、そして、政権としての優先政策の設定、意見対立の解消や相互監視の手段も、政権運営の中での与党間協議に収斂されている点といえよう。

与党間協議を核に、交渉戦略や自民党との非対称性に助けられながら、対外政策にも影響力を発揮してきた公明党であるが、他方で、自公政権下で自衛隊の役割や権限は着実に拡大しており、平和を党是としつつも、「現実的な対応」を理由に、これまでの主張を柔軟に転換してきた感は否めない。

安全保障政策への対応は、冷戦後の日本の連立政権の組み替えを招くきっかけとなることが少なくなかった。細川護煕政権期では、北朝鮮の核疑惑問題の浮上により、対米協力に積極的な小沢新生党党首とそれに反対する久保亘社会党書記長が対立し、政権崩壊を加速させる。自社さきがけ三党連立を継承した橋本龍太郎政権では沖縄問題をめぐり自民党と社民党とが対立し、社民党等の離脱につながる。連立政権の形成段階ではその時々の内政の重要課題での合意が優先されるが、その後、突発的事件等に絡んで安全保障分野での対応を迫られたときに政党として譲れない部分が露呈するということであろう。

自民党と公明党は外交・安全保障政策における選好が異なるにもかかわらず、比較的安定して政権を継続させてきたのは、公明党がその時々の政党の勢力関係や国際環境の変化にあわせて大胆な方針転換が可能であったからといえる。公明党の柔軟な切り替えを可能としているのは、公明党が宗教団体の一部から派生しており、党として掲げる理念が観念的で、どのような政治路線も引き出せること、支持している人々の政策思考が多様であること、また、議員が人々の陳情を吸い上げ、日々の生活における困難を改善することに主眼が置かれたという公明党の生い立ちから見ることができる。公明党の草創期を支えた支持母体である創価学会の会員は、公明党に強い帰属意識をもち組織的な選挙活動を展開してきたが、最近では、創価学会の会員も変化し、公明党への帰属意識は薄れ、公明党の政策を支持しているから投票するというような変化が見られるという。

公明党が与党であることの実績の一つとして強調するのが、自民党の「歯止め役」である。自公連立政権を継続する間、幅広い思想信条を包摂してきた自民党の中からハト派的勢力が弱体化したこともあり、公明党は「歯止め」としての役割を強調することができたという幸運もあったであろう。しかし、その「歯止め」をかけるための与党間協議は非公式・非公開の場で行われるため、政策の細部で公明党の影響力が発揮されていても一般には見えにくく、場当たり的な妥協となるおそれがつきまとうものであり、また、その後の国会審議の形骸化をもたらす一因ともなっている(6)。そもそも安全保障政策は憲法との絡み、さらには平和主義といった国家のアイデンティティに触れるようなセンシティブな問題に発展する可能性が高く、そこに対米交渉が重なってくることが想定される。対米交渉と並行しながら、関係省庁との政策調整を繰り返して意思統一を図り、加えて与党間での内々の調整、さらに一貫性確保の観点から野党との合意を目指すという流れで、政策合意にたどり着くまでに段階的な制約がいくつも存在し、その度に妥協が積み重ねられる。連立政権や政権交代の可能性を前提としつつ、日本が外交・安全保障政策で戦略的かつ一貫性のある行動を確保するために、政権発足前に与党間で主要な安全保障政策課題について一定の方向性を確認することや、国会という開かれた場で野党と意見をたたかわせながら政策を決定していくなど、国内政治要因における交渉の制約を軽減する試みが必要といえよう。

（2）対米支援策を超えて

かつてない衝撃を与えた二〇〇一年九月一一日の同時多発テロ事件への対抗措置として米国が開始した「テロとの闘い」を契機に、日本が取り組みを迫られた最大の課題は、テロの根絶でもなく、アフガニスタン復興支援策でもなく、対米支援策であった。湾岸戦争を機に浮上した自衛隊派遣による米軍支援の在り方を、「テロとの闘い」、そして、イラク戦争を通じて、米国の期待にどう応えるか試行錯誤を繰り返しながらも海上自衛隊、航空自衛隊、そして陸上自衛隊を軍事作戦が展開されている地域周辺に派遣し、実績を積み上げる。しかし、昨今、日本を取り巻く安全保障環境は、中国の急速な軍事化、朝鮮半島の不安定化などの地政学的リスクの高まり、米国の政治的変化も伴い、混迷を深めており、日本の安全を確保するためには、これまでのように日米同盟を主軸に米国からの要請にどのように対応するかという受け身の姿勢ではなく、台頭する中国との関係構築をどうするのか、それと日米同盟をどう関係づけるのかなど、能動的な対応が必要とされている。

米大統領と緊密な関係を築き、官邸主導を印象づけた小泉政権は、経済面では新自由主義に基づく構造改革を戦略的に推し進めて、就任直後から低迷する国内経済の立て直しを主導したが、外交・安全保障政策に関しては、北朝鮮問題など一部に官邸主導が見られたものの、日中・日韓関係の進展は乏しく、全体的には日米同盟の維持を重視しつつ、国際社会の諸問題も日米関係に還元して対応する姿勢が目立ったように思われる。続く安倍、福田、麻生太郎政権でも補給支援策の継続が政局に直結して身動きができない中、必要に迫られその場を乗り切るという国内政治の現実が前面に押し出されたものであった。

個別案件ごとに政府・与党幹部が非公式・非公開の協議で対応策を練り上げ、国会は多数決で押し切るという冷戦期の自民党単独政権で確立された手続きは、その時々の最新の情報に接しながら柔軟に対応できるというような利点もあるであろうが、それは、国際環境が基本的に固定化され、単独政権の下で既定の基本路線に従って安定的に運営される環境だから効果が発揮できたといえよう。しかし、国際秩序が不安定で、国内的にも連立政権が常態化し、小選挙区を中心とする選挙制度により世論を反映して政権交代が起きやすくなっている中では、外交・安全保障政策の課題について各政党間、また国民の間でまずは共通理解を深めることから始める必要があり、そのためには現政権与党の間で合意するのみでは不十分で、国民の前で与野党間で意見をたたかわせ、基本合意を築いていくことが不可欠といえるであろう。不透明な国際システムの変動期では、受け身的に即実現可能な選択肢を積み上げることが、憲法で掲げるような理念の方向性に合致するということにはならないといえる。

個別案件の対応に関する政策判断には、時間軸での日本外交の基本的方向性や一貫性を確保するという観点と共に、同時期に懸案化している他の案件への影響にも配慮する必要がある。日米関係のように政治的にも経済的にも接点の多い二国間関係では、常に複数の懸案事項を抱えており、ある交渉結果が、他の交渉に影響を与えることもあり得る。個々の交渉はそれぞれの関係部局が担当して詳細を詰めるが、最後のところの駆け引きは、官僚の域を超えて、首脳間の政治判断に委ねられることもあり、全体像を見通した政策判断が不可欠である。

具体的には、例えば、テロ特措法の期限を迎えて海上自衛隊をインド洋から一時撤退させた二〇〇七年秋、日米関係では他にも米国産牛肉輸入再開、米軍再編、米国の北朝鮮のテロ支援国家指定解除、日本の安全保障理事会常任理事国入り、在日米軍駐留経費等が重要な政治課題として挙がっていた。そのうち、在日米軍駐留経費の日本側の負担については、その根拠となる特別協定が二〇〇八年三月に期限が切れることから、二〇〇七年秋頃から改定協議の交渉が本格化しており、日本政府は米軍駐留経費の日本側の負担率が七五%に上っているとして負担金額の大幅な削減を要請していた。しかし、海上自衛隊のインド洋での給油活動の中断や在日米軍再編問題におけるグアム移転費の交渉が時期的に重なり、米側は在日駐留経費の日本側負担額の削減には強硬に反対し、最終的に微減での決着となる。[7]

密接がゆえに様々な懸案を抱える二国間交渉には、短期的視点からの同時並行で進行している他の交渉案件への影響と、中長期的視点からの外交方針の両方の観点を踏まえて、大局的見地から個別の交渉ポジションを決める政策判断が重要といえる。そうした戦略に基づいて引き出した相手国からの譲歩であれば、日本の国益に資するといえるのかもしれないが、国内での連立政権内に抱える意見対立、与野党間での権力闘争により身動きがとれないとして相手国が日本への期待をあきらめた結果もたらされた譲歩ともなれば、日本は負い目を感じて別の懸案で大胆な譲歩を強いられることになる可能性もあるであろう。

自公政権が対米支援の観点から継続にこだわってきた補給支援活動であったが、政権交代により二〇一〇年に活動を撤退しても、このこと自体は日米同盟にさほど大きなインパクトはなかったように見える。それは本活動を日米同盟の進展という戦略的視点から位置付けると、日本が海外の戦闘の行われている周辺地域に自衛隊を派遣し、米軍等と実際に活動することが重要であり、その意味では、日本の支援活動の最大の意義は最初の一、二年に凝集されていたとジョン・ヒル元国防総省日本部長は指摘する。[8]「テロとの闘い」における支援策として戦後初となる戦闘地域周辺への海上及び航空自衛隊派遣以降、日本政府は国際的な批判が多い中で開始されたイラク戦争の復興支援活動に陸上自衛隊を派遣し、二〇〇九年六月にはソマリア沖の海賊対処のため、「テロとの闘い」では見送られていたP３C哨戒機を派遣する。これらの実績を積み重ねてきた自衛隊に対する米国の視線は、日本周辺の専守防衛の役割から国際安全保障の担い手へと、大きく変化してきているといえよう。

米国の同盟国としてアフガニスタン攻撃も、続くイラク攻撃という一連の展開でも、いち早く米国の行動を支持し、部隊を派遣して戦闘にも参加したのがイギリスである。特に国内からも批判の多かったイラク攻撃に関して、トニー・ブレア首相は、大量破壊兵器の武装解除とテロリストへの流出阻止の必要性を説いたが、結局、大量破壊兵器は見つからず、サダム・フセインとアル・カイダの関係も見られず、イラク戦争開戦の正当性が揺らぎ政治的に窮地に陥る。同じ米国の同盟国として、米国の軍事行動を支持しながら、日本は戦闘周辺地域での補給支援や戦闘終結後の復興支援への自衛隊派遣であったのに対し、イギリスは戦闘行為に参加する。この違いは、当時のブレア首相の外務省を飛び越え直接ホワイトハウスと交渉するなどの大統領的政策決定スタイルや、ブレア首相とジョージ・W・ブッシュ大統領との関係の緊密さ、あるいはブレア首相が米国の単独行動主義に影響を与えようとしていたなど首相の個人的関係や野心など様々な要因が指摘されているが[9]、そもそも米軍と共に軍事行動をとれるのか、これまでの実績や相互運用性の高さという軍事的要素も大きかったと考えられる。イギリス軍は、世界最強の軍事力を誇る米軍からすれば、数少ない相互運用性の高い装備を備えた共同で戦闘行動がとれる軍隊であり、それだけに米国からの期待値も高く、軍事的共同行動を当然視されていた面もあった。日本の自衛隊も、米軍との相互運用性を高めており、徐々にではあるが実績も積み重ねている。日本には憲法第九条による軍事的協力への厳格な法的縛りという、イギリスとの大きな違いを残しているが、この憲法の縛りが今まで以上に政策上の重みをもってきているともいえよう。

民主党政権を経て二〇一二年一二月に誕生した自民党と公明党の連立による第二次安倍政権では、安定的国内基盤をもとに、日米同盟の強化のための安全保障体制の整備が進められる。国家安全保障会議（日本版ＮＳＣ）が設立され、国家安全保障戦略の策定、防衛大綱改定、新日米ガイドラインの策定などに加え、官邸主導で集団的自衛権の部分的行使容認という憲法解釈の変更を決定（二〇一四年七月一日閣議決定）し、二〇一五年九月、これまで特別措置法で対応してきた自衛隊の外国軍隊への協力支援活動実施を恒久法化した「国際平和対処事態に際して我が国が実施する諸外国の軍隊等に対する協力支援活動等に関する法律」（いわゆる「国際平和支援法」）を含む安全保障関連法を成立させる。しかし、安全保障関連法案の制定過程は、その方向性も含め、国会での議論が十分に尽くされ、国民の理解が得られていたとは言い難く、新たな安全保障体制の中核となる同法に関して賛成派と反対派とに分断されたままの状況にある。その理由には、憲法との整合性の問題や既存の法律一一本を束ねて改正していることによる複雑さや法手続き面での問題など様々な点が考えられるが、一つには、自民党と公明党との非公式の与党協議において自衛隊出動の新たな要件など詳細が決定され、国会では審議があまり深まらないままに、多数決で成立を強行したというプロセスにもあったであろう。ここでは制定過程の詳細には立ち入らないが、集団的自衛権の行使については公明党の主張によって要件がより厳しく設定され、適用場面は法律上、相当に絞り込まれると想定されるが、実質的な運用は今後に任されている面も多い。このような安全保障体系の根幹をなすような重要法案が、政党間で意見が分断され、幅広い国民理解が深まらないままに成立し、運用されるということは、政党間対立の主要因となる火種を抱えることになり、連立組み替えや政権交代等による安全保障体制の一貫性に不安を残した形となっている。非公式・非公開の与党協議で意見集約を図る意思決定手続きは、政策をまとめるという観点からは効率的・効果的である一方、根本的な問題には触れにくく、予定調和な妥協で終わることも多い。外交・安全保障政策のように中長期的な連続性・一貫性を確保する必要のある政策については、国民の前で与野党で対抗し、修正しながら超党派合意による共通基盤を積み上げていく姿勢が求められる。

二一世紀初頭の一〇年、日本は米国からの要請を受けて中東における対米支援策の実現に集中する一方、首相の靖国神社参拝などの問題もあり日中・日韓関係は膠着状態であった。その間、日本を取り巻く国際環境は、中国の存在感の高まりといった国力の急激な変化や各国の政治指導者の交代などにより、不透明感を増してきた。この傾向はさらに強まっており、中国の軍事力の増強、北朝鮮の核武装化、米国の内向き志向などにより、日本が自国の防衛を意識せざるを得ない状況が強まっている。本事例研究から得られる知見として、突発的な事態への日本の対応として検討の俎上に載せられる支援策は、それ以前に既に検討されたことがあるものであったこと、その支援策の実施にあたっては、客観的国際情勢や支援目的よりも国内政治の現実や行政機関の経路依存性が優先されるということが挙げられる。日本は周辺事態の悪化をおそれて安全保障体制を整備するなど日米同盟の強化を優先させているが、構造転換期にある国際社会において、日本はどのような国家像を目指すのか、特に地政学的観点から逃がれることのできない中国との関係にどう向き合うのか、国民を巻き込んで議論を尽くし、中長期的な日本の外交の方向性を確認していく姿勢が必要であろう。

注

序　章　「テロとの闘い」の一〇年

（1）二〇〇三年一一月までは保守党（二〇〇二年一二月から保守新党と改名）による三党連立政権、二〇〇三年一一月から〇九年九月まで自民党と公明党二党による連立政権となる。

（2）防衛庁は二〇〇九年一月九日より防衛省に改称される。なお、田中眞紀子外務大臣の後任となった川口順子（二〇〇二年二月〜〇四年九月）は民間人閣僚としての起用であったが、二〇〇五年一〇月より自民党所属の参議院議員となる。

（3）Michael Howard, "What's in A Name?: How to Fight Terrorism," *Foregin Affairs*, January/February, 2002, pp. 8–13.

（4）日本では「テロとの闘い」の意味について、町村信孝外務大臣は「少なくともテロリストを自称するアル・カイダ等……をできるだけ逮捕する、あるいはその根っこを絶つような様々な活動をやっていくということ」、大野功統防衛庁長官は「二〇〇一年九月一一日におきたようなテロの脅威、この脅威をなくしてしまう」ことと国会で答弁しており（第一六一回国会参議院外交防衛委員会議事録第二号、三頁、二〇〇四年一〇月二八日）、ブッシュ大統領が「テロとの闘い」に初めて言及した演説と同様にかなり広義の捉え方をしているが、本書では、米軍等がアル・カイダやそれを庇護するタリバンを排除するためにアフガニスタン及びその周辺で展開した軍事作戦とイラクにおける軍事作戦に限定して用いることとする。

第1章　連立政権と対外政策

（1）五百旗頭真「国際環境と日本の選択」渡辺昭夫編『講座国際政治4　日本の外交』東京大学出版会、一九八九年、二九頁。

（2）Kent E. Calder, "Japanese Foreign Economic Policy Formulation: Explaining the Reactive State," *World Politics* 40(4), 1988, p. 531.

（3）例えば、Ellis S. Krauss, "U. S.-Japan Negotiations on Construction and Semiconductors," in Peter B. Evans, Harold K. Jacobson and Robert D. Putnam, eds., *Double-edged Diplomacy: International Bargaining and Domestic Politics*, Berkeley: University of California Press, 1993, pp. 265–299; Leonard Schoppa, *Bargaining with Japan: What American Pressure Can and Cannot Do*, New York: Columbia University Press, 1997. 他に日米貿易交渉を題材に日本の対米経済政策を研究したものの例として、I・M・デスラー、佐藤英夫編、丸茂明則監訳『日米経済紛争の解明――鉄鋼・自動車・農産物・高度技術』日本経済新聞社、一九八二年、草野厚『日米オレンジ交渉――経済摩擦をみる新しい視点』日本経済新聞社、一九八三年、Stephen D. Cohen, *Uneasy Partnership: Competition and Conflict in US-Japanese Trade Relations*, Cambridge: Ballinger, 1985; 佐藤英夫『日米経済摩擦　一九四五〜一九九〇年』平凡社、一九九〇年、近藤健・斉藤

眞編著『日米摩擦の謎を解く――現場からの証言』東洋経済新報社、一九九四年、大矢根聡『日米韓半導体摩擦――通商交渉の政治経済学』有信堂高文社、二〇〇二年、中戸祐夫『日米通商摩擦の政治経済学』ミネルヴァ書房、二〇〇三年、鈴木一敏『日米構造協議の政治過程――相互依存下の通商交渉と国内対立の構造』ミネルヴァ書房、二〇一三年など。

（4）谷口将紀『日本の対米貿易交渉』東京大学出版会、一九九七年。

（5）渡辺昭夫「日本の対外政策形成の機構と過程」細谷千博・綿貫譲治編『対外政策決定過程の日米比較』東京大学出版会、一九七七年、二七頁。

（6）猪口孝・岩井奉信『族議員の研究――自民党政権を牛耳る主役たち』日本経済新聞社、一九八七年、一三二～一五一頁。

（7）宮里政玄『日米関係と沖縄 1945-1972』岩波書店、二〇〇〇年、我部政明『戦後日米関係と安全保障』吉川弘文館、二〇〇七年、福井治弘「沖縄返還交渉――日本政府における決定過程」『季刊国際政治』五二、一九七五年、九七～一二四頁他多数。

（8）福井「沖縄返還交渉」。

（9）Koji Watanabe, "Negotiating Trade," in Richard H. Solomon, Nigel Quinney, Condoleezza Rice and Madeleine Albright, eds., *American Negotiating Behavior : Wheeler-Dealers, Legal Eagles, Bullies, and Preachers*, Washington, D. C.: United States Institute of Peace Press, 2010, p. 204.

（10）宮里政玄『日米構造摩擦の研究――相互干渉の新段階を探る』日本経済新聞社、一九九〇年、一〇七～一一四頁。

（11）猪口・岩井『族議員の研究』二〇九頁。

（12）武藤勝宏『冷戦後日本のシビリアン・コントロールの研究』成文堂、二〇〇九年、二九七～三〇二頁。

（13）福井治弘「自民党の外交政策とその決定過程――中国問題を中心として」『国際問題』一四五、一九七二年、一七～一八頁。福井は、自民党政調会が外交政策の立案に不可欠な情報収集分析を外務省に頼っており外務省への依存度が高かったと指摘する。なお、自民党の事前審査手続きが確立される前の状況について、ヘルマンは一九五六年の日ソ国交正常化をめぐる交渉過程を分析し、保守系政党（一九五五年一一月以降は自民党）に政策形成の支配力が集中し、外務省は政党システムに従属していたとする（D・C・ヘルマン、渡辺昭夫訳『日本の政治と外交』中公新書、一九七〇年）。

（14）牧原出「戦前と戦後――政治と官僚性の視座」福永文夫・河野康子編『戦後とは何か――政治学と歴史学の対話』上、丸善出版、二〇一四年、一四八～一四九頁。

（15）Hans H. Baerwald, "The Diet and Foregin Policy," in Robert A. Scalapino, ed., *The Foreign Policy of Modern Japan*, Berkeley : University of California Press, 1977, pp. 38-39.

（16）Bertjan Verbeeka and Anna van der Vleutena, "The Domesticization of the Foreign Policy of the Netherlands（1989-2007）: The Paradoxical Result of Europeanization and Internationalization," *Acta Politica* 43（2・3）, 2008, pp. 358-361.

（17）樋渡由美「政権運営――政党行動と安全保障」樋渡展洋・三浦まり編『流動期の日本政治――「失われた十年」の政治学的検証』東京大学出版会、二〇〇二年、一一五～一三四頁、C. S. Ahn, "The Government-Party Coordination in Japan's Foreign Policy-Making : The Issue of Permanent Membership in the UNSC," *Asian Survey* 37 (4), 1997, pp. 368–382.

（18）同上。

（19）篠原一『連合政治――デモクラシーの安定をもとめて』岩波書店、一九八四年、一～二頁。

（20）Kenneth Waltz, *Theory of International Politics*, New York : McGraw-Hill, 1979, pp. 79–101.

（21）五月女律子「対外政策決定論の再検討」『国際政治』一二八、二〇〇一年、一〇〇～一一四頁。

（22）Peter Katzenstein, "International Relations and Domestic Structures : Foreign Economic Policies of Advanced Industrial States," *International Organization* 30 (1), 1976, pp. 1–45.

（23）Peter Gourevitch, "The Second Image Reversed : The International Sources of Domestic Politics," *International Organization* 32 (4), 1978, pp. 881–911 ; 河野勝「『逆第二イメージ論』から『第二イメージ論』への再逆転？――国際関係と国際政治との間をめぐる研究の新展開」『国際政治』一二八、二〇〇一年、一二～二九頁。

（24）Ronald Rogowski, "Political Cleavages and Changing Exposure to Trade," *The American Political Science Review* 81 (4), 1987, pp. 1121–1137.

（25）須藤季夫『国家の対外行動』東京大学出版会、二〇〇七年、六〇～六二頁。

（26）Michael Mastanduno, "Do Relative Gains Matter? : America's Response to Japanese Industrial Policy," *International Security* 16 (1), 1993, pp. 73–113.

（27）Richard C. Snyder, H. W. Bruck and Sapin Burton, *Foreign Policy Decision-Making : An Approach to the Study of International Politics*, New York : Free Press, 1962.

（28）James N. Rosenau, *Linkage Politics : Essays on the Convergence of National and International Systems*, New York : Free Press, 1969.

（29）須藤『国家の対外行動』三二～三五頁。

（30）Graham Allison and Philip Zelikow, *Essence of Decision : Explaining the Cuban Missile Crisis*, 2nd ed., New York : Longman, 1999.

（31）例えば、信田智人はアリソンの三つのモデルをベースに、冷戦後の安全保障政策（ＰＫＯ協力法、ガイドライン関連法、テロ特措法、イラク特措法）に関する決定過程を国際環境の変化に対する合理的選択として分析し、説明できなかった部分を他の二つのモデルを活用して解明する試みを行っている（信田智人『冷戦後の日本外交――安全保障政策の国内政治過程』ミネルヴァ書房、二〇〇六年）。

（32）Robert D. Putnam, "Diplomacy and Domestic Politics : The Logic of Two-Level Games," *International Organizatioin* 42 (3), 1988, pp.

427–460.

（33）Putnam, "Diplomacy and Domestic Politics," pp. 438, 440.

（34）国際理論の潮流は、国家間の政策選択のマクロ性を分析の対象として第三レベルの分析に依拠したリアリズムに対し、リベラリズムは国内の政策選択のマクロ性を分析の焦点に置いたが、一九七〇年代末から八〇年代半ばにかけて米国の覇権が揺らぎだしアナーキーな状態での協調の実現可能性についての分析が興隆すると、ネオリベラリストが対外政策分析の射程から国内要因を外し、政策選択の起源を国際的要因に求める第三レベル分析が両者の間で共有されたが、パットナムのツーレベルゲームの提唱等を契機に一九八〇年代以降、国内要因分析が以前に増して強調されるようになったという（石田淳「国際政治理論の現在――対外政策の国内要因分析の復権（上・下）」『国際問題』四四七、一九九七年、六一～七二頁、四四八、一九九七年、八〇～九二頁）。

（35）ツーレベルゲームを使った研究の例は以下の通り。Peter B. Evans, Harold K. Jacobson and Robert D. Putnam, eds., *Double-Edged Diplomacy : International Bargaining and Domestic Politics*, Berkeley : University of California Press, 1993 ; Jeffrey W. Knopf, "Beyond Two-level Games : Domestic-International Interaction in the Intermediate-Range Nuclear Forces Negotiations," *Internaitonal Organization* 47 (4), 1993, pp. 599–628 ; Schoppa, *Bargaining with Japan* ; Kwanok Kim, *Trade Talks : US-Japan Automobile Trade Negotiations from a Two-Level Analysis*, Ann Arbor : UMI, 1998 ; 長尾悟「日米コメ問題をめぐる国際交渉と国内交渉」宮里政玄・臼井久和編『新国際政治経済秩序と日米関係』同文舘、一九九二年、二一一～二三八頁、中戸祐夫『日米通商摩擦の政治経済学』ミネルヴァ書房、二〇〇三年、谷勝宏「テロ対策特別措置法の政策過程――同時多発テロ以後の自衛隊派遣」『国際安全保障』三〇（一・二）、二〇〇二年、一二七～一五〇頁、千々和泰明「イラク戦争に至る日米関係――二レベルゲームの視座」『日本政治研究』四（一）、二〇〇七年、六～三二頁。

（36）Krauss, "U. S.-Japan Negotiations on Construction and Semiconductors," pp. 265–299.

（37）Schoppa, *Bargaining with Japan*.

（38）中戸『日米通商摩擦の政治経済学』。

（39）Keisuke Iida, "When and How Do Domestic Constraints Matter? Two-Level Games with Uncertainty," *Journal of Conflict Resolution* 37 (3), 1993, pp. 403–426.

（40）Ahmer Tarar, "International Bargaining with Two-Sided Domestic Constraints," *Journal of Conflict Resolution* 45 (3), 2001, pp. 320–340.

（41）Jongryn Mo, "The Logic of Two-Level Games with Endogenous Domestic Coalitions," *Journal of Conflict Resolution* 38 (3), 1994, pp. 402–422.

（42）Jongryn Mo, "Domestic Institutions and International Bargaining : The Role of Agent Veto in Two-Level Games," *American Political Science Review* 89 (4), 1995, pp. 914–924.

(43) Helen Milner, *Interests, Institutions, and Information : Domestic Politics and International Relations*, Princeton : Princeton University Press, 1997, p. 235.

(44) Knopf, "Beyond Two-level Games."

(45) 小野直樹『戦後日米関係の国際政治経済分析』慶應義塾大学出版会、二〇〇二年。

(46) Christian Downie, "International Negotiations," in Peter Drahos, eds., *Regulatory Theory : Foundations and Applications*, Acton, ACT : Australian National University Press, 2017, pp. 323–338.

(47) 須藤『国家の対外行動』一一五頁、武田知己「戦後日本の外交政策決定と政党の政策調整機能」奥健太郎編『自民党政治の源流』吉田書店、二〇一五年、三〇一頁、草野厚『政策過程分析入門』東京大学出版会、一九九七年、一二九〜一三〇頁。

(48) Wolfgang C. Müller, Torbjorn Bergman and Kaare Strøm, "Coalition Theory and Cabinet Governance : An Introduction," in Kaare Strøm, Wolfgang C. Müller and Torbjörn Bergman, eds., *Cabinet and Coalition Bargaining : The Democratic Life Cycle in Western Europe*, Oxford : Oxford University Press, 2008, pp. 10, 35.

(49) William Riker, *The Theory of Political Coalitions*, New Haven : Yale University Press, 1962.

(50) Robert Axelrod, *Conflict of Interest : A Theory of Divergent Goals with Applications to Politics*, Chicago : Markham, 1970.

(51) Abram De Swaan, *Coalition Theories and Cabinet Formations*, Amsterdam : Elsevier Scientific Publishing Company, 1973.

(52) Michael Laver and Kenneth A. Shepsle, *Making and Breaking Governments : Cabinets and Legislatures in Parliamentary Democracies*, Cambridge : Cambridge University Press, 1996, pp. 32–44 ; 川人貞史・吉野孝・平野浩・加藤順子『現代の政党と選挙［新版］』有斐閣、二〇一一年、二三四〜二四七頁。

(53) Michael Laver, "Between Theoretical Elegance and Political Reality : Deductive Models and Cabinet Coalitions in Europe," in Geoffrey Pridham, ed., *Coalition Behaviour in Theory and Practice : An Inductive Model for Western Europe*, Cambridge : Cambridge University Press, 1986, pp. 32–44.

(54) Kaare Strøm, Ian Budge and Michael Laver, "Constraints on Cabinet Formation in Parliamentary Democracies," *American Journal of Political Science* 38(2), 1994, pp. 303–335.

(55) Paul V. Warwick, "Rising Hazards : An Underlying Dynamics of Parliamentary Government," *American Journal of Political Science* 36(4), 1992, pp. 857–876 ; Michael Laver and Kenneth A. Shepsle, "Events, Equilibria, and Government Survival," *American Journal of Political Science* 42(1), 1998, pp. 28–54.

(56) Wolfgang C. Müller and Kaare Strøm, eds., *Coalition Governments in Western Europe*, Oxford : Oxford University Press, 2000.

(57) Jean Blondel and Ferdinand Müller-Rommel, *Governing Together : The Extent and Limits of Joint Decision-Making in Western European*

Cabinets, New York : St. Martin's Press, 1993.

（58）Torbjorn Bergman, Wolfgang C. Müller, Kaare Strøm and Magnus Blomgren, "Democratic Delegation and Accountability : Cross-national Patterns," in Kaare Strøm, Wolfgang C. Müller and Torbjorn Bergman, eds., *Delegation and Accountability in Parliamentary Democracies*, Oxford : Oxford University Press, 2003, pp. 185–189.

（59）Lanny W. Martin, "Government Agenda in Parliamentary Democracies," *American Journal of Political Scicence* 48 (3), 2004, pp. 445–461.

（60）Kathleen Bawn and Frances Rosenbluth, "Short versus Long Coalitions : Electoral Accountability and the Size of the Public Sector," *American Journal of Political Science* 50 (2), 2006, pp. 251–265.

（61）例えば、Zeev Maoz and Bruce Russett, "Normative and Structural Causes of Democratic Peace, 1946–1986," *American Political Science Review* 87 (3), 1993, pp. 624–638.

（62）Miriam F. Elman, "Unpacking Democracy : Presidentialism, Parliamentarism, and Theories of Democratic Peace," *Security Studies* 9 (4), 2000, pp. 91–126.

（63）Brandon C. Prins and Christopher Sprecher, "Institutional Constraints, Political Opposition, and Interstate Dispute Escalation : Evidence from Parliamentary Systems, 1946–1989," *Journal of Peace Research* 36 (3), 1999, pp. 271–287 ; Juliet Kaarbo and Besley K. Ryan, "Taking It to the Extreme : The Effect of Coalition Cabinets on Foreign Policy," *Foreign Policy Analysis* 4 (1), 2008, pp. 67–81.

（64）Juliet Kaarbo, *Coalition Politics and Cabinet Decision Making : A Comparative Analysis of Foreign Policy Choices*, Ann Arbor : University of Michigan Press, pp. 40–66, 232–245.

（65）Kai Oppermann and Klaus Brummer, "Patterns of Junior Partner Influence on the Foreign Policy of Coalition Governments," *The British Journal of Politics and International Relations* 16 (4), 2014, pp. 557–558.

第２章　インド洋への自衛隊派遣決定から実施へ

（１）John P. Burke, *Becoming President : The Bush Transition, 2000–2003*, Boulder : Lynne Reienner Publishers, 2004, p. 165.

（２）Bill Keller, "The World According to Colin Powell," *New York Times Magazine*, November 25, 2001, http://www.nytimes.com/2001/11/25/magazine/25POWELL.html

（３）政権発足当初、副大統領は大統領からどんな会議でも歓迎するといわれており、大統領ともほぼ毎日接触するなど、政権内での影響力は絶大であったとされる（バートン・ゲルマン、加藤祐子訳『策謀家チェイニー――副大統領が創った「ブッシュのアメリカ」』朝日新聞出版、二〇一〇年、Burke, *Becoming President*, pp. 96–99）。

（４）Jane Perlez, "Bush Team's Counsel is Divided on Foreign Policy," *New York Times*, March 27, 2001.

（5）同時多発テロ事件直後の米政府の対応については、Bob Woodward, *Bush at War*, New York : Simon & Schuster, 2002 ; Jerel Rosati and James Scott, *The Politics of United States Foreign Policy*, 3rd ed., Belmont, CA : Wadsworth, 2004 ; Bill Sammon, *Fighting Back : The War on Terrorism from inside the Bush White House*, Washington, D. C.: Regnery Publishing, 2002 ; David Frum, *The Right Man : The Surprise Presidency of George W. Bush*, New York : Random House ; Donald Rumsfeld, *Known and Unknown : A Memoir*, New York : Sentinel, 2011 ; Historical Background Office of the Historian Bureau of Public Affairs, The United States and The Global Coalitoin Against Terrorism, September 2001–December 2003, http://2001-2009.state.gov/r/pa/ho/pubs/fs/5889.htm 他多数。

（6）George W. Bush, "Statement by the President in His Address to the Nation," September 11, 2001, http://georgewbush-whitehouse.archives.gov/news/releases/2001/09/20010911-16.html

（7）なお、同事件の首謀者を匿った者も報復の対象とすることについて、大統領はライス補佐官、マイケル・ガーソン首席スピーチライターや側近のカレン・ヒューズ大統領顧問には事前に協議したが、チェイニー副大統領、ラムズフェルド国防長官、パウエル国務長官とは相談しなかったという（Woodward, *Bush at War*, p. 30)。

（8）Rumsfeld, *Known and Unknown*, p. 346.

（9）Woodward, *Bush at War*, p. 39.

（10）Burke, *Becoming President*, p. 166.

（11）Woodward, *Bush at War*, pp. 86–91 ; Burke, *Becoming President*, p. 166 ; Keller, "The World According to Colin Powell."

（12）Woodward, *Bush at War*, pp. 105–107. ブッシュ大統領が当面はアフガニスタンに集中する方向性を示した後も、ラムズフェルド国防長官は戦略構想の目的にアフガニスタン以外のテロリスト支援国家の体制変更や大量破壊兵器の破壊を含め、脅威の対象としてタリバンだけでなくイラク・バース党等を含めるなど、イラク攻撃への布石を敷く（The Office of the Secretary of Defense, "Strategic Thoughts," *Document 13*, September 30, 2001 ; The Office of the Secretary of Defense, "Thoughts on the 'Campaign' Against Terrorism," *Document 14*, October 2, 2001 ; The Office of the Secretary of Defense, "Strategic Guidance for the Campaign Against Terrorism," *Document 15*, October 3, 2001 at the National Security Archive, the George Washington University, http://nsarchive.gwu.edu)。

（13）細谷雄一『倫理的な戦争――トニー・ブレアの栄光と挫折』慶應義塾大学出版会、二〇〇九年、一九四頁。

（14）U. S. Department of State, "Game Plan for Polimil Strategy for Pakistan and Afghanistan," *Document 6*, September 14, 2001 at the National Security Archive, the George Washington University.

（15）U. S. Department of State, "Talking Points for PC 0930 on 14 September 2001," *Document 7*, September 14, 2001 at the National Security Archive, the George Washington University.

（16）七項目の内容とは、①パキスタン内でのアル・カイダへの活動支援及び武器輸送の阻止、②空母搭載機のパキスタン上空飛行及び国内離着陸許可、③米及びその同盟国に対するパキスタン国内へのアクセスなど必要な支援、④タリバン及びアル・カイダに関するすべての情報の提供、⑤同時多発テロをはじめとするあらゆるテロ行為に対する非難の公表、⑥タリバンへの燃料他支援物資の切断、⑦事件とビン・ラディン率いるアル・カイダの関係について強力な証拠が示され、それでもタリバンが彼らをかばい続ける場合には、パキスタンはタリバンとの外交関係を遮断し上記に沿って米国を支援する、とされる。アーミテージ国務副長官はパキスタンのマフムード将軍に上記リストを渡し、ムシャラフ大統領から確認した旨連絡をもらいたいと要請したという（U. S. Department of State, "Deputy Secretary Armitage's Meeting with Pakistan Intel Chief Mahmud : You're with Us or You're Not," *Document* 3-state157813, September 12, 2001 ; U. S. Department of State, "Deputy Secretary Armitage's Meeting with General Mahmud : Actions and Support Expected of Pakistan in Fight Against Terrorism," *Document* 5-state158711, September 13, 2001 at the National Security Archive, the George Washington University, https://nsarchive2.gwu.edu ; ジェームズ・マン、渡辺昭夫監訳『ウルカヌスの群像――ブッシュ政権とイラク戦争』共同通信社、二〇〇四年、四二六頁。なお、ムシャラフ大統領はアーミテージ国務副長官に、要求を受けなければパキスタンも軍事攻撃を受けることになると脅迫されたとの見解もある（Samir Puri, *Pakistan's War on Terrorism : Strategies for Combating Jihadist Armed Groups since 9/11*, Abingdon, Oxon : Routledge, 2012, p. 36)。

（17）U. S. Embassy in Islamabad, "Musharraf : We are with You in Your Action Plan in Afghanistan," *Document* 2-Islamabad05087, September 13, 2001 ; U. S. Department of State, "Secretary's 13 September 2001 Conversation with Pakistani President Musharraf," *Document* 10-state161371, September 19, 2001 at the National Security Archive, the George Washington University.

（18）細谷『倫理的な戦争』二〇九頁。

（19）U. S. Department of State, "Musharraf Accepts the Seven Points," *Document* 8-Islamabad05123, September 14, 2001 at the National Security Archive, the George Washington University.

（20）U. S. Department of State, "Deputy Secretary Armitage-Mahmud Phone Call-Sept. 18, 2001," *Document* 9-state161279, September 18, 2001 at the National Security Archive, the George Washington University.

（21）U. S. Embassy in Islamabad, "Mahmud Plans 2nd Mission to Afghanistan," *Document* 11-Islamabad06522, September 24, 2001 ; U. S. Embassy in Islamabad, "Mahmud on Failed Kandahar Trip," *Document* 12-Islamabad05452, September 29, 2001 at the National Security Archive, the George Washington University. タリバン政権のアブドゥル・サラム・ザイーフ・パキスタン大使は米政府に対し、同時多発テロ事件にビン・ラディンが関与した証拠を提示すれば、ビン・ラディンをアフガニスタンの裁判にかけるなどの提案をしたが米側が拒否したとの報道もある（"Taliban Will Try Bin Laden If US Provides Evidence," *The Guardian*, October 5, 2001, http://amp.theguardian.com/world/2001/oct/05/afghanistan.terrorism)。

（22）Puri, *Pakistan's War*, pp. 33–35.

(23) 国連安全保障理事会は、二〇〇一年九月二八日、決議第一三六八号の内容を再確認し、さらに、国連憲章第七章下でテロ資金対策など広範な対策の実施を加盟国に求める決議第一三七三号を採択する。

(24) NATO, "Statement by the North Atlantic Council," *NATO Press Release 124*, September 12, 2001, http://www.nato.int/docu/pr/2001/p01-124e.htm

(25) CENTCOMは中東、中央アジア、アラビア海、エジプトを担当する地域別統合軍の一つ。CENTCOMにおける軍事作戦の策定過程については、Michael DeLong and Noah Lukeman, *Inside CentCom : The Unvarnished Truth About the Wars in Afghanistan and Iraq*, Washington, D. C.: Regnery Publishing, 2004 に詳しい。

(26) 朝日新聞「自衛隊五〇年」取材班『自衛隊　知られざる変容』朝日新聞社、二〇〇五年、二〇頁。日本がタンパに自衛官（一等海佐及び三等空佐各一名）を派遣するのは、二〇〇二年八月になってからである。

(27) Authorization for Use of Military Force (Public Law 107-40), Section 2 (a) において、九月一一日のテロ攻撃について計画し、実施し、幇助したと大統領が認める国、組織、人に対し、大統領はすべての必要かつ適切な措置を行使する権限を付与される。

(28) George W. Bush, "Address to a Joint Session of Congress and the American People," September 20, 2001, http://www.whitehouse.gov/news/releases/2001/09/20010920-8.html

(29)『読売新聞』二〇〇一年九月一二日朝二面。

(30)『読売新聞』二〇〇一年九月二四日朝八面。後日、小泉首相は与党幹部の締め出しを指示したとされる（読売新聞政治部編『外交を喧嘩にした男――小泉外交二〇〇〇日の真実』新潮社、二〇〇一年、一二五頁）。

(31) 首相官邸「内閣官房長官記者発表――米国における同時多発テロ事件について」二〇〇一年九月一二日、http://www.kantei.go.jp/jp/tyoukanpress/rireki/2001/09/12_a1.html

(32) 政府対処方針では、次の六項目が決定される。①邦人の安否確認を含む情勢の的確な把握と対応の万全、②国際緊急援助隊派遣の検討と即応体制の確立、③国内の米国関連施設等の警戒警備の強化、④国民に対する適切な情報提供、⑤国際テロに対する米国等関係国との協力、⑥世界及び日本の経済システムの混乱回避等。なお、国際緊急援助隊派遣については、政府専用機二機を千歳空港から羽田空港に移動するなど派遣体制を整えたが、米側から物的支援は不要との返答を受け、実施には至らなかったという（第一五三回国会参議院外交防衛委員会議事録第二号、二頁、二〇〇一年一〇月二四日）。

(33) 首相官邸「内閣総理大臣記者会見――米国における同時多発テロ事件」二〇〇一年九月一一日、http://www.kantei.go.jp/jp/koizumispeech/2001/0912sourikaiken.html

(34)『読売新聞』二〇〇一年九月一四日朝二面。

(35)『公明新聞』二〇〇一年九月一三日一面、『読売新聞』九月一四日夕四面。

（36）九月一二日の与党各党の動向は次を参照。『読売新聞』二〇〇一年九月一三日朝四面、『朝日新聞』九月一三日朝四面、『公明新聞』九月一三日一面。

（37）『読売新聞』二〇〇一年九月二七日朝四面。

（38）伊奈久喜「ドキュメント9・11の衝撃――その時、官邸は、外務省は」田中明彦監修『「新しい戦争」時代の安全保障――いま日本の外交力が問われている』都市出版、二〇〇二年、一七六～一七七頁。

（39）有事法制の検討を行うため、外務省、警察庁、防衛庁など関係省庁から内閣官房に出向していた。

（40）湾岸戦争の際、在日米海軍司令部から海幕防衛部に護衛艦・掃海艇・補給艦の派遣要請があり、一九九一年四月にペルシャ湾に掃海艇部隊が派遣されるが、当時補給艦及び護衛艦の派遣についても検討した経緯があり、それも参考にしたという（筆者インタビュー、二〇一一年七月二七日、香田洋二海自幕僚監部防衛部長〔当時〕）。立案過程については、久江雅彦『9・11と日本外交』講談社現代新書、二〇〇二年、谷内正太郎「九・一一テロ攻撃の経緯と日本の対応」『国際問題』五〇三、二〇〇二年、二～二〇頁、読売新聞政治部編『外交を喧嘩にした男』、朝日新聞「自衛隊五〇年」取材班『自衛隊』等参照。

（41）千々和泰明『大使たちの戦後日米関係――その役割をめぐる比較外交論 一九五二～二〇〇八年』ミネルヴァ書房、二〇一二年、八四頁。

（42）Richard Armitage interviewed by Edward Stourton, "With Us or Without Us," BBC Radio, April 10, 2002, http://www.bbc.co.uk/radio4/news/withus/armitage.pdf この会談で、アーミテージ国務副長官が「ショー・ザ・フラッグ」と発言し日本に圧力をかけたとされ、このフレーズは米から日本への外圧の象徴として引き合いに出されるようになる。しかし、柳井はそういう趣旨のことをいったが、この表現は使っていなかったと証言している（五百旗頭真・伊藤元重・薬師寺克行編『外交激変――元外務省事務次官柳井俊二』朝日新聞社、二〇〇七年、一九〇～一九五頁）。

（43）『読売新聞』二〇〇一年九月一九日夕三面、Clay Chandler, "Koizumi Vows to Seek Wider Role for Troops : Japan Would Give U. S. Logistic Support," *The Washington Post*, September 20, 2001.

（44）筆者インタビュー、二〇一一年四月二〇日、谷内正太郎元外務次官。

（45）湾岸戦争の際に日本は資金協力しかせず、イラクから解放されたクウェート政府が米国の主要新聞に掲載した感謝広告「クウェート解放のために努力してくれた国々」の中に日本の国旗がなかったことを踏まえ、「ショー・ザ・フラッグ」との発言につながったという（筆者インタビュー、二〇一七年七月三一日、ジョン・ヒル元国防総省日本部長）（参考：読売新聞政治部編『外交を喧嘩にした男』一二七～一二八頁）。

（46）The Press Secretary of Ministry of Foreign Affairs, Press Conference, September 18, 2001, http://www.mofa.go.jp/announce/press/2001/9/918.html#3

(47) 山崎拓『YKK秘録』講談社、二〇一六年、二三一頁。
(48) ハワード・ベーカー、春原剛訳『ハワード・ベーカー　超党派の精神』日本経済新聞出版社、二〇〇九年、一四八頁。
(49) 九月一七日、保守党党首は扇千景から野田毅幹事長に交代し、後任の幹事長には二階俊博幹事長代理が就任する。
(50) 筆者インタビュー、二〇一七年七月三一日、ジョン・ヒル元国防総省日本部長。
(51) 筆者インタビュー、二〇一一年六月八日、防衛省担当者。
(52) 谷内「九・一一テロ攻撃の経緯と日本の対応」八頁。
(53)『朝日新聞』二〇〇一年九月二七日朝三面、『読売新聞』二〇〇一年九月一七日夕二面。
(54)「日本の政治(22)『悩める小泉首相の「テロ対策」舞台裏』」『フォーサイト』二〇〇一年一〇月号、http://www.fsight.jp/articles/print/7919
(55)『毎日新聞』二〇〇一年九月二〇日朝三面、『朝日新聞』九月一九日朝三面、『公明新聞』九月一九日一面。
(56)『毎日新聞』二〇〇一年九月二一日朝二面、九月一九日朝一面。
(57) 首相官邸「米国における同時多発テロへの対応に関する我が国の措置について」二〇〇一年九月一九日、http://www.kantei.go.jp/jp/koizumispeech/2001/0919terosoti.html 1
(58) 自衛隊派遣のために新法を制定することは与党間で既に合意されていたが、新法制定が失敗した場合の政権へのダメージを危惧して、山崎幹事長が「新法」という文言の挿入に難色を示し、「所要の措置」という表現に替えられたという。『読売新聞』二〇〇一年九月二〇日朝四面。
(59)『読売新聞』二〇〇一年九月二〇日朝三面、一面。
(60) 内閣官房長官記者発表「パキスタン及びインドに対する緊急の経済支援について」二〇〇一年九月二一日、http://www.kantei.go.jp/jp/tyoukanpress/rireki/2001/09/21_p.html
(61) 首相官邸「小泉内閣総理大臣記者会見録」二〇〇一年九月一九日、http://www.kantei.go.jp/jp/koizumispeech/2001/0919sourikaiken.html
(62)『読売新聞』二〇〇一年九月二三日朝四面。
(63) The White House Office of the Press Secretary, "President Welcomes Japan's Support," September 20, 2001, http://georgewbush-whitehouse.archives.gov/news/releases/2001/09/20010920-1.html
(64)『日本経済新聞』二〇一〇年八月二六日朝六面（野上義二元外務次官インタビュー記事）。
(65)『朝日新聞』二〇〇一年九月二六日夕一・二面、九月二七日朝四面、Woodward, *Bush at War*, p. 138.
(66) George W. Bush and Junichiro Koizumi, "Remarks by President Bush and Prime Minister Koizumi of Japan in Photo Opportunity," September

25, 2001, http://georgewbush-whitehouse.archives.gov/news/releases/2001/09/print/20010925-1.html
(67)『日本経済新聞』二〇一一年四月一二日朝（ジョージ・W・ブッシュ「私の履歴書12」）。
(68)『朝日新聞』二〇〇一年一〇月四日朝一面、Daniel Dilman, *Japan's Security Strategy in the Post 9.11 World: Embracing a New Realpolitik*, Westport : Praeger, 2006, p. 73.
(69)内閣官房安全保障・危機管理室「(案)」二〇〇一年九月一九日（外務省所管資料）。
(70)内閣官房安全保障・危機管理室「立法の骨格（案）」二〇〇一年九月二二日（外務省所管資料）。
(71)「立法の骨格（案）」二〇〇一年九月二三日（外務省所管資料）。内閣官房安全保障・危機管理室が作成したと考えられる。
(72)「論点」二〇〇一年九月二三日（外務省所管資料）。「立法の骨格（案）」を踏まえ、内閣官房安全保障・危機管理室が与党議論用に作成したと考えられる。
(73)日本政府は安保理決議第一三六八号により、米国の軍事行動及び各国の支援活動は国連から容認されたと説明するが、国際法の観点からは、本来、自衛権は急迫不正の侵害に対して自国を防衛する権利であり、安保理の事前許可は不要であるとされ、第一三六八号についても国連憲章第七章への言及もなく、武力行使を授権したものではないとの解釈が主流とされる（松井芳郎『テロ、戦争、自衛――米国等のアフガニスタン攻撃を考える』東信堂、二〇〇二年、四九～六〇頁）。なお、松井は米国等のアフガニスタンに対する軍事行動は現行国際法に照らして一切正当化できないと結論付けている。
(74)『公明新聞』二〇〇一年九月二六日一面。
(75)二〇〇一年九月二五日法律案（内閣法制局所管資料）。
(76)二〇〇一年九月二七日法律案（内閣法制局所管資料）。
(77)二〇〇一年九月二九日法律案（内閣法制局所管資料）。
(78)二〇〇一年一〇月一日（二二時二〇分）法律案（内閣法制局所管資料）。
(79)二〇〇一年一〇月一日（〇七時〇二分）法律案（内閣法制局所管資料）。
(80)『読売新聞』二〇〇五年三月二一日朝四面。
(81)二〇〇一年九月二六日「(案)」（内閣法制局所管資料）。
(82)『朝日新聞』二〇〇一年九月二四日朝一面。
(83)『読売新聞』二〇〇一年九月二六日朝二面、『公明新聞』九月二六日一面。
(84)外務省総合外交政策局「テロ対策特措法主要答弁ポイント集」二〇〇一年一〇月三日。
(85)『公明新聞』二〇〇一年九月二八日一面。
(86)『読売新聞』二〇〇五年三月二二日朝四面。

(87)『公明新聞』二〇〇一年九月二八日一面、『読売新聞』九月二八日朝三面。
(88)『読売新聞』二〇〇一年九月一九日朝二面。
(89)『毎日新聞』二〇〇一年一〇月三日朝二面。
(90)『公明新聞』二〇〇一年九月二七日一面。
(91)『朝日新聞』二〇〇一年一〇月三日朝四面、一〇月六日朝三面。
(92)『毎日新聞』二〇〇一年一〇月三日朝二面。
(93)筆者インタビュー、二〇一七年七月三一日、ジョン・ヒル元国防総省日本部長。
(94)『読売新聞』二〇〇一年一〇月二三日朝四面。
(95)同上。
(96)『公明新聞』二〇〇一年九月二六日一面。
(97)外務省総合外交政策局「テロ対策特措法主要答弁ポイント集」二〇〇一年一〇月三日。
(98)『読売新聞』二〇〇一年一〇月八日朝四面、『朝日新聞』一〇月四日朝四面。
(99)首相官邸「テロ対策特措法Q&A」、http://www.kantei.go.jp/jp/singi/anpo/houan/tero/004.html
(100)例えば、自民党では外交調査会・国防部会で警察庁や防衛庁、外務省から同時多発テロ事件の事前情報の把握について（九月一二日）、内閣部会で同時多発テロ事件報告及び経済に対する影響について（一八日）、国防部会・防衛政策検討小委員会の合同部会が同時多発テロ事件について（二一日）、他にも新たに設置された米国同時多発テロ事件対策本部会議（二八日）等が開催される。自民党部会については、一般紙及び自民党ホームページ（http://www.j-gds.com/gdspages/seichouback/13-10.htm）より、公明党部会については、『公明新聞』及び一般紙による。
(101)『読売新聞』二〇〇一年一〇月三日朝六面、『朝日新聞』一〇月二日朝一面。
(102)『読売新聞』二〇〇一年一〇月一七日朝三面、『公明新聞』一〇月四日二面。
(103)『公明新聞』二〇〇一年一〇月五日二面。
(104)『毎日新聞』二〇〇一年五月二三日朝二面。
(105)信田智人『冷戦後の日本外交――安全保障政策の国内政治過程』ミネルヴァ書房、二〇〇六年、八八～九二頁。
(106)『読売新聞』二〇〇一年九月三〇日朝四面、九月二七日朝四面。
(107)筆者インタビュー、二〇一三年九月一九日、山崎拓元自民党幹事長。
(108)同上、山崎『YKK秘録』二五九頁、『読売新聞』二〇〇四年一月二八日四面。
(109)初代の内閣官房内閣安全保障室長を務めた佐々淳行は、治安、外交、国家安全保障といった分野を公明党内で一手に引き受けてまとめていたのは冬柴幹事長であったとし、その政治力を高く評価している（佐々淳行『私を通りすぎた政治家たち』文藝春秋、二〇一四年、二四六～二四七頁）。

(110)『読売新聞』二〇〇一年九月一四日朝二面、『公明新聞』九月一四日二面。

(111)『読売新聞』二〇〇一年九月一九日朝四面、『朝日新聞』九月一九日朝三面。

(112)『読売新聞』二〇〇一年九月二三日朝三面。

(113)『読売新聞』二〇〇一年九月二七日朝二面。

(114)『読売新聞』二〇〇一年九月三〇日朝四面。

(115)『読売新聞』二〇〇一年九月二五日朝四面。

(116)『読売新聞』二〇〇一年九月二一日朝三面。

(117)なお、二〇〇一年一〇月五日、自由党は武力行使を容認する国連決議などに基づいて、自衛隊が武力行使を伴う海外での活動に参加することを認める「国防・自衛隊国際協力基本法案」を衆議院に提出するが、審査未了で廃案となる。http://www.shugiin.go.jp/internet/itdb_gian.nsf/html/gian/keika/1D65EBE.htm

(118)第一五三回国会決議第一号（二〇〇一年九月二七日）。決議案について、与党が民主党からの修正要求に応じたことから、民主党は与党とともに決議に賛成、他の野党は反対に回る（『読売新聞』二〇〇一年九月二七日夕一面、九月二八日朝四面）。

(119)『読売新聞』二〇〇一年九月三〇日二面。

(120)民主党「今回の同時多発テロに関わる国際的協調行動（米国等への後方地域支援活動など）をとるための特別措置への取り組み」二〇〇一年一〇月四日、http://archive.dpj.or.jp/news/?num=10918

(121)『読売新聞』二〇〇一年一〇月四日朝四面。

(122)『読売新聞』二〇〇一年一〇月五日朝四面。

(123)首相官邸「第一五三回国会における小泉内閣総理大臣所信表明演説」二〇〇一年九月二七日、http://www.kantei.go.jp/jp/koizumispeech/2001/0927syosin.html

(124)第一五七回国会以降は、「国際テロリズムの防止及び我が国の協力支援活動並びにイラク人道復興支援活動等に関する特別委員会」と改称。

(125)首相官邸「小泉内閣総理大臣記者会見」二〇〇一年一〇月八日、http://www.kantei.go.jp/jp/koizumispeech/2001/1008sourikaiken.html

(126)首相官邸「緊急テロ対策本部の設置について」二〇〇一年一〇月八日、http://www.kantei.go.jp/jp/singi/tero/kousei.html

(127)首相官邸「緊急対応措置」二〇〇一年一〇月八日、https://www.kantei.go.jp/jp/koizumispeech/2001/1008taiou.html

(128)『読売新聞』二〇〇一年一〇月一一日夕一面。

(129)『読売新聞』二〇〇一年一〇月一四日朝四面、一〇月一六日朝一面。なお、冬柴幹事長は武器・弾薬の陸上輸送を除外することになった理由を「自民党の交渉担当者から、『民主党が求めている国会事前承認が無理なら、せめて、こちらの方を法文に書き込めないか』という要請がありました。もちろん、公明党内の議論でも、陸上輸送は非常に危険度が増すので、『慎重の上にも慎重を期すべきだ』との意見がありました。このため、最終的には、現場の交渉担当者の強い要請もあり、与党三党の幹事長が政治決断をした」と説明する（『公明新聞』二〇〇一年一〇月一七日一面）。

(130)『読売新聞』二〇〇一年一〇月一六日朝二面、一〇月一七日朝三面。

(131)公明党の硬直的対応には、テロ特措法案修正合意をきっかけに、調整中の選挙制度改革、特殊法人改革等で民主党と自民党の連携が実現するのを避ける思惑があったとされる（『読売新聞』二〇〇一年一一月一日朝一面、久江『9・11と日本外交』九七〜九八頁、信田智人『官邸外交――政治リーダーシップの行方』朝日新聞社、二〇〇四年、六一頁）。

(132)『読売新聞』二〇〇四年三月二二日朝四面、二〇〇一年一〇月一六日朝四面。

(133)第一五三回国会衆議院テロ対策特別委員会議事録第七号、二六〜二七頁（二〇〇一年一〇月一六日）、読売新聞政治部編『外交を喧嘩にした男』一三八頁。

(134)第一五三回国会衆議院テロ対策特別委員会議事録第七号、二六〜三五頁（二〇〇一年一〇月一六日）。

(135)岡田克也ホームページ、「テロ対策法案の是非」二〇〇一年一〇月二四日、http://www.katsuya.net/opinion/2001/10/post-66.html

(136)第一五三回国会参議院本会議議事録第四号、五頁（二〇〇一年一〇月一九日）。

(137)『公明新聞』二〇〇一年一〇月一七日一面。

(138)『毎日新聞』二〇〇一年一〇月一八日朝五面。

(139)野中元幹事長は重要法案なのに記名ではなく起立方式の採決であったことに反発する（野中広務『老兵は死なず――野中広務全回顧録』文藝春秋、二〇〇五年、二五二頁）。

(140)テロ特措法案と自衛隊法改正法案は外交防衛委員会、海上保安庁法改正案は国土交通委員会に付託となり、自衛隊法改正法案は与党と民主党の賛成多数、海上保安庁法改正案は与党と民主、自由、共産の賛成多数で可決される。

(141)柳澤協二『検証・官邸のイラク戦争――元防衛官僚による批判と自省』岩波書店、二〇一三年、六九頁。

(142)タリバンについては、Steve Coll, *Ghost Wars : The Secret History of the CIA, Afghanistan, and Bin Laden, from the Soviet Invasion to September 10, 2001*, New York : Penguin, 2004 ; 進藤雄介『タリバンの復活――火薬庫化するアフガニスタン』花伝社、二〇〇八年参照。

(143)二〇〇一年六月一九日、米国務長官はパキスタンの外務大臣に上記の懸念を伝えている（Department of State, "The Secretary's Lunch with Pakistani Foreign Minister Abdul Sattar," *Document* 2-state109130 June 22, 2001 at the National Security Archive, the George

Washington University)。

(144) Woodward, *Bush at War*, pp. 34-36.

(145) United Nations Press Release, "Security Council Demands that Taliban Turn over Osama Bin Laden to Appropriate Authorities," October 15, 1999, http://www.un.org/News/Press/docs/1999/19991015.sc6739.doc.html サウジアラビア屈指の建設会社ビン・ラディン・グループとサウジ王家とのつながりやオサマ・ビン・ラディンがアフガニスタンでムジャヒディンを支援した経緯などについては、Lawrence Wright, *The Looming Tower-Al-Qaeda and the Road to 9/11*, New York : Random House, 2007 が詳しい。

(146) 進藤『タリバンの復活』五九頁。タリバン側はビン・ラディンが同時多発テロ事件に関与した証拠を提示すればアフガニスタン国内の法廷で彼らを裁く提案をするが米政府が拒否したとされ、さらに米英軍による空爆開始直後、タリバン外相は空爆を停止し、ビン・ラディンの同事件関与の証拠を提示すればビン・ラディンを第三国に追放すると提案するが、米政府は拒否したとの報道もある（Rory McCarthy, "Bush Rejects Taliban Offer to Hard Bin Laden over," *The Guardian*, October 14, 2001, https://www.theguardian.com/world/2001/oct/14/afghanistan.terrorism5)。

(147) OEFは二〇〇一年一〇月七日に開始された当初は対象地域がアフガニスタン及びその周辺であったが、テロ活動の拡大により全世界を対象とした対テロ作戦へと逐次移行し、二〇一四年一二月三一日まで一三年間継続する。二〇一五年一月からは、テロ掃討よりも、アフガン治安部隊育成等に重点を移したOperation Freedom's Sentinel（自由の番人作戦）に引き継がれる。

(148) Steve Bowman and Catherine Dale, "War in Afghanistan : Strategy, Military Operations, and Issues for Congress," CRS Report R40156, Washington, D. C., December 3, 2009, pp. 7-8. ラムズフェルド国防長官の小規模軍隊による軍事作戦の方針は、後にロバート・フィン、ザルメイ・ハリルザド、ロナルド・ニューマンの歴代駐アフガニスタン米大使らが大きな変革を小さな手段で行おうとしたことによる失敗であったと批判している（David Rohde and David E. Sanger, "How the Good War in Afghanistan Went Bad," *The New York Times*, August 12, 2007, http://mobile.nytimes.com/2007/08/12/world/asia/12afghan.html?pagewanted=all&referer=&_r=0)。

(149) OEFは米中央軍隷下のCSTC-A(Combined Security Transition Command-Afghanistan) 及びCJTF-82(Combined Joint Task Force-82) が所掌しており、その司令部はいずれもカブールに置かれるが、OEF-MIOはコアリッションにより編成され米中央軍司令部の作戦統制下にあるCFMCC(Combined Forces Maritime Component Command) が所掌し、司令部はバーレーンに置かれ、二〇〇一年一二月以降、日本の海自からも二名の連絡官が派遣される。なお、二〇〇五年頃からはOEF-MIOよりOEF-MSO(Maritime Security Operation) という名称がよく使われるようになる。また、活動根拠について、政府は、OEFが米国の個別的または集団的自衛権の発動として展開されたのに対し、OEF-MIOは自衛権の発動ではなく、各国が不審船舶等に対して行う検査活動と位置づけられ、よって乗船検査が必要な場合は対象船舶の旗国の同意を得た上で乗船して検査を実施すると説明する（第一六六回国会衆議院テロ対策特別委員会議事録第八号、一三頁、二〇〇七年五月一一日)。

（150）筆者インタビュー、二〇一一年六月七日、防衛庁担当者、久江『9・11と日本外交』一〇六頁。
（151）五百旗頭真・伊藤元重・薬師寺克行編『岡本行夫――現場主義を貫いた外交官』朝日新聞出版、二〇〇八年、二八一頁。岡本は二〇〇一年九月二〇日、内閣官房参与に任命される。
（152）『読売新聞』二〇〇一年一一月二日朝二面。
（153）『読売新聞』二〇〇一年一一月三日朝一面。
（154）船越健裕『アメリカの選択、日本の選択』文芸社、二〇〇六年、四一頁、久江『9・11と日本外交』一〇六頁。
（155）ディエゴ・ガルシア島には大規模なレーダー施設がなく、海自のイージス艦が来ることで米軍のそれを他の海域に展開できると期待していたという（『読売新聞』二〇〇一年一〇月二六日夕一面）。
（156）久江『9・11と日本外交』八一～八二頁。
（157）『読売新聞』二〇〇五年三月二三日朝四面、久江『9・11と日本外交』一〇二～一一二頁。
（158）同上。
（159）『読売新聞』二〇〇一年一一月一七日朝三面。
（160）大森敬治『我が国の国防戦略――背広の参謀が語る』内外出版、二〇〇九年、一五六頁。
（161）『毎日新聞』二〇〇一年一一月一六日朝一面。
（162）『産経新聞』二〇〇一年一一月一六日朝総合。
（163）『読売新聞』二〇〇一年一一月一八日朝四面。
（164）『朝日新聞』二〇〇一年一一月一七日朝二面。
（165）第一五三回国会参議院外交防衛委員会議事録第一〇号、四頁（二〇〇一年一一月二九日）。派遣期間について、防衛庁は護衛艦の交代に合わせて三カ月で調整していたが、米政府が軍事作戦は長期に及ぶとの見通しを示したことから一年間とする案が浮上し、一一月一六日の小泉首相と山崎幹事長の会談で、現地情勢の変化に対応するには一年は長すぎるとして、六カ月になったという（『読売新聞』二〇〇一年一一月一八日朝四面）。
（166）民主党「米軍等によるタリバン空爆について」二〇〇一年一〇月八日、http://archive.dpj.or.jp/news/?num=11372
（167）『朝日新聞』二〇〇一年一〇月一九日朝四面、一一月一六日朝四面。
（168）『読売新聞』二〇〇一年一一月一七日朝四面。
（169）民主党は自衛隊派遣の承認案件採決で党の方針に従わなかった議員二八名に役職停止等の処分を行う（『読売新聞』二〇〇一年一二月五日朝四面）。
（170）第一五三回国会参議院外交防衛委員会議事録第一〇号、一六頁（二〇〇一年一一月二九日）。

(171) 第一五四回国会衆議院テロ対策特別委員会議事録第二号、一二頁（二〇〇二年三月二九日）。

(172) 防衛庁設置法第五条第一八号の「調査・研究」に基づく派遣。一一月三〇日に国会で自衛隊の支援活動の実施が承認されたことにより、上記任務はテロ特措法上の「協力支援」に切り替えられる。防衛庁と海自は四隻の艦艇の派遣予定であったが、官邸と与党から情報収集に四隻は多いとの批判を受け直前で三隻編成となる（『読売新聞』二〇〇一年一一月九日朝三面）。

(173) 首相官邸「内閣官房長官記者発表：パキスタン及びインドに対する緊急の経済支援について」二〇〇一年九月二一日、http://www.kantei.go.jp/jp/tyoukanpress/rireki/2001/09/21_p.html

(174) 首相官邸「インド及びパキスタンの核実験に対する我が国の措置の停止に関する内閣官房長官の談話」二〇〇一年一〇月二六日、http://www.kantei.go.jp/jp/tyokan/koizumi/2001/1026danwa.html

(175) 首相官邸「内閣官房長官談話：テロ対策特措法に基づく対応措置に関する基本計画の決定に際して」二〇〇一年一一月一六日、http://www.kantei.go.jp/jp/tyokan/koizumi/2001/1116danwa.html

(176) 首相官邸「内閣官房長官記者発表：米国における同時多発テロへの対応に関する我が国の措置について」二〇〇一年一〇月四日、http://www.kantei.go.jp/jp/tyoukanpress/rireki/2001/10/04_p2.html

(177) 首相官邸「内閣官房長官記者発表：閣議の概要について」二〇〇一年一〇月一二日、http://www.kantei.go.jp/jp/tyoukanpress/rireki/2001/10/12_a.html

(178) 首相官邸「内閣官房長官談話：テロ対策特措法に基づく対応措置に関する基本計画の決定に際して」二〇〇一年一一月一六日、http://www.kantei.go.jp/jp/tyokan/koizumi/2001/1116danwa.html

(179) テロ資金条約について、水越英明「9・11同時多発テロから一年」田中明彦監修『「新しい戦争」時代の安全保障――いま日本の外交力が問われている』都市出版、二〇〇二年、一六四頁。

(180) 大森『我が国の国防戦略』一六六頁。

(181) 第一五三回国会衆議院本会議議事録第二号、四頁（二〇〇一年一〇月一日）。

(182) ベーカー『ハワード・ベーカー』一四八頁、『読売新聞』二〇〇一年一一月一九日朝四面。

(183) James A. Kelly (Assistant Secretary of State for East Asian and Pacific Affairs), "U. S. Foreign Policy in the Asia Pacific Region : An Overview," November 19, 2001, http://2002-2009-fpc.state.gov/7537.htm なお、当時、イージス艦の保有状況は米海軍が約六〇隻、日本が四隻、スペイン海軍が一隻建造中であった。

(184) 『読売新聞』二〇〇五年三月二五日朝四面。

(185) 筆者インタビュー、二〇一一年七月二七日、香田洋二元海上自衛隊大将。

(186) 船越『アメリカの選択、日本の選択』四二頁。

(187)『読売新聞』二〇〇一年九月二四日朝四面。
(188) 例えば、工藤敦夫法制局長官発言（第一一九回国会衆議院国際連合平和協力に関する特別委員会議事録第五号、三三頁、一九九〇年一〇月二九日）。
(189) 谷内「九・一一テロ攻撃の経緯と日本の対応」。
(190) 山崎『YKK秘録』二三五頁、『読売新聞』二〇〇一年一〇月二三日朝四面。
(191)『読売新聞』二〇〇一年一一月四日朝一面。
(192) 朝日新聞「自衛隊五〇年」取材班『自衛隊』三八〜三九頁。陸幕は、アフガニスタンやその周辺での対米支援が難しいので、その代替案として、東ティモールPKO（国連東ティモール暫定行政機構：UNTAET）に陸自を派遣し、米軍等を補完しようと考えたのではないかとの見方もある（『朝日新聞』二〇〇四年六月二日朝二三面）が、外務省・防衛庁の関係者は、米側が東ティモールPKO派遣をアフガニスタンの代替案として認識していたとは考えにくいとしている（筆者インタビュー、二〇一一年四月二〇日、谷内元外務次官、六月七日、防衛省担当者）。なお、東ティモールPKOには、二〇〇一年九月中旬、陸幕幹部が陸自の派遣を提案し、与党三党派遣団による現地調査を経て、二〇〇二年二月一五日に陸自施設部隊派遣を閣議決定し、道路などの維持・補修活動を主任務とする七〇〇人規模の部隊を派遣する。
(193) 第一五三回国会参議院外交防衛委員会議事録第一〇号、三頁（二〇〇一年一一月二九日）、『読売新聞』二〇〇一年一〇月二三日朝四面。
(194) 第一五六回国会衆議院本会議議事録第四二号、一三頁（二〇〇三年六月二四日）。
(195) The White House, "Press Briefing Ari Fleischer," October 29, 2001, http: //www. usembassy-israel. org. il/publish/peace/archives/2001/october/103008.html
(196) 第一五四回国会衆議院テロ対策特別委員会議事録第二号、二頁（二〇〇二年三月二九日）。
(197) US Congress, "James Kelly Assistant Secretary of State, Hearing before the Subcommittee on East Asia and the Pacific of the Committee on International Relations," House of Representatives, February 14, 2002, pp. 6, 9, https://2001-2009.state.gov/p/eap/rls/rm/2002/8024.htm
(198) 首相官邸「日米首脳会談後の内外共同記者会見」二〇〇二年二月一八日、https://www.kantei.go.jp/jp/koizumispeech/2002/02/18kyodo.html
(199) 在日米大使館「ジョージ・W・ブッシュアメリカ合衆国大統領の国会における演説」二〇〇二年二月一九日、http://japan2.usembassy.gov/j/p/tpj-jp0053.html
(200) US Congress, Statement of Admiral Dennis C. Blair, U. S. Navy Commander in Chief U. S. Pacific Command, Hearing before the Subcommitee on East Asia and The Pacific and the Subcommittee On the Middle East And South Asia, the Committee on International Relations,

House of Representatives, February 27, 2002, http://www.globalsecurity.org/military/library/congress/2002_hr/index.html

（201）U. S. Central Command, the "Briefing on Operation Enduring Freedom by General Tommy Franks, Commanding General," April 11, 2002, http://2002-2009-fpc.state.gov/9283.htm

（202）米国防総省が二〇〇二年二月二六日、「対テロ戦争への国際社会の貢献」と題した資料を発表し、その中で支援国として二六カ国の国名と支援内容を列挙するが、日本が含まれていなかったことから、日本政府は外交ルートで米国に抗議する。国防総省は二七日、日本とＵＡＥを追加した改定版資料を発表し、ベーカー大使は二八日、中谷防衛庁長官と川口順子外相にそれぞれ電話し、陳謝とともに訂正したことを伝えた（『読売新聞』二〇〇二年二月二八日夕一面、久江『９・11と日本外交』一八一～一八四頁）。

（203）The White House's Coalition Information Center, *The Global War on Terrorism, The First 100 Days*, December 20, 2001, http://ics.leeds.ac.uk/papers/pmt/exhibits/330/GWOT100.pdf

（204）Department of State, *Patterns of Global Terrorism 2001*, May 21, 2002, p. 18, http://www.state.gov/documents/organization/10319.pdf

（205）同時多発テロ事件から約三カ月の間に、一三六カ国と四六の国際機関が米国に軍事的な支援を申し出、このうち、約五〇カ国が実際に軍事作戦に関係し、八九カ国が米軍用機の領空通過権を了承、七六カ国が着陸権限を了承、二三カ国が米軍の駐留を了承したと公表している（Department of State, *The Global War on Terrorism*, http://2001-2009.state.gov/s/ct/rls/wh/6947.htm）。

（206）北岡伸一「テロ事件のインパクトと日本の対応」渡辺昭夫・平和・安全保障研究所編『９・11事件から一年――そして私たちは』第一書林、二〇〇二年、八四頁。

（207）Michael Penn, *Japan and the War on Terror : Military Force and Political Pressure in the US-Japanese Alliance*, London : I. B. Tauris, 2014, p. 56.

（208）George W. Bush, "President Bush Speech at the Virginia Military Institute," CNN News, April 17, 2002, http: //transcripts. cnn. com/TRANSCRIPTS/0204/17/se.02.html

（209）Donald H. Rumsfeld, "DoD News Briefing," July 22, 2002, http://www.defense.gov/Transcripts/Transcript.aspx?TranscriptID=3598

（210）Secretary Rumsfeld and General Franks, "DoD News Briefing," August 15, 2002, http: //www. defense. gov/Transcripts/Transcript. aspx?TranscriptID=3592

（211）第一五五回国会参議院外交防衛委員会議事録第五号、二頁（二〇〇二年一一月二一日）。

（212）第一五四回国会衆議院武力攻撃事態への対処に関する特別委員会議事録第三号、三七頁（二〇〇二年五月八日）、第一五四回国会衆議院テロ対策特別委員会議事録第三号、一八頁（二〇〇二年五月一七日）。

（213）北部同盟、パシュトゥン人を中心とするグループ、ザヒール・シャー元国王を中心とするローマ・グループ、ペシャワール・グループが招かれ、タリバンは除外される。

(214) United Nations, "The Agreement on Provisional Arrangements in Afghanistan Pending the Re-establishment of Permanent Government Institutions," Bonn, December 5, 2001, http://www.un.org/news/dh/latest/afghan/afghan-agree.htm

(215) 駒野欽一元駐アフガン日本大使は、暫定政権における主要ポストは北部同盟の指導者が占め、いかにパシュトゥン人を政治の枠組みに取り込んでいくかが大きな政治課題だったとしている（駒野欽一『私のアフガニスタン——駐アフガン日本大使の復興支援奮闘記』明石書店、二〇〇五年、二五頁）。

(216) UN Security Council Resolution 1386, December 20, 2001, http://www.un.org/en/ga/search/view_doc.asp?symbol=S/RES/1386%282001%2

(217) 防衛庁『平成一四年版　防衛白書』財務省印刷局、二〇〇二年、一〇頁。

(218) UN Security Council Resolution 1401, March 28, 2002, http://daccess-dds-ny.un.org/doc/UNDOC/GEN/N02/309/14/PDF/N0230914.pdf?OpenElement

(219) 二〇〇二年から〇六年の終了までに六万三千余の旧国軍兵士の支援を実施。DDRに参加すれば手当て等に加え、職探しも支援してもらえるという特典を活かし、北部同盟兵士が多数参加する一方で、和平プロセスの外に置かれたタリバンはDDRに参加できず、武力攻撃を続ける要因になったとされる（進藤『タリバンの復活』一七〇頁）。

(220) 『朝日新聞』二〇〇二年五月六日朝一、二面、久江『9・11と日本外交』一三二頁。

(221) 筆者インタビュー、二〇一七年七月三一日、ジョン・ヒル元国防総省日本部長。

(222) 『読売新聞』二〇〇二年一一月八日朝四面、久江『9・11と日本外交』一三二頁。

(223) 『朝日新聞』二〇〇二年四月一七日夕二面。

(224) 久江『9・11と日本外交』一三四頁。海自の幹部（香田洋二海上幕僚監部防衛部長、当時）が、この頃在日米海軍を訪れ、イージス艦やP3C哨戒機のインド洋派遣を米側から要請するよう働きかけをしたとの報道がなされる（『朝日新聞』二〇〇二年五月六日朝一、二面）。この記事について、本人は、イージス艦は作戦遂行を容易にし部隊防護能力を高めることから頼まれれば出したいが、積極的に出させてもらわないと困るといったことはないと説明している（筆者インタビュー、二〇一一年七月二七日）。

(225) 『読売新聞』二〇〇二年五月四日朝四面、『朝日新聞』五月六日朝一、二面。

(226) 『朝日新聞』二〇〇二年四月三〇日夕一面、『公明新聞』五月一日一面。

(227) 『朝日新聞』二〇〇二年九月一〇日朝三一面、久江『9・11と日本外交』一二八〜一二九頁。

(228) 『朝日新聞』二〇〇二年六月九日朝三面、久江『9・11と日本外交』一四一頁。

(229) 『読売新聞』二〇〇二年四月三〇日朝四面。

(230) 『読売新聞』二〇〇二年五月一四日朝四面。

(231) 『朝日新聞』二〇〇二年五月一一日朝二面、久江『9・11と日本外交』一三九頁。

(232)『読売新聞』二〇〇二年五月九日朝四面、『公明新聞』五月九日一面。

(233)『朝日新聞』二〇〇二年五月一七日夕二面。

(234)『毎日新聞』二〇〇二年五月一七日朝一面、『公明新聞』五月一七日朝一面。

(235)第一五四回国会衆議院テロ対策特別委員会議事録第三号、八～九頁（二〇〇二年五月一七日）。

(236)一九九〇年八月、フセイン大統領率いるイラク軍がクウェートに侵攻したことを受け、クウェートを解放するため、一九九一年一月に多国籍軍がイラクに空爆等を開始した。三月にイラクは敗戦を認め、四月に受諾した安保理決議第六八七号で大量破壊兵器の廃棄と国連の査察活動への協力を義務づけられていた。しかし、フセイン政権は査察への妨害活動を繰り返した後、一九九八年には査察活動の協力停止を表明し、数々の国連決議に違反をしていた。

(237)Bob Woodward, *Plan of Attack*, New York : Simon & Schuster, 2004, pp. 1–4, 34–38 ; Burke, *Becoming President*, pp. 163–175.

(238)George W. Bush, "The President's State of the Union Address," January 19, 2002, http: //www. whitehouse. gov/news/releases/2002/01/20020129-11.html

(239)『毎日新聞』二〇〇二年六月九日朝一面。

(240)George W. Bush, "Remarks at 2002 Graduation Exercise of the United States Military Academy, West Point, New York," June 1, 2002, https://www.mtholyoke.edu/acad/intrel/bush/westpoint.htm この先制的自衛の考えは二〇〇二年九月の国家安全保障戦略報告にも反映されているが、この考え方については、武力行使を禁じた国連憲章に逆らうもので戦後国際法秩序への挑戦であるとして、国際法学者や歴史学者などから批判が多く出されている。

(241)『読売新聞』二〇〇二年八月二八日朝三面。

(242)読売新聞社政治部編『外交を喧嘩にした男』一四九～一五五頁、Ministry of Foreign Affairs, "Japan-U. S. Summit Meeting Summary," September 13, 2002 ;『読売新聞』二〇〇二年九月一一日朝四面。

(243)細谷雄一『倫理的な戦争』慶應義塾大学出版会、二〇〇九年、二六七～二七〇頁。

(244)United Nations Security Council Resolution 1441, November 8, 2002, http://www.un.org/depts/unmovic/documents/1441.pdf

(245)"Bush : 'A disappointing day' for peace," CNN, December 20, 2002, http://edition.cnn.com/2002/US/12/20/sproject.irq.un/

(246)読売新聞政治部編『外交を喧嘩にした男』一五五頁。

(247)International Institute for Strategic Studies, "A Test for the US-Japan Alliance," *IISS Strategic Comments* 8 (7), 2002, p. 2.

(248)『朝日新聞』二〇〇二年九月一七日夕二面。

(249)『読売新聞』二〇〇二年一一月二一日夕一面。

(250)『朝日新聞』二〇〇二年九月一二日朝三面（守屋防衛庁防衛局長講演）。

(251)『毎日新聞』二〇〇二年一一月二〇日朝三面、朝日新聞「自衛隊五〇年」取材班『自衛隊』六八～七一頁。
(252)『朝日新聞』二〇〇二年一一月八日夕二面、『毎日新聞』一一月九日朝二面。
(253)『毎日新聞』二〇〇二年一二月一〇日朝三面。山崎幹事長は前日にパターソン駐日米国大使上級顧問からも支援要請を受けており、イラクについては国連安保理決議がなければ動けないが、アフガニスタンでの支援活動の充実は可能として、イージス艦派遣の可能性に言及したという。山崎『ＹＫＫ秘録』二六九～二七〇頁。
(254)『読売新聞』二〇〇二年一一月七日朝四面。
(255)『毎日新聞』二〇〇二年一一月二〇日朝三面、第一五五回国会衆議院安全保障委員会議事録第五号、二頁（二〇〇二年一一月一九日）。
(256)『毎日新聞』二〇〇二年一一月一三日朝二面、一一月一四日朝五面。
(257)『公明新聞』二〇〇二年一一月一三日二面。
(258)『公明新聞』二〇〇二年一一月一四日一面。
(259)第一五五回国会参議院外交防衛委員会会議録第五号、三頁（二〇〇二年一一月二一日）。
(260)伊藤英成（民主党ネクスト・キャビネット外務・安全保障大臣）「テロ特措法に基づく『基本計画』の延長について（談話）」二〇〇一年一一月一九日、http://archive.dpj.or.jp/news/?num=10633、民主党「テロ特措法に基づく自衛隊派遣の再延長問題について」二〇〇一年一一月二八日、http://archive.dpj.or.jp/news/?num=10631
(261)防衛庁『二〇〇四年度　防衛白書』財務省印刷局、二〇〇四年、二一九頁。
(262)『毎日新聞』二〇〇二年一二月五日朝三面。
(263)『読売新聞』二〇〇二年一一月二八日夕二面。
(264)第一五五回国会衆議院安全保障委員会議事録第五号、一二頁（二〇〇二年一一月二一日）。
(265)『毎日新聞』二〇〇二年一二月五日朝三面。
(266)『読売新聞』二〇〇二年一二月五日朝三面。
(267)『朝日新聞』二〇〇二年一二月五日朝一面。
(268)『読売新聞』二〇〇二年一二月三日朝四面、一二月一五日朝一面。
(269)『読売新聞』二〇〇二年一二月一五日朝一面。
(270)『読売新聞』二〇〇二年一二月四日夕二面。
(271)『読売新聞』二〇〇二年一二月五日朝三面。
(272)『公明新聞』二〇〇二年一二月五日一面。

(273)『公明新聞』二〇〇二年一二月六日一面。
(274)『読売新聞』二〇〇二年一二月九日夕二面、一七日夕一面。
(275)民主党「イージス艦の派遣について」二〇〇二年一二月六日、http://archive.dpj.or.jp/news/?num=10630
(276)Yukio Okamoto, "Japan and the United States : The Essential Alliance," *The Washington Quarterly* 25 (2), 2002 ; Christopher W. Hughes, "Japan's Response to Terror : Dispatching the SDF to the Arabian Sea," *Asian Survey* 43 (2), 2003, pp. 337–338 ; Michael Penn, *Japan and the War on Terror*, pp. 30–35 ; また、福田首相は二〇〇七年臨時国会における補給支援活動延長に絡んだ答弁において、何度も湾岸戦争を引き合いに、その時の「無力感」を今でも忘れないと答弁している（例えば、第一六八回国会衆議院テロ対策特別委員会議事録第三号、四頁、二〇〇七年一〇月二六日）。
(277)Penn, *Japan and the War on Terror*, pp. 30–35.

第3章　インド洋における活動縮小期

（1）第一五七回国会参議院国際テロリズムの防止及び我が国の協力支援活動等に関する特別委員会議事録第五号、五頁（二〇〇三年一〇月九日）。
（2）U. S. Department of Defense, Secretary Rumsfeld Joint Media Availability with President Karzai, May 1, 2003, http://www.defense.gov/transcripts/transcript.aspx?transcriptid=2562
（3）Sten Rynning, *NATO in Afghanistan : The Liberal Disconnect*, Stanford : Stanford University Press, 2012, p. 101 ; "Rumsfeld : Major Combat over in Afghanistan," CNN News, May 1, 2003, http://editicn.cnn.com/2003/WORLD/asiapcf/central/05/01/afghan.combat
（4）U. N. Security Council Resolution 1510, October 13, 2003, http://www.un.org/en/ga/search/view_doc.asp?symbol=S/RES/1510 (2003)
（5）Kenneth Katzman, "Afghanistan : Current Issues and US Policy," CRS Report for Congress RL30588, Washington, D. C., August 27, 2003, p. 21, http://fpc.state.gov/documents/organization/24047.pdf
（6）防衛省「海上自衛隊による給油実績（艦船用燃料・月別）」二〇〇七年七月。
（7）進藤雄介『タリバンの復活——火薬庫化するアフガニスタン』花伝社、二〇〇八年、一六〇頁。
（8）読売新聞社政治部編『外交を喧嘩にした男——小泉外交二〇〇〇日の真実』新潮社、二〇〇六年、一五五〜一五六頁。
（9）『読売新聞』二〇〇二年二月一五日朝四面、二月二二日朝四面。
（10）『読売新聞』二〇〇三年二月一七日朝四面。
（11）『読売新聞』二〇〇三年二月一四日朝四面、『公明新聞』二〇〇三年二月二四日二面、三月一日一面、三月六日一面、三月一一日一面。

（12）山崎拓『ＹＫＫ秘録』講談社、二〇一六年、二八三頁。
（13）『公明新聞』二〇〇三年三月一二日一面。
（14）麻生太郎政調会長が大量破壊兵器の開発阻止という共通の目的から、イラクと北朝鮮両方を対象とする与党協議会の設置を提案したという。北朝鮮問題で米国の協力を得るために、イラク問題で日米同盟関係を強化する必要があるという議論は与党内をまとめるのに役立つと、山崎幹事長がこの提案を受けたとされる（信田智人『官邸外交――政治リーダーシップの行方』朝日新聞社、二〇〇四年、一〇四頁）。
（15）"Bush's Speech on Iraq," *New York Times*, March 18, 2003, http://www.nytimes.com/2003/03/18/politics/text-bushs-speech-on-iraq.html
（16）二〇〇二年一二月二五日、保守党議員九名と民主党から離党した五名で保守新党を結成し（熊谷弘代表、二階俊博幹事長）、二〇〇三年一一月に自民党に吸収合併されるまで、自民党と公明党と三党の連立政権を維持する。
（17）首相官邸「小泉総理インタビュー」二〇〇三年三月一八日、http://www.kantei.go.jp/jp/koizumispeech/2003/03/18interview.html
（18）『読売新聞』二〇〇三年三月二一日朝六面。
（19）首相官邸「小泉総理大臣記者会見」二〇〇三年三月二〇日、http://www.kantei.go.jp/jp/koizumispeech/2003/03/20kaiken.html
（20）首相官邸「閣議決定（イラク問題に関する対処方針）」二〇〇三年三月二〇日、http: //www. kantei. go. jp/jp/kikikanri/iraq/030320taisyo.html
（21）George W. Bush, "Remarks by the President from the USS Arabama Lincoln at Sea off the Coast of San Diego," May 1, 2003, http://www.whitehouse.gov/news/releases/2003/05/iraq/20030501-15.html
（22）川端清隆『イラク危機はなぜ防げなかったのか』岩波書店、二〇〇七年、七二頁、軍事作戦は Paul Cornish, ed., *The Conflict in Iraq 2003*, New York : Palgrave Macmillan, 2004 に詳しい。
（23）『読売新聞』二〇〇三年六月八日朝四面、『朝日新聞』四月一二日朝三面。六月三〇日の日米協議では、リチャード・ローレス国防次官補代理から治安部隊、ヘリコプターやトラックなどの輸送部隊の派遣を求められたとされ、その後も担当者レベルでは治安部隊や輸送ヘリコプターＣＨ47チヌーク派遣などの具体的な要求が出されたようである（読売新聞社政治部編『外交を喧嘩にした男』一六九頁）。
（24）『朝日新聞』二〇〇三年三月二五日朝四面、『読売新聞』三月三〇日朝四面、山崎『ＹＫＫ秘録』二八六頁。
（25）『読売新聞』二〇〇三年一二月二七日朝四面。
（26）『公明新聞』二〇〇三年四月一八日二面、『朝日新聞』四月一九日朝三面。
（27）『朝日新聞』二〇〇三年四月一九日朝三面。
（28）民主党「『復興人道支援室』（ＯＲＨＡ）を通じての文民による協力に対する考え方」二〇〇三年月二三日、http://archive.dpj.or.

jp/policy/manifesto/seisaku2005/seisaku.html

（29）『読売新聞』二〇〇三年四月一二日朝四面、四月一五日朝四面。

（30）United Nations Security Council Resolution 1483, May 22, 2003, http://daccess-dds-ny.un.org/doc/UNDOC/GEN/N03/368/53/PDF/N0336853.pdf?OpenElement, イラクの復興プロセスをめぐる米国と国連の攻防の詳細は、川端『イラク危機はなぜ防げなかったのか』参照。

（31）第一五六回国会衆議院安保委員会議事録第五号、二頁（二〇〇三年五月九日）、『朝日新聞』二〇〇三年五月二日朝四面。

（32）『公明新聞』二〇〇三年五月二日一面。

（33）『毎日新聞』二〇〇三年五月七日朝五面。

（34）枝野幸男（民主党政務調査会長）「テロ特措法に基づく自衛隊派遣の再延長問題について（談話）」二〇〇三年五月九日、http://archive.dpj.or.jp/news/?num=10526

（35）第一五六回国会参議院外交防衛委員会議事録第一一号、四頁（二〇〇三年五月一五日）。

（36）外務省幹部は小泉首相にイラクへの自衛隊派遣の発表を提案したが、会談の直前・直後だと対米追従のイメージが強くなること、また国会審議中の有事法制への影響を懸念し、首脳会談では自衛隊派遣に言及しなかったとされる（『朝日新聞』二〇〇三年六月七日朝二面、読売新聞社政治部編『外交を喧嘩にした男』一六六〜一六八頁）。

（37）Ministry of Foreign Affairs, "Overview of Japan-US Summit Meeting," May 26, 2003, http: //www. mofa. go. jp/region/n-america/us/pmv0305/overview.html

（38）『朝日新聞』二〇〇三年五月二一日朝四面。

（39）『毎日新聞』二〇〇三年六月八日朝一面。

（40）大森敬治『背広の参謀が語る　我が国の国防戦略』内外出版、二〇〇九年、一九八頁。

（41）『公明新聞』二〇〇三年六月一〇日二面。

（42）『朝日新聞』二〇〇三年六月一一日朝四面。

（43）『朝日新聞』二〇〇三年六月一二日夕一面。

（44）『朝日新聞』二〇〇三年六月一四日朝一、三面、『読売新聞』六月一四日朝四面。法案附則に恒久法の早期制定を盛り込むという自民党合同部会決議は総務会でも支持されたが、政府は恒久法のイメージが不明確として、附則への付記は容認しなかった。

（45）『公明新聞』二〇〇三年六月一一日二面。

（46）『公明新聞』二〇〇三年六月一三日一面、『読売新聞』六月一一日朝四面。

（47）『共同ニュース』二〇〇三年六月一二日、http://www.47news.jp/CN/200306/CN2003061001000507.html

（48）『公明新聞』二〇〇三年六月一四日一面。

(49) 第一五六回国会衆議院本会議会議録第四二号、五頁（二〇〇三年六月二四日）。
(50)『朝日新聞』二〇〇三年六月一七日朝一面。
(51)『読売新聞』二〇〇三年六月一七日朝四面、『公明新聞』六月一七日一面。
(52) 自民党杉浦正健前外務副大臣を団長に三党七名の議員が参加。自衛隊による活動として、水の浄化・補給・配給、C130輸送機による人道物資などの輸送に強い期待感が表明されたと報告される（『公明新聞』二〇〇三年六月二七日一面）。
(53)『朝日新聞』二〇〇三年六月二三日朝三面、信田智人『冷戦後の日本外交――安全保障政策の国内政治過程』ミネルヴァ書房、二〇〇六年、九九頁。
(54) 第一五六回国会衆議院イラク人道復興支援並びに国際テロリズムの防止及び我が国の協力支援活動等に関する特別委員会議事録第二号、一九頁（二〇〇三年六月二五日）。
(55)「民主党イラク調査団報告書」二〇〇三年六月一一日、http://www.eda-jp.com/pol/iraq/030611.html；民主党イラク問題等プロジェクトチーム「イラク復興支援のあり方に対する考え方」二〇〇三年六月二五日、http://www1.dpj.or.jp/news/?num=10516&mm=print
(56)『読売新聞』二〇〇三年七月五日朝三面、七月七日朝四面。
(57)『読売新聞』二〇〇三年七月五日朝三面、『公明新聞』二〇〇三年七月五日二面。
(58) 民主党「イラクにおける人道復興支援活動及び安全確保支援活動の実施に関する特別措置法案に対する修正案」二〇〇三年七月二日、http://archive.dpj.or.jp/news/?num=10515
(59) 一一月の総選挙で落選し、副総裁も辞任する。二〇〇五年の衆議院補選で当選して議席を回復すると、自民党の安全保障調査会長、外交調査会長など歴任し、外交・安全保障政策分野を中心に影響力を行使する。
(60) 首相官邸「第一五七回国会における小泉内閣総理大臣所信表明演説」二〇〇三年九月二六日、http://www.kantei.go.jp/jp/koizumispeech/2003/09/26syosin.html
(61) 第一五七回国会衆議院テロ対策特別委員会議事録第二号、一七～一九頁（二〇〇三年九月三〇日）。
(62) 民主党「テロ特措法延長で修正案を提出」二〇〇三年一〇月二日、http://www2.dpj.or.jp/news/?num=5578；『朝日新聞』二〇〇三年一〇月一日夕一面。
(63) 第一五七回テロ対策特別委員会議事録第一号、一二頁（二〇〇三年九月三〇日）、第四号議事録、八頁（二〇〇三年一〇月二日）、第五号、九頁（二〇〇三年一〇月三日）。
(64) 古賀誠元幹事長、野中広務元幹事長、西田司元自治相は採決前に退席する。
(65) 枝野幸男（民主党政策調査会長）「テロ特措法改正案の衆議院通過にあたって（談話）」二〇〇三年一〇月三日、http://archive.dpj.or.jp/news/?num=10508

(66) Office of the Coordinator for Counterterrorism, "Country Reports on Terrorism," April 27, 2005, https://www.state.gov/j/ct/rls/crt/45392.htm；進藤『タリバンの復活』六六〜六七、一三〇頁、駒野欽一『私のアフガニスタン』明石書店、二〇〇五年、八一頁。

(67) 第一六一回国会衆議院テロ対策特別委員会会議録第二号、三頁（二〇〇四年一〇月二八日）。イラクのアル・カイダがイスラム国へ進化する経緯については池内恵『イスラーム国の衝撃』文春新書、二〇一五年参照。

(68) 第一五九回国会参議院外交防衛委員会議事録第一五号、一八頁（二〇〇四年四月二七日）。

(69) "U. S. Names Pakistan Major Non-NATO Ally," Reuters, June 18, 2004. 非ＮＡＴＯ主要同盟国は一九六一年対外援助法で指定される。なお、日本は一九八九年に非ＮＡＴＯ主要同盟国に指定される。

(70) John W. Warnock, *Creating a Failed State : The US and Canada in Afghanistan*, Halifax : Fernwood Publishing, 2008, p. 120；駒野『私のアフガニスタン』三一頁。

(71)『読売新聞』二〇〇三年一〇月一八日朝二面。

(72)『読売新聞』二〇〇三年一二月一〇日朝四面。

(73) 二〇〇三年一一月二九日、在英国大使館奥克彦参事官（のちに大使）と在イラク大使館井ノ上正盛三等書記官（のちに一等書記官）が職務中、襲撃され死亡する。

(74)『読売新聞』二〇〇三年一二月二日朝四面、『毎日新聞』一二月三日朝五面。

(75)『読売新聞』二〇〇三年一二月二七日朝四面。

(76)『読売新聞』二〇〇三年一二月七日朝四面、『公明新聞』一二月七日一面。

(77)『朝日新聞』二〇〇三年一二月九日夕一面。

(78)『公明新聞』二〇〇三年一二月一〇日一面。山崎元幹事長は、どのみち協議はするわけだから、覚書に実質的な意味はなかったとしている（筆者インタビュー、二〇一三年九月一九日）。なお、覚書を交わすことについて、公明党内には自衛隊派遣に共同責任を負うことになるので、文書で歯止めを書けたほうがよいとの意見もあったが、執行部は与党として批判を受けるのは同じであり、覚書を交わさず官邸に押し切られた形のほうがよいと判断したとされる（『読売新聞』二〇〇三年一二月一〇日朝二面）。

(79) 外務省幹部から強い反対を受けても強行したイラク訪問であったが、視察を記録したビデオは創価学会会員を説得するために有用であったとされる（『読売新聞』二〇〇四年一月三一日朝四面、『毎日新聞』二〇〇三年一二月一八日朝二面）。

(80) 首相官邸「小泉内閣総理大臣記者会見（イラク人道復興支援特措法に基づく対応措置に関する基本計画について）」二〇〇三年一二月九日、http://www.kantei.go.jp/jp/koizumispeech/2003/12/09press.html

(81) 第一五八回国会衆議院テロ対策特別委員会議事録第三号、二三頁（二〇〇三年一二月一五日）、参議院外交防衛委員会議事録第一号、二一〜二二、三一頁（一二月一六日）。

（82）『読売新聞』二〇〇四年一月二六日夕一面。
（83）民主党は与党の承認採決強行は暴挙として非難する談話を発表する（岡田克也〔民主党幹事長〕「衆議院における自衛隊のイラク派遣承認について」二〇〇四年一月三〇日、http://archive.dpj.or.jp/news/?num=795&mm=print）。
（84）『読売新聞』二〇〇四年五月二九日朝二面、六月一〇日朝四面。
（85）『公明新聞』二〇〇四年六月一五日一面、『読売新聞』六月一五日朝二面。
（86）『読売新聞』二〇〇四年六月一六日朝二面。
（87）首相官邸「イラクの主権回復後の自衛隊の人道復興支援活動等について（閣議了解）」二〇〇四年六月一八日、http://www.kantei.go.jp/jp/kakugikettei/2004/0618ryoukai.html
（88）二〇〇四年四月八日邦人三名がイスラム過激派にイラクで拘束され、解放の条件に自衛隊のイラク撤退等要求される。政府は解放交渉等対応にあたり一一日に解放される。同月一四日に別の邦人二名が拘束されるが、一五日及び一七日に解放される。同年一〇月二六日にも邦人一名が人質として拘束され、自衛隊撤退が要求される。政府は解放に向けて情報収集等尽力するが三〇日に殺害される。
（89）『読売新聞』二〇〇四年五月五日朝一面。
（90）第一六一回国会参議院外交防衛委員会議事録第二号、四頁（二〇〇四年一〇月二八日）。
（91）『読売新聞』二〇〇四年一〇月二〇日夕二面、『公明新聞』一〇月二五日二面。
（92）民主党「テロ特措法に基づく『基本計画』の再延長について（談話）」二〇〇四年一〇月二六日、http://archive.dpj.or.jp/news/?num=5160
（93）第一六一回国会参議院外交防衛委員会議事録第二号、四頁（二〇〇四年一〇月二八日）。
（94）『読売新聞』二〇〇四年一一月六日朝四面、一一月一〇日朝四面。
（95）『朝日新聞』二〇〇四年一二月九日夕一面、一二月一〇日朝四面。
（96）『読売新聞』二〇〇四年一一月一〇日朝四面。
（97）『公明新聞』二〇〇四年一二月一四日一面。
（98）United Nations, *Report of the Secretary-General : The Situation in Afghanistan and Its Implications for International Peace and Security*, August 12, 2005, p. 15 ; CNN, “Home and Away : Iraq and Afghan War Casualties,” http://edition.cnn.com/SPECIALS/war.casualties/index.html
（99）NATO, *ISAF’s Mission in Afghanistan (2001–2014)*, http://www.nato.int/cps/en/natohq/topics_69366.htm
（100）第一六二回国会衆議院テロ対策特別委員会議事録第四号、五頁（二〇〇五年四月二七日）。
（101）同上、防衛省『「テロとの闘い」と自衛隊の活動』財務省印刷局、二〇〇七年。

(102) Paul Richter, "Bush Refuses Karzai on Troops, Captives," *Los Angeles Times*, May 24, 2005; "Karzai Accused of Being Soft on Opium Trade," *The Guardian*, May 23, 2005, http://www.theguardian.com/world/2005/may/23/afghanistan.drugstrade

(103) George W. Bush, "President Sworn-In to Second Term, Inauguration 2005," January 20, 2005, https://georgewbush-whitehouse.archives.gov/news/releases/2005/01/20050120-1.html

(104) バートン・ゲルマン、加藤祐子訳『策謀家チェイニー——副大統領が創った「ブッシュのアメリカ」』朝日新聞出版、二〇一〇年、四七四頁。

(105) 二〇〇六年一一月の中間選挙ではイラク戦争への不満から共和党が惨敗。これを受け、ブッシュ大統領はラムズフェルドを事実上更迭し、後任には共和党穏健派のロバート・ゲーツ元ＣＩＡ長官が指名され、バラク・オバマ政権に移行した後の二〇一一年まで職務を継続する。

(106) US Congress, Christopher Hill (Assistant Secretary, Bureau of East Asia and Pacific Affairs, US Departmnet of State) and Richard Lawless (Deputy Undersecretary for Asia and Pacific Affairs, Bureau of International Security Affairs, US Department of Defence), Hearing before the Subcommittee on Asia and the Pacific of the House Committee on International Relations, House of Representatives, May 26, 2005, http://www.globalsecurity.org/military/library/congress/2005_hr/050526-transcript.pdf; www.house.gov/internationalrelations

(107) 例えば、第一六二回国会衆議院テロ対策特別委員会議事録第三号、六頁（二〇〇五年四月一四日）。

(108) 第一六二回国会参議院外交防衛委員会議事録第一一号、一一頁（二〇〇五年四月二八日）。

(109)『朝日新聞』二〇〇五年四月五日朝四面。

(110)『読売新聞』二〇〇五年三月三日朝二面。

(111) 柳澤協二『検証・官邸のイラク戦争——元防衛官僚による批判と自省』岩波書店、二〇一三年、一二〇～一二一頁、『公明新聞』二〇〇五年四月一五日二面。

(112) 仙谷由人（民主党政策調査会会長）「テロ特措法に基づく『基本計画』の再延長について（談話）」二〇〇五年四月二二日、http://archive.dpj.or.jp/news/?num=5978

(113)『読売新聞』二〇〇五年一〇月五日朝四面、『朝日新聞』一〇月五日朝三面。

(114) 筆者インタビュー、二〇一一年四月二〇日、谷内元外務次官。

(115) 第一六三回国会参議院外交防衛委員会議事録第一号、一〇頁（二〇〇五年四月二八日）。

(116) 第一六三回国会衆議院テロ対策特別委員会議事録第三号、三八頁（二〇〇五年一〇月一七日）。

(117) 投開票日について、自民党内では短期決戦で九月四日を押す声が強かったが、選挙準備が間に合わないと公明党が一一日を強く要望したとされる（『読売新聞』二〇〇五年八月七日朝二面）。

（118）柳澤『検証・官邸のイラク戦争』一二〇頁、『読売新聞』二〇〇五年九月一三日朝一面。

（119）柳澤『検証・官邸のイラク戦争』一二〇頁、『朝日新聞』二〇〇五年一〇月五日朝三面、九月一五日朝三面。

（120）柳澤『検証・官邸のイラク戦争』一二一頁。

（121）『朝日新聞』二〇〇五年九月一九日朝二面。

（122）首相官邸「第一六三回国会における小泉内閣総理大臣所信表明演説」二〇〇五年九月二六日、http://www.kantei.go.jp/jp/koizumispeech/2005/09/26syosin.html

（123）『朝日新聞』二〇〇五年一〇月五日朝三面。

（124）第一六三回国会衆議院テロ対策特別委員会議事録第三号、二一頁（二〇〇五年一〇月一七日）。

（125）第一六三回国会衆議院テロ対策特別委員会議事録第三号、二二頁（二〇〇五年一〇月一七日）。

（126）『読売新聞』二〇〇五年九月一七日朝一二面。

（127）『朝日新聞』二〇〇五年九月二七日夕三面。

（128）『公明新聞』二〇〇五年九月二三日二面。

（129）『公明新聞』二〇〇五年九月二八日二面。

（130）『朝日新聞』二〇〇五年一〇月五日朝三面。前原誠司「直球勝負〜日本はテロとの戦いに加わり続けるべきだ〜」、http://www.maehara21.com/chokkyu/40.html 参照。

（131）民主党「民主党のテロ対策方針」二〇〇五年一〇月一二日、http://archive.dpj.or.jp/news/?num=311

（132）『読売新聞』二〇〇五年一〇月一六日朝三面、一〇月一八日朝四面。

（133）松本剛明（民主党政策調査会長）「テロ特措法改正案の衆議院通過について（談話）」二〇〇五年一〇月一八日、http://archive.dpj.or.jp/news/?num=311

（134）外務省幹部の中には自衛隊派遣をしないという選択肢はなかったと発言するものもあったという（Michael Penn, *Japan and the War on Terror : Military Force and Political Pressure in the US-Japanese Alliance*, London : I. B. Tauris, 2014, pp. 104–106）（参考：Daniel Kilman, *Japan's Security Strategy in the Post-9/11 World : Embracing a New Realpolitik, Center for Strategic and International Studies*, New York : Praeger, 2006, p. 126）。

（135）『読売新聞』二〇〇三年一二月二七日朝四面。

（136）柳澤『検証・官邸のイラク戦争』九二頁。

（137）千々和泰明『大使たちの戦後日米関係——その役割をめぐる比較外交論 一九五二〜二〇〇八年』ミネルヴァ書房、二〇一二年、一五〇頁。

第4章　インド洋からの活動撤退へ

（1）Andrew Feickert, "U. S. and Coalition Military Operations in Afghanistan : Issues for Congress," CRS Report for Congress RL33503, Washington, D. C., December 11, 2006, p. 13.

（2）進藤雄介『タリバンの復活——火薬庫化するアフガニスタン』花伝社、二〇〇八年、九八～九九頁、CNN, "Home and Away : Iraq and Afghan War Casualties," http://edition.cnn.com/SPECIALS/war.casualties/index.html ; United Nations General Assembly, "The Situation in Afghanistan and Its Implications for Peace and Security," September 21, 2006 ; March 15, 2007, https://documents-dds-ny.un.org/doc/UNDOC/GEN/N06/492/46/PDF/N0649246.pdf?OpenElement

（3）U. S. Embassy in Kabul, "Afghan Supplemental," *Document 25*-Kabul 000509, February 6, 2006 ; U. S. Embassy in Kabul, "Afghanistan : Where We Stand and What We Need," *Document 26*-Kabul 003863, August 29, 2006 at the National Security Archive, the George Washington University.

（4）"Afghanistan Close to Anarchy, Warns General," *The Gurdian*, July 21, 2006, http://www.theguardian.com/world/2006/jul/21/afghanistan.richardnortontaylor

（5）David Rohde and David E. Sanger, "How a 'Good War' in Afghanistan Went Bad," *The New York Times*, August 12, 2007, http://www.nytimes.com/2007/08/12/world/asia/12afghan.html?pagewanted=all&_r=0 ; Donald Rumsfeld, *Known and Unknown : Memoir*, New York : Sentinel, 2011, p. 688 ; "Will Afghanistan Be Obama's Iraq?" *The Week*, December 8, 2008 ; Don Gonyea, "Is Obama in an Afghan Box?' *NPR*, September 29, 2009 ; Jason H. Campbell and Jeremy Shapiro, *Afghanistan Index : Tracking Variables of Reconstruction & Security in Post 9/11 Afghanistan*, Brookings, Institution, http://www.brookings.edu/~/media/Programs/foreign-policy/afghanistan-index/index20120516.pdf

（6）David Rennie, "Europe Must Not Turn Coward in Afghanistan, Says US," *The Telegragh*, September 29, 2006, http://www.telegraph.co.uk/news/worldnews/1530121/Europe-must-not-turn-coward-in-Afghanistan-says-US-envoy.html

（7）United Nations Security Council Resolution 1707, September 12, 2006, http://www.un.org/en/ga/search/view_doc.asp?symbol=S/RES/1707(2006)

（8）David McKeeby, "NATO Must Honor Troop Pledges for Afghanistan, U. S. General Says," November 22, 2006, http://iipdigital.usembassy.gov/st/english/article/2006/11/20061122145032idybeekcm0.4421045.html

（9）The White House, "Press Briefing with Mr. Michael Green, Senior Director at the National Security Council for Asian Affairs, on the President's Bilateral with Prime Minister Koizumi," November 16, 2005, http://georgewbush-whitehouse.archives.gov/news/releases/2005/11/20051116-8.html

（10）『朝日新聞』二〇〇六年三月四日朝一面、二月一〇日朝四面。

（11）柳澤協二『検証・官邸のイラク戦争——元防衛官僚による批判と自省』岩波書店、二〇一三年、一二一頁。
（12）柳澤『検証・官邸のイラク戦争』一二二～一二五頁。
（13）柳澤『検証・官邸のイラク戦争』一二三頁、『読売新聞』二〇〇七年一〇月二〇日朝一三頁。
（14）『公明新聞』二〇〇六年六月五日二面。
（15）『毎日新聞』二〇〇六年六月二〇日夕一面。
（16）『読売新聞』二〇〇六年六月二一日朝四面。
（17）『読売新聞』二〇〇六年八月一日夕二面、『公明新聞』八月二日二面。変更された基本計画では、公明党の主張により、国連から要請された職員や物資の輸送の実施を前面に出し、「人道復興支援活動が中心」と明記され、米軍の後方支援にあたる安全確保支援活動を「人道復興支援の活動に支障を及ぼさない範囲で実施する」と位置づけるが、実際の自衛隊の輸送の八割以上は米兵及び米軍物資だったという。これについて、山崎拓自民党安全保障調査会長（当時）は「空自にとっては、米軍の後方支援が主たる任務であることは間違いない。国連に対する職員や物資の輸送、つまり人道復興支援はとってつけたような話だ。野党も国会で真剣に政府を追及していない」とコメント、また、吉田正航空幕僚長（当時）は、「私は国連を運ぶことには反対だった。米軍も国連空輸を無視している。アルビルには民航機が飛んでおり、軍用機で運ぶ必要がないからだ。国連空輸を目玉にすると、米軍が撤収しても空自が撤収できなくなる恐れがある。政治の決定だから、仕方ないが」と話している（『東京新聞』二〇〇七年八月二〇日朝一、二二面）。
（18）『公明新聞』二〇〇六年四月二一日二面、『読売新聞』四月一八日夕二面。
（19）長島昭久（民主党『次の内閣』ネクスト防衛庁長官）「改正テロ特措法に基づくインド洋への海上自衛隊派遣の延長について（談話）」二〇〇六年四月二一日、http://www1.dpj.or.jp/news/?num=841
（20）『読売新聞』二〇〇六年四月二七日朝六面。
（21）『読売新聞』二〇〇六年七月二六日朝四面、八月一九日朝三面、第一六五回国会衆議院テロ対策特別委員会議事録第三号、七頁（二〇〇六年一〇月一六日）。
（22）『読売新聞』二〇〇六年八月二六日朝二面。
（23）『読売新聞』二〇〇六年九月二一日朝一面。
（24）『公明新聞』二〇〇六年九月七日二面。
（25）『公明新聞』二〇〇六年九月二六日二面、『朝日新聞』九月二六日朝四面。
（26）『公明新聞』二〇〇六年九月三〇日一面、『読売新聞』一〇月四日朝四面。
（27）第一六五回国会衆議院本会議議事録第七号、一頁（二〇〇六年一〇月一三日）。

（28）松本剛明（民主党政策調査会長）「テロ特措法の一部改正案の衆議院通過について（談話）」二〇〇六年一〇月一九日、http://archive.dpj.or.jp/news/?num=9108

（29）United Nations General Assembly, "The Situation in Afghanistan and Its Implications for International Peace and Security," September 21, 2007, p. 2；進藤『タリバンの復活』九三～九五頁。

（30）Henrik B. L. Larsen, *NATO in Afghanistan: Democratization Warfare, National Narratives, and Budgetary Austerity*, Cambridge, MA: Harvard Kennedy School, Belfer Center for Science and International Affairs, 2013, p. 6.

（31）Robert M. Gates, "Statement to the House Armed Services Committee on Afghanistan at 110th Congress," December 11, 2007, http://www.dod.mil/dodgc/olc/docs/testGates071211.pdf

（32）Larsen, *NATO in Afghanistan*, p. 4, http://belfercenter.ksg.harvard.edu/files/larsen-dp-2013-10.pdf

（33）宮原信孝「アフガニスタンＩＳＡＦ」日本国際問題研究所ＮＡＴＯ研究会報告書『岐路に立つＮＡＴＯ――米欧同盟の国際政治』日本国際問題研究所、二〇一〇年、四九頁。

（34）NATO, "Riga Summit Declaration," Issued by the Heads of State and Government Participating in the Meeting of the North Atlantic Council, November 29, 2006, http://www.nato.int/cps/en/natolive/official_texts_37920.htm

（35）ＯＥＦ－ＭＩＯについての言及は前文の一九段落目にある。United Nations Security Council Resolution 1776, September 19, 2007, http://www.securitycouncilreport.org/atf/cf/%7B65BFCF9B-6D27-4E9C-8CD3-CF6E4FF96FF9%7D/Afgh%20SRES%201776.pdf

（36）防衛省『「テロとの闘い」と自衛隊の活動』二〇〇八年九月、http://www.mod.go.jp/j/approach/kokusai_heiwa/hokyushien/pdf/tatakai_katsudou.pdf

（37）United Nations General Assembly, "The Situation in Afghanistan and Its Implications for International Peace and Security," September 21, 2007.

（38）外務省「北大西洋理事会（ＮＡＣ）における安倍総理演説『日本とＮＡＴＯ――更なる協力に向けて』」（仮訳）二〇〇七年一月一二日、http://www.mofa.go.jp/mofaj/press/enzetsu/19/eabe_0112.html

（39）『読売新聞』二〇〇七年一〇月六日朝二面。

（40）駒野欽一『私のアフガニスタン――駐アフガン日本大使の復興支援奮闘記』明石書店、二〇〇五年、四八～四九頁、『読売新聞』二〇〇八年一月四日朝一六頁。

（41）第一六三回国会参議院外交防衛委員会議事録第三号、四頁（二〇〇五年一〇月二〇日）。

（42）第一六六回国会参議院外交防衛委員会議事録第二号、一〇頁（二〇〇七年三月一五日）。

（43）第一六六回国会衆議院テロ対策特別委員会議事録第五号、四頁（二〇〇七年四月二七日）、『朝日新聞』二〇〇七年四月一七日朝四面。
(44) 二〇〇五年一一月九日、山崎は安全保障調査会長に就任する。この後、二〇〇七年九月七日、テロ特措法延長の審議を見込んだ自民党内人事異動で、外交調査会長に横滑り、後任は石破茂元防衛庁長官となる。
(45)『読売新聞』二〇〇七年七月四日夕二面、『朝日新聞』六月三〇日朝四面。
(46) 筆者インタビュー、二〇一一年六月七日、防衛省担当者、『朝日新聞』二〇〇七年七月一二日朝四面。
(47)『朝日新聞』二〇〇七年五月六日朝五面。
(48)『読売新聞』二〇〇七年六月二三日朝四面。
(49)『毎日新聞』二〇〇七年三月一七日朝二面、『読売新聞』六月二一日朝二面、『東京新聞』八月二〇日朝一面。
(50)『東京新聞』二〇〇七年八月二〇日朝一面。
(51)『読売新聞』二〇〇七年七月三一日朝三面。
(52) 二〇〇三年に民主党と自由党の合併により自由党党首であった小沢一郎も民主党に移り、二〇〇六年四月に前原誠司代表の辞任を受け代表に就任、同年秋の代表戦で無投票再選される。二〇〇八年九月の代表選でも無投票再選されるが、二〇〇九年三月公設第一秘書が政治資金規正法違反容疑で逮捕されたことの影響で、五月に代表を辞任する。
(53)『朝日新聞』二〇〇七年七月三〇日夕一面、『読売新聞』八月五日朝三面、八月六日朝二面、八月二二日夕二面。
(54)『読売新聞』二〇〇七年八月九日朝二面、四面。
(55)『朝日新聞』二〇〇七年八月一一日朝四面、夕二面。
(56) In the House of Representatives, U. S., September 5, 2007, H. Res. 508, https://www.govtrack.us/congress/bills/110/hres508/text なお、この決議では、「テロとの闘い」への後方支援とともにイラクへの支援継続についても謝辞が述べられている。
(57) 外務省「日本の協力支援活動に対する評価・感謝の言葉」二〇〇七年八月二二日。
(58)『読売新聞』二〇〇七年八月三〇日朝四面、二面、九月一日朝四面。
(59)『朝日新聞』二〇〇七年九月一四日朝四面。
(60)『読売新聞』二〇〇七年九月八日夕一面、The White House, "President Bush Meets with Prime Minister Abe of Japan at APEC," September 8, 2007, http://georgewbush-whitehouse.archives.gov/news/releases/2007/09/20070908-5.html
(61)『朝日新聞』二〇〇七年九月一一日朝二面。
(62)『読売新聞』二〇〇七年九月五日夕二面。
(63) 首相官邸「第一六八回国会における安倍内閣総理大臣所信表明演説」二〇〇七年九月一〇日、http://www.kantei.go.jp/jp/abespeech/2007/09/10syosin.html

（64）『公明新聞』二〇〇七年九月一二日一面。
（65）首相官邸「安倍内閣総理大臣記者会見」二〇〇七年九月一二日、http://www.kantei.go.jp/jp/abespeech/2007/09/12press.html；首相官邸「安倍内閣総理大臣記者会見」二〇〇七年九月二四日、http://www.kantei.go.jp/jp/abespeech/2007/09/24press.html
（66）『読売新聞』二〇〇七年九月二七日朝二面、Michael Green and Nicholas Szechenyi, “U. S.-Japan Relations : Fukuda Takes the Helm,” *Comparative Connections : A Quarterly E-Journal on East Asian Bilateral Relations*, October 2007, http://csis.org/files/media/csis/pubs/0703qus_japan.pdf
（67）『読売新聞』二〇〇七年九月二七日朝四面。
（68）後藤謙次『ドキュメント平成政治史』3、岩波書店、二〇一四年、一九頁。
（69）『朝日新聞』二〇〇七年九月一二日朝四面。
（70）『読売新聞』二〇〇七年九月二四日二面。
（71）『朝日新聞』二〇〇七年九月二〇日夕二面。
（72）採決にはロシアが棄権するが、これについて、セルゲイ・ラヴロフ外務大臣は後に来日した際、本質的に反対したものではなく時間的制約によるものであったと説明する（外務省欧州局ロシア課作成資料、二〇〇七年一〇月二三日）。
（73）UN Security Council resolution 1776, September 19, 2007, http://www.securitycouncilreport.org/atf/cf/%7B65BFCF9B-6D27-4E9C-8CD3-CF6D/Afgh%20SRES%201776.pdf
（74）『読売新聞』二〇〇七年九月一九日朝二面。
（75）外務省「外務大臣会見記録」二〇〇七年九月二〇日、http://www.mofa.go.jp/mofaj/press/kaiken/gaisho/g_0709.html#13-E；『読売新聞』二〇〇七年九月二〇日夕一面。
（76）『読売新聞』二〇〇七年九月二八日夕二面。
（77）『読売新聞』二〇〇七年九月二七日夕二面。
（78）『朝日新聞』二〇〇七年一〇月三一日夕一面、『日本経済新聞』一〇月三一日朝一面。
（79）民主党ニュース「各国代表によるＯＥＦ－ＭＩＯ有志連合説明会について記者会見」二〇〇七年一〇月三一日、http://archive.dpj.or.jp/news/?num=12109
（80）安倍内閣メールマガジン（第四五号、2007/09/06）http://www.kantei.go.jp/jp/m-magazine/backnumber/2007/0906.html、福田内閣メールマガジン（第二号、2007/10/18）http://www.kantei.go.jp/jp/m-magazine/backnumber/2007/1018.html、福田内閣メールマガジン（第三号、2007/10/25）http://www.mmz.kantei.go.jp/jp/m-magazine/backnumber/2007/1025/1025.html、福田内閣メールマガジン（第四号、2007/11/1）http://www.mmz.kantei.go.jp/jp/m-magazine/backnumber/2007/1101/1101.html、福田内閣メールマガジン（第五号、2007/11/

8）http://www.kantei.go.jp/jp/m-magazine/backnumber/2007/1108/1108.html

（81）二〇〇七年九月五日配信、http://nettv.gov-online.go.jp/prg/prg1364.html
（82）『朝日新聞』二〇〇七年九月一三日朝四面。
（83）防衛省ホームページ、http://www.mod.go.jp/j/approach/kokusai_heiwa/terotoku/index.html
（84）『読売新聞』二〇〇七年一〇月三日朝一面。
（85）『読売新聞』二〇〇七年一〇月五日朝一面、『毎日新聞』一〇月一九日朝二面。
（86）読売新聞政治部『真空国会――福田「漂流政権」の深層』新潮社、二〇〇八年、二〇五頁。
（87）『公明新聞』二〇〇七年一〇月五日一面。
（88）『読売新聞』二〇〇七年一〇月一八日朝三面。
（89）『読売新聞』二〇〇七年一〇月六日朝二面。
（90）『毎日新聞』二〇〇七年一〇月一二日朝二面。
（91）『公明新聞』二〇〇七年一〇月一三日一面、『毎日新聞』一〇月一七日朝二面。
（92）『朝日新聞』二〇〇七年一〇月一七日夕一面、『公明新聞』一〇月一九日一面。
（93）『公明新聞』二〇〇七年一〇月二三日一面。
（94）例えば、今後の寄港等が想定されないとして、米国（グアム）、豪州（ダーウィン）、英国（ディエゴガルシア島）は除外される。
（95）『公明新聞』二〇〇七年一〇月一九日一、二面。
（96）シーレーンとは、インド洋、ペルシャ湾からマラッカ海峡を通って日本に原油や食糧を運ぶルートを指す。日本による日本周辺海域のシーレーン防衛は、一九八一年五月鈴木善幸首相とロナルド・レーガン大統領の首脳会談で、日米関係の「同盟」関係への格上げや適切な役割分担が合意され、鈴木首相が一千海里シーレーン防衛を表明したとされる。中曽根康弘政権で自衛隊の対潜水艦・防空能力を大幅に増強するなどシーレーン防衛構想が実践に移されるが、冷戦終結後、しばらく議論とならなくなっていた（小谷哲男「シーレーン防衛――日米同盟における『人と人の協力』の展開とその限界」『同志社法学』五八（四）、二〇〇六年、一七九～二〇七頁）。
（97）首相官邸「第一六八回国会における福田内閣総理大臣所信表明演説」二〇〇七年一〇月一日、http://www.kantei.go.jp/jp/hukudasspeech/2007/Hallams 10/01syosin.html
（98）第一六八回国会衆議院予算委員会議事録第二号、一〇、一三、一五頁（二〇〇七年一〇月九日）。
（99）例えば、第一六八回国会参議院予算委員会議事録第一号、一五頁（二〇〇七年一〇月一五日）。
（100）第一七〇回国会参議院外交防衛委員会議事録第三号、二頁（二〇〇八年一〇月三〇日）。

（101）“Pentagon Plays Down End of Japan’s Afghan Mission,” Reuters, October 30, 2007, http://www.reuters.com/article/2007/10/30/us-japan-afghan-usa-idUSN3027187320071030

（102）柳澤『検証・官邸のイラク戦争』一四四頁。

（103）第一六八回国会衆議院外務委員会議事録第三号、八頁（二〇〇七年一一月二日）。

（104）第一六八回国会参議院外交防衛委員会議事録第二号、一五頁（二〇〇七年一〇月二五日）。防衛省では、二〇〇七年一一月までの補給支援活動にかかった費用を二二五億円（湾岸戦争時は一四一億ドル〔約一兆八三〇〇億円〕）との試算を出している（防衛省「自衛隊の活動状況及び実績〔平成一三年一二月～平成一九年一〇月〕」、http://www.mod.go.jp/j/、http://www.mod.go.jp/j/approach/kokusai_heiwa/terotoku/pamph_03.pdf/approach/kokusai_heiwa/terotoku/pamph_03.pdf）。

（105）第一六八回国会衆議院テロ対策特別委員会議事録第一二号、一三頁（二〇〇七年一一月一二日）。

（106）『読売新聞』二〇〇七年一〇月二六日夕二面、『朝日新聞』一〇月二〇日朝四面、一〇月二六日夕二面。

（107）『朝日新聞』二〇〇七年一〇月一七日夕一面。

（108）『読売新聞』二〇〇七年一一月一四日朝三面。

（109）首相官邸「福田内閣総理大臣の談話（テロ対策特別措置法の失効に伴う対応措置の終了）」二〇〇七年一一月一日、http://www.kantei.go.jp/jp/hukudaspeech/2007/11/01danwa.html（二〇一三年七月）。

（110）外務省資料「テロ対策特措法失効に関する各国政府の反応」二〇〇七年一一月九日、『読売新聞』二〇〇七年一一月二日夕二面。

（111）『朝日新聞』二〇〇七年一一月八日朝四面、『毎日新聞』一一月九日朝二面。

（112）外務省資料「テロ対策特措法失効に関する各国政府の反応」二〇〇七年一一月九日。

（113）同上。

（114）二〇〇七年九月、ＮＧＯピースデポが米政府から情報公開制度等を通じて入手した米艦船の航海日誌等に基づき、二〇〇三年二月海自の補給艦「ときわ」から油の提供を受けた米補給艦「ペコス」が米空母「キティホーク」に補給し、その直後にペルシャ湾に入ってイラク作戦に従事したと発表したことにより問題が再燃する（ＮＧＯピースデポ「ピースデポ調査・緊急報告：海自艦が給油した米艦はイラク作戦に使用した」http://www.peacedepot.org/media/pcr/mediarelease3/oil.html また、石破防衛庁長官（当時）は海自補給艦「ときわ」から米補給艦「ペコス」への給油量は約二〇万ガロンと答弁していたが、当該ＮＧＯに誤っていると指摘され、防衛省は確認の結果、データ入力の誤りで、実際は約八〇万ガロンであったと訂正する（防衛省「海上自衛隊補給艦から米補給艦への給油量取り違え事案について（中間報告）」二〇〇七年一〇月二九日、http://www.mod.go.jp/j/press/sankou/report/20071029a.html）。

（115）『朝日新聞』二〇〇七年一〇月五日朝四面。

(116) 米補給艦「ペコス」は海自補給艦「ときわ」より最大燃料積載量の約一〇％にあたる約八〇万ガロンの燃料を受け、空母「キティホーク」へ約六七万五〇〇〇ガロンを給油する。約六七万五〇〇〇ガロンが直ちに消費されると仮定すると、「キティホーク」の運航速度等から同燃料は三日以内にすべて消費されることになり、「キティホーク」は二五日から二八日までＯＥＦを支援する任務にあたっていたことから、ＯＥＦ任務内で消費されたと説明している。U. S. Department of Defense, "Japanese Fuel Provided to USNS PECOS on February 25, 2003," October 11, 2007, http://japan2.usembassy.gov/e/p/tp-20071011-71.html

(117) U. S. Department of Defense, "Use of Japanese Fuel Provided to Operation Enduring Freedom (U. S. Department of Defense ; Washington, DC ; October 18, 2007)," http://japan2.usembassy.gov/e/p/tp-20071019-73.html

(118)『朝日新聞』二〇〇七年一〇月二〇日朝四面。

(119)『朝日新聞』二〇〇七年一〇月二五日朝四面。

(120) 防衛省「テロ対策特措法に基づく協力支援活動としての艦船用燃料の給油活動に関する確認作業について」二〇〇七年一一月六日、http://www.mod.go.jp/j/press/sankou/report/20071106.html

(121) 小沢一郎「今こそ国際安全保障の原則確立を――川端清隆氏への手紙」『世界』七七一、二〇〇七年、一四八～一五三頁。

(122) 小沢一郎『小沢主義――志を持て、日本人』集英社インターナショナル、二〇〇六年、小沢一郎『日本改造計画』講談社、一九九三年など。

(123)『朝日新聞』二〇〇七年一〇月三〇日夕一面、『読売新聞』一〇月三一日朝三面。

(124)『毎日新聞』二〇〇七年一二月一日朝一面。

(125) 柳澤内閣官房副長官補（当時）は、福田首相から小沢代表との会談に備え、「自衛隊の派遣は国連決議のある場合に限る」という文書の作成を指示されたという。ただし、大連立のために給油活動を終わらせてもよいと考えていたのか、民主党との連立に合意すれば、具体的な法案の取り扱いは改めて交渉できると考えていたのかはわからないとしている（柳澤『検証・官邸のイラク戦争』一四三頁）。なお、党首会談では、連立に参加した場合に小沢代表が副総理格の無任所大臣、閣僚ポストの配分は自民が一〇、民主六、公明一とすることが上がっていたとされる（『読売新聞』二〇〇七年一一月五日朝一面）。

(126)『読売新聞』二〇〇七年一一月三日朝一面、三面。

(127) 小沢一郎「民主党代表としてけじめをつけるに当たり（一一月四日付文書）」http://www.dpj.or.jp/news/files/191104kaiken2.pdf

(128)『朝日新聞』二〇〇七年一一月一三日朝一面。また、民主党は政策調査会長直嶋正行の名で「新テロ特措法案の衆議院通過を受けて（談話）」（二〇〇七年一一月一三日）を発表する。http://www2.dpj.or.jp/news/?num=12214

(129) The White House, Office of the Press Secretary, "President Bush and Prime Minister Yasuo Fukuda of Japan in Joint Statements," November 16, 2007 ;『読売新聞』二〇〇七年一一月二三日朝三面。

(130)『読売新聞』二〇〇七年一一月二二日朝二面。
(131)『読売新聞』二〇〇七年一一月二九日朝二面。
(132)イラク特措法廃止法案は一一月二七日野党賛成多数で可決されるが、衆議院で与党に否決される。
(133)『読売新聞』二〇〇七年一一月二九日朝二面。
(134)『読売新聞』二〇〇七年一一月二三日朝一面、三面。
(135)『読売新聞』二〇〇七年一二月八日朝四面。
(136)第一六八回国会参議院本会議会議録第一三号「国際的なテロリズムの防止及び根絶のためのアフガニスタン復興支援等に関する特別措置法案」http://houseikyoku.sangiin.go.jp/sanhouichiran/sanhoudata/168/168-013.pdf
(137)首相官邸「福田内閣総理大臣の談話（補給支援特別措置法の成立）」二〇〇八年一月一一日、http://www.kantei.go.jp/jp/hukudaspeech/2008/01/11danwa_1.html
(138)与党は民主党対案を廃案とすることもできたが、恒久法制定を念頭に、通常国会に残しておけば、民主党との政策協議の呼び水に使えると判断し、継続審議とする。この民主党対案は、第一六九回国会でも同様の扱いで、第一七〇回国会では補給支援特措法改正案と一緒に審議が行われ、二〇〇八年一〇月二一日、衆議院で否決され廃案となる。
(139)『公明新聞』二〇〇八年一月一六日二面、『読売新聞』一月一五日夕二面。
(140)首相官邸「テロ対策海上阻止活動に対する補給支援活動の実施に関する特別措置法に基づく補給支援活動に関する実施計画」二〇〇八年一月一六日、http://www.kantei.go.jp/jp/singi/anpo/kakugi/080116keikaku.html
(141)外務省「補給支援特別措置法の成立に関する各国の反応」二〇〇八年一月、http://www.mofa.go.jp/mofaj/gaiko/terro/katsudou05_5.html
(142)The Atlantic Council, "Transcript : General David McKiernan Speaks at Council's Commanders Series," November 1, 2008, http://www.atlanticcouncil.org/en/news/transcripts/transcript-general-david-mckiernan-speaks-at-councils-commanders-series
(143)"Another US Strike Hits Pakistan," BBC News, September 12, 2008, http://news.bbc.co.uk/2/hi/south_asia/7611721.stm ; Karen DeYoung, "Pakistan Will Give Arms to Tribal Militias," *Washington Post*, October 23, 2008.
(144)Vincent Morelli and Paul Belkin, "NATO in Afghanistan : A Test of the Transatlantic Alliance," CRS Report for Congress RL33627, Washington, D. C., December 3, 2009, p. 7.
(145)NATO, "Bucharest Summit Declaration," April 3, 2008, http://www.nato.int/cps/en/natolive/official_texts_8443.htm?mode=pressrelease
(146)James Jones, "Saving Afghanistan : An Appeal and Plan for Urgent Action, the Atlantic Council of the United States," Washington, D. C., March 2008, http://belfercenter.hks.harvard.edu/files/Saving%20Afghanistan%20-%20Atlantic%20Council.pdf ; ファリード・ザカリア「三度

目の大幅増派に飛び付くな」『ニューズウィーク日本版』二〇〇九年一一月二六日、http://www.newsweekjapan.jp/stories/world/2009/11/post-758.php

(147) Obaid Younossi, Peter Dahl Thruelsen, Jonathan Vaccaro, Jerry M. Sollinger and Brian Grady, *The Long March : Building in Afghan National Army*, Santa Monica : Rand Corporation, 2009, p. 7.

(148) United Nations Security Council Resolution 1833, September 22, 2008, http://www.nato.int/isaf/topics/mandate/unscr/resolution_1833.pdf

(149) 第一六九回国会衆議院本会議議事録第一号（二〇〇八年一月一八日）。

(150) 補給支援特措法の下で各国と締結した交換公文は外務省ホームページで公表される（http://www.mofa.go.jp/mofaj/gaiko/terro/katsudou05.html）。

(151) 防衛省『「テロとの闘い」と自衛隊の活動』一九頁。

(152)『読売新聞』二〇〇八年六月一日朝二面。

(153)『朝日新聞』二〇一一年六月一七日朝一面。

(154)『読売新聞』二〇〇八年六月五日朝四面。

(155)『読売新聞』二〇〇八年七月一三日朝四面。

(156)『読売新聞』二〇〇八年八月二七日夕二面、『日本経済新聞』一一月一一日朝二面、第一七〇回国会参議院外交防衛委員会議事録第二号、二七頁（二〇〇八年一〇月二八日）。

(157) 柳澤『検証・官邸のイラク戦争』一四七頁。

(158) 同上。

(159)『読売新聞』二〇〇八年七月一三日朝四面、七月一八日朝二面。

(160)『朝日新聞』二〇一一年六月一七日朝二面、『読売新聞』二〇〇八年一二月三一日朝四面。

(161) 同上。

(162)『朝日新聞』二〇〇八年七月一三日朝四面。

(163)『読売新聞』二〇〇八年一二月一二日朝三面。

(164)『読売新聞』二〇〇八年八月二〇日朝三面、二六日朝四面、『朝日新聞』八月七日朝四面。

(165) 首相官邸「福田内閣総理大臣記者会見」二〇〇八年九月一日、http://www.kantei.go.jp/jp/hukudaspeech/2008/09/01kaiken.html

(166) 薬師寺克之『公明党——創価学会と五〇年の軌跡』中公新書、二〇一六年、二二一頁。

(167) Mark E. Manyin and Emma Chanlett-Avery, "Japan's Political Turmoil in 2008 : Background and Implications for the United States," CRS Report for Congress RS22951, Washington, D. C., September 16, 2008（邦訳は、井樋三枝子「日本の政治情勢に関する米議会図書館議会

調査局報告書」『外国の立法』二〇〇八年、http://www.ndl.go.jp/jp/diet/publication/legis/23701/02370112.pdf)。

(168)『読売新聞』二〇〇八年九月二四日朝一面、四面。

(169)『読売新聞』二〇〇八年九月四日朝四面。

(170)『読売新聞』二〇〇八年九月一〇日朝四面。

(171)『読売新聞』二〇〇八年九月二〇日朝四面。

(172)“US Wants $20bn to Fund Afghanistan Effort,” *The Gardian*, September 19, 2008, http: //www. theguardian. com/world/2008/sep/19/usforeignpolicy.afghanistan

(173) 首相官邸「第六三回国連総会における麻生総理大臣一般討論演説」二〇〇八年九月二五日、http://www.kantei.go.jp/jp/asospeech/2008/09/25speech.html

(174) 第一七〇回国会衆議院本会議会議録第二号、一頁(二〇〇八年九月二九日)。

(175) 防衛省「防衛事務次官会見概要」二〇〇八年一〇月三〇日、http://www.mod.go.jp/j/press/kisha/2008/10/j_30.pdf

(176) Robert Singh, *Barack Obama's Post-American Foreign Policy : The Limits of Engagement*, New York : Bloomsbury Academy, 2012, pp. 66–88.

(177) Singh, *Barack Obama's Post-American Foreign Policy*, pp. 68–70.

(178) Dexter Filknsfeb, “Former Favorite, Karzai Slips in U. S. Eyes,” *The New York Times*, February 8, 2009, http://www.nytimes.com/2009/02/08/world/asia/08iht-karzai.2.20013296.html?_r=0 ; Singh, *Barack Obama's Post-American Foreign Policy*, pp. 68–70.

(179) Singh, *Barack Obama's Post-American Foreign Policy*, p. 70.

(180) Nicholas Kulish, “German Face Reality of Troops' Afghan Mission,” *The International Herald Tribune*, October 28, 2009 ; Ann Scott Tyson, “General : Afghan Situation Serious,” *The Washington Post*, September 1, 2009, p. A1.

(181) Singh, *Barack Obama's Post-American Foreign Policy*, p. 73.

(182) The White House, “A New Strategy for Afghanistan and Pakistan,” March 27, 2009, http://www.whitehouse.gov/blog/09/03/27/A-New-Strategy-for-Afghanistan-and-Pakistan

(183) Office of the President, Interagency Policy Group, “White Paper of the Interagency Policy Group's Report on U. S. Policy toward Afghanistan and Pakistan,” Washington, D. C., March 2009, pp. 1–5, http://www.whitehouse.gov/assets/documents/Afghanistan-Pakistan_White_Paper.pdf

(184) Stanley McChrystal, “COMISAF's Initial Assessment,” *The Washington Post*, August 30, 2009, http://media.washingtonpost.com/wp-srv/politics/documents/Assessment_Redacted_092109.pdf マクリスタル司令官は、雑誌インタビューでオバマ大統領に批判的なコメントをしたとして二〇一〇年六月に事実上解任され、後任にデーヴィッド・ペトレイウス司令官が就任する。

（185）The White House, Office of the Press Secretary, “Remarks by the President in Address to the Nation on the Way Forward in Afghanistan and Pakistan,” December 1, 2009, http: //www. whitehouse. gov/the-press-office/remarks-president-address-nation-way-forward-afghanistan-and-pakistan

（186）NATO, “Monthly Press Conference by Secretary General Andes Fogh Rasmussen,” December 2, 2009, http://www.nato.int/cps/en/natolive/opinions_59619.htm

（187）Jone Boone, “WikiLeaks Cables Portray Hamid Karzai as Corrupt and Erratic,” *The Guardian*, December 2, 2010, https://www.theguardian.com/world/2010/dec/02/wikileaks-cables-hamid-karzai-erratic

（188）『読売新聞』二〇〇九年八月一六日朝二面。

（189）外務省「アフガニスタンＰＲＴ文民支援チームの派遣について」二〇〇九年一月九日、http://www.mofa.go.jp/mofaj/press/release/21/1/1186108_1090.html

（190）『読売新聞』二〇〇九年七月一日朝一三面。

（191）ほかにもマニフェストから、日米地位協定や在日米軍再編の見直しが削除されたという（『朝日新聞』二〇〇九年七月二四日朝二面、『読売新聞』七月二七日朝三面）。

（192）『読売新聞』二〇〇九年八月一日朝四面。

（193）『読売新聞』二〇〇九年九月一〇日朝四面。

（194）首相官邸「第六四回国連総会における鳩山総理大臣一般討論演説」二〇〇九年九月二四日、http://www.kantei.go.jp/jp/hatoyama/statement/200909/ehat_0924c.html

（195）首相官邸「鳩山総理の国連総会及びＧ20ピッツバーグ・サミット出席内外記者会見」二〇〇九年九月二五日、http://www.kantei.go.jp/jp/hatoyama/statement/200909/26naigai.html

（196）首相官邸「第一七三回国会における鳩山内閣総理大臣所信表明演説」二〇〇九年一〇月二六日。

（197）『朝日新聞』二〇〇九年一一月一日朝二面。

（198）Ministry of Foreign Affairs, “Japan-U. S. Summit Meeting,” November 13, 2009, http://www.mofa.go.jp/region/n-america/us/pv0911/summit.html

（199）外務省「日米首脳共同記者会見」二〇〇八年一一月一三日、http://www.kantei.go.jp/jp/hatoyama/statement/200911/13usa_kaiken.html

（200）防衛省「補給支援特措法に基づく補給支援活動の終結に関する命令の発出について」二〇一〇年一月一五日、http://www.mod.go.jp/j/press/news/2010/01/15b.html

（201）首相官邸「鳩山内閣総理大臣の談話（補給支援特別措置法の失効に伴う補給支援活動の終了）」二〇一〇年一月一五日、http://

www.kantei.go.jp/jp/hatoyama/statement/201001/15danwa.html

(202)『読売新聞』二〇〇九年一〇月一二日朝二面。

(203) Barack Obama, "Remarks by the President on Osama Bin Laden," May 2, 2011, https://obamawhitehouse.archives.gov/the-press-office/2011/05/02/remarks-president-osama-bin-laden また、タリバンの最高指導者オマル師は、二〇一三年四月にパキスタンのカラチにある病院で死亡したとされる（"Taliban Officially Announce Death of Mullah Omar," *The Guardian*, July 30, 2015, http://www.theguardian.com/world/2015/jul/30/taliban-officially-announces-death-of-mullah-omar)。なお、二〇〇九年一一月に米上院外交委員会が出した報告書では、二〇〇一年一二月に現地司令官等がビン・ラディンの拘束・殺害のために増援要請をしたが、ドナルド・ラムズフェルド国防長官等幹部がそれを拒否したため、取り逃がしたとしている（The Committee on Foreign Relations United States Senate, "Tora Bora Revisited : How We Failed to Get Bin Laden and Why It Matters Today," November 30, 2009, http://www.foreign.senate.gov/imo/media/doc/Tora_Bora_Report.pdf)。

(204) Barack Obama, "Remarks by the President on the Way Forward in Afghanistan," June 22, 2011, https://obamawhitehouse.archives.gov/the-press-office/2011/06/22/remarks-president-way-forward-afghanistan

(205) Ewen MacAskill and Patrick Wintour, "Afghanistan Withdrawal : Barack Obama Says 33,000 Troops Will Leave Next Year," *The Guardian*, June 23, 2011, https://www.theguardian.com/world/2011/jun/23/afghanistan-withdrawal-barack-obama-troops ブッシュ前政権時代から引き続き国防長官を務めてきたゲーツ国防長官は二〇一一年六月に退任するが、その後出版した回顧録の中で、オバマ大統領のアフガニスタンへの対応は、自らの戦略を信じ切れず、戦争から抜け出すことがすべてだったと痛烈に批判している（ロバート・ゲーツ、井口耕二他訳『イラク・アフガン戦争の真実――ゲーツ元国防長官回顧録』朝日新聞出版、二〇一五年）。

(206) 嶋田晴行『現代アフガニスタン史』明石書店、二〇一三年、一三九頁。

(207) Linda J. Bilmes, "The Financial Legacy of Iraq and Afghanistan : How Wartime Spending Decision Will Constrain Future National Security Beudgets," *Harvard Kennedy School, Faculty Research Working Paper Series*, March 2013, https://research.hks.harvard.edu/publications/getFile.aspx?Id=923

(208) 歴史的制度論は、制度の生成と発展に関わる因果メカニズムを歴史的要因・文脈に着目して分析するアプローチで、経路依存性はその中核的概念である。Paul Pierson, "Increasing Returns, Path Dependence, and the Study of Politics," *American Political Science Review* 94(2), pp. 251–267 ; ガイ・B・ピータース、土屋光芳訳『新制度論』芦書房、二〇〇七年、一〇八頁。

第5章　分　析

(1) Christian Downie, "International Negotiations," in Peter Drahos, ed., *Regulatory Theory : Foundations and Applications*, Acton : Australian

National University Press, 2017, p. 324.

（2）Howard Raiffa, *The Art and Science of Negotiation*, Cambridge, MA : Harvard University Press, 1982 ; Phyllis B. Kritek, *Negotiating at an Uneven Table : Developing Moral Courage in Resolving Our Conflicts*, San Francisco, Jossey-Bass, 1994.

（3）Richard I. Hofferbert and Hans-Dieter Klingemann, "The Policy Impact of Party Programmes and Government Declarations in the Federal Republic of Germany," *Euopean Journal of Political Research* 18 (3), 1990, pp. 277–304.

（4）Juliet Kaarbo, "Power and Influence in Foreign Policy Decision Making : The Role of Junior Coalition Partners in Germany and Israeli Foreign Policy," *International Studies Quarterly* 40 (4), 1996, pp. 501–530. 逆に，比較研究で相関が見られなかった指標として，首相のリーダーシップ，マニフェスト等での政策への言及の多寡，また，一部の事例に相関が見られた指標として，大臣職の配分（政策を所管する省庁の大臣ポストを小政党が獲得），大政党への一貫した説得，与党間の政策距離，社会的支持（世論）を挙げている。

（5）Peter Mair, "The Electoral Universe of Small Parties in Postwar Western Europe," Chapter 3 in Ferdinand Müller-Rommel and Geoffrey Pridham, eds., *Small Parties in Western Europe : Comparative and National Perspectives*, London : Sage Publications, 1991, p. 44. 小政党を対象とした研究には，Nicole Bolleyer, "Small Parties : From Party Pledges to Government Policy," *West European Politics* 30 (1), 2007 等がある。

（6）Arthur Lupia and Kaare Strøm, "Bargaining Transaction Costs, and Coalition Governance," in Kaare Strøm, Wolfgang C. Müller and Torjörn Bergman, *Cabinets and Coalition Bargaining*, Oxford : Oxford University Press, 2008, pp. 51–83.

（7）Lupia and Strøm, "Bargaining Transaction Costs," pp. 59, 63. このモデルはシャプリー・シュービック指数（L. S. Shapley and Martin Shubik, "A Method for Evaluating the Distribution of Power in a Committee System," *American Political Science Review* 48 (3), 1954, pp. 787–792）やバンザフ指数（John F. Banzhaf, "Weighted Voting Doesn't Work : A Mathematical Analysis," *Rutgers Law Review* 19 (2), 1965, pp. 317–343）の考え方と同じであるが，相違点として，同モデルでは取引コスト（transaction cost）を認識し，政党が交渉をする際の情報収集や労力，費用，連立パートナーを代えることに伴う支持者の減少や党幹部の人事異動などのコストも取引コストに含まれるとする（Lupia and Strøm, "Bargaining Transaction Costs," p. 70）。

（8）Leonard Schoppa, *Bargaining with Japan : What American Pressure Can and Cannot Do*, New York : Columbia University Press, 1997.

（9）Mark Habeeb, *Power and Tactics in International Negotiation : How Weak Nations Bargain with Strong Nations*, Baltimore : Johns Hopkins University Press, 1988, pp. 132–133, 143–144.

（10）Joseph S. Nye, "Transnational Relations and Interstate Conflicts : An Empirical Analysis," *International Organization* 28 (4), 1974, p. 992.

（11）Lupia and Strøm, "Bargaining, Transaction Costs," p. 67.

（12）Juliet Kaarbo, *Coalition Politics and Cabinet Decision Making :A Comparative Analysis of Foreign Policy Choices*, Ann Arbor : University of

Michigan Press, 2012, p. 521.

（13）Michael Laver and Kenneth A. Shepsle, "Cabinet Ministers and Government Formation in Parliamentary Democracies," in Michael Laver and Kenneth A. Shepsle, eds., *Cabinet Ministers and Parliamentary Government*, Cambridge : Cambridge University Press, 1994, pp. 3–12.

（14）日本の首相、大臣、内閣の関係については、高安健将『首相の権限』創文社、二〇〇九年、飯尾潤「日本における二つの政府と政官関係」『レヴァイアサン』三四、二〇〇四年、一〇～一二頁、川人貞史『議院内閣制』東京大学出版会、二〇一五年、一三九～一五五頁。

（15）なお、ウィンセットの概念は政策空間モデルの分析でも活用されており、例えば、川人は、日本の衆参ねじれ国会における法案の成立について、与党と野党がともに好ましいと考える政策の範囲をウィンセットと定義し、政府原案が再可決により成立する場合や修正合意案が成立する場合の条件を図示している（川人『議院内閣制』一〇一～一〇六頁）。本書は「テロとの闘い」における日本の支援策に研究対象を絞り、同政策に関して日米両政府が合意可能とする範囲の変遷を明らかにするためにウィンセットを用いており、演繹的モデルによる分析までは対象としていない。

（16）筆者インタビュー、二〇一七年七月三一日、ジョン・ヒル元国防総省日本部長。

（17）同上。

（18）Lupia and Strøm, "Bargaining Transaction Costs," p. 63.

（19）Amir Abedi and Alan Siaroff, "The Kingmaker is Dead, Long Live the Kingmaker : Examining the Degree of Influence of Small Parties in the Coalition-formation Process in Germany," *German Politics* 20, 2011, pp. 243–259.

（20）安井宏樹「ドイツにおける『小連立』政権の運営——小政党の影響力とその限界」『神戸法学年報』二七、二〇一一年、一～二三頁。

（21）シャプレイ・シュビック値を活用して公明党政権入りのきっかけとなった小渕内閣時の参議院の勢力分布をもとに連立期待効用比を調べた研究もある（森正「日本における政党連立モデル——交渉力指数による接近」『オペレーションズ・リサーチ』五六（四）、二〇一一年、二二一～二二六頁）。

（22）理論的には政党は最小勝利連合を目指すのが合理的とされながらも、実際の連立政権で過大規模連合がよく観察される理由を分析したヴォルデンとカルーバは、仮説の一つとして、上院も法案成立に影響力を有し、下院での最小勝利連合では上院が過半数に達しない場合に、連立パートナーを追加して下院で過大規模連合となることが考えられるが、二〇〇二年までには実例が報告されていないとしている（Craig Volden and Clifford J. Carrubba, "The Formation of Oversized Coalitions in Parliamentary Democracies," *American Journal of Political Science* 48 (3), 2004, p. 526）。連立政権が常態化している西欧諸国では、上院での勢力を勘案して過大規模連合を形成するというのは、あまり観察されない形態といえ、二院制の問題も絡んで、日本の連立政権の一つの特徴といえる。

(23) ドイツで連立政権が常態化する理由として、比例性の高い選挙制度（小選挙区比例代表併用制）と厳格な首相選出要件（連邦首相選出には連邦議会総議員の過半数が必要）など、議会多数派の明示的な支持を政権樹立の要件とする制度設計にあるとしている（安井「ドイツにおける『小連立』政権の運営」）。

(24) CDUは宗派を超えたキリスト教政党として一九四五年に結成されるが、バイエルン州には支部を設けず、同州ではCSUが組織される。両党は独立した政党であるが、連邦議会において統一会派を形成している。

(25) 安井「ドイツにおける『小連立』政権の運営」一五頁。

(26) 一九九六年の導入直後は衆議院議員の定数が五〇〇人（小選挙区三〇〇人、比例代表二〇〇人）であったが、二〇〇〇年に比例代表の定数が二〇削減され四八〇人（小選挙区三〇〇人、比例代表一八〇人）と小選挙区の比重がより高まり、二〇一四年には小選挙区の格差是正により五減され、四七五人（小選挙区二九五人、比例代表一八〇人）となっている。

(27)『朝日新聞』二〇〇三年一一月一五日朝四面。

(28)『読売新聞』二〇〇〇年六月八日朝一面。

(29)『読売新聞』二〇〇〇年六月一四日朝二面、六月一八日朝二面。

(30) 朝日新聞社による出口調査をもとにした分析で、公明党の基礎票（比例で公明党に投票した有権者数）の約七割が自民党候補に投票したと仮定して推計している。また、前回選挙の得票率をもとに推計しなおしても、公明党の協力が得られなければ、自民党の議席は選挙区、比例区あわせて一九八議席にとどまったとされる（『朝日新聞』二〇〇〇年九月二一日朝一五面）。

(31)『公明新聞』二〇〇〇年六月二八日三面。

(32)『朝日新聞』二〇〇〇年六月一四日朝七面、『公明新聞』二〇〇三年九月一九日一面。

(33)『朝日新聞』二〇〇三年一〇月八日朝四面、『公明新聞』一〇月七日一面。

(34)『朝日新聞』二〇〇四年二月一七日朝四面。

(35) 比例区での公明党投票者の八割が小選挙区で自民党候補に投票したと仮定すると、自民党当選者のうち、この公明党票による上乗せがなければ七七名の自民党当選者が落選することになり、これは二〇〇〇年衆議院選挙時と比較して三三名も増加していると推計されている（蒲島郁夫・菅原琢「公明がどちらを選ぶかで政権は替わる」『中央公論』一月号、二〇〇四年、九〇～九九頁）。

(36)『読売新聞』二〇〇四年二月二〇日朝四面。

(37) 二〇〇〇年衆議院選挙では、自民党候補者の一六一人を推薦、二〇〇三年衆議院選挙では一九八人、二〇〇五年衆議院選挙では二三九人に達する（『公明新聞』二〇〇〇年六月二八日三面、二〇〇三年一一月一二日三面）。公明党支持層が公明党候補のいない選挙区で自民党候補に投票する割合が、公明党推薦を受けていない自民党候補の場合は五〇％以下であったとの報告もあり、公明党推薦を得られるかどうかで、公明票の上積みが大幅に変わるとされる（『読売新聞』二〇〇五年九月三〇日朝一五面）。

(38)『読売新聞』二〇〇五年九月一二日朝二面。
(39) 菅原琢「自民党政治自壊の構造と過程」御厨貴編『変貌する日本政治――九〇年代以後「変革の時代」を読みとく』勁草書房、二〇〇九年、三二頁。
(40) 山崎拓『ＹＫＫ秘録』講談社、二〇一六年、二二二～二二三頁、『朝日新聞』二〇〇一年六月二二日朝四面。
(41)『読売新聞』二〇〇四年七月一六日朝四面、『公明新聞』六月一八日二面。
(42)『公明新聞』二〇〇四年七月一四日三面。
(43)『朝日新聞』二〇〇四年七月二二日朝三面。
(44)『読売新聞』二〇〇四年七月一二日朝三面、六面。
(45)『読売新聞』二〇〇四年七月一六日朝四面。
(46) 蒲島郁夫・菅原琢「二〇〇五年総選挙分析――自民党圧勝の構図　地方の刺客が呼んだ『都市の蜂起』」『中央公論』一一月号、二〇〇五年、一〇八～一一八頁。
(47) Kaarbo, “Power and Influence in Foreign Policy Dicision Making.”
(48) 佐藤誠三郎・松崎哲久『自民党政権』中央公論社、一九八六年、一四～一五頁、第三章、村上信一郎「一党優位政党システム」西川知一編『比較政治の分析枠組』ミネルヴァ書房、一九八六年、一九七～二一八頁。
(49) 福井治弘「自民党の外交政策とその決定過程――中国問題を中心として」『国際問題』一四五、一五～二七頁、池井優「自民党の安全保障政策」堀江湛・池井優『日本の政党と外交政策――国際的現実との落差』慶応通信、一九八〇年。
(50) 自民党の組織については、星浩「自民党政調会と政策決定過程」北村公彦他編『現代日本政党史録』第五巻、第一法規、二〇〇四年、四〇一～四三八頁、佐藤・松崎『自民党政権』、村川一郎『自民党の政策決定システム』教育社、一九八九年、Ellis S. Krauss and Robert J. Pekkanen, *The Rise and Fall of Japan's LDP: Political Party Organizations as Historical Institutions*, Ithaca, NY: Cornell University Press, 2011 など参照。
(51) 村川『自民党の政策決定システム』一三五～一三八頁。
(52) 池井「自民党の安全保障政策」一八頁。
(53)『日本経済新聞』二〇〇八年二月一三日朝二面。
(54) 自民党による事前審査制度は、一九六二年、通産省が貿易自由化に備えて日本の自動車メーカーの再編を構想した特定産業振興臨時特措法案をめぐる混乱がきっかけとなり、赤城宗徳総務会長が大平正芳内閣官房長官に政府が法案を提出する際は、閣議決定に先立ち自民党の総務会に連絡してほしい旨申し入れたのが発端といわれている。なお、事前審査制は自民党特有ではなく、古くは桂園時代から見られたとされる（奥健太郎「事前審査制の起点と定着に関する一考察――自民党結党前後の政務調査会」『法学

研究』八七（一）、二〇一四年、四七〜八二頁）。
(55) 石原信雄『権限の大移動——官僚から政治家へ 中央から地方へ』かんき出版、二〇〇一年、八五頁。
(56) 待鳥聡史『政党システムと政党組織』東京大学出版会、二〇一五年、八七頁。
(57) 川人貞史「シニオリティ・ルールと派閥——自民党における人事配分の変化」『レヴァイアサン』臨時増刊号、一九九六年、一一一〜一四五頁、川村一義「擬似連立政権下の国会運営——自民党派閥と委員会制度」『GEMC Journal』七、二〇一二年、一四五〜一四六頁。
(58) 五百旗頭真・伊藤元重・薬師寺克行編『野中広務——権力の興亡』朝日新聞出版、二〇〇八年、一六六頁。
(59)『公明新聞』二〇〇〇年一月二一日二面。
(60) 二〇〇〇年一一月党規約の改正により、政策審議会を政務調査会に名称を変更する（『公明新聞』二〇〇〇年一〇月二三日五、六面）。
(61)『公明新聞』一九九九年一月二〇日二面。
(62)『公明新聞』二〇〇〇年一月二〇日二面、二〇〇五年一二月二三日二面。
(63) 公明党には任期中に六六歳を超える場合は原則公認しないという定年制があったが、二〇一四年に定年の六九歳への引き上げと同時に二四年間の在職制限が設けられる（『朝日新聞』二〇一四年一月二九日朝四面）。
(64) 柳澤協二『検証・官邸のイラク戦争——元防衛官僚による批判と自省』岩波書店、二〇一三年、一六五頁。
(65) 待鳥聡史『首相政治の制度分析』千倉書房、二〇一二年、八九頁。
(66) Kaarbo, "Power and Influence in Foreign Policy Dicision Making."
(67) 筆者インタビュー、二〇一三年九月一九日、山崎拓元幹事長。
(68)『読売新聞』二〇〇五年一二月八日夕一面。
(69)『読売新聞』二〇〇四年三月二日朝四面、『朝日新聞』三月七日朝二面。教育基本法は戦後直後に施行され、その教育の目的にはリベラルな思想が反映されているとして、自民党の右派勢力がかねてから目的に愛国心や伝統など国家的な要素を盛り込むような改正を主張しており、森首相も同法改正に積極的であったが、公明党の反発により保留となっていた。二〇〇三年三月に中央教育審議会の答申が出たことで議論が再燃する。
(70)『アエラ』二〇〇五年八月八日、六七頁。
(71)『公明新聞』二〇〇五年一二月六日一面、『読売新聞』一二月六日朝四面。
(72)『読売新聞』二〇〇六年六月八日朝二面。自民党と公明党は与党安全保障プロジェクトチーム（座長：山崎拓自民党安全保障調査会長）で協議を進め、二〇〇六年六月に防衛庁設置法改正法案を提出するが、防衛施設庁談合問題の余波で審議見送りとなり、同年秋の臨時国会で可決、二〇〇七年一月九日から防衛省と改称になる。

（73）『読売新聞』二〇〇三年二月一七日朝四面、八月二七日朝四面。

（74）筆者インタビュー、二〇一四年三月一一日、冬柴議員秘書。

（75）Juliet Kaarbo and Jeffrey S. Lantis, “The ‘Greening’ of German Foreign Policy in the Iraq Case : Conditions of Junior Party Influence in Governing Coalitions,” *Acta Politica* 38(3), 2003, p. 221.

（76）Howard Raiffa, *Negotiation Analysis : The Science and Art of Collaborative Decision Making*, Cambridge, MA : Belknap, 2002, pp. 461–462, 481–482.

（77）石黒馨『入門・国際政治経済の分析——ゲーム理論で解くグローバル世界』勁草書房、二〇〇七年、四三頁。

（78）Kaarbo and Lantis, “The ‘Greening’ of German Foreign Policy,” pp. 212–213.

（79）一五歳以下の子供全員と低所得者の六五歳以上の高齢者など三五〇〇万人を対象に、一人当たり二万円の地域振興券を支給するというもの。

（80）野中広務『老兵は死なず——野中広務全回顧録』文藝春秋、二〇〇五年、一〇二頁。

（81）Morton Deutsch and Schula Shichman, “Conflict : A Social Psychological Perspective,” in Margaret G. Hermann, ed., *Political Psychology*, San Francisco : Jossey-Bass, 1986, pp. 219–250.

（82）Luca Verzichelli, “Portfolio Allocation,” in Kaare Strøm, Wolfgang C. Müller and Torbjörn Bergman, eds., *Cabinets and Coalition Bargaining : The Democratic Life Cycle in Western Europe*, Oxford : Oxford University Press, pp. 238–240 ; 重要閣僚に加重しても同様の結果が得られたことについて、James Druckman and Paul V. Warwick, “The Missing Piece : Mesuring Portfolio Salience in Western European Parliamentary Democracies,” *European Journal of Political Research* 44(1), 2005, pp. 17–42.

（83）Lupia and Strøm, “Bargaining, Transaction Costs, and Coalition Governance,” p. 65.

（84）Richard I. Hofferbert and Hans-Dieter Klingemann, “The Policy Impact of Party Programmes and Government Declarations in the Federal Republic of Germany,” *European Journal of Political Research* 18(3), 1990, p. 295 ; Karl-Rudolf Korte, “Solutions for the Decision Dilemma,” *German Politics* 9(1), 2000, pp. 1–22.

（85）堀江湛・政治改革コロキアム『連立政権の政治学——ポスト五五年体制の政権形態』ＰＨＰ研究所、一九九四年、一一〇～一一一頁。

（86）“Growth, Education, Unity : The Coalition Agreement between the CDU, CSU and FDP,” Berlin, October 26, 2009, http://www.fdp.de/files/565/2009-203_en_Koalitionsvertrag_2009.pdf

（87）森首相は公明党の閣僚枠を二とし、神崎代表と坂口力政審会長二名の入閣を検討するが、神崎代表が固辞したため、二〇〇〇年一二月一日の党首・与党幹事長会談で、閣僚は公明、保守両党とも一ポスト、副大臣は公明三、保守一を提示したとされる（『読売新聞』二〇〇〇年一二月一日夕一面）。なお、森首相は、後に、保守党の閣僚を一に抑えるために公明党も一にしたと説明する（『読売新聞』二〇〇八年八月四日朝一面）。

（88）厚生労働大臣に坂口元労働大臣が就任することについては、当初、医師である坂口労働大臣が所管官庁の大臣に就任するのはよくないとして公明党は環境相を念頭に置いていたが、保守党の扇千景建設大臣が国土交通大臣に就任することを受け、保守党とのバランスをとる観点から、厚生労働大臣獲得を巻き返したとされる（『読売新聞』二〇〇〇年一二月四日朝二面）。なお、国交大臣が保守党（保守新党）の指定席となったきっかけは、二〇〇〇年七月、不祥事のあった建設大臣ポストに扇保守党党首が就任したことであるが、中央省庁再編の際、建設と運輸両省が合併する国土交通大臣は自民党内でも橋本派や江藤・亀井派等で引きが強く、派閥間でのしこりを残さないために他党からの留任となったとされる（『読売新聞』二〇〇〇年七月五日朝三九面）。

（89）川人『議院内閣制』一四五頁。

（90）『読売新聞』二〇〇二年一月三日朝四面。

（91）筆者インタビュー、二〇一四年三月一一日、冬柴議員秘書、『読売新聞』二〇〇一年一二月一四日朝四面。

（92）『読売新聞』二〇〇〇年一二月三日朝四面、二〇〇二年一〇月四日朝一六面。

（93）『読売新聞』二〇〇八年八月四日朝一面、筆者インタビュー、二〇一一年七月一四日、元公明党議員。

（94）飯尾「日本における二つの政府と政官関係」一二～一五頁。

（95）細川内閣での与党内手続きについては、市川雄一「細川連立政権を回顧して――公明党の役割に想う（上・下）」『公明』九月号、一九～三二頁、一〇月号、一四～二五頁、二〇一三年、成田憲彦「政党と官邸――細川政権を中心に」北村他編『現代日本政党史録』第五巻、三一一～三四八頁、市民がつくる政策調査会『検証連立政権――転形期の政策決定システム』生活社、二〇〇七年、九頁、山口二郎『連立政治　同時代の検証』朝日新聞社、一九九七年、奥健太郎「連立政権下の与党間政策調整システム――細川内閣から第二次橋本内閣まで」『東海大学紀要　政治経済学部』四七、二〇一五年、一三～三一頁。国会運営の側面については、川人貞史「連立政権下における国会運営の変化」北村他編『現代日本政党史録』第五巻、一〇三～一六〇頁。

（96）戦前は保守政党が政府・与党連絡会議を設置していたとされ、戦後は、吉田首相が一九五三年、党内の反吉田勢力の伸張により重要な事項を党と調整せざるを得なくなったのをきっかけに政府・与党首脳会議を設置したとされる。自民党政権時代には政府・与党連絡会議を週に二回開催し、直近の重要政治課題の取扱いの協議や高度の政治的調整が図られてきたとされる（村川一郎『政策決定過程――日本国の形式的政府と実質的政府』信山社、二〇〇〇年、二一～二二頁、『読売新聞』一九五三年六月三日朝二面）。

（97）成田「政党と官邸」三三〇頁。

（98）野中尚人「先祖帰り？――連立政権時代における政策決定過程の変容」『レヴァイアサン』臨時増刊号、一九九八年、四三頁。

(99)樋渡由美「政権運営――政党行動と安全保障」樋渡展洋・三浦まり編『流動期の日本政治――「失われた十年」の政治学的検証』東京大学出版会、二〇〇二年、二八五～二八六頁、中野邦観編『国会と外交』信山社、二〇〇〇年、二二八～二二九頁。
(100)市民がつくる政策調査会『検証連立政権』二二頁、芹川洋一「権力の二重構造――日本政治のひとつの型」北村公彦他編『現代日本政党史録』第四巻、第一法規、二〇〇三年、四五二頁、『読売新聞』一九九四年七月五日朝三面。
(101)奥「連立政権下の与党間政策調整システム」二一頁。
(102)村川『政策決定過程』九八～一〇〇頁、院内総務会設立経緯及びその機能不全の様子について、日本経済新聞社編『「連立政権」の研究』日本経済新聞社、一九九四年、七、六八～七〇頁。
(103)市民がつくる政策調査会『検証連立政権』三二～三三頁。なお、日本社会党は一九九六年一月、社会民主党に改称する。
(104)『朝日新聞』一九九六年一一月一日朝一面。
(105)市民がつくる政策調査会『検証連立政権』三六頁、『朝日新聞』一九九六年一一月四日朝二面。
(106)自民党は当初から、参議院で過半数を獲得できる公明党との連立の可能性を探るが、公明党側が、いきなり自民党と公明党が一緒になるのは困難であり、まずは自由党と連立を組むよう要請したとされる(五百旗頭・伊藤・薬師寺編『野中広務』一六九～一七三頁)。
(107)『公明新聞』一九九九年一〇月一三日二面、『朝日新聞』一〇月一三日朝六面。
(108)これは自自連立での調整手続きと同じで、発足当時は五つのプロジェクトチーム(PT)が設置されるが(『公明新聞』一九九九年一〇月一九日一面、一一月一八日二面)、自自公発足時には一二分野とされる。なお、自自連立でPTを五つに絞ったのは、自民党が自社さ連立時代に政策調整会議の下にたくさんのPTを設置し党内外の調整に手間取ったことが理由とされる(『読売新聞』一九九九年一月一九日朝二面)。
(109)『朝日新聞』二〇〇〇年二月二八日朝二面。
(110)武藤勝宏『冷戦後日本のシビリアン・コントロールの研究』成文堂、二〇〇九年、二九八頁。
(111)『朝日新聞』二〇〇三年一一月二三日朝四面、『読売新聞』二〇〇四年一月二七日朝三面。
(112)『毎日新聞』二〇〇三年一一月二五日朝二面。
(113)田中靖人「自民・公明連立政権の政策協議の制度と実態」草野厚『政策過程分析の最前線』慶應義塾大学出版会、二〇〇八年、二二六頁。
(114)柳澤『検証・官邸のイラク戦争』一五〇頁。
(115)『読売新聞』二〇〇四年一月二四日朝四面。
(116)小泉政権では予算編成の主導権を内閣で握るために、経済財政諮問会議で「経済財政運営及び経済社会の構造改革に関する基本方針」、いわゆる「骨太の方針」を決定する。各省庁がこれに則して予算案等を提出する流れができると、与党側も予算関連政策などはこの流れに合わせて政府・与党協議会を設置し、骨太の方針に反映させるよう対策をまとめる。例えば、地方における医師不足に対応するため、公明党が提案し、二〇〇七年五月に「医師確保対策に関する政府・与党協議会」が開催され、政府の骨太の方針に反映させるよう緊急医師確保対策を同協議会でまとめる（『公明新聞』二〇〇七年五月一九日一面、『読売新聞』二〇〇七年五月二六日朝二面）。

(117) Kaarbo, "Power and Influence in Foreign Policy Decision Making," pp. 517–519.

(118) 閣僚間での意見の相違は、閣議での多数決によって決定されると規定されている（ドイツ連邦共和国基本法六五条）が、調整がついていない政策については連邦首相府が閣議の議題として設定しないため、閣議前に連立与党間あるいは各省庁間の意見調整が済んでいることがほとんどで、多数決による決定はほとんど実施されていないとされる（Thomas Saalfeld, "Germany : Multiple Veto Points, Informal Coordination, and Problems of Hidden Action," in Kaare Strøm, Wolfgang C. Müller and Torbjörn Bergman, eds., *Delegation and Accountability in Parliamentary Democracies*, Oxford : Oxford University Press, 2003, p. 366 ; 安井「ドイツにおける『小連立』政権の運営」八頁）。

(119) Saalfeld, "Germany," p. 366 ; Julia Fleischer, "Steering From the German Centre," in Carl Dahlström, B. Guy Peters and Jon Pierre, eds., *Steering from the Centre : Strengthening Political Control in Western Democracies*, Toronto : University of Toronto Press, 2011, p. 59. なお、ドイツでは、与党党首であることが連邦首相就任の政治的条件ではなく、連邦議会議員団長の閣僚兼務はむしろ避けられてきたため、内閣が与党との結節点とはなりにくく、別途、連立委員会をはじめとする政治的な連立与党間協議の場が設けられてきたとされる（安井「ドイツにおける『小連立』政権の運営」九頁）。

(120) Catherine Moury, *Coalition Government and Party Mandate : How Coalition Agreements Constrain Ministerial Action*, London : Routledge, 2013, p. 42 ; 野田昌吾「連立政治とその運営――ドイツの場合」『生活経済政策』五月号、二〇一五年、一二頁。

(121) 安井「ドイツにおける『小連立』政権の運営」一一頁。

(122) 安井「ドイツにおける『小連立』政権の運営」一〇頁。

(123) Saalfeld, "Germany," pp. 366–367.

(124) Kaabo and Lantis, "The 'Greening' of German Foreign Policy," pp. 214–215 ; James M. Lindsay, "Congress, Foreign Policy and the New Institutionalism," *International Studies Quarterly* 38 (2), 1994, pp. 281–304.

(125) Saalfeld, "Germany," pp. 366–367.

(126) delegation 問題について、Martin W. Lanny and Georg Vanberg, "Policing the Bargain : Coalition Government and Parliamentary Scrutiny," *American Journal of Political Science* 48 (1), 2004, pp. 13–27 ; Wolfgang C. Müller, Torbjörn Bergman and Kaare Strøm, "Parliamentary

Democracy : Promise and Problems," in Strøm, Müller and Torbjörn, eds., *Delegation and Accountability in Parliamentary Democracies*, p. 23.

（127）Michael F. Thies, "Keeping Tabs on Partners : The Logic of Delegation in Coalition Governments," *American Journal of Political Science* 45 (3), 2001, pp. 580–598 ; Terry D. Clark and Diana Jurgelevicіute, "'Keeping Tabs on Coalition Partners' : A Theoretically Salient Case Study of Lithuanian Coalitional Governments," *Europe-Asia Studies* 60 (4), 2008, pp. 631–642 ; Verzichelli, "Portfolio Allocation," pp. 259–267.

（128）Thies, "Keeping Tabs on Partners," pp. 587–596 ; Müller and Strøm, "Coalition Agreements and Cabinet Governance," p. 180.

（129）Thies, "Keeping Tabs on Partners."

（130）Ibid., p. 588.

（131）政務次官は大臣（または長官）に次ぐ官職で主に国会議員から任命されていたが、二〇〇一年一月五日の中央省庁再編時に廃止され、代わりに副大臣（二二人）と政務官（二六人）が導入された。ただし、大きな行政機関には副大臣及び政務官は複数配属されており、例えば、外務省では副大臣は二名、政務官が三名で、分野ごとに担当が分かれるため、副大臣や政務官を送り込んだとしても、担当分野以外のことについては大臣と同程度の情報を有するということにはならないという事情に留意する必要がある。

（132）Thies, "Keeping Tabs on Partners."

（133）Lanny W. Martin and Georg Vanberg, "Coalition Policymaking and Legislative Review," *American Political Science Review* 99, Issue 1, 2005, pp. 93–106. ドイツ（一九八三～九四年）とオランダ（一九八二～九四年）の政府提出法律案約三〇〇本（予算と憲法修正案は手続きが異なるため除外）を対象としたうち、七〇%の法律案が修正され、さらに、修正された法律案のうち過半数が二条項以上の修正を行っているとする。

（134）Ibid., p. 102.

（135）Müller and Strøm, "Coalition Agreements and Cabinet Governance," pp. 159–195.

（136）Ibid., p. 182.

（137）Angela Merkel, Guido Westerwelle, Volker Kauder, Peter Ramsauer and Birgit Homburger, "Growth, Education, Unity : The Coalition Agreement between the CDU, CSU and FDP," October 26, 2009, pp. 146–147, https://www.cdu.de/sites/default/files/media/dokumente/091215-koalitionsvertrag-2009-2013-englisch_0.pdf

（138）Catherine Moury and Mark Ferguson, "Case Study of Germany," in Moury, *Coalition Government and Party Mandate*, pp. 32–53.

（139）Ibid.

（140）ただし、中央省庁再編の影響で一時的に大臣と定数二の副大臣のうちの一名が公明党から輩出された時期はある。中央省庁再編のあった第二次森改造内閣では、坂口力（公明党）が労働大臣から厚生労働大臣となり、厚生総括政務次官であった桝屋敬悟（公明党）が厚生労働副大臣となり、大臣と副大臣が両方とも公明党となっている（ただし、もう一名の厚生労働副大臣は自民党から出される）。これは第一次小泉内閣（二〇〇一年四月二八日発足）にも引き継がれ、第一次改造内閣で解消する。

(141) 服部龍二「連立政権合意文書 1993–2012」『中央大学論集』三五、二〇一四年、六七〜一〇二頁。

(142) なお、冬柴幹事長は、憲法改正や集団的自衛権について触れられていないことについて、「何もかも書く必要はない。……今回の連立政権で何を重点的にやるか、合意されたものが列記されている」としている（『公明新聞』二〇〇六年九月二六日一面）。

(143) 二〇〇七年九月二四日の連立協議に先立ち、公明党は中央幹事会では「自公連立政権協議に臨む基本姿勢」を了承する。ここでは重点事項として、格差の緩和、地域活性化、若者の未来を開く、命を守る、安全網、政治とカネの透明化、女性が安心できる社会が列挙される（『公明新聞』二〇〇七年九月二一日一面）。なお、連立協議は二四日、両党幹事長や政調会長らが断続的に会談して、新政権が取り組む一五の重点政策課題を検討し、夜、大筋合意に至る（『公明新聞』二〇〇七年九月二六日一〜二面）。

(144) 蒲島郁夫・山本耕資「連立政権における公明党の選択」『世界』六月号、一五二頁。

(145) 公明党の研究としては、藤原弘達『創価学会を斬る』日新報道出版部、一九六七年（創価学会による言論弾圧事件の契機となった書）、橋本五郎「公明党の安全保障政策」池井優・堀江湛編『日本の政党と外交政策——国際的現実との落差』慶応通信、一九八〇年、堀幸雄『公明党論——その行動と体質』南窓社、一九九九年、梅澤昇平『野党の政策過程』芦書房、二〇〇〇年、Stephen Johnson, *Opposition Politics in Japan: Strategies under a One-Party Dominant Regime*, New York: Routledge, 2000; Anne Mette Fisker-Nielsen, *Religion and Politics in Contemporary Japan: Soka Gakkai Youth and Komeito*, New York: Routledge, 2012; George Ehrhardt, Axel Klein, Levi McLaughlin and Steven R. Reed, *Komeito: Politics and Religion in Japan*, Berkeley Institute of East Asian Studies, University of California, Berkeley, 2014. 近年、創価学会や公明党に関する書籍が増えてきており、島田裕巳『創価学会と公明党——ふたつの組織は本当に一体なのか』宝島社、二〇一四年、佐藤優『創価学会と平和主義』朝日新書、二〇一四年、佐高信『自民党と創価学会』集英社新書、二〇一六年、薬師寺克之『公明党——創価学会と五〇年の軌跡』中公新書、二〇一六年、中野潤『創価学会・公明党の研究——自公連立政権の内在論理』岩波書店、二〇一六年などがある。

(146) 橋本「公明党の安全保障政策」六三〜六四頁。

(147) 創価学会が政界進出した理由について、薬師寺は、①「王仏冥合」の実現、「国立戒壇」の建立といった宗教的目的の達成、②権力による弾圧という経験を踏まえ、権力から身を守り組織を維持、③選挙運動という組織的活動による学会組織の維持・発展、と整理している（薬師寺『公明党』四九頁）。

(148) 公明党史編纂委員会『大衆とともに——公明党五〇年の歩み』公明党機関紙委員会、二〇一四年、三七頁。

(149) 橋本「公明党の安全保障政策」六四頁。

(150)『読売新聞』一九七〇年六月二五日夕二面。

(151) 橋本「公明党の安全保障政策」六四頁。

(152) 一九六八年に公明党が実施した「総点検シリーズ」では、公明党の追及がきっかけで政府が対応を見直す等成果は少なくなかったとされ、特に注目を集めた「在日米軍基地の実態調査」では、全国一四五カ所の米軍基地を対象に基地の規模、使用状況、公害の有無などをまとめ、復帰前の米軍基地の状況を明らかにし、政府の政策にも影響を与えたと指摘される（薬師寺『公明党』五七〜五八頁）。
(153) 橋本「公明党の安全保障政策」八九頁。
(154) 同上、六九頁。
(155) 一九七九年一〇月、総選挙で自民党が敗北した後の首班指名で大平正芳と福田赳夫のいずれを指名候補とするか党内でもめた四十日抗争の際、公明党の竹入義勝委員長は大平から連立して政権に参加するよう呼びかけを受けたが、決断できなかった、次の政権入りのチャンスは逃さないと語っている（『朝日新聞』一九八一年五月五日朝一面）。
(156)『朝日新聞』一九九〇年一〇月五日朝二面。八月下旬、イラクの軍事侵攻に限り医療要員の派遣を認める時限立法の制定を石田幸四郎委員長から海部首相に要請したという（『朝日新聞』一九九〇年八月二四日夕二面）。
(157) 湾岸地域における平和回復活動を支援するため平成二年度において緊急に講ずべき財政上の措置に必要な財源の確保に係る臨時措置に関する法律。
(158) 資金協力の使途については、村田良平駐米大使が米政府の反発を招くと外務大臣に書簡を送るなど反発もあったが、政府・与党は公明党の主張を受け入れる。二月四日、タトワイラー米国務省報道官が、「日本からの資金協力は、直接戦闘のためには使用しない」との発言があるが、用途に制限が付けられたことには、米議会から実際に批判の声が上がったとされる（『読売新聞』一九九一年一月二七日朝二面、『朝日新聞』二月五日夕二面、村田良平『村田良平回想録』下、ミネルヴァ書房、二〇〇八年、一一五〜一二〇頁）。
(159) 三党合意の文言は市川書記長が起案しており、創価学会の反発に配慮して「自衛隊と別組織」が主体となり、平和維持活動に絞られたとされる（佐々木芳隆『海を渡る自衛隊――PKO立法と政治権力』岩波新書、一九九二年、五八頁）。
(160) 公明・民社の歩み寄りの背景として、カンボジアへのPKO派遣に向けて、金丸信自民党副総裁と田辺誠社会党委員長との間でカンボジア支援に絞った一年間の時限立法案が浮上し、この自民―社会ラインに対抗するために、公明・民社が歩み寄ったとされる（中野編『国会と外交』二二二頁）。
(161)『有馬龍夫（元日本政府代表）オーラル・ヒストリー』（インタビュアー：竹中治堅・鈴木邦子）政策研究大学院大学、二〇一一年、三二四頁。
(162) 公明党は、多くの地方議会で自民党と連立して与党を構成していた事情もあり、新進党への合流にあたり、「分党・二段階」方式をとる。五二人の衆議院議員全員と次の参議院選挙での改選議員一三人が先行して新進党に参加し、地方議員約三〇〇〇人及び非改選の参議院議員一一人は新党「公明」を結成し、翌年の統一地方選挙後に合流するとの予定であった。新進党への合流には公明新聞（六〇万部、職員二四〇人）の存在も一つの障害となっていたとされる。

(163) 五百旗頭・伊藤・薬師寺編『野中広務』。

(164) 助川康「一九九〇年代以降の防衛分野における立法と政党の態度」『防衛研究所紀要』九（三）、二〇〇七年、一四～一六頁。

(165) Daniel M. Smith, "Party Ideals and Practical Constraints," in Ehrhardt, Klein, McLaughlin and Reed, *Komeito*, p. 158 ; 薬師寺『公明党』二四四頁。

(166) 島田『創価学会と公明党』八〇頁。その後の代表になった太田昭宏や幹事長の北側一雄は創価学会で青年部長などの幹部を歴任しているが、冬柴鉄三や山口那津男などは学会での幹部経験はない。一方で、創価学会と公明党の関係については、二〇〇六年の創価学会会長及び公明党代表の交代以降、両者の非公式会合が増えるなど緊密度が増しているとの見解もある（中野『創価学会・公明党の研究』四九、七二頁）。

(167)『公明新聞』二〇〇三年九月一二日一面。

(168) Gerald L. Curtis, *The Logic of Japanese Politics : Leaders, Institutions, and the Limits of Change*, New York : Columbia University Press, 1999, pp. 102–104 ; Ronald Hrebenar, *Japan's New Party System*, Boulder : Westview Press, 2000.

(169) George Ehrhardt, "Rethinking the Komeito Voter," *Japanese Journal of Political Science* 10(1), 2009, 1–20.

(170) Ehrhardt, "Rethinking the Komeito Voter," p. 17 ; Fisker-Nielsen, *Religion and Politics*, Chapter 3.

(171) Ehrhardt, "Rethinking the Komeito Voter," p. 5.

(172) Fisker-Nielsen, *Religion and Politics*, Chapter 3.

(173) Ehrhardt, *Komeito*, p. 269. なお、他国で宗教団体を母体としている組織政党と公明党の違いに規模を挙げており、宗教を母体とする政党は、有権者の多くをカバーし、大政党となる場合が多いとしている。

(174) 朴喆熙『代議士のつくられ方――小選挙区の選挙戦略』文春新書、二〇〇〇年、一二四～一二五頁。

(175) 島田裕巳「国民政党に脱皮できなかった公明党と創価学会」御厨貴編『変貌する日本政治――九〇年代以後「変革の時代」を読みとく』勁草書房、二〇〇九年、七五～一〇〇頁。

(176) 安井「ドイツにおける『小連立』政権の運営」一三頁、堀江・政治改革コロキアム『連立政権の政治学』一一五頁。

(177) 中野編『国会と外交』二五頁、岩永健吉郎『戦後日本の政党と外交』東京大学出版会、一九八五年、一七二～一七五頁、公明党史編纂委員会『大衆とともに』一〇一～一一八頁。

(178) 安倍首相は悪化していた関係を立て直すために最初の外遊先に中国と韓国を選ぶが、訪中にあたり、安倍首相は池田創価学会名誉会長と会談し、池田名誉会長は王毅駐日中国大使と会談するなど、日中首脳会談がうまくいくよう動いたとの報道がある（『朝日

新聞』二〇〇六年一〇月七日朝一、三面)。

終　章　連立政権は対外政策にどのような影響を与えるか

(1) 川人貞史『議院内閣制』東京大学出版会、二〇一五年、一三五〜一三八頁。
(2) 同上、一三六頁。
(3) 同上、一二九頁。
(4) 増山幹高『立法と権力分立』東京大学出版会、二〇一五年、一六五頁。
(5) Gary W. Cox and Mathew D. McCubbins, *Setting the Agenda: Responsible Party Government in the U. S. House of Representatives*, Cambridge: Cambridge University Press, 2005, p. 37; 増山『立法と権力分立』一六五〜一七一頁。コックスとマッカビンズの議事運営モデルでは、時間的制約によって議事運営が立法に及ぼす作用を明らかにしているが、この考え方をもとに本事例研究を検討することは、分析のフレーム全体を変えることになるため、ここでは、その考え方を記述するにとどめる。
(6) 新しい日本をつくる国民会議(二一世紀臨調)『政治の構造改革――政治主導確立大綱』東信堂、二〇〇二年。二〇〇一年から〇二年にかけて、小泉首相は与党の事前審査制度の見直しについて自民党国家戦略本部で検討させたが、自民党内のみならず他の連立与党からも反発があって見送られ、それ以降、見直し機運も下火となっている。
(7) 日本政府は光熱水料約二五三億円の削減を要求していたが、約八億円の削減の決着となった。日本がインド洋から海上自衛隊を撤退させていたこと、在日米軍再編問題におけるグアム移転費の日本負担を米側が要求していた七五%から六〇%に減額させたことなどが重なり、在日米軍の駐留経費負担の交渉では、「日本ペースで交渉できる環境にない。米側に配慮せざるをえなかった」(防衛省幹部)という(『読売新聞』二〇〇七年一一月二四日朝二面、一二月一二日夕一面、一二月一九日朝四面、二〇〇八年一月二六日朝四面)。特に、ジョン・T・シーファー駐日大使は在日米軍再編問題における交渉結果が不満で、在日米軍駐留経費では一円も減らさないとのスタンスであったとされる(筆者インタビュー、二〇一一年六月七日、防衛省担当者)。
(8) 筆者インタビュー、二〇一七年七月三一日、ジョン・ヒル元国防総省日本部長。
(9) John Kampfner, *Blair's Wars*, London: Simon & Schuster, 2004, pp. 92-93; 櫻田大造・伊藤剛編『比較外交政策――イラク戦争への対応外交』明石書店、二〇〇四年、一七七〜一八一頁、山本浩『決断の代償――ブレアのイラク戦争』講談社、二〇〇四年、一四五頁、細谷雄一『倫理的な戦争――トニー・ブレアの栄光と挫折』慶應義塾大学出版会、二〇〇九年、一八七〜一八八、二四七〜二四五頁。

あとがき

序章でも触れたが、二〇〇一年九月一一日の朝を、私はボストンで迎えた。ハーヴァード大学ケネディスクールの二年目の最初の学期を迎える初日であった。世界貿易センタービルに突入する映像をリアルタイムで見ていた緊迫感は、今でも鮮明に覚えている。そして、超高層ビルが崩れ落ちる映像と同じくらいに衝撃だったのが、その日を境に、米国が大きく変わっていく様子であった。事件直後の米国が一丸となって「テロとの闘い」に邁進していく姿勢は、恐怖すら感じさせられるものだった。ただ、学内では学長のジョゼフ・ナイ教授を交えた緊急討論会が何度か開かれ、その時点で明らかになっている情報を整理しながら冷静な議論が展開され、また、かなりの時間は要したが、ブッシュ政権の方針に批判的な意見も報じられるようになり、アメリカの民主主義の底力を感じたのも確かであった。

帰国後、内閣府総合科学技術会議事務局等での勤務で、しばらく外交・安全保障政策分野への関心から離れていたが、二〇〇七年四月に外務省総合外交政策局安全保障政策課へ異動となり、「テロとの闘い」と向き合う機会を得た。とはいっても、同時多発テロ事件から五年以上経過しており、支援策として補給支援活動が継続されているとの説明を聞いて、少なからず驚いた。テロ特措法は内閣府、外務省、防衛省の共管で、同法に基づく支援活動は当課で抱える複数の業務の一つであり、基本計画の延長などの節目で仕事が発生する程度の引き継ぎだったように記憶している。しかし、七月の参議院選挙での自公大敗によるねじれ国会の出現により、事態は一変、日に日にテロ特措法に関する業務が課内を席巻し、異例の越年国会となった臨時国会中は、関連業務一色となり、連日連夜、対応に追われることになった。ここでの経験は、対外政策における政治の関与の大きさを実感するものであった。

あれから約一〇年、「テロとの闘い」開始から一七年が経過しようとしているが、アフガニスタンでの国家再建プロセスは混迷を深め、テロや戦闘は断続的に続き、民間死傷者数は最悪を更新している状態が続く。オバマ大統領のアフガニスタン駐留政策を繰り返し非難してきた後任のトランプ大統領であるが、持論としてきた米軍撤退を強行すれば、イスラム国などが勢力を拡大しテロの温床となるとの危機感の前に、撤退をあきらめ、一万人余りの部隊の駐留を維持する。イスラム国は、相次ぐ欧米人の処刑映像を公開する凄惨な手法で世界にその名を轟かせたが、その台頭の源流をたどると、同時多発テロ事件に行きつく。

同時多発テロ事件によって世界はどう変わったのか。同事件がなければ、アフガニスタン戦争もイラク戦争もなかったであろう。米軍等によるアル・カイダの組織的な壊滅は、ジハーディズムの思想に基づく分散型で非集権的な新たなテロのネットワークの構築をもたらし、先進国の大都市での組織の支援を受けていない単独犯、いわゆるローンウルフ型のテロの出現につながった。イスラム国支配から逃れた難民の急増やテロの脅威にさらされ、これまで移民に寛容だった西欧諸国や米国で排他的ナショナリズムが高まる。エドワード・スノーデンによって暴露された、米国国家安全保障局の大規模監視プログラムも、そもそもの開発の動機は同時多発テロ事件後のテロ対策であった。あるいは倫理的イデオロギー的視点から見ると、ブッシュ政権が各国に問うた我々の側につくか、敵に回るか、正義か悪かといった二元論への単純化は、国際社会の分断や宗教対立、あるいは文明の対立を公然化する。当の米国は、財政的・軍事的優位を背景に二つの戦争に突入したものの、ベトナム戦争以上の長期化に戦費は膨張して厭戦気分が蔓延し、今では露骨な自国第一主義を振りかざす。

戦後日本を代表する国際政治学者の高坂正堯は、冷戦終焉の激動期に「新しいシステムは、設計図に従って作られたりはしない。過渡期には偶然としか言えない出来事が起こり、問題が発生する。それといかに取り組むかが、将来を決定することが多い」（『外交感覚——時代の終わりと長い始まり』千倉書房、二〇一七年、三五五頁）と記していた。同時多発テロ事件は、まさに、それにどう取り組むかが、将来を左右する事件であったように思う。日本に目を向けても、同時多発テロ事件をもとに開始された「テロとの闘い」以降の自衛隊の活動や安全保障政策をめぐる動き・変化はめまぐるしい。本書では、同時多発テロ事件をもとに開始された「テロとの闘い」への日本の支援策を切り口に、日本の対外政策や国内政治の変容に着目した。対外政策も、内政と同様、国内政治の力学が反映される。国内政治が停滞すれば、対外政策をめぐるコンセンサスの形成が進まず、国際情勢に適合した能動的な政策の決定は困難となる。それでも、米国が他国と協調して世界秩序安定を志向していた時には、日本は米国の主張や行動を受け入れるこれまでの対外政策でうまくいったといえよう。しかし、その前提が崩れてきている中で、経済以外の分野でも交渉や協議の重要性が増し、主体的な提案が必要となってきているように思う。本書では、日米交渉そのものに焦点を当てるというよりは、日本の政策決定の流れの中での日米交渉として記述しており、分析も米国内での駆け引きにまでは射程が及ばなかったが、岐路に立つ日本の対外政策に関する研究の一助となれば幸いである。

本書は、二〇一六年五月に政策研究大学院大学に提出した学位論文「連立政権の対外政策への影響――『テロとの闘い』への日本の協力を中心に」を修正・加筆したものである。外務省で連日業務に当たりながら、「この業務はテロの撲滅やアフガニスタンの再建にどう役立つんだろうか」、「国益追求でやっている対外政策をなぜ政局にするのか」という疑問が頭をもたげ、断片的な知識を整理して客観的に見てみたいという欲求と、役所勤務よりも時間的に制約の少ない論文執筆は出産・育児になじむのではないかという甘い目算のもと、政策研究大学院大学に飛び込んでみたものの、学問的な蓄積不足に加え、子育てに要する膨大なエネルギーと時間を見誤り、予定の倍以上の期間を費やしての執筆となってしまった。その間、辛抱強く見守り、現実的なテーマ設定から論文構成、分析枠組みなどあらゆる面において、論文の進捗と筆者の理解度に応じて導いてくださった指導教授の飯尾潤先生には、言葉では言い尽くせぬほどお世話になった。論文の審査員をお引き受けいただいた園部哲史先生、岩間陽子先生、川人貞史先生からは理論的骨格、分析視角と事例の叙述の仕方などについて、建設的なご指摘をいただいた。また、増山幹高先生、竹中治堅先生、道下徳成先生からは大学内での発表の機会や論文提出資格試験など要所要所で、貴重なご助言をいただいた。待鳥聡史先生からは論理性が欠けている原因を端的にご指摘いただき、筋道を与えていただいた。各界の第一線でご活躍されている多彩な飯尾ゼミの諸先輩方にも関係者の紹介や有益なコメントなどご協力をいただいた。日米の政策当局者や政治家、記者の方など、インタビューをご快諾くださった多くの方々にも、この場を借りて感謝の意を表したい。心から感謝申し上げたい。

本書は、日本学術振興会平成三十年度科学研究費補助金（研究成果公開促進費「学術図書」）による出版助成をいただいている。関係各位に感謝を申し上げる。

単著出版の経験もなく、大部で読みにくい状態であった博士論文から出版の可能性を見出し、公刊まで導いてくださった名古屋大学出版会の三木信吾編集部次長、長畑節子さんはじめ同出版会の皆様にも厚くお礼申し上げる。学問的に優れた多くの著書を刊行している出版会から著書を上梓できることは望外の喜びである。

最後に、これまで支えてくれた夫と両親に心より感謝し、論文執筆の間に生まれた長男遥斗と長女澪奈に本書を贈りたい。

二〇一八年六月

著　者

《著者紹介》

宮崎《みやざき》 洋子《ようこ》

1971 年　横浜市生まれ
1995 年　内閣府（旧総理府・総務庁）採用
1996 年　東京大学大学院法学政治学研究科修士課程修了
2002 年　米国ハーヴァード大学ケネディスクール大学院修士課程修了
内閣府総合科学技術会議事務局，総務省行政管理局，外務省総合外交政策局安全保障政策課などを経て
2016 年　政策研究大学院大学博士課程修了，博士（政策研究）

「テロとの闘い」と日本

2018 年 7 月 30 日　初版第 1 刷発行

定価はカバーに
表示しています

著　者　宮　崎　洋　子

発行者　金　山　弥　平

発行所　一般財団法人　名古屋大学出版会
〒 464-0814　名古屋市千種区不老町 1 名古屋大学構内
電話（052）781-5027/FAX（052）781-0697

Printed in Japan
印刷・製本 ㈱太洋社
ISBN978-4-8158-0917-1
乱丁・落丁はお取替えいたします。

人名索引

ア　行

カ　行

サ　行

タ　行

ナ　行

ハ　行

マ　行

ヤ・ワ行

事項索引

ア 行

カ 行

サ　行

タ　行

ナ　行

ハ　行

マ　行

ヤ・ワ行

図表一覧

参考文献

青木信義（2001）「テロ対策特別措置法の概要」『ジュリスト』1213，25-31 頁
赤松正雄（2010）「連立 10 年の外交・安保政策を振り返る」『公明』54，72-77 頁
朝日新聞「自衛隊 50 年」取材班（2005）『自衛隊　知られざる変容』朝日新聞社
新しい日本をつくる国民会議（21 世紀臨調）（2002）『政治の構造改革——政治主導確立大綱』東信堂
有馬龍夫（2011）『有馬龍夫（元日本政府代表）　オーラル・ヒストリー』（インタビュアー：竹中治堅・鈴木邦子），政策研究大学院大学
飯尾潤（2004）「日本における二つの政府と政官関係」『レヴァイアサン』34，7-19 頁
飯尾潤（2006）「副大臣・政務官制度の目的と実績」『レヴァイアサン』38，41-59 頁
飯尾潤（2007）『日本の統治構造——官僚内閣制から議院内閣制へ』中公新書
五百旗頭真（1989）「国際環境と日本の選択」渡辺昭夫編『講座国際政治 4　日本の外交』東京大学出版会，19-52 頁
五百旗頭真編（2011）『戦後日本外交史』有斐閣
五百旗頭真・伊藤元重・薬師寺克行編（2007）『外交激変——元外務省事務次官柳井俊二』朝日新聞社
五百旗頭真・伊藤元重・薬師寺克行編（2008）『岡本行夫——現場主義を貫いた外交官』朝日新聞出版
五百旗頭真・伊藤元重・薬師寺克行編（2008）『野中広務——権力の興亡』朝日新聞出版
池井優（1980）「自民党の安全保障政策」堀江湛・池井優『日本の政党と外交政策——国際的現実との落差』慶応通信
池内恵（2015）『イスラーム国の衝撃』文春新書
石黒馨（2007）『入門・国際政治経済の分析——ゲーム理論で解くグローバル世界』勁草書房
石田淳（1997）「国際政治理論の現在——対外政策の国内要因分析の復権（上・下）」『国際問題』447，61-72 頁，448，80-92 頁
石原信雄（2001）『権限の大移動——官僚から政治家へ 中央から地方へ』かんき出版
市川雄一（2013）「細川連立政権を回顧して——公明党の役割に想う（上・下）」『公明』9 月号，19-32 頁，10 月号，14-25 頁
伊奈久喜（2002）「ドキュメント 9.11 の衝撃——その時，官邸は，外務省は」田中明彦監修『「新しい戦争」時代の安全保障——いま日本の外交力が問われている』都市出版，171-206 頁
猪口孝・岩井奉信（1987）『族議員の研究——自民党政権を牛耳る主役たち』日本経済新聞社
井樋三枝子（2008）「日本の政治情勢に関する米議会図書館議会調査局報告書」『外国の立法』http://www.ndl.go.jp/jp/diet/publication/legis/23701/02370112.pdf
岩永健吉郎（1985）『戦後日本の政党と外交』東京大学出版会

岩間陽子（2002）「ドイツの安全保障政策と新たな課題」『国際問題』509，33-46 頁
内山融（2007）『小泉政権――「パトスの首相」は何を変えたのか』中公新書
梅澤昇平（2000）『野党の政策過程』芦書房
漆原智靖（1997）「対外政策理論の可能性と限界――スナイダー・アプローチにおける認識論上の諸問題（1）」『早稲田政治公法研究』54，1-33 頁
大塚海夫（2004）「タンパで自衛隊も“メジャー有志連合”になる」『諸君』4 月号，196-205 頁
大森敬治（2009）『我が国の国防戦略――背広の参謀が語る』内外出版
大矢根聡（2002）『日米韓半導体摩擦――通商交渉の政治経済学』有信堂高文社
大山礼子（2003）『比較議会政治論――ウェストミンスターモデルと欧州大陸型モデル』岩波書店
岡澤憲芙（2004）「連合政権のメカニズム」北村公彦他編『現代日本政党史録』第 5 巻，第一法規，483-546 頁
奥健太郎（2014）「事前審査制の起点と定着に関する一考察――自民党結党前後の政務調査会」『法学研究』87（1），47-81 頁
奥健太郎（2015）「連立政権下の与党間政策調整システム――細川内閣から第二次橋本内閣まで」『東海大学紀要　政治経済学部』47，13-31 頁
小沢一郎（1993）『日本改造計画』講談社
小沢一郎（2006）『小沢主義――志を持て，日本人』集英社インターナショナル
小沢一郎（2007）「今こそ国際安全保障の原則確立を――川端清隆氏への手紙」『世界』771，148-153 頁
小野直樹（2002）『戦後日米関係の国際政治経済分析』慶應義塾大学出版会
蒲島郁夫（2004）『戦後政治の軌跡――自民党システムの形成と変容』岩波書店
蒲島郁夫・菅原琢（2004）「公明がどちらを選ぶかで政権は替わる」『中央公論』1 月号，90-99 頁
蒲島郁夫・菅原琢（2005）「2005 年総選挙分析――自民党圧勝の構図　地方の刺客が呼んだ『都市の蜂起』」『中央公論』11 月号，108-118 頁
蒲島郁夫・山本耕資（2004）「連立政権における公明党の選択」『世界』6 月号，143-153 頁
我部政明（2007）『戦後日米関係と安全保障』吉川弘文館
川人貞史（1996）「シニオリティ・ルールと派閥――自民党における人事配分の変化」『レヴァイアサン』臨時増刊号，111-145 頁
川人貞史（2004）「連立政権下における国会運営の変化」北村公彦他編『現代日本政党史録』第 5 巻，第一法規，103-160 頁
川人貞史（2015）『議院内閣制』東京大学出版会
川人貞史・吉野孝・平野浩・加藤順子（2011）『現代の政党と選挙［新版］』有斐閣
川端清隆（2007）『イラク危機はなぜ防げなかったか』岩波書店
川村一義（2012）「擬似連立政権下の国会運営――自民党派閥と委員会制度」『GEMC Journal』7，144-163 頁
北岡伸一（1995）『政党政治の再生――戦後政治の形成と崩壊』中央公論社
北岡伸一（2002）「テロ事件のインパクトと日本の対応」渡辺昭夫・平和・安全保障研究所編『9.11 事件から 1 年――そして私たちは』第一書林
木村修三（1977）「日本の対外政策決定と国会」細谷千博・綿貫譲治編『対外政策決定過程

の日米比較』東京大学出版会，127-146 頁
草野厚（1983）『日米オレンジ交渉——経済摩擦をみる新しい視点』日本経済新聞社
草野厚（1997）『政策過程分析入門』東京大学出版会
草野厚（2009）『連立政権——日本の政治 1993〜』文藝春秋
ゲーツ，ロバート（2015）井口耕二他訳『イラク・アフガン戦争の真実——ゲーツ元国防長官回顧録』朝日新聞出版
ゲルマン，バートン（2010）加藤祐子訳『策謀家チェイニー——副大統領が創った「ブッシュのアメリカ」』朝日新聞出版
高坂正堯（2000）『宰相吉田茂』都市出版
幸田和仁（2001）「パウエル・眞紀子電話会談」『文藝春秋』10 月緊急増刊号，102-106 頁
河野勝（2001）「『逆第二イメージ論』から『第二イメージ論』への再逆転？——国際関係と国内政治との間をめぐる研究の新展開」『国際政治』128，12-29 頁
公明党史編纂委員会（2014）『大衆とともに——公明党 50 年の歩み』公明党機関紙委員会
小谷哲男（2006）「シーレーン防衛——日米同盟における『人と人の協力』の展開とその限界」『同志社法学』58（4），179-207 頁
後藤謙次（2014）『ドキュメント平成政治史』3，岩波書店
駒野欽一（2005）『私のアフガニスタン——駐アフガン日本大使の復興支援奮闘記』明石書店
近藤健・斉藤眞編著（1994）『日米摩擦の謎を解く——現場からの証言』東洋経済新報社
五月女律子（2001）「対外政策決定論の再検討」『国際政治』128，100-114 頁
坂本義和（1982）「日本における国際冷戦と国内冷戦」『新版　核時代の国際政治』岩波書店
櫻田大造・伊藤剛編（2004）『比較外交政策——イラク戦争への対応外交』明石書店
佐々淳行（2014）『私を通りすぎた政治家たち』文藝春秋
佐々木芳隆（1992）『海を渡る自衛隊——PKO 立法と政治権力』岩波新書
佐藤誠三郎・松崎哲久（1986）『自民党政権』中央公論社
佐藤英夫（1990）『日米経済摩擦 1945-1990 年』平凡社
佐藤優（2014）『創価学会と平和主義』朝日新書
シェリング，トーマス（1960）河野勝監訳『紛争の戦略——ゲーム理論のエッセンス』勁草書房
市民がつくる政策調査会（2007）『検証連立政権——転形期の政策決定システム』生活社
嶋田晴行（2013）『現代アフガニスタン史』明石書店
島田裕巳（2009）「国民政党に脱皮できなかった公明党と創価学会」御厨貴編『変貌する日本政治——90 年代以後「変革の時代」を読みとく』勁草書房，75-100 頁
島田裕巳（2014）『創価学会と公明党——ふたつの組織は本当に一体なのか』宝島社
信田智人（2004）『官邸外交——政治リーダーシップの行方』朝日新聞社
信田智人（2006）『冷戦後の日本外交——安全保障政策の国内政治過程』ミネルヴァ書房
篠原一（1984）『連合政治——デモクラシーの安定をもとめて』岩波書店
進藤雄介（2008）『タリバンの復活——火薬庫化するアフガニスタン』花伝社
菅原琢（2009）「自民党政治自壊の構造と過程」御厨貴編『変貌する日本政治——90 年代以後「変革の時代」を読みとく』勁草書房，13-42 頁
助川康（2007）「1990 年代以降の防衛分野における立法と政党の態度」『防衛研究所紀要』9（3），1-19 頁

鈴木一敏（2013）『日米構造協議の政治過程——相互依存下の通商交渉と国内対立の構造』ミネルヴァ書房
須藤季夫（2007）『国家の対外行動』東京大学出版会
春原剛（2007）『同盟変貌——日米一体化の光と影』日本経済新聞出版社
スミス，シーラ・A（2013）「日米の戦略的取り決めを改善する」猪口孝監修『日米安全保障同盟——地域的多国間主義』原書房，34–61 頁
世界秩序研究会編（2002）『同時多発テロと日本のアジア政策』世界経済情報サービス
芹川洋一（2003）「権力の二重構造——日本政治のひとつの型」北村公彦他編『現代日本政党史録』第 4 巻，第一法規，423–468 頁
高安健将（2009）『首相の権限』創文社
高山昌治郎（2010）「自衛隊の活動における『国会承認』の射程（前）——立法者意思の分析を中心として」『Research Bureau 論究』7，35–48 頁
武田知己（2015）「戦後日本の外交政策決定と政党の政策調整機能」奥健太郎編『自民党政治の源流』吉田書店
田中靖人（2008）「自民・公明連立政権の政策協議の制度と実態」草野厚編『政策過程分析の最前線』慶應義塾大学出版会
谷勝宏（2002）「テロ対策特別措置法の政策過程——同時多発テロ以後の自衛隊派遣」『国際安全保障』30（1・2），127–150 頁
谷口将紀（1997）『日本の対米貿易交渉』東京大学出版会
千々和泰明（2007）「イラク戦争に至る日米関係——二レベルゲームの視座」『日本政治研究』4（1），6–37 頁
千々和泰明（2012）『大使たちの戦後日米関係——その役割をめぐる比較外交論 1952～2008 年』ミネルヴァ書房
デスラー，I・M（1982）佐藤英夫編，丸茂明則監訳『日米経済紛争の解明——鉄鋼・自動車・農産物・高度技術』日本経済新聞社
長尾悟（1992）「日米コメ問題をめぐる国際交渉と国内交渉」宮里政玄・臼井久和編『新国際政治経済秩序と日米関係』同文舘，211–238 頁
中戸祐夫（2003）『日米通商摩擦の政治経済学』ミネルヴァ書房
中野邦観編（2000）『国会と外交』信山社
中村登志哉（2013）「ドイツの安全保障規範の変容——1999–2011 年の海外派兵政策」『言語文化論集』35（1），105–124 頁
成田憲彦（2001）「日本の連立政権形成における国会の論理と選挙制度の論理」」『選挙研究』16，18–27 頁
成田憲彦（2002）「与党は権力機構なのか」新しい日本をつくる国民会議（21 世紀臨調）編『政治の構造改革——政治主導確立大綱』東信堂，40–42 頁
成田憲彦（2004）「政党と官邸——細川政権を中心に」北村公彦他編『現代日本政党史録』第 5 巻，第一法規，311–348 頁
日本経済新聞社編（1994）『「連立政権」の研究』日本経済新聞社
野田昌吾（2015）「連立政治とその運営——ドイツの場合」『生活経済政策』5 月号，10–13 頁
野中尚人（1998）「先祖帰り？——連立政権時代における政策過程の変容」『レヴァイアサン』臨時増刊号，37–67 頁

野中尚人（2013）『さらばガラパゴス政治――決められる日本に作り直す』日本経済新聞出版社
野中広務（2005）『老兵は死なず――野中広務全回顧録』文藝春秋
橋本五郎（1980）「公明党の安全保障政策」池井優・堀江湛編『日本の政党と外交政策――国際的現実との落差』慶応通信，63-90 頁
畠山襄（1996）『通商交渉――国益を巡るドラマ』日本経済新聞社
服部龍二（2014）「連立政権合意文書 1993-2012」『中央大学論集』35，67-102 頁
ピータース，ガイ・B（2007）土屋光芳訳『新制度論』芦書房
久江雅彦（2002）『9・11 と日本外交』講談社現代新書
樋渡由美（2002）「政権運営――政党行動と安全保障」樋渡展洋・三浦まり編『流動期の日本政治――「失われた十年」の政治学的検証』東京大学出版会，115-134 頁
福井治弘（1972）「自民党の外交政策とその決定過程――中国問題を中心として」『国際問題』145，15-27 頁
福井治弘（1975）「沖縄返還交渉――日本政府における決定過程」『季刊国際政治』52，97-124 頁
福田恵美子・脇田祐一郎（2009）「投票力指数による自公連立政権分析」『日本オペレーションズ・リサーチ学会和文論文誌』52，38-55 頁
船越健裕（2006）『アメリカの選択，日本の選択』文芸社
古川貞二郎（2005）『霞が関半世紀――5 人の総理を支えて』佐賀新聞社
ベーカー，ハワード（2009）春原剛訳『ハワード・ベーカー――超党派の精神』日本経済新聞出版社
ヘルマン，D・C（1970）渡辺昭夫訳『日本の政治と外交』中公新書
防衛省（2007）『「テロとの闘い」と自衛隊の活動』財務省印刷局
防衛庁（2002）『平成 14 年版　防衛白書』財務省印刷局
防衛庁（2004）『2004 年度　防衛白書』財務省印刷局
朴喆熙（2000）『代議士のつくられ方――小選挙区の選挙戦略』文春新書
星浩（2004）「自民党政調会と政策決定過程」北村公彦他編『現代日本政党史録』第 5 巻，第一法規，401-438 頁
細谷雄一（2009）『倫理的な戦争――トニー・ブレアの栄光と挫折』慶應義塾大学出版会
堀幸雄（1999）『公明党論――その行動と体質』南窓社
堀江湛・政治改革コロキアム（1994）『連立政権の政治学――ポスト 55 年体制の政権形態』PHP 研究所
牧原出（2014）「戦前と戦後――政治と官僚性の視座」福永文夫・河野康子編『戦後とは何か――政治学と歴史学の対話』上，丸善出版，139-154 頁
正本謙一（2002）「法令解説 テロ対策関連 3 法（1）テロ対策特措法の制定」『時の法令』1659，6-34 頁
間柴泰治・柳瀬晶子（2005）「資料：主要政党の変遷と国会内勢力の推移」『レファレンス』4 月号，70-81 頁
増山幹高（2015）『立法と権力分立』東京大学出版会
待鳥聡史（2012）『首相政治の制度分析』千倉書房
待鳥聡史（2015）『政党システムと政党組織』東京大学出版会
松井芳郎（2002）『テロ，戦争，自衛――米国等のアフガニスタン攻撃を考える』東信堂

マン，ジェームズ（2004）渡辺昭夫監訳『ウルカヌスの群像——ブッシュ政権とイラク戦争』共同通信社
水越英明（2002）「9.11 同時多発テロから 1 年」田中明彦監修『「新しい戦争」時代の安全保障——いま日本の外交力が問われている』都市出版，159-170 頁
宮里政玄（2000）『日米関係と沖縄 1945-1972』岩波書店
宮里政玄・国際大学日米関係研究所編（1990）『日米構造摩擦の研究——相互干渉の新段階を探る』日本経済新聞社
宮原信孝（2010）「アフガニスタン ISAF」日本国際問題研究所 NATO 研究会報告書『岐路に立つ NATO——米欧同盟の国際政治』日本国際問題研究所，49-76 頁
武藤勝宏（2009）『冷戦後日本のシビリアン・コントロールの研究』成文堂
村上信一郎（1986）「一党優位政党システム」西川知一編『比較政治の分析枠組』ミネルヴァ書房，197-218 頁
村川一郎（1989）『自民党の政策決定システム』教育社
村川一郎（2000）『政策決定過程——日本国の形式的政府と実質的政府』信山社
村田良平（2008）『村田良平回想録』下，ミネルヴァ書房
モチヅキ，マイク（1999）「経済と安全保障——理念的分析枠組み」マイケル・グリーン／パトリック・クローニン編，川上高司監訳『日米同盟　米国の戦略』勁草書房，115-132 頁
森正（2011）「日本における政党連立モデル——交渉力指数による接近」『オペレーションズ・リサーチ』56（4），221-226 頁
薬師寺克之（2016）『公明党——創価学会と 50 年の軌跡』中公新書
谷内正太郎（2002）「9. 11 テロ攻撃の経緯と日本の対応」『国際問題』503，2-20 頁
安井宏樹（2008）「ドイツ——ブラント政権の成立」高橋進・安井宏樹編『政治空間の変容と政策革新 4　政権交代と民主主義』東京大学出版会，43-71 頁
安井宏樹（2011）「ドイツにおける『小連立』政権の運営——小政党の影響力とその限界」『神戸法学年報』27，1-23 頁
柳澤協二（2013）『検証・官邸のイラク戦争——元防衛官僚による批判と自省』岩波書店
山口二郎（1997）『連立政治　同時代の検証』朝日新聞社
山崎拓（2016）『YKK 秘録』講談社
山下光（2010）「ドイツと平和作戦」『防衛研究所紀要』13（1），3-29 頁
山本庸幸（2006）『実務立法技術』商事法務
山本浩（2004）『決断の代償——ブレアのイラク戦争』講談社
山本満（1987）「〈外圧—反応〉の循環を超えて」細谷千博・有賀貞編『国際環境の変容と日米関係』東京大学出版会，321-335 頁
読売新聞政治部（2003）『法律はこうして生まれた——ドキュメント立法国家』中公新書ラクレ
読売新聞政治部編（2006）『外交を喧嘩にした男——小泉外交二〇〇〇日の真実』新潮社
読売新聞政治部（2008）『真空国会——福田「漂流政権」の深層』新潮社
読売新聞東京本社世論調査部編（2004）『二大政党時代のあけぼの——平成の政治と選挙』木鐸社
渡辺昭夫（1977）「日本の対外政策形成の機構と過程」細谷千博・綿貫譲治編『対外政策決定過程の日米比較』東京大学出版会，1977 年，23-58 頁

渡辺昭夫編（1997）『現代日本の国際政策――ポスト冷戦の国際秩序を求めて』有斐閣
和田絢子・宮畑建志（2016）「欧米 10 か国の歴代政権及び政権政党」『レファレンス』788, 67–89 頁

Abedi, Amir, and Alan Siaroff (2011). "The Kingmaker is Dead, Long Live the Kingmaker : Examining the Degree of Influence of Small Parties in the Coalition-formation Process in Germany." *German Politics* 20, pp. 243–259.

Ahn, C. S. (1997). "The Government-Party Coordination in Japan's Foreign Policy-Making : The Issue of Permanent Membership in the UNSC." *Asian Survey* 37(4), pp. 368–382.

Allison, Graham, and Philip Zelikow (1999). *Essence of Decision : Explaining the Cuban Missile Crisis*, 2nd ed. New York : Longman.

Avenhaus, Rudolf, and I. William Zartman (2007). *Diplomacy Games : Formal Models and International Negotiation*. Berlin : Springer.

Axelrod, Robert (1970). *Conflict of Interest : A Theory of Divergent Goals with Applications to Politics*. Chicago : Markham.

Baerwald, Hans H. (1977). "The Diet and Foreign Policy." In *The Foreign Policy of Modern Japan*, ed. Robert A. Scalapino. Berkeley : University of California Press.

Banzhaf, John F. (1965). "Weighted Voting Doesn't Work : A Mathematical Analysis." *Rutgers Law Review* 19(2), pp. 317–343.

Bawn, Kathleen, and Frances Rosenbluth (2006). "Short versus Long Coalitions : Electoral Accountability and the Size of the Public Sector." *American Journal of Political Science* 50 (2), pp. 251–265.

Belloni, Frank F., and Dennis C. Beller (1976). "The Study of Party Factions as Competitive Political Organizations." *The Western Political Quarterly* 29(4), pp. 531–549.

Bergman, Torbjorn, Wolfgang C. Müller, Kaare Strøm and Magnus Blomgren (2003). "Democratic Delegation and Accountability : Cross-national Patterns." In *Delegation and Accountability in Parliamentary Democracies*, eds. Kaare Strøm, Wolfgang C. Müller and Torbjörn Bergman. Oxford : Oxford University Press.

Bilmens, Linda J. (2013). "The Financial Legacy of lraq and Afghanistan : How Wartime Spending Decision Will Constrain Future National Security Budgets." Harvard Kennedy School Faculty Research Working Paper Series.

Blaker, Michael (1993). "Evaluating Japan's Diplomatic Performance." In *Japan's Foreign Policy after the Cold War : Coping with Change*, ed. Gerald L. Curtis. Armonk, NY : M. E. Sharpe.

Blondel, Jean, and Ferdinand Müller-Rommel (1993). *Governing Together : The Extent and Limits of Joint Decision-Making in Western European Cabinets*. New York : St. Martin's Press.

Bolleyer, Nicole (2007). "Small Parties : From Party Pledges to Government Policy." *West European Politics* 30(1), pp. 121–147.

Bolton, Kent M. (2005). *U. S. Foreign Policy and International Politics : George W. Bush, 9/11, and the Global-Terrorist Hydra*. Upper Saddle River, NJ : Pearson.

Bowman, Steve, and Catherine Dale (2009). "War in Afghanistan : Strategy, Military Operations, and Issues for Congress." CRS Report R40156.

Browne, Eric, and Mark Franklin (1973). "Aspects of Coalition Payoffs in European Parliamentary

Deomocracies." *American Political Science Review* 67 (2), pp. 453–469.

Burke, John P. (2004). *Becoming President : The Bush Transition, 2000–2003*. Boulder : Lynne Reienner Publishers.

Calder, Kent E. (1988). "Japanese Foreign Economic Policy Formulation : Explaining the Reactive State." *World Politics* 40 (4), pp. 517–541.

Campbell, Jason H., and Jeremy Shapiro (2008). *Afghanistan Index : Tracking Variables of Reconstruction & Security in Post 9/11 Afghanistan*. Brookings Institution, http: //www. brookings.edu/~/media/Programs/foreign-policy/afghanistan-index/index20120516.pdf

Clark, Terry D., and Diana Jurgeleviciute (2008). "'Keeping Tabs on Coalition Partners' : A Theoretically Salient Case Study of Lithuanian Coalitional Governments." *Europe-Asia Studies* 60 (4), pp. 631–642.

Cohen, Stephen D. (1985). *Uneasy Partnership : Competition and Conflict in US-Japanese Trade Relations*. Cambridge : Ballinger.

Coll, Steve (2004). *Ghost Wars : The Secret History of the CIA, Afghanistan, and Bin Laden, from the Soviet Invasion to September 10, 2001*. New York : Penguin.

The Committee on Foreign Relations United States Senate (2009). *Tora Bora Revisited : How We Failed to Get Bin Laden and Why It Matters Today*, November 30, http://www.foreign.senate. gov/imo/media/doc/Tora_Bora_Report.pdf

Cornish, Paul, ed. (2004). *The Conflict in Iraq 2003*. New York : Palgrave Macmillan.

Cox, Gary W., and Mathew D. McCubbins (2005). *Setting the Agenda : Responsible Party Government in the U. S. House of Representatives*. Cambridge : Cambridge University Press.

Curtis, Gerald L. (1999). *The Logic of Japanese Politics : Leaders, Institutions, and the Limits of Change*. New York : Columbia University Press.

DeLong, Michael, and Noah Lukeman (2004). "*Inside CentCom : The Unvarnished Truth About the Wars in Afghanistan and Iraq*." Washington D. C. : Regnery Publishing.

De Swaan, Abram (1973). *Coalition Theories and Cabinet Formations*. Amsterdam : Elsevier Scientific Publishing Company.

Deutsch, Morton, and Schula Shichman (1986). "Conflict : A Social Psychological Perspective." In *Political Psychology*, ed. Margaret G. Hermann. San Francisco : Jossey-Bass, pp. 219–250.

Dewan, Torun, and Arthur Spirling (2011). "Strategic Opposition and Government Cohesion in Westminster Democracies." *American Political Science Review* 105 (2), pp. 337–358.

Dilman Daniel (2006). *Japan's Security Strategy in the Post 9. 11 World : Embracing a New Realpolitik*, Westport : Praeger.

Downie, Christian (2017). "Negotiations." In *Regulatory Theory : Foundations and Applications*, ed. Peter Drahos. Acton : Australian National University Press, pp. 323–338.

Druckman, James, and Paul V. Warwick (2005). "The Missing Piece : Measuring Portfolio Salience in Western European Parliamentary Democracies." *European Journal of Political Research* 44 (1), pp. 17–42.

Ehrhardt, George (2009). "Rethinking the Komeito Voter." *Japanese Journal of Political Science* 10 (1), 1–20.

Ehrhardt, George, Axel Klein, Levi McLaughlin, and Steven R. Reed (2014). *Komeito : Politics and Religion in Japan*. Berkeley : Institute of East Asian Studies, University of California,

Berkeley.

Elman, Miriam F. (2000). "Unpacking Democracy : Presidentialism, Parliamentarism, and Theories of Democratic Peace." *Security Studies* 9(4), pp. 91–126.

Evans, Peter B., Harold K. Jacobson, and Robert Putnam, eds. (1993). *Double-Edged Diplomacy : International Bargaining and Domestic Politics*. Berkeley : University of California Press.

Feickert, Andrew (2006). "U. S. and Coalition Military Operations in Afghanistan : Issues for Congress." CRS Report for Congress RL33503, Washington, D. C., December 11, http://fpc.state.gov/documents/organization/70042.pdf

Fisker-Nielsen, Anne Mette (2012). *Religion and Politics in Contemporary Japan : Soka Gakkai Youth and Komeito*. New York : Routledge.

Fleischer, Julia (2011). "Steering From the German Centre." In *Steering from the Centre : Strengthening Political Control in Western Democracies*, eds. Carl Dahlström, B. Guy Peters and Jon Pierre. Toronto : University of Toronto Press, pp. 54–79.

Frum, David (2003). *The Right Man : The Surprise Presidency of George W. Bush*. New York : Random House.

Gersen, Jacob E. (2007). "Temporary Legislation." *The University of Chicago Law Review* 74(1), pp. 247–298.

Gourevitch, Peter (1978). "The Second Image Reversed : The International Sources of Domestic Politics." *International Organization* 32(4), pp. 881–911.

Green, Michael, and Nicholas Szechenyi (2007). "U. S. -Japan Relations : Fukuda Takes the Helm." *Comparative Connections : A Quarterly E-Journal on East Asian Bilateral Relations*, http://csis.org/files/media/csis/pubs/0703qus_japan.pdf

Habeeb, Mark (1988). *Power and Tactics in International Negotiation : How Weak Nations Bargain with Strong Nations*. Baltimore : Johns Hopkins University Press.

Hallams, Ellen (2013). The United States and NATO since 9/11 : The Transatlantic Alliance Renewed. London : Routledge.

Historical Background Office of the Historian Bureau of Public Affairs (2009). "The United States and The Global Coalition Against Terrorism, September 2001- December 2003," http://2001-2009.state.gov/r/pa/ho/pubs/fs/5889.htm

Hofferbert, Richard I., and Hans-Dieter Klingemann (1990). "The Policy Impact of Party Programmes and Government Declarations in the Federal Republic of Germany." *European Journal of Political Research* 18(3), pp. 277–304.

Howard, Michael (2002). "What's in A Name? : How to Fight Terrorism." *Foreign Affairs*, January/February, pp. 8–13.

Hrebenar, Ronald (2000). *Japan's New Party System*. Boulder ; Westview Press.

Hughes, Christopher W. (2003). "Japan's Response to Terror : Dispatching the SDF to the Arabian Sea." *Asian Survey* 43(2), pp. 329–351.

Hughes, Christopher W. (2004). "Japan's Security Policy, the US-Japan Alliance, and the 'War on Terror': Incrementalism Confirmed or Radical Leap?" *Australian Journal of International Affairs* 58(4), pp. 427–445.

Iida, Keisuke (1993). "When and How Do Domestic Constraints Matter? Two-Level Games with Uncertainty." *Journal of Conflict Resolution* 37(3) , pp. 403–426.

The International Institute for Strategic Studies (2002). "A Test for the US-Japan Alliance." *IISS Strategic Comments* 8(7), pp. 1–2.

Johnson, Chalmers, and E. B. Keehn (1995). "The Pentagon's Ossified Strategy." *Foreign Affairs* 74 (4), pp. 103–114.

Kaarbo, Juliet (1996). "Power and Influence in Foreign Policy Decision Making : The Role of Junior Coalition Partners in German and Israeli Foreign Policy." *International Studies Quarterly* 40 (4), pp. 501–530.

Kaarbo, Juliet (2008). "Coalition Cabinet Decision Making : Institutional and Psychological Factors." *International Studies Review* 10(1), pp. 57–86.

Kaarbo, Juliet (2012). *Coalition Politics and Cabinet Decision Making : A Comparative Analysis of Foreign Policy Choices*. Ann Arbor : University of Michigan Press.

Kaarbo, Juliet, and Jeffrey S. Lantis (2003). "The 'Greening' of German Foreign Policy in the Iraq Case : Conditions of Junior Party Influence in Governing Coalitions." *Acta Politica* 38(3), pp. 201–230.

Kaarbo, Juliet, and Besley K. Ryan (2008). "Taking It to the Extreme : The Effect of Coalition Cabinets on Foreign Policy." *Foreign Policy Analysis* 4(1), pp. 67–81.

Katzenstein, Peter (1976). "International Relations and Domestic Structures : Foreign Economic Policies of Advanced Industrial States." *International Organization* 30(1), pp. 1–45.

Katzman, Kenneth (2003). "Afghanistan : Current Issues and US Policy." CRS Report for Congress RL30588, Washington, D. C., August 27.

Keller, Bill (2001). "The World According to Colin Powell," *New York Times Magazine*, November 25.

Kilman, Daniel (2006). *Japan's Security Strategy in the Post-9/11 World : Embracing a New Realpolitik. Center for Strategic and International Studies*. New York : Praeger.

Kim, Kwanok (1998). *Trade Talks : US-Japan Automobile Trade Negotiations from a Two-Level Analysis*. Ann Arbor : UMI.

Klein, Axel (2013). "Komeito—The First 'Third Force.'" In *Japan Decides 2012 : The Japanese General Election*, eds. Robert Pekkanen, Steven Reed and Ethan Scheiner. Basingstoke : Palgrave Macmillan, pp. 84–98.

Knopf, Jeffrey W. (1993). "Beyond Two-level Games : Domestic-International Interaction in the Intermediate-Range Nuclear Forces Negotiations." *Internaitonal Organization* 47 (4), pp. 599–628.

Korte, Karl-Rudolf (2000). "Solutions for the Decision Dilemma." *German Politics* 9(1), pp. 1–22.

Krauss, Ellis S. (1993). "U. S. -Japan Negotiations on Construction and Semiconductors." In *Double-edged Diplomacy : International Bargaining and Domestic Politics*, eds. Peter B. Evans, Harold K. Jacobson and Robert D. Putnam. Berkeley : University of California Press, pp. 265–299.

Krauss, Ellis S., and Robert J. Pekkanen (2011). *The Rise and Fall of Japan's LDP : Political Party Organizations as Historical Institutions*. Ithaca, NY : Cornell University Press.

Kritek, Phyllis B. (1994). *Negotiating at an Uneven Table : Developing Moral Courage in Resolving Our Conflicts*. San Francisco : Jossey-Bass.

Larsen, Henrik B. L. (2013). *NATO in Afghanistan : Democratization Warfare, National Narratives,*

and Budgetary Austerity. Cambridge, MA : Harvard Kennedy School, Belfer Center for Science and International, Affiars, http://belfercenter.hks.harvard.edu/publication/23765/nato_in_afghanistan.html

Laver, Michael (1986). "Between Theoretical Elegance and Political Reality : Deductive Models and Cabinet Coalitions in Europe." In *Coalition Behaviour in Theory and Practice : An Inductive Model for Western Europe*, ed. Geoffrey Pridham. Cambridge : Cambridge University Press, pp. 32–44.

Laver, Michael, and Kenneth A. Shepsle (1994). "Cabinet Ministers and Government Formation in Parliamentary Democracies." In *Cabinet Ministers and Parliamentary Government*, eds. Michael Laver and Kenneth A. Shepsle. Cambridge : Cambridge University Press.

Laver, Michael, and Kenneth A. Shepsle (1996). *Making and Breaking Government : Cabinets and Legislatures in Parliamentary Democracies*. Cambridge : Cambridge University Press.

Laver, Michael, and Kenneth A. Shepsle (1998). "Events, Equilibria, and Government Survival." *American Journal of Political Science* 42 (1), pp. 28–54.

Lindsay, James M. (1994). "Congress, Foreign Policy and the New Institutionalism." *International Studies Quarterly* 38 (2), pp. 281–304.

Lupia, Arthur, and Kaare Strøm (2008)."Bargaining Transaction Costs, and Coalition Governance." In *Cabinets and Coalition Bargaining*, eds. Kaare Strøm, Wolfgang C. Müller and Torjörn Bergman. Oxford : Oxford University Press, pp. 51–83.

Mair, Peter (1991). "The Electoral Universe of Small Parties in Postwar Western Europe." In *Small Parties in Western Europe : Comparative and National Perspectives*, eds. Ferdinand Müller-Rommel and Geoffrey Pridham, London : Sage Publications.

Manyin, Mark E., and Emma Chanlett-Avery (2008). "Japan's Political Turmoil in 2008 : Background and Implications for the United States." CRS Report for Congress RS22951, Washington, D. C., September 16.

Maoz, Zeev, and Bruce Russett (1993). "Normative and Structural Causes of Democratic Peace, 1946–1986." *American Political Science Review* 87 (3), pp. 624–638.

Martin, Lanny W. (2004). "Government Agenda in Parliamentary Democracies." *American Journal of Political Science* 48 (3), pp. 445–461.

Martin, Lanny W., and Georg Vanberg (2004). "Policing the Bargain : Coalition Government and Parliamentary Scrutiny." *American Journal of Political Science* 48 (1), pp. 13–27.

Martin, Lanny W., and Georg Vanberg (2005). "Coalition Policymaking and Legislative Review." *American Political Science Review* 99, Issue 1, pp. 93–106.

Mastanduno, Michael (1991). "Do Relative Gains Matter? : America' s Response to Japanese Industrial Policy." *International Security* 16 (1), pp. 73–113.

Milner, Helen (1997). *Interests, Institutions, and Information : Domestic Politics and International Relations*. Princeton : Princeton University Press.

Mo, Jongryn (1994). "The Logic of Two-Level Games with Endogenous Domestic Coalitions." *Journal of Conflict Resolution* 38 (3), pp. 402–422.

Mo, Jongryn (1995). "Domestic Institutions and International Bargaining : The Role of Agent Veto in Two-Level Games." *American Political Science Review* 89 (4), pp. 914–924.

Morelli, Vincent, and Paul Belkin (2009). "NATO in Afghanistan : A Test of the Transatlantic

Alliance." CRS Report for Congress RL33627, Washington, D. C., December 3.

Moury, Catherine (2013). *Coalition Government and Party Mandate : How Coalition Agreements Constrain Ministerial Action*. London : Routledge.

Mulgan, Aurelia (2000). "The Dynamics of Coalition Politics in Japan." *Asia-Pacific Review* 7(2), pp. 68–85.

Müller, Wolfgang C., and Kaare Strøm, eds. (2000). *Coalition Governments in Western Europe*. Oxford : Oxford University Press.

Müller, Wolfgang C., and Kaare Strøm (2008). "Coalition Agreements and Cabinet Governance." In *Cabinets and Coalition Bargaining : The Democratic Life Cycle in Western Europe*, eds. Kaare Strøm, Wolfgang C. Müller and Torbjörn Bergman. Oxford : Oxford University Press, pp. 159–199.

Müller, Wolfgang C., Torbjörn Bergman and Kaare Strøm (2000). "Parliamentary Democracy : Promise and Problems." In *Delegation and Accountability in Parliamentary Democracies*, eds. Kaare Strøm, Wolfgang C. Müller, and Torbjörn Bergman. Oxford : Oxford University Press, pp. 3–32.

Müller, Wolfgang C., Torbjorn Bergman and Kaare Strøm (2008). "Coalition Theory and Cabinet Governance : An Introduction." In *Cabinet and Coalition Bargaining : The Democratic Life Cycle in Western Europe*, eds. Kaare Strøm, Wolfgang C. Müller, and Torbjörn Bergman. Oxford : Oxford University Press, pp. 1–50.

Nye, Joseph S., Jr. (1974). "Transnational Relations and Interstate Conflicts : An Empirical Analysis." *International Organization* 28(4), pp. 961–996.

Okamoto, Yukio (2002). "Japan and the United States : The Essential Alliance." *The Washington Quarterly* 25(2), pp. 59–72.

Oppermann, Kai, and Klaus Brummer (2014). "Patterns of Junior Partner Influence on the Foreign Policy of Coalition Governments." *The British Journal of Politics and International Relations* 16(4), pp. 555–571.

Pekkanen, Robert, and Ellis S. Krauss (2005). "Japan's 'Coalition of the Willing' on Security Policies." *Orbis* 49(3), pp. 429–444.

Penn, Michael (2014). *Japan and the War on Terror : Military Force and Political Pressure in the US-Japanese Alliance*. London : I. B. Tauris.

Pierson, Paul (2000). "Increasing Returns, Path Dependence, and the Study of Politics." *American Political Science Review* 94(2), pp. 251–267.

Prins, Brandon C., and Christopher Sprecher (1999). "Institutional Constraints, Political Opposition, and Interstate Dispute Escalation : Evidence from Parliamentary Systems, 1946–1989." *Journal of Peace Research* 36(3), pp. 271–287.

Puri, Samir (2012). *Pakistan's War on Terrorism : Strategies for Combating Jihadist Armed Groups since 9/11*. Abingdon, Oxon : Routledge.

Putnam, Robert D. (1988). "Diplomacy and Domestic Politics : The Logic of Two-Level Games." *International Organizations* 42(3), pp. 427–460.

Pyle, Kenneth B. (2007). *Japan Rising : The Resurgence of Japanese Power and Purpose*. New York : Public Affairs Press.

Raiffa, Howard (1982). *The Art and Science of Negotiation*. Cambridge, MA : Harvard University

Press.
Riker, William (1962). *The Theory of Political Coalitions*. New Haven : Yale University Press.
Rogowski, Ronald (1987). "Political Cleavages and Changing Exposure to Trade." *American Political Science Review* 81 (4), pp. 1121–1137.
Rosati, Jerel, and James Scott (2004). *The Politics of United States Foreign Policy*, 3rd ed. Belmont, CA : Wadsworth.
Rosenau, James N., ed. (1967). *Domestic Sources of Foreign Policy*. New York : Free Press.
Rosenau, James N. (1969). *Linkage Politics : Essays on the Convergence of National and International Systems*. New York : Free Press.
Rumsfeld, Donald (2011). *Known and Unknown : A Memoir*. New York : Sentinel.
Rynning, Sten (2012). *NATO in Afghanistan : The Liberal Disconnect*. Stanford : Stanford University Press.
Saalfeld, Thomas (2003). "Germany : Multiple Veto Points, Informal Coordination, and Problems of Hidden Action." In *Delegation and Accountability in Parliamentary Democracies*, eds. Kaare Strøm, Wolfgang C. Müller and Torbjörn Bergman. Oxford : Oxford University Press, pp. 347–375.
Sammon, Bill (2002). *Fighting Back : The War on Terrorism from inside the Bush White House*. Washington, D. C.: Regnery Publishing.
Samuels, Richard J. (2007). *Securing Japan : Tokyo's Grand Strategy and the Future of East Asia*. Ithaca : Cornell University Press.
Sato, Yoichiro (2013). "Japan's Security Policies during OEF and OIF : Incremental Reactions Meet Great Expectations." *Asia-Pacific Security Studies* 2 (6), pp. 1–4.
Schoppa, J. Leonard (1997). *Bargaining with Japan : What American Pressure Can and Cannot Do*. New York : Columbia University Press.
Schuster, Jürgen, and Maier Herbert (2006). "The Rift : Explaining Europe's Divergent Iraq Policies in the Run-Up of the American-Led War on Iraq." *Foreign Policy Analysis* 2 (3), pp. 223–244.
Shapley, L. S., and Martin Shubik (1954). "A Method for Evaluating the Distribution of Power in a Committee System." *American Political Science Review* 48 (3), pp. 787–792.
Singh, Robert (2012). *Barack Obama's Post-American Foreign Policy : The Limits of Engagement*. New York : Bloomsbury Academy.
Smith, Daniel M. (2014). "Party Ideals and Practical Constraints." In *Komeito : Politics and Religion in Japan*, eds. George Ehrhardt, Axel Klein, Levi McLaughlin and Steven R. Reed. Berkeley : Institute of East Asian Studies, University of California, Berkeley, pp. 139–162.
Snyder, Richard C., H. W. Bruck and Burton Sapin (1962). *Foreign Policy Decision-Making : An Approach to the Study of International Politics*. New York : Free Press.
Solomon, Richard H., Nigel Quinney, Condoleezza Rice and Madeleine Albright, eds. (2010). *American Negotiating Behavior : Wheeler-Dealers, Legal Eagles, Bullies, and Preachers*. Washington, D. C.: United States Institute of Peace Press.
Strøm, Kaare (1990). *Minority Government and Majority Rule*. Cambridge : Cambridge University Press.
Strøm, Kaare, Ian Budge and Michael Laver (1994). "Constraints on Cabinet Formation in Parliamentary Democracies." *American Journal of Political Science* 38 (2), pp. 303–335.

Strøm, Kaare, Wolfgang C. Müller and Torbjörn Bergman, eds. (2008). *Cabinets and Coalition Bargaining : The Democratic Life Cycle in Western Europe*. Oxford : Oxford University Press.

Tarar, Ahmer (2001). "International Bargaining with Two-Sided Domestic Constraints." *Journal of Conflict Resolution* 45 (3), pp. 320–340.

Thies, Michael F. (2001). "Keeping Tabs on Partners : The Logic of Delegation in Coalition Governments." *American Journal of Political Science* 45 (3), pp. 580–598.

United States Department of State (2001). *The Global War on Terrorism : The First 100 Days*, http://2001-2009.state.gov/s/ct/rls/wh/6947.htm

United States Department of State (2002). *Patterns of Global Terrorism 2001*, http://www.state.gov/j/ct/rls/crt/2001/pdf/index.htm

United States Department of State (2004). *Patterns of Global Terrorism 2003*, http://www.state.gov/j/ct/rls/crt/2003/c12153.htm

Verbeeka, Bertjan, and Anna van der Vleutena (2008). "The Domesticization of the Foreign Policy of the Netherlands (1989–2007): The Paradoxical Result of Europeanization and Internationalization." *Acta Politica* 43 (2・3), pp. 357–377.

Verzichelli, Luca (2008). "Portfolio Allocation." In *Cabinet and Coalition Bargaining : The Democratic Life Cycle in Western Europe*, eds. Kaare Strøm, Wolfgang C. Müller and Torbjörn Bergman. Oxford : Oxford University Press, pp. 237–267.

Volden, Craig, and Clifford J. Carrubba (2004). "The Formation of Oversized Coalitions in Parliamentary Democracies." *American Journal of Political Science* 48 (3), pp. 521–537.

Waltz, Kenneth (1979). *Theory of International Politics*. New York : McGraw-Hill.

Warnock, John W. (2008). *Creating a Failed State : The US and Canada in Afghanistan*. Halifax : Fernwood Publishing.

Watanabe, Koji (2011). "Negotiating Trade." in Richard H. Solomon, Nigel Quinney, Condoleezza Rice and Madeleine Albright, eds., *American Negotiating Behavior : Wheeler-Dealers, Legal Eagles. Bullies, and Preachers*. Washington, D. C.: United States Institute of Peace Press.

Warwick, Paul V. (1992). "Rising Hazards : An Underlying Dynamic of Parliamentary Government." *American Journal of Political Science* 36 (4), pp. 857–876.

The White House's Coalition Information Center (2001). *The Global War on Terrorism, The First 100 Days*, http://ics.leeds.ac.uk/papers/pmt/exhibits/330/GWOT100.pdf

Woldendorp, Jaap, Hans Keman and Ian Budge (2000). *Party Government in 48 Deomocracies (1945–1998) : Composition, Duration, Personnel*. Amsterdam : Kluwer.

Woodward, Bob (2002). *Bush at War*. New York : Simon & Schuster.

Woodward, Bob (2004). *Plan of Attack*. New York : Simon & Schuster.

Wright, Lawrence (2007). *The Looming Tower-AlQaeda and the Road to 9/11*, New York : Random House.

Zeev, Maoz (1990). "Framing the National Interests : The Manipulation of Foreign Policy Decisions in Group Settings." *World Politics* 43 (1), pp. 77–110.